HISTORY OF EDUCATION
IN FRANCE

法国教育史

王晓辉◎著

商务印书馆
The Commercial Press

图书在版编目(CIP)数据

法国教育史 / 王晓辉著 . — 北京：商务印书馆，
2022

ISBN 978-7-100-21032-4

Ⅰ．①法… Ⅱ．①王… Ⅲ．①教育史－法国 Ⅳ．
① G556.59

中国版本图书馆 CIP 数据核字 (2022) 第 063487 号

法国教育史

王晓辉 著

商 务 印 书 馆 出 版
（北京王府井大街 36 号 邮政编码 100710）
商 务 印 书 馆 发 行
艺堂印刷（天津）有限公司印刷
ISBN 978-7-100-21032-4

2022 年 7 月第 1 版　　　　开本 710×1000　1/16
2022 年 7 月第 1 次印刷　　　印张 28¼

定价：128.00 元

目　录

第二部分　从蒙昧到启蒙：旧制度时期的教育

第四部分　从民主到共处：战后至今的教育

绪　论

法国教育史，从无文字的原始教育到中世纪大学的创建，从蒙昧的基督教学校到现代教育系统的确立，从等级森严的双轨制到普及的全民教育，历经两千余载，在世界教育发展史上应当说独树一帜。

教育是培养人的社会现象，是延续人类文明的重要工具。每个人都有接受教育的经历，任何人都可以对教育发表看法。但是正确理解教育的真谛，把握教育的历史脉搏，则非轻而易举。而认识、梳理和解释法国教育历史，由于语言、文化、社会背景的差异，更是面临极大的困难与挑战。

教育首先与政治相关。教育起源于道德传承与经济发展，但政治权力从来都是控制教育的主体。最具代表性的是拿破仑创立的帝国大学，他将全部教育机构纳入其管理系统。

教育发展也与经济发展相关。法国工商业的进步，要求文化普及，促进了学校的增长。但早期的学校教育受制于农业生产的节律，学校的假期均与农业季节相关，农忙时学校基本关闭，农闲时学校又人满为患。而社会充分发展之后，工农业生产的节律又让位于教育节律，学校的课时和假期更多地取决于儿童心理发展的规律。过去的小学，主要目的是普及文化和宗教信仰；过去的中学，基本是精英教育，完全不涉及就业。现在的学校则必须关心学生的职业能力和就业。

教育还是宗教的工具，特别是在天主教传统根深蒂固的法国，学校教育长时间由宗教垄断。中世纪早期的修道院学校是唯一类型的学校，基本目的是培养修士。教会对教育的控制，最典型的事例体现在大学的创建上。对于教会来说，大学有利于提高教士的培训水平，有利于促进宗教理论的提升，有利于同异端教派作斗争。因此教皇颁布谕旨，予以确认大学的创立并赋予其特权。而当大学与教会发生冲突时，教皇或主教便毫不犹豫地打击大学。

宗教改革之后，新教促进了教育的普及，但也加剧了教派之间的争斗和对教育的干涉。在反改革运动中，耶稣会冲锋在前，耶稣会中学办得风生水起，成为中等精英教育的样板。

教育还必须以教学内容实现其目的。学校不可能把人类的知识在学校期间全部传授给儿童，教育内容的选择既受政治与宗教权力的控制，又受经济与科学发展的制约，还取决于教师的传授水平和儿童的接受能力。比如，中世纪的教育内容主要是自由七艺和宗教教义，现代教育则以人文主义和科学技术为主。

由于教育目标和儿童成长阶段的不同，教育机构还划分不同层次，如小学、中学、大学，或者说学前教育、初等教育、中等教育、高等教育机构。不同教育机构因其教育对象的不同，可能采用不同的教学方法。

于是，在特定时间的教育的横切面上，我们可以看到这些因素共同作用所形成的教育状况。如果把历史的镜头拉开，以历史的视角去观察教育，不同时间的教育便呈现出不同的状况。教育变革在历史的演进中展开，我们应当在叙述教育历史的同时叙述政治制度、经济、文化的历史。然而，我们又无法齐头并进地叙述法国通史和法国教育史，因为教育演进有其自身的逻辑与规律。当然，我们更不能回避历史，因为任何教育都发生在历史的大背景之中。为此，我们不准备详细地交代法国教育在历史过程中存在的政治与社会背景，只是把相关的历史事件和人物在注释中说明，并备以相应的法文，以防止误读，也便于读者通过其他文献深入研究。

我们大体上把法国教育史划分为四个部分。第一部分为高卢—罗马时代至中世纪时期的教育。这一时期的学校教育主要是传授古希腊与罗马的知识，传授天主教经典与教义，教育机构有了初步的分级，特别是诞生了大学。第二部分为旧制度时期的教育，主要描述16世纪至法国大革命前封建制度下各层级的教育状况，宗教、政治、道德的冲突在教育中均有体现。第三部分为大革命至大战结束时期的教育，这个时期既是法国教育动荡变革的时期，又是法国中央集权教育确立的时期。在这一时期，拿破仑创建精英型中学，大学被废止，大学校开始兴起。第四部分为战后至今的教育，这个时期是法国现代教育构建与完善的时期，既有宏伟目标又隐含危机，只是缺少历史沉淀，我们无法判断其功与过。

本书涉及的法国教育历史长达两千余年，经历了拉丁语和法语的长期演变，许多法语名词词型不变，但含义有所不同。

法语 "école"，意为教学的场所，源于拉丁语 "schola"，表示 "用于学习的闲暇"。"école" 一词在法语中通常表示初等教育机构，如幼儿学校（或母育学校，école maternelle）、初级学校、小学（élémentaire, école primaire），但经常会加修饰语，说明其性质。然而，"école" 也可以表示高等教育机构，但几乎无例外地加上修饰语 "高等的"（如 école supérieure），或其他表示学校性质的修饰语，如高等师范学校（école normale supérieure），综合技术学校（école polytechnique）。

在国内著作或文章中，经常把法国带有 "école" 字眼的高等教育机构的翻译成 "学院"，甚至 "大学"，似乎 "学校" 具有贬低的意味。为了尊重原文，本书一律将含有 "école" 的法国高等教育机构译成 "学校"。

源于拉丁语 "collegium" 的法语 "collège" 一词则多有歧义。其本意为 "代表人的群组"，在西方古代社会表示诸多权威人士组成的团体。团体中的成员，称作同僚，地位相等，决策采纳多数人的意见，这一机制被称为 "共治"（collégialité）。

在中世纪，随着大学的诞生，出现了一批接纳学生住宿的场所，同时在那里对学生进行辅助教学。这些场所便以 "学院"（collège）命名，如索邦神学院（Collège de Sorbonne）、纳瓦尔学院（Collège de Navarre）。

16—17 世纪，一些教会团体创办一批中等教育机构，也以

"collège"命名，我们将其称为"中学"，如耶稣会中学（collège jésuite）。

19世纪初，拿破仑创建帝国大学的同时，设置中等学校，其中由地方政府管辖的学校为"collège"。为了便于区分另一中等学校"国立中学"（lycée），我们把"collège"称为"市立中学"。

自20世纪以来的教育结构改革，法国中等教育第一阶段的教育机构均采用"collège"命名，因此我们统一称为"初中"。但需注意，法国国王弗朗索瓦一世（François I）于1530年创立的法兰西学院（Le Collège de France），虽仍沿用"collège"的名称，却是法国历史最悠久的高级学术机构。

法语"faculté"早已被习惯译成"学院"，但近些年我国大学改革中出现"学部"概念，便对应此词。因此，改用"学部"称呼中世纪大学的分支机构应无问题，且可与同期的"学院"（collège）相区分。但在帝国时期，大学被取消，所有"faculté"各自独立，再称"学部"显然不当。而大学体制恢复之后，重称"学部"也顺理成章。

法语"baccalauréat"基本无歧义，表示一种考试文凭，但涉及不同时期的文凭特点略有差异。中世纪巴黎大学首先用此词表示艺学部、医学部、法学部和神学部的毕业文凭，即大学的第一级学位。但当时没有中等教育，因此该文凭与中等教育无关。

1808年3月17日，拿破仑·波拿巴创立帝国大学的同时创建一种文凭，名曰"baccalauréat"。然而，法律规定申请该文凭者须具备其最后两年在公立学校注册学习的证明，也就是说，未能在公立中学毕业的学生，无法取得这一文凭。于是，这一文凭便具有中学毕业文凭和高等教育初级文凭的双重特点。为了方便起见，我们把这一阶段的"baccalauréat"称为"中学毕业会考文凭"。

1975年之后，法国中等教育第一阶段的教育机构统一称为初中，第二阶段的教育机构统一称为高中（lycée），因此我们顺理成章地把此后的"baccalauréat"称为"高中毕业会考文凭"。特别需要注意的是，这一文凭保留了帝国大学时期的特征，即具有中等教育毕业文凭和高等教育第一级文凭的双重特点。

认识法国教育，不能不涉及法律及司法文书。自罗马帝国始，法国的教育便被置于罗马法的管理体系之中。罗马皇帝的"敕令"（Édit）为教育的最高指令。在中世纪和旧制度的法国，敕令为君主颁布的法律文书，内容涉及某些人或某一省。此类文书只标记年月份，而没有日期，用绿色蜡封印并束红绿色丝带。另有皇家法令（Ordonnance royale），为法国旧制度时期的法，适用于整个王国。

法国又是天主教传统的国家，宗教法令在中世纪和旧制度时期同样对教育具有权威作用，如谕旨（bulle papale），为天主教教皇所发布的最隆重之文告，经常专为教育而颁布。

法国是资产阶级启蒙思想发轫地之一，资产阶级革命比较彻底，最早创立了系统反映资产阶级利益的法典，成为大陆法系的主要发源国。法国现行法律体系的特点是：比较全面地接受了罗马法的概念和原则，结合某些日耳曼法和教会法，形成现代大陆法系法律的完整系统；运用资产阶级政权，最早建立适用于全国的统一法制和统一的司法体系；以成文法典为主，判例只供参考，严格区分立法与司法职能，通常否定判例的法律拘束力，否定法官的造法作用；存在独特的、与普通法院并列的行政法院体系，适用以判例和行政法规为主的行政法。

法国现行的宪法是 1958 年制定的。法国成文宪法在立法和司法实践中的作用，不像美国那样突出，表现在：行政法比较发达，有关这方面的许多宪法原则均具体见诸行政法；法官无权以某一法律违宪为理由而宣布其无效或拒绝加以适用；宪法的理论研究多着重于一般抽象原则，如人权、自由等，而且大部分课题纳入政治学的范围。

1958 年 10 月 4 日法国宪法的序言和各条款、1946 年法国宪法的序言、1789 年《人与公民权利宣言》均构成法国法律的指导原则。

法国的法律文件由法、法令、决定等构成，以区分"行动与意愿，希望与可能，主流与枝节，合法与非法"，并具有规范与清晰的内容。

法（loi），"表达了普遍意愿"，其使命是宣布规则，并具有规范的意义。法由议会（含国民议会和参议会）通过、总统颁布执行，法只规定主要原则，细节则由其他法规予以补充。法在起草过程中，直至议会通过前，均称"法案"（projet de loi），没有法律约束力，只有政策参考价值。

法令（décret），由内阁通过，由总统或总理签署，涉及比较具体又相当重要的内容，是对法的最重要补充，也是执行相关法的必要保证。

政令（arrêté），由行政部门根据法的原则而颁布，一般由某一部长签署或由若干部部长联合签署，以落实重大决策。

决定（décision），由地区、省、市镇行政长官签署。

在法国法律文件中，还有规定（ordonnance）和通函（circulaire），但近年来已不多见。

法国的教育法规由法国教育部发行的《官方公报》（*Bulletin officiel*）定期予以公布。

迄今为止，我国尚无一部关于法国教育史的专著，本书则以法国历史和教育史的法文原著为基本参考资料，尝试全方位地展示法国各个时期的教育状况及其演进，为我国的外国教育史研究者和关注此领域的读者提供更为翔实的资料。由于涉及的范围和时间太过泛长，详略可能失当，语言表述可能不甚确切，敬请读者不吝赐教。

第一部分

从原始到文明：古代与中世纪
时期的教育

    法国的历史，可以追溯到高卢①时期，法国人经常把高卢人认作自己的祖先。但高卢时期留下的历史遗迹毕竟极为罕见，特别是高卢人没有文字，那时的教育完全是口头教育，其状况也多为后人的粗略描述。

    罗马人的到来，不仅带来了文字，也带来了新的教育形式和新的文化。高卢教育刻上了罗马的印记，甚至还带有希腊的色彩。

    罗马帝国的消亡，导致法国乃至欧洲进入漫长的中世纪，基督教学校和基督教教义成为教育的主导。尽管中世纪的宗教教育充斥着蒙昧，但后期也依稀可见文艺复兴的光芒。

    文艺复兴（Renaissance）是中世纪晚期发源于意大利的欧洲文化运动，其中包含对教育的思考，也促进了大学的诞生，大学的自治精神至今仍然闪烁着光辉。

---

    ① 高卢（Gaule），古罗马时期凯尔特人居住的地区，相当于现今欧洲的法国、比利时、意大利北部、荷兰南部、瑞士西部和德国南部莱茵河西岸一带的地区。

第一章　高卢—罗马教育

一、高卢教育

大约在公元前 600—前 400 年，一批凯尔特人（Celtes）[1] 来到后来被称作"高卢"（Gaule）的地方定居，这些人被称为"高卢人"（Gaulois）[2]。当时的高卢人基本上与繁荣的地中海文明相隔绝，只有南方的马赛与希腊文明有所关联。

高卢的社会结构如凯撒[3] 在其著作《高卢战记》（*Commentaires sur la Guerre des Gaules*）[4] 所描述的由三部分构成：祭司、骑士、其他人。

祭司（druides）具有崇高的威望与权威，可不参战，并免除税赋。他们管理宗教礼仪的实施，主持司法的裁决。但他们不仅是宗教事务的掌管者，还承担教育的责任。祭司的教育方式是口口相传，教授青年一代背诵有关宗教或战争的诗歌。一些专门吟诵诗歌的祭司也被称作"吟游诗人"（bardes），因其能力，从吟诵 7 首至 350 首诗歌故事，这些吟游诗人被划分为 10 个等级。

---

① 凯尔特人（Celtes），是公元前2000年活动在西欧的一些有着共同的文化和语言（凯尔特语族）特质的有亲缘关系的民族的统称。

② 高卢人（Gaulois），指的是在公元前5世纪到公元3世纪之间聚居于高卢地区的凯尔特人。他们的语言高卢语是大陆凯尔特语支的主要组成部分。

③ 盖乌斯·尤利乌斯·凯撒（Gaius Iulius Caesar，前100年7月12日—前44年3月15日），罗马共和国末期的军事统帅、政治家，是罗马共和国体制转向罗马帝国的关键人物，史称凯撒大帝。

④ 《高卢战记》（拉丁语：Commentarii de Bello Gallico），是凯撒描述自己从公元前58年到前50年担任高卢行省省长时遭遇到种种事件的随记。

祭司和吟游诗人传授的主要是灵魂不灭的思想，即当一个人死后，其不灭的灵魂会转移到另外的身体。祭司称号的含义其实是"非常智慧"（dru-id），其传授的内容更多在道德和哲学层面。吟游诗人则是通过吟唱诗歌渲染神圣的氛围。另外还有通常由妇女担任的"占卜者"（devins），在宗教仪式中预言未来。

祭司还要负责对骑士阶层的战争教育。骑士（chevaliers），即骑在马上的战者，需要学会勇敢。祭司便教导他们，死亡仅是一条需懂得可以跳过去的小沟堑。祭司传授的令敌人恐惧的"技巧"是：伴随歌唱的野蛮舞蹈，赤身裸体，手握武器，张开大口，伸出舌头，露出喉咙，甚至在想象中可见心脏深处。在高卢人看来，这样的战者是无懈可击的，是不可战胜的。

在高卢，存在一种寄养的习俗，儿童经常交由养父教育。所有自由人都可成为养父，特别是贵族更被看重。多妻的贵族男人可以接受多个养子和养女。儿童通常在 7 岁之前就被送至养父家中。男孩要学习看管牲畜、浸泡大麻、劈柴，女孩要去磨坊学习推磨、筛面或晒粮。然而，贵族女孩可以例外地学习缝纫和刺绣，贵族男孩学习骑马、下棋、狩猎、游泳。

总体上看，高卢人的教育还是一种无文字的教育，基本目的是传递一种原始宗教信仰，维持基本的物质生活，其中记忆力和强壮的身体是教育的要素。

二、罗马化的高卢教育

公元前 121 年，罗马 ① 的势力开始入侵高卢的南方，先是在纳尔博

---

① 古罗马（Rome antique）指从公元前 9 世纪初在意大利半岛（即亚平宁半岛）中部兴起的文明，古罗马先后经历罗马王政时代（前 753—前 509 年）、罗马共和国（前 509—前 27 年）、罗马帝国（前 27—1453 年）三个阶段。传说在公元前 754—前 753 年，罗穆卢斯在台伯河畔建罗马城，开创了王政时代。自公元前 5 世纪初开始又征服了意大利半岛南部的土著和希腊人的城邦，成为地中海西部的大国。罗马又发动了三次布匿克战争，三次马其顿战争，征服大部分伊利里亚、马其顿，并控制了整个希腊，成为横跨欧洲、非洲称霸地中海的庞大帝国。到 395 年，罗马帝国分裂为东西两部分。西罗马帝国亡于 476 年。而东罗马帝国（即拜占庭帝国）则在 1453 年被奥斯曼帝国所灭。

纳（Narbonne），之后在图卢兹（Toulouse）直至里昂（Lyon）。公元前 50 年，随着凯撒的大举进攻，罗马的势力推进到莱茵河畔，实现了后来所谓“罗马和平”。

罗马人，实际上是一个以享受土地果实为特点的农耕民族。但他们并不愿终身劳作，他们把生活区分成两个部分：一部分是娱乐，包括身体的愉悦、精神和心灵的愉悦；另一部分是劳动，即令人疲惫的活动，也是束缚与枯竭的源头。教育便属于艰苦劳动的范畴。在拉丁语中，文化与耕种是同一词汇，精神的培育（cultura animi）和土地的耕作（cultura agri）都是通过劳动所得。教育的过程就是文化的过程，就是将野蛮状态的人提升至社会的人。

罗马人便是以这种理念来改造高卢人。罗马皇帝奥古斯都（Auguste）[1]在公元前 27—前 8 年数次巡游高卢，下令禁止祭司布道，创建以拉丁语[2]为基础的城市行政系统。

罗马人虽然已经成为希腊人的统治者，但就文化而言，心底里总觉得自愧不如。他们认为，希腊语[3]高于乡土的拉丁语，因此学校的教学语言应当是希腊语和拉丁语并存。而在高卢，学校里实际上有希腊语、拉丁语和高卢语三种教学语言。

在高卢南方，由于较早受到希腊[4]影响，上层家庭经常雇用希腊仆人或奴隶教其孩子讲希腊语。这也是继承了古希腊人的传统。这些背负儿童书包、牵手送儿童上学的奴隶，不仅教授儿童语言，还负责儿童的监护和道德教育，于是被称为“教仆”（paedagogus），这一词汇的含义

---

[1]　奥古斯都（拉丁语名 Imperator Caesar Divi filius Augustus，前 63 年 9 月 23 日—公元 14 年 8 月 19 日），原名盖乌斯·屋大维·图里努斯（Gaius Octavius Thurinus），罗马帝国的开国君主。

[2]　拉丁语（Latin），印欧语系的意大利语族语言，古罗马时期广泛使用。现在拉丁语通常被认为是一种死语言，但仍有少数基督宗教神职人员及学者可以流利地使用拉丁语。

[3]　古希腊语（Grec ancien），指代公元前 9 世纪至公元 6 世纪所有以口头及书面为载体的古希腊语族的方言。希腊字母源自腓尼基字母。

[4]　古希腊（Grèce antique），不是一个国家的概念，而是一个地区的称谓。古希腊位于欧洲的东南部、地中海的东北部，包括希腊半岛、爱琴海和爱奥尼亚海上的群岛和岛屿、土耳其西南沿岸、意大利南部和西西里岛东部沿岸地区。古希腊是西方文明的主要源头，持续了约 650 年（公元前 800 年—前 146 年）。

后来演变为"教育者"或"教育家"。待这些孩子上学时，便可以开始阅读和书写希腊文字。

罗马人仿造希腊人的教育系统，建立了初等教育、中等教育和高等教育。但罗马人又对希腊教育进行了改造，以适应罗马化的需求。包括歌唱与舞蹈的音乐教育虽然被接受，但不是学校教学科目，而只是娱乐的工具。体育也不被作为竞技看待，仅仅是强身、沐浴和表演的方法。

小学通常设置在类似店铺的房间里，教师称作"初主"（primus magister），接收 7 至 11 或 12 岁的男、女儿童。小学生清晨起床，几乎不吃东西便由教仆带领上学。上午的教学内容主要是阅读、书写、计算和背诵。阅读课上，学生按顺序从 A 到 X（Y、Z 字母在希腊语中学习）背诵字母，然后倒序背诵，或背诵各组对称字母，如 B—V、C—T。诵读字母之后，再学习音节，再过渡到学习单词。在书写课上，儿童学习用尖笔在蜡板上刻写字母。计算课的教学法，主要是借助木棍、石子学习计算，有时手指也是计算工具。

中午，学生回家吃午餐。下午，一部分学生继续阅读学习，一部分学生去娱乐、游戏，如游泳。学校的假期通常在 7 月末至 10 月中旬，但平时没有周末的休息。

中学的教育内容是语法，由语法师（grammaticus）授课，学生是学习优秀的 11 或 12 至 15 岁儿童。语法教学主要是分析语言要素，解释经典著作，背诵主要段落，并结合神话、历史、地理和科学等方面知识，对经典著作的思想深度进行评述。涉及的主要经典著作有特兰西（Térence）[1] 和维吉尔（Virgile）[2] 的诗歌，撒路斯提乌斯（Salluste）[3] 的

---

① 泰伦提乌斯（拉丁语名 Publius Terentius Afer，前 195 或 185 年—前 159 或 161 年），罗马共和国时期的剧作家。

② 维吉尔（拉丁语名 Publius Vergilius Maro，普布利乌斯·维吉利乌斯·马罗，前 70 年 10 月 15 日—前 19 年 9 月 21 日），奥古斯都时代的古罗马诗人。其作品有《牧歌集》（*Eclogues*）、《农事诗》（*Geotgics*）、史诗《埃涅阿斯纪》（*Aeneid*）三部杰作。

③ 盖乌斯·撒路斯提乌斯·克里斯普斯（拉丁语名 Gaius Sallustius Crispus，前 86—前 34 年），常简称为撒路斯提乌斯，古罗马著名历史学家。

历史和西塞罗（Cicéron）^①演讲术等方面。

高等教育阶段是筛选十分严格的阶段，学生年龄在15—20岁之间，学习专业主要是修辞。修辞学既是希腊教学之范，又是罗马职业与社会价值的顶峰，掌握修辞和演说艺术是成为政治人物和律师的必要途径。

磋商（suasoia）与讨论（controversia）是高等教育的两大训练科目。教师会选择适当的题目，学生充实其内容并细化，然后设置一定的特殊背景，进行讼辩或演讲，以此来培育学生的口才和说服的艺术。演讲术的训练同时也是文学、哲学、法学的学习过程。

高等教育的发展在高卢还十分有限，学习哲学、医学和法律的优秀学生需要到罗马去深造。

三、书写材料与教学法

文明的传承离不开一定的文献存储，教育也需要一定的书写材料和学习工具。在高卢，仅有的书写材料就是莎草纸（papyrus）。这种纸的原材料是生长在埃及尼罗河三角洲的莎草。人们把草秆顺长破开，尽可能保留最宽的部分，再把每一片长条草秆排放在浸水的平板上，一层草板上再覆盖另一层草板，然后压实，挤出水分。这样形成的草板经过日晒，再用象牙或贝壳等工具磨光，最后用木槌打平，才成为可书写的莎草纸。刚刚制成的莎草纸呈洁白色，年长日久才逐渐变黄。一张一张的莎草纸可以用面粉和醋的混合物粘合，形成宽约35厘米，长达6—10米的纸卷。

阅读书写在莎草纸卷上的文字当属不易，两只手需同时操作。每当读完一纵列文字之后，左手须收回纸卷，同时右手须打开纸卷，此时做标注绝无可能。

然而，由于莎草纸的稀少、珍贵，学生还无缘享用。高卢学生经常用的是蜡板和铁笔。在长方形的木框里，涂上一层蜡，学生用一端为尖

①　马库斯·图利乌斯·西塞罗（拉丁语名Marcus Tullius Cicero，前106年1月3日—前43年12月7日），罗马共和国晚期的哲学家、政治家、律师、作家、雄辩家。

的铁笔在上面写字。写满之后，可以用一平铲将蜡模抹平，再重新书写。这样的书写工具虽然可以重复使用，基本满足训练学生的书写能力的要求，但无法保存文字内容。

计算学习也十分原始。法语"计算"（calcul）一词源于拉丁语"calculi"，意为"小石子"，即用小石子来学习计算。当然，用手指学习计算也是常用的方法。

教师对学生的基本要求是认真听讲，哪怕是长时间的课程，学生也要被动地听，刻记在脑子里。对于学习不认真的学生，教师经常采取的方式是施以体罚。当学生心有旁骛，教师会用戒尺打其手掌；当学生起哄吵嚷，皮带会抽在其腿肚上；当学生反应迟钝时，棍杖会捅到其屁股上。教师不仅是这样"全副武装"，时不时还会对听不懂的学生大喊大叫，令学生胆战心惊。

当然，有时教师也试图通过提高学生兴趣来改善教学效果，比如用黄杨木、大理石或面团制作字母，在学生中开展字母游戏。罗马时期的教育家昆体良（Quintilien）[①]提倡激发学生的好胜心，但响应者寥寥。

在高卢—罗马时代，初等教育基本限于城市，只有城市中比较富裕的家庭才能送子女上学，因为他们要支付蜡板和铁笔等必要的学习用具和教师的费用。而中等教育和高等教育由于高昂的学费，只有贵族和法官等上层家庭的男子能够入学，女子则被排除在外。

教师的地位也不尽一致。小学教师的职业类似于奴隶或自由人，其收入相当于熟练工人的工资。中等教育的"语法师"（grammaticus）的待遇略好一些，只有高等教育的"修辞学教师"（rhéteur）属于社会的上层。

从高卢时代到罗马化的高卢时代，实现了从无文字的教育到有文字的学校教育的过渡，但教育的形式仍是初级阶段，其初等教育、中等教育和高等教育的划分依据主要是教育内容层次的不同，与现代教育系统不可同日而语。而罗马帝国的衰落与消亡，更使这一教育消失殆尽。

---

① 马库斯·法比尤斯·昆体良（拉丁语名 Marcus Fabius Quintilianus，约35—100年），罗马帝国西班牙行省的雄辩家、修辞学家、教育家。

第二章 中世纪基督教学校

罗马帝国皇帝君士坦丁一世（Constantinus I）[①]于 313 年在意大利的米兰颁布"米兰敕令"（Édit de Milan），宣布罗马帝国境内具有信仰各种宗教的自由，承认了基督教的合法地位。公元 380 年，罗马帝国皇帝又颁布"萨洛尼卡敕令"[②]，确立基督教为国教。

公元 395 年，罗马帝国分裂为西罗马帝国和东罗马帝国，公元 5 世纪初又面临蛮族的入侵，罗马帝国随之解体，同时开启了欧洲的中世纪[③]。罗马人创建的高卢—罗马教育体系也于公元 6 世纪完全消失，逐渐代之以基督教学校。

一、修道院的精神教育

在埃及沙漠里曾经有一批修道士隐居，他们厌恶尘世，只相信上帝。大约在公元 3 世纪，他们开始接收孩子，教他们学习修道院的生活。这些孩子通常是由其父母托付给修道士，因此孩子们都称修道士为

---

① 奥勒里乌斯·君士坦丁（拉丁语名 Aurellus Constantinus，272 年 2 月 27 日—337 年 3 月 22 日），常被称为君士坦丁一世（Constantinus I）或君士坦丁大帝，罗马帝国皇帝，306 年至 337 年在位。他是第一位信仰基督教的罗马皇帝。

② 萨洛尼卡敕令（Édit de Thessalonique）是罗马帝国皇帝狄奥多西一世、格拉提安和瓦伦提尼安二世于 380 年 2 月 27 日在萨洛尼卡颁布的敕令，确立基督教为罗马帝国国教。

③ 中世纪（Moyen Âge，5 世纪至 15 世纪），是欧洲的一个历史时期，始于西罗马帝国的灭亡（476 年），终于东罗马帝国的灭亡（1453 年）。

父亲。修道士以圣歌和《圣经》①的《新约》为教学内容,教孩子们学习阅读和书写。

公元 4、5 世纪,修道院学校由东迁来。圣·玛丹(Saint Martin)②在卢瓦河③畔的图尔(Tours)创建了玛尔姆提(Marmoutier)修道院,基本移植了埃及隐修士的传统。修道院里,年轻修士从事抄写工作,年长修士才可以主持祈祷。在玛丹教派看来,大量抄写圣言的手稿,是在反复理解圣言,是做祈祷的必经之路。

公元 415 年,让·卡西扬(Jean Cassien)④在马赛(Marseille)附近创办了圣·维克多修道院。这是一座复式修道院,一部分为男修士,一部分为女修士。卡西扬的教学由两部分构成:精神生活追求和日常道德实践。主要教学方法是反复高声朗诵和默诵上帝的话语。修道院崇尚的是一种苦行精神,要求修士无条件地服从。他们信奉沙漠之父的箴言:每日两次给枯枝浇水,一年不断,此乃服从。这种关于服从的教育,目的是使年轻修士远离撒旦挑唆的个人意愿和傲慢。

卡西扬首次将罪恶区分为死罪与可恕罪。在他看来,需要远离八种恶:贪吃、奢华、吝啬、愤怒、悲伤、厌恶精神事物、自负、傲慢。这八种恶相互作用,但首先要克服贪吃,因为贪吃导致奢华,之后恶便叠加。因此,修道院的道德便是远离尘世和斋戒。修道院还要求意识公开,向长者承认所有不良思想有助于获得长者的精神指导,脱离罪恶。这些道德要素基本是早期高卢修道士传授的原则。

卡西扬等修士的精神与道德教育逐渐渗透到民间,并在 5—6 世纪产生明显影响。一些儿童被修道院接收,被施以初级的教育,主要是学习《圣经》经文,抄写经文手稿。由于这些修道院多建在莱兰群岛

---

① 《圣经》(Bible),是犹太教和基督教的宗教经典,由《旧约》和《新约》两部分构成。《旧约》(Ancien Testament)与犹太教的《塔拿赫》(Tanakh)大致相同。《新约》(Nouveau Testament)主要记叙了耶稣及其门徒的言行和早期基督教的事件。

② 圣·玛丹(Saint Martin de Tours,316 年—397 年 11 月 11 日),4 世纪基督教著名圣人,图尔主教。

③ 卢瓦河(Loir)位于法国中、西部,发源于厄尔—卢瓦省伊利耶孔布赖以北,最终在布里奥莱注入萨尔特河。

④ 让·卡西扬(Jean Cassien,360—435 年),地中海教会修士。

（Îles de Lérins）① 上，一些历史学家把这些修道院称为"莱兰学校"。

塞泽尔（Césaire d'Arles）② 在民众中宣讲修道院的道德。他认为，童贞才能达至完美，"处女可收获一百，寡妇可收获六十，而结婚者只能收获三十。"婚姻的意义仅在于生育，正如农民只播种一次，夫妻应当戒绝与生育无关的一切关系。他还认为，斋戒是一种必须，不仅要去教堂聆听圣言，还应日夜在家祈祷。

这些修道院学校的影响在高卢南部逐渐扩展，民众的宗教需求也随之扩大。不仅城市，乡村对教士的需求也与日俱增。一些世俗文化人成为主教（épiscopat）。虽然修道院也逐渐向信众开放，承担诵经和祈祷的功能，并培养教士，但仍不能满足人们对宗教活动的需求。529 年的主教会议发布了一项教令，所有神父都可以接收未婚的年轻读书人，教他们学习圣歌、圣文和上帝的戒律，成为神父的接班者。当他们成年，如果有人未能克服肉体的脆弱而欲娶妻，可以准其结婚。这一教令催生了专门培养教士的教士学校。这些学校与修道院学校有所不同，不仅要学习圣歌和圣经，还需要学习教会生活的各种清规戒律。教士学校继续向世俗人开放，待他们成年时，可以选择离开学校。

教室总是十分窄小，放置一块涂蜡的木板和一支骨质或银质的笔。那时虽由羊皮纸替代了莎草纸，但仍很珍稀，极少能在教室中见到。那时的书籍都很昂贵，如宝物一样珍藏在图书馆内。同时，羊皮纸质的书籍又十分厚重，因此在一些高级的阅览室有一种可旋转的读书台，方便人们同时阅读几本书。

教士学校的初级教育从字母学习开始，再从音节到词汇，然后学习圣诗。教师先朗读一首诗歌，学生听后复读，教师纠正可能出现的错误。这样，至少需要 2—3 年才能背诵 150 首圣歌。在唱歌学习中，先由教师示唱，学生再学唱，逐渐掌握旋律和曲调。算术学习，主要借助筹码和手指。

---

① 莱兰群岛（Îles de Lérins）是位于法国戛纳附近海域的一个群岛，总共包括四个岛屿，其中以圣托诺拉岛和圣玛格丽特岛的面积较大，另外两个岛屿是无人岛。

② 塞泽尔（Césaire d'Arles，约 470 年—542 年 8 月 26 日），法国阿尔勒市主教。

　　记忆，是当时重要的教学法。教师总是给单独学生讲授，然后学生可以相互帮助。修道院院长或主教负责学习的考核，通常是直接向儿童提问。

　　7—8 世纪，学校中的书面拉丁语与拉丁语口语发生脱离，一些字典类型的书籍开始出现，并有一些名人名言类的书籍。在高卢，一部名为《闪光之书》（*Liber Scintillarum*）的著作，由德方索（Défensor）①编纂于公元700年，汇集了哲罗姆（Jérôme）②、奥古斯丁（Augustin）③等人的名言，并分成禁戒、誓言、良商与劣商、欲望、殉教等条目。其中一些警句，如"大腹便便装不下微妙思想"，仍有现实意义。

　　自 7 世纪，布道者宣讲的主题和语调有所转变，因为他们认为民众变得越来越粗鲁与狡诈。为了吸引与教化民众，布道者放弃宣讲圣经，而是评述一些圣人、殉教者、神父的生活片段，强调日常道德的规矩：不要偷窃、不要杀戮、纯真生活、弃俗尊教、背诵《信经》（*Credo*）和《天主经》（*Le Pater*）。

　　在这些说教中，布道者尽可能渲染地狱和末日审判的恐怖，以唤醒人们改邪归正。埃洛瓦（Éloi de Noyon）④神父对其教区的民众讲道："神的报复已经来了……上帝的愤怒也已临近……我的弟兄们，只要还有时间，我们就要完成要走的路，唾弃这个我们不能长时间占有的世界吧！"

---

　　① 德方索（Défensor，生卒年月不详），法国利居热（Ligugé）早期修道士。

　　② 哲罗姆（Jérôme，约340—420年），早期基督教拉丁教父，是古代西方教会领导群伦的圣经学者，公元 340 年生于罗马帝国斯特利同城（今前南斯拉夫境内）。366年入基督教。一生致力于神学和《圣经》的研究，曾根据希伯来版本，用拉丁文重新翻译圣经，即《通俗拉丁文译本》，由于此译本对中世纪神学有很大影响，16 世纪中叶被特兰托公会议定为天主教法定版本。

　　③ 奥古斯丁（Augustin 或 Augustinus Hipponensis，354 年 11 月 13 日—430 年 8 月 28 日），早期西方基督教的神学家、哲学家，曾任天主教会在阿尔及利亚城市安纳巴的前身希波（Hippo Regius）的主教。

　　④ 埃洛瓦（Éloi de Noyon，约 588 年—660 年 12 月 1 日），法国努瓦永天主教主教。

二、查理曼与教育

查理曼（Charlemagne）①为法兰克王国②国王和皇帝，广为人知的是他为法国的领土扩张而征战一生，但他还有鲜为人知的一面，就是勤奋学习。据说，他常在床上置一小桌，铺上羊皮纸练习写字。他十分崇敬教授自由七艺的学者，他向意大利的高级修士皮耶尔（Pierre de Pise）③学习语法，拜英国大学者阿尔昆（Alcuin）④为师，学习修辞、辩证法和天文学。他还要求其子女学习自由七艺，要求其子学习骑马、习武、狩猎，要求其女学习纺羊毛线，学习所有成为诚实女人的一切知识。自790年，查理曼每年冬天都到南方的埃克斯的皇家庭院居住一段时间。在那里，依照皇帝的乐趣，汇集了一批年轻的王子、誊写师、公证师、教师、作家，知识生活显得十分活跃。查理曼时常伏案阅读希腊古籍。他在罗马式的热水池中沐浴，百余名朋友、子嗣和卫兵环绕其周围，与其老师阿尔昆讨论神学问题。

查理曼致力于三项改革：统一帝国所有教堂的礼拜仪式，改革教士教育，改革文字传播的行政系统。这三项改革要求教士、官员、伯爵具备足够的知识掌握法律与敕令，以便教化民众。789年，查理曼颁布"全面告诫"（Admonitio generalis）教令，其中一章专门涉及学校："教士不仅要吸引奴隶的孩子，还要吸引自由人的孩子。我们要为教育儿童

---

①　查理曼（Charlemagne，742年4月2日—814年1月28日），法兰克王国加洛林王朝国王（768—814年在位），800年由教皇加冕于罗马，成为他所扩张地区的皇帝。

②　法兰克王国（Royaume des Francs），是公元481年到843年由日耳曼人的一支法兰克人在西欧建立的封建王国，分为墨洛温王朝（Mérovingiens，481—751年）和加洛林王朝（Carolingiens，751—843年），843年的《凡尔登条约》使法兰克帝国分裂为三部分，逐渐演变成今天的法国、德国和意大利等国。

公元481年，克洛维一世（Clovis Iᵉʳ，466年—511年11月27日），成为法兰克王国国王。486年击溃西罗马帝国在高卢的残余势力，占领高卢地区，建立了墨洛温王朝，以巴黎为都。751年，宫相矮子丕平篡夺王位，开始加洛林王朝的统治。800年查理加冕称帝，法兰克王国成为查理曼帝国。

③　皮耶尔（Pierre de Pise），8世纪意大利语法师。

④　阿尔昆（Alcuin，约735—804年），中世纪英格兰学者。约782年应查理曼大帝的邀请，赴加洛林王朝担任宫廷教师，对加洛林文艺复兴有很大贡献。796年出任图尔的圣马田修道院院长。

读书而创建学校。所有修道院和主教教区都要教授圣诗、音符、圣歌、日历推算法、语法，并认真改正宗教书籍的谬误，因为一些人诚心向上帝祈祷，经常由于书中的错误和不足而未能所愿。不要使你们的学生阅读和书写时背离方向。当他们需要抄写福音、圣诗和祈祷书时，应当有熟练人士为他们认真书写"。直至查理曼统治的终期，他还关注教育。在813年的主教会议上，查理曼命令主教们建立可以教授圣经和世俗文学的学校。根据查理曼的意志，主教大会对不同层级的教士提出不同的学习要求，并禁止他们赛马、掷骰子、带猎犬和鹰隼狩猎。查理曼的老师阿尔昆曾经有过这样的梦想：如果都能按照查理曼的意愿，一个新的雅典会在法兰西帝国诞生，而且这个雅典比老雅典更美好。然而，查理曼的统治时间毕竟有限，征战任务往往压倒教育使命，实际的教育成就并不宏大。

查理曼创建或改革的学校有三类：堂区学校、修道院学校、主教学校。

堂区学校（écoles paroissiales ou presbytérales），是由本堂神甫或副本堂神甫主管的小学校，儿童学习简单的阅读，学习圣诗和经文，以便将来到农村地区传教。

修道院学校（écoles monastiques ou claustrales），通常由修道院内、外两部分构成，修道院外部学校接收约7岁的儿童，而修道院内部的学校，接收已经被外部学校接收并被认为可能成为修士的学生。

主教学校（écoles épiscopales ou cathédrales），由早期的小型研习班演变而来。学校通常设在主教家中，教士在学校中共同生活，通过深入学习旧约和新约来修炼职业能力。

为了避免世俗儿童与学做教士的儿童相混淆，817年的主教会议决定设置两种学校，一种设在教堂院外，一种设在教堂院内。圣卡尔修道院学校的设置具有一定的典型性。院外学校的主体为两所木制的大教室，周边是12间小学习室。教师居所朝向教堂北侧，誊写室（scriptorium）设在底层，图书馆则设在上层。

石磊校舍逐渐多起来。在贫困的修道院或主教区的学校，一般只有一位教师，承担唱歌、抄写等各种学科的教学，并负责管理图书。当学生数量较多时，才有几名教师承担教学。实际上只有极少学校的学生达到百余名，通常不会超过 12 名学生。

当主教的教堂管理工作负担过重时，可以把教学工作交付给主教代理，或任命一位教师。但是，那时教师还是稀缺人才，并非总能找到。伊德卡尔（Hildegaire）① 向其老师福尔拜尔（Fulbert de Chartres）② 求助推荐一位教师，但福尔拜尔未能办到，只好建议他在学生中找一个年龄大一点的做助手，辅导其他学生。这种教学法并非诚心所愿，实在是由于教师短缺而不得已为之。即使找得到教师，也与当时的免费规则相冲突，有时为了得到教师，暗地里付钱也不可避免。

而查理曼亲自创建的学校当属"宫廷学校"（École du Palais）。宫廷学校接收的完全是贵族子弟，查理曼不时地前去训斥或奖赏这些学生，令优秀学生列于其右侧，平庸学生在其左侧。宫廷学校其实不是严格意义上的学校，而像不固定的古希腊学园。已经完成基础教育的贵族子弟来这里接受更高级的大师教育。自 782 年，宫廷学校便由英国大学者阿尔昆主持。

查理曼之后，加洛林王朝③ 的末代国王们对教育和文化不再感兴趣，教会也落入世俗人的手中，修士们携圣物与手稿四处离散。主教和修道院长为了重建学校不得不招录外国的教师和誊写师。加佩王朝初期的几位国王的文化素质都不高，奠基国王于格·加佩（Hugues Capet）④ 深感其能力不足，将其儿子罗贝尔，即继任国王罗贝尔二世

----

① 伊德卡尔（Hildegaire，卒于 1032 年），法国修士。

② 福尔拜尔（Fulbert de Chartres，生于 952—970 年之间，卒于 1028 年 4 月 10 日），修道院学校教师。

③ 加洛林王朝（Carolingiens），公元 751 年，加洛林家族取代墨洛温家族，成为统治法兰克王国的王朝，直至 10 世纪。"加洛林"的名称源自查理大帝的祖父查理·马特（Charles Martel）的拉丁语名字"Carolus"。

④ 于格·加佩（Hugues Capet，941 年—996 年 10 月 24 日），法兰克国王，987 年 7 月 3 日—996 年 10 月 24 日在位。

（绰号"虔诚者"，Robert II le Pieux）^①送往兰斯的学校，向大学者奥里亚克的热尔贝（Gerbert d'Aurillac）即后来的教皇西尔维斯特二世（Silvester II）^②学习。

三、教学内容与方法

950 年前后，中世纪的城市发展起来，学校随之在城市中兴起。城市学校的宗教礼仪色彩趋于淡化，而知识特点有所增强。热尔贝首先在城市学校中开设自由四艺和自由三艺，特别是在逻辑学上有所创新，主要是研究波爱修斯（Boèce）^③关于亚里士多德的评论。他教学生对属性、种类、差异、本质、偶然性等共相或普遍性（universaux）概念进行辨析。数学开始成为一门独立学科，而不再是附属于音乐的和谐关系的学问。数学从此进入一种理性精神境界，或者说理性自计算开始，因为拉丁语"理性"（ratio）的本意为计算。

教师和学生的流动是一种常态。教师的流动是为了扩大自己的名望，学生的流动主要是寻求名师，一些贫困学生则是为了谋得糊口之地。

体罚在学校中司空见惯。埃格伯特（Egbert）^④写道："有这样一些学校，皮鞭重于讨论。人们只知道摧残身体，不知道关怀精神。愚蠢的教师想让学生知道他们未曾学习的东西。精神在内部滋生，皮鞭于事无补。如果没有精神，你们就是搬走压在你们可怜的学生肩上的森林也毫无意义。"一位语法师为其学生出的作文题竟然是："小心你的脊背！"意在告诫学生认真学习，免得脊背遭受皮鞭之苦。

---

① 罗贝尔二世（Robert II le Pieux，972 年 3 月 27 日—1031 年 7 月 20 日），法兰克国王，996 年 10 月 24 日—1031 年 7 月 20 日在位。

② 西尔维斯特二世（Silvester II，约 950 年—1003 年 5 月 12 日），本名热尔贝（Gerbert d'Aurillac），于 999 年 4 月 2 日至 1003 年 5 月 12 日任天主教教皇。

③ 亚尼修·玛理乌斯·塞味利诺·波爱修斯（Boèce，拉丁语名 Anicius Manlius Severinus Boëthius，480—524 或 525 年），6 世纪早期罗马哲学家。

④ 埃格伯特（Egbert de Liège，生于约 972 年，卒年不详），列日（Liège）的主教学校执事。

　　坎特伯雷大主教安塞姆（Anselme de Cantorbéry）[①]在担任拜克修道院长时曾与一些教师讨论学生问题，教师们说："学生们腐败不堪、不可救药，我们不分白天黑夜地用皮鞭抽打他们，他们却变得越来越坏。"安塞姆十分震惊，说："你们不停地打学生，当他们长大成人，是不是会变得愚笨，""这确实是一个坏征兆，用食物将人饲养成野兽！我们尽全力将他们向前推，但他们未前进一步。如果在你的花园中栽一棵树，然后将其笼罩起来，使其枝丫不得伸展，数年限制其生长，这棵树会怎样？毫无疑问，树的枝条会交错扭曲，这便是你限制其生长的错误。你也是这样对待你的学生。正是过度的权威使学生窒息，学生之间以恶相待，并有芒刺在背之感。如果你们希望孩子们很好成长，你们要带给他们温暖的帮助和慈父般的爱。"[②]当时修道院学校的严酷教学法虽然十分普遍，但仍然有有识之士对其有清醒认识，并批判其不良后果。

　　学校教学语言虽然仍是拉丁语，但校外语言环境已经发生变化。813年的主教会议宣布，需要用地方语言讲经，以便使人们都能容易了解其内容。著名的842年《斯特拉斯堡誓言》[③]已经用罗曼语、日耳曼语和拉丁语写成。为了抵制影响日益扩大的方言，一些修道院明令禁止儿童讲方言。实际上，当时学生必须学会两种语言，仿佛又回到古罗马时代，拉丁语与方言并用。但又有所不同，古罗马时代的拉丁语与方言都是活语言，此时的拉丁语已成为死语言。而正是拉丁语成为后来平民教育与贵族教育的分水岭。

　　[①]　安塞姆（Anselme de Cantorbéry，1033年—1109年4月21日），中世纪意大利哲学家、神学家，1093年至1109年任坎特伯雷大主教。

　　[②]　Michel Rouche, *Histoire de l'enseignement et de l'éducation en France, tome 1, V av. J.-C.-XVe siècle*, Paris: Perrin, 2003, p. 249.

　　[③]　斯特拉斯堡誓言（Les Serments de Strasbourg），842年2月14日，西法兰克王国国王秃头查理二世即秃头查理（Charles le Chauve，823年6月13日—877年10月5日）和他的异母兄弟、东法兰克王国国王日耳曼人路易（Louis le Germanique，806年—876年8月28日）在斯特拉斯堡（Strasbourg）相互宣誓效忠，结盟反对他们的大哥、名义上的法兰克王国和所有法兰克人王国的国王、神圣罗马帝国皇帝洛泰尔（Lothaire Iᵉʳ，795年—855年9月29日）。为了使双方在场的士兵都能听懂誓约，宣读誓言时都没有使用对民众来说已经变得陌生的拉丁文，而是使用了罗曼语口语和古高地德语口语。两位统治者各以对方的语言宣誓。

记忆是最普遍的教学法，所谓"心中的知识，才是知识"[1]。为了保持记忆，每天早晨都要复习前一天学习的课程。

阿尔昆及其继任者普及了问答式对话的教学法。"何谓生活？快乐者幸福，悲戚者贫穷，死亡都将来临。""谁首创了文字？墨丘利（Mercure）[2]。""谁是最早的医生？阿斯克勒庇俄斯（Aesculape）[3]。""亚伯拉罕（Abraham）[4] 活到多少岁？ 85 岁。""谁栽种了第一颗葡萄？诺亚（Noé）[5]。"[6]

关于书写，加洛林王朝的誊写师放弃了不易辨认的草书，取而代之的罗马体清晰易读，书写也便捷。当出现书写错误，可以用刮刀将羊皮纸表层剥去，然后写上新的文字。图书馆的羊皮书都是将羊皮纸叠成四折存放。

随着自由艺术教育在学校中开展，人们发明了音符，以记载音调的高低。9 世纪初，德雷佐（Guido d'Arezzo）[7] 将音符命名，如多、来、米、发，使音乐教育成为可能。[8] 管风琴也被发明出来。人们还发明一种简易算盘，可以加快简单算术，但是由于罗马数字没有零，加减法之外，特别是除法，计算起来特别复杂。计算还运用于历法，例如不定日期的复活节的推算。望远镜也发明出来，用于观测星相。

多数教师认为讲话的艺术乃生活的艺术，为统治所必须，因此十分

---

[1]　Michel Rouche, *Histoire de l'enseignement et de l'éducation en France, tome 1, V^e av. J.-C.-XVe siècle*, Paris: Perrin, 2003, p. 251.

[2]　墨丘利（Mercure），罗马神话中为众神传递信息的使者，相对应于希腊神话的赫耳墨斯（Hermes）。他的形象一般是头戴一顶插有双翅的帽子，脚穿飞行鞋，手握魔杖，行走如飞。墨丘利是朱庇特和迈亚的儿子，是医药、旅行者、商人和小偷的保护神。

[3]　阿斯克勒庇俄斯（Aesculape 或 Esculape）希腊神话中医生的保护神，医生的始祖，太阳神阿波罗（Apollo）和塞萨利公主科洛尼斯（Coronis）之子。

[4]　亚伯拉罕（Abraham），是犹太教、基督教和伊斯兰教等宗教的先知，同时也是包括希伯来人和阿拉伯人在内的闪米特人的共同祖先。

[5]　诺亚（Noé），《圣经·创世记》和《古兰经》中的一个人物。

[6]　Michel Rouche, *Histoire de l'enseignement et de l'éducation en France, tome 1, V^e av. J.-C.-XVe siècle*, p. 252.

[7]　德雷佐（Guido d'Arezzo，992—1050 年），意大利本笃会修士。

[8]　Michel Rouche, *Histoire de l'enseignement et de l'éducation en France, tome 1, V^e av. J.-C.-XVe siècle*, p. 254.

重视讲演与辩证法。但阿尔昆及其继任者弗里迪吉斯（Frédegis）① 对此不屑一顾。弗里迪吉斯提出了"无"（néant）的概念。逻辑学也有所发展。菲贝尔（Fulbert）② 这样解释这些学科的发展："辩证法源自简短的问答；修辞法源自连续的演讲。前者试图说服对立者的思想；后者则是强迫对手服从自己的意愿。"所有人都应保持理性，哲学对话与讨论便是达于理性的途径。

　　查理曼为了扩大统治，为其领土划界，对计算和天文学也颇感兴趣。他令人在三块银盘上刻出君士坦丁堡（Constantinople）③、罗马（Rome）和整个世界的地图。

　　总体上看，法国加洛林王朝统治时期的教育体现出语法形式主义（formalisme grammatical）的特点，语法学习是学校教育的基本内容。

---

　　①　弗里迪吉斯（Frédegis，卒于 834 年），819 年任法兰克王国皇帝虔诚者路易（Louis le Pieux）的掌玺大臣。

　　②　沙特尔的菲贝尔（Fulbert de Chartres，约 970—1028 年），1006 年起任沙特尔主教。

　　③　君士坦丁堡（Constantinople），又译康斯坦丁堡，曾经是罗马帝国、拜占庭帝国、拉丁帝国和奥斯曼帝国的首都。公元 330 年，罗马皇帝君士坦丁一世在拜占庭（Byzantins）建立新都，命名为新罗马（Nova Roma），但该城普遍被以建立者之名称作君士坦丁堡。

第三章　中世纪非学校教育

在中世纪，学校教育的比重还很小，并且基本上是宗教教育，人类的文明传承更多依赖于非学校教育，家庭教育的意义尤为重要。由于社会的阶级差异和对立，平民教育和贵族教育有着明显不同。而由于妇女地位的低下，毫无进入学校学习的机会，妇女教育也基本在家庭中实施。手工业的发展，催生了学徒培训，也是职业技术教育的滥觞。

一、家庭教育

家庭是儿童教育的最初场所。拉丁语"in-fans"（儿童）的本意是，不会说话。年幼儿童被视为一种原始的动物，一种野兽。训练儿童首先从微笑开始，当时的一句格言是，"笑，让小孩认识母亲"。

新生儿须由父亲认可。在女孩出生后的第八天、男孩出生后的第九天，父亲要在全家面前把孩子从地上托起，才算是正式认可了其子女。对于男孩，会在他的脖子上挂上一个小物件，作为象征好运的护身符，伴随其整个童年。护身符的材质可以是金的，也可以是皮的，随家庭经济状况而定。

当新生儿被父亲托起之时，全家会感受到一种强大的力量。父母经常会给孩子起这样小名或昵称：小鸡、小熊、小鸟、小狼等。

如果新生儿未被父亲从地上托起，便被作为弃婴抛掷到城门旁的垃圾堆里，最终差不多都会被野狗吞噬。弃婴多数为女童，也有一些死婴。

拉丁语另一表示"儿童"（puer）一词的意义是依赖或学习，表示

7—17 岁的年龄段。尽管女孩 12 岁、男孩 14 岁之后可以结婚，这一年龄段仍可称为儿童期。儿童期结束的时间点由父亲或监护人确定，在贵族家庭通常要举行进入少年期的仪式，出生后佩戴的护身符便可摘掉。

在一些地区，还有为男孩设置的成人仪式——"剃须"（barbatoria）。当为男孩剃去第一次长起来的胡须，意味着他已成人，可以在一种青年学校接受体育教育，少部分青年还可能去学习修辞。

在罗马人的概念里，少年期（adolescence）很长，结束于 30 岁。青年期（juvenis）延续至 46 岁，然后是成年期（senior），直至 60 岁。60 岁以后为老年期（senex）。但是，这样的年龄分期不一定与学校教育的分期相吻合。对于女孩，还有另外分期。7 岁以后可以称"少女"（puella）或"处女"（virgo），直至婚嫁，才是由童年转变为成人的真正仪式，可以称其为"妻"（uxor）或"家庭之母"（matrona），同时可以摘掉护身符。

在富人家庭，新生儿都交由奶妈哺育，甚至断奶期之后，奶妈仍然承担养育责任，直至儿童可避开传染病之后的 3 岁。奶妈通常是希腊奴隶，不仅负责哺育，还是儿童的第一个希腊语教育者，还会给儿童讲述各种民间传说和故事。因此，奶妈很快会融入家庭之中，并在家庭中拥有一定的地位，个别家庭甚至为其留有墓穴。

在罗马社会，尊敬老人的权威是一个传统，因此进入成人社会的时间相对较晚，而家庭教育的作用也比较重要且比较长久，通常对于男孩而言要经历到 17—18 岁，女孩则更晚。家庭教育中，母亲占主导地位，特别是传授祖先的传统，忠于族群、忠于共和国的信念。传统教育会借助罗马历史或传说中的榜样。虔敬（piété）这一公共和家庭美德尤其重要，它要求对建设伟大罗马的神祇与祖先表现出崇敬之心。这一道德概念逐渐被高卢人普遍接受。

家庭的亲情首先从婚礼中表现出来。新娘佩橙色面纱，戴爱神木叶和橙花头冠，人们在其婚礼走过的路上抛掷核桃，意味着多子多福的祝愿。而左手无名指佩戴戒指，源于古埃及解剖学家关于这一指头的神经直通心脏的说法，象征着夫妻恩爱的情感。

在中世纪，成熟稳重的人、满头白发的人受到尊重，而年轻人的朝三暮四则受到鄙视。圣蒂埃里的纪尧姆（Guillaume de Saint-Thierry）[1]把人的生命划分为四个阶段：0 至 14 岁为童年，15 至 25 岁为少年，26至 35 岁为青年，之后便为老年。其实，那时人们的平均寿命很短，35岁就开始步入老年，超过 60 岁简直可以称为"活祖宗"了。

人是社会的动物，但在中世纪的法国，儿童的社会生活并非始于出生，而是始于洗礼。洗礼（baptême）是基督教的一种传统仪式，教徒们相信是上帝向人施行恩典的工具，通过洗礼使基督与新生命联结起来。裸体的婴儿被其教父置于洗礼池中，人们亲吻婴儿，然后用白袍包裹，并为其点燃一支蜡烛。

童年的兄弟姐妹，包括小奴隶，都会在一起玩耍。骰子、拐骨、石子、皮球是孩子们经常使用的玩具。儿童的游戏主要有掷距骨、抽陀螺、捉迷藏等，当然，女孩偏爱布娃娃或泥娃娃，男孩热衷于小战斗。孩子们经常是脏兮兮的，吵吵嚷嚷，任性不羁，令人讨厌。

大部分农民的儿子都不去上学，父亲教他们干活，母亲则传授一些宗教概念。

在中世纪，教士和骑士是最为体面的职业，也是能够获得社会提升的唯一途径。贵族家庭会很早教孩子骑马，有时 5 岁就开始。高跷、羽毛球、线球、秋千、象棋也是贵族儿童经常的游戏。

母亲通常承担儿童的道德与社会教育。她们通过吟唱和讲述一些歌颂英雄人物的歌曲和故事，对儿童进行潜移默化的教育。她们赞赏慈善、公正、信守承诺、忠于主人的人，她们鄙视无信仰的俗人和胆小的市民。父亲会教孩子一些初步的击剑技巧，直至他们远离家门独自学习骑士本领。

一些贵族的儿子有时会去学校学习阅读和书写，学习圣诗。一些贵族则聘请家庭教师来教育子女。但家庭教师的教育更偏重于儿童的社会教育，教他们如何讲话、礼貌地待人接物，看一些关于名人事迹或警世

---

[1] 圣蒂埃里的纪尧姆（Guillaume de Saint-Thierry，1085 年—1148 年 9 月 8 日），12 世纪神学家，天主教会修士。

良言的书籍。

当发现孩子体形孱弱或残疾，贵族家庭的处置往往果断而简单，即送至附近的修道院。1161 年，昂戴纳（Andernes）修道院的大部分修士都是瘸子、独眼人、厚眼睑人、独臂人、盲人，然而他们都是贵族。

妇女对生育具有普遍的忧虑，既羞于不育，又担心在教会忌日怀孕，更惧怕生产的危险。巴泰勒米（Barthélemy）① 在 13 世纪初编纂了一部《物权书》（Livre des propriétés des choses），辑录了大量有关健康生活的建议。他强调助产士的作用，建议用香料缓释产妇子宫的压力，建议用拌盐的玫瑰花瓣来拭去新生儿身上的黏液，然后给婴儿洗澡，再涂上玫瑰油。巴泰勒米最早提出母乳哺育，这与当时的社会观点截然相反。因为人们认为奶妈育儿是上层社会的一个标志。

修道院中鄙视妇女的现象十分普遍，一些图文集经常以大象为标志，宣扬大象无肉欲，交配时因羞于此而将头偏转。但社会风气已有所转变，亚当与夏娃的形象不再是典型标志，每个婚房中都只设置一架双人床。1175 年，教皇亚历山大三世（Alexander III）② 确认对新婚夫妇的禁忌只具有建议意义。教皇也宣称，人的完美与处女无关。皮埃尔·龙巴尔（Pierre Lombard）③ 甚至宣称，男女虽有不同，但确是平等的，男优于智，女优于心。

诺瓦拉的菲利普（Philippe de Novare）④ 认为，如果女孩不去当修女，就不必教她们阅读与书写。菲利普主张女孩早婚，14 岁就可以结婚。他还特别反对女人不忠，主张丈夫应对妻子有爱，但不能过分，那样会使女人骄傲。女人不要打扮得太妖艳，即使这样的原罪对于男人来

① 巴泰勒米（Barthélemy l'Anglais），英国人，13 世纪道明会修士，因著有《物权书》（拉丁语名 Liber de proprietatibus rerum）而成为百科全书式学者。
② 亚历山大三世（Alexander III，约1105年—1181年8月30日），本名罗兰多·巴弟内利（Orlando Bandinelli），1159年9月7日当选天主教教皇，同年9月20日即位至1181年8月30日。
③ 皮埃尔·龙巴尔（Pierre Lombard，1100年—1160年7月20日），中世纪神学家，经院哲学的代表人物之一，活跃于巴黎大学。1159年被任命为巴黎主教。
④ 诺瓦拉的菲利普（Philippe de Novare，约1200—1270年），意大利作家、诗人、法学家、教育家。

说不算严重，但却是对自己和父母不尊重。但他还是说，女人算是幸运的，只要保持贞洁，能够抬头走路即可，而男人要成为一个谦谦君子，不仅需要谦恭、慷慨，还得勇敢、智慧。

13 世纪末，布卢瓦的罗伯特（Robert de Blois）①教导其读者要尊重母亲，因为上帝在天堂创造女人，因此更偏爱女人。他在《贵妇宝典》（Chastoiement des dames）书中，指导年轻贵族妇女如何为人处世："不要把手放到胸前，不要吻唇，不要受人珠宝。如果感到呼吸不畅，吃一点茴香或孜然，或者去教堂静默一会儿。不要像鼬鼠那样四处乱窜，不要像雀鹰寻鸟那样盯住人看。要小心一见钟情，因为男人经常得手即放弃。在被邀请赴宴时，不要用桌布擦鼻子。"②

也是在 13 世纪末，教会中重现一种悲观主义情绪。有人说"女人们为了男人们，男人们为了女人们，但做朋友，不要结婚。"也有人认为，婚姻是"一种可憎恶的关系"。

博韦的樊尚（Vincent de Beauvais）③在其编著了中世纪时期最大的一部百科全书《大宝鉴》（Speculum maius）中，隐隐约约地触及了终身教育的思想。他说，教育建议从儿童的最初几年开始，直至生命的终结。他还谈到如何选择奶妈，如何喂养婴儿，如何给婴儿洗澡。他认为，道德教育应当寻求身体与精神的和谐，并根据盖伦④的体液学说，指出生气会激发动物型体液，悲伤会使体液干枯，懒惰会刺激体液。在教学作息安排上，他要求儿童的一天应当从沐浴开始，然后游戏直至早餐。午饭前后仍然是游戏，每天的学习以再一次沐浴结束。学校教育应当从 6 岁开始，但不应每天都要上学。体育则要从 12 岁开始。他主张选择一个好教师，但对课程似乎不大重视。他反对任何体罚，也不主张过早灌输顺从长辈的思想。但他认为，婚姻、管家、寻友会给青年人带

---

① 布卢瓦的罗伯特（Robert de Blois，生卒年月不详），13 世纪法国诗人、作家。

② Michel Rouche, *Histoire de l'enseignement et de l'éducation en France, tome 1, V^e av. J.-C.-XVe siècle*, Paris: Perrin, 2003, p. 435.

③ 博韦的樊尚（Vincent de Beauvais，1190—1264 年），中世纪法国的一位百科全书编纂者。

④ 盖伦（Claude Galien，129—200 年），古希腊医学家及哲学家。

来智慧。①

对于女童，博韦的樊尚保留了一种专门的教育。他综合当时一些名人的思想，认为妇女地位低于男人，为了保持贞洁应当待在家中。他对教育的论述长达 20 章，但主要是针对男子，专论妇女教育的只有 1 章。他要求女童要学习语文和道德，只有阅读和书写可以脱离恶劣思想、肉体的享乐与虚荣。

诺瓦拉的菲利普（Philippe de Novare）提醒人们注意，饱腹的酒肉会燃起欲望。巴泰勒米要求人们不食生草和鲜果，保持一种以食用蚕豆和鹰嘴豆为主的饮食习惯，避免长时间睡眠和频繁沐浴。

婚姻应当是深思熟虑的决定，并应征得父母的同意。樊尚还主张，婚姻应当获得妇女的自主认可，认为试婚是不可想象的。他说，"你可以在购买之前试一头驴、一匹马、一头牛、一只狗，或一件衣服、一口锅、一个杯子或罐子，但不能试女人"。作为父母，应当对女儿进行一定的性教育，婚姻不是为了快乐的爱，而是要承担夫妻的责任。在离开父母之前，应当教导她爱父母，忍受丈夫的缺点，不要嫉妒，爱护子女和家庭。另外，妇女还要遵循宗教传统，不染发，不过分佩戴首饰珠宝，不涂面等。

图尔奈的纪尧姆（Guillaume de Tournai）②的《儿童教育》（De instructione puerorun）被当时的教会推荐给所有教师阅读。他在书中说，儿童应当受到父母、教父教母和教师的教育，应当由棍棒指引，也需要话语，特别是榜样指引。儿童应当经常去教堂，聆听说教，学习《天主经》和《信经》。教育的首要目的是信仰、道德和学识。男女儿童应当平等地接受这些教育，其中三个必要是：理解与谨记训诫，努力学习，养成良好习惯。此外，家中的仆人也应受教育，因为他们也须懂得家庭的礼节。

---

① Michel Rouche, *Histoire de l'enseignement et de l'éducation en France, tome 1, V^e av. J.-C.-XVe siècle*, Paris: Perrin, 2003, p. 437.

② 图尔奈的纪尧姆（Guillaume de Tournai），约 1230 年生于今比利时的图尔奈，中世纪教育家。

皮埃尔·迪布瓦（Pierre Dubois）[①]极力主张欧洲国家收复巴勒斯坦圣地，并勾勒出一个充满乌托邦主义和极权主义的教育计划。他设想，取消宗教独身主义，以便有充分的兵源，关闭女修道院，以便构建严肃的兵营。教育应当成为年轻人的一种职业训练，特别是学习外科医学，以便更好地治疗伤员。女生要同男生一样接受智力教育，学习拉丁语和地方语、语法、逻辑、宗教、护教论、自然科学等。一旦收复圣地，这些受过良好教育的妇女应当与东方人结婚，并以她们道德和高层次文化皈依真正的信仰。

教育在某种程度上已经成为服务于法兰西帝国的政治工具。

二、平民教育

对于平民，其实并无专门教育。在征战频发的封建社会，平民教育时常与战争相关。城堡里经常举行骑士命名仪式，每当仪式举行之夜，不同社会身份的人聚集在一起，聆听武士们的英雄事迹。真正的民众教育，不过是简单聆听。其中也有一些摇篮曲、民歌、情歌等被僧侣们称作低俗和淫荡歌曲的演出，有时还伴随行艺人的乐器和舞蹈。平民在此时此刻享受一种节日般的快乐，偶尔突然发生一些玩笑、纵酒、闹剧。

教士对这些行为颇为不满，总想通过宗教教育和更吸引人的仪式改造平民习俗与传统。他们发现朝圣祈祷、圣物巡展、圣人诞辰是教育民众的良好时机，民间歌舞都可恰当地融入其中。宣讲圣人生活片段，特别是圣人神迹显灵更能适应民众的心理。每当叙述神迹显灵，病人获救时，上帝的万能得以呈现，会引导民众祈祷、膜拜。对于自大傲慢者和不守规矩者，种种神奇的惩罚会落到他们头上，由此告诫民众，上帝会惩罚蔑视上帝的人和不守信用的人。于是，在集体无意识之中诞生一种神的力量审判的思想，这种审判不仅关系人的行为，

[①] 皮埃尔·迪布瓦（Pierre Dubois，1250—1322年），法国法学家和律师，著有《收复圣地》（*De Recuperatione Terrae Sanctae*）一书。

还触及人的灵魂。

安克马尔（Hincmar）[①] 为了普及教义，他撰写的关于圣徒生活的文本针对三种不同情形。一部分是为方便民众阅读而写，一部分供教师思考，一部分为了判定圣人的行为。对民众的教育主要是通过对圣人行为的叙述，引导人们去模仿。这种教育具有三种要素：宣讲、说教、礼拜。

说教者经常利用人们的恐惧心理来禁止某种不道德行为，他们不断重复这样的话——"可怕啊，地狱的酷刑！"而要避免地狱的酷刑，就必须恪守教规，做好事不做坏事。

对于广大民众来说，并无正规的学校教育，民众主要是在教堂与公共生活中通过耳濡目染，来体会社会的要求，然后内化为自身的道德。

民众最直接的教育者，可以简单地说是雕塑、壁画或玻璃彩画。教堂里经常有耶稣的雕像，显示上帝的无比威力。许多圣经故事，也由雕像和图画表现出来。一些教堂的装饰柱上，刻有长着獠牙的魔鬼，再加上人们的口述故事或寓言，警示着恶人、吝啬鬼或荡妇将被这些魔鬼吞噬。

天主教建筑不仅有建筑学的意义，同时还包含着宗教标志。罗马风格的教堂多有半圆的穹顶，从内部观看仿佛是半个地球，而下面是耶稣祭坛，其整体意义是上天由上帝主宰。修道院的回廊犹如圣界的缩影，四条道路汇聚于一点，或是一眼井，或是一棵树，或是一根柱。教堂的钟楼象征着西奈山，半圆形的后殿则有诺亚方舟的寓意。

15 世纪，面向平民的讲道多起来，教堂大殿的中央普遍设置讲道台（chaire），还增设了阻声板，以扩大声音的效果。

家庭是宗教教育的天然场所。教会经常提醒家长有义务教儿童背诵《信经》（Credo）[②]、《圣母经》（Ave Maria）[③] 和《天主经》（Le Pater）[④]。

---

① 安克马尔（Hincmar，806—882 年），兰斯大主教。

② 《信经》（Credo），拉丁语的本意为"我相信"，主要是汇集基督教会在礼拜仪式中，形式化诵念的一组固定文字。在诵念完每个段落，都会加上"我相信"作为结尾。

③ 《圣母经》（Ave Maria），指天主教教徒请圣母玛利亚代自己祈求天主的祈祷文。

④ 《天主经》（Le Pater），基督教最为人所知的祷词，亦最为信徒熟悉的经文。

14 世纪，出现了一批专为平民撰写的教义书籍，称作"穷人的《圣经》"。天主教教义文本《平民教理》（*Doctrinal aux simples gens*）在 1370 年之前就已出现，是某些文人专为教化文盲的平民百姓而写。从 1478 年至 17 世纪中叶，这本书印刷了 37 个版本，可见其影响之广。另一无名作者编写的教义文本《国王简论》（*La Somme Le Roi*）分四个部分解释天主教教义：信仰、重罪、圣事、末日。书中还借鉴古代罗马高卢的教育方法，引述了 141 个例证和故事。例如，关于塞内卡（Sénèque）[①] 如何忍受其妻子辱骂的逸事，其实也是苏格拉底与其暴躁的妻子的故事。再比如，关于一个贪吃女信徒把藏在菜叶中的魔鬼吞入腹内的故事。这本书改变了以往枯燥的说教方式，而是通过生动的故事，告诫人们遵守宗教的道德。[②] 一个无名氏编纂的《人类拯救之鉴》（*Speculum humanae salvationis*），除了文字之外，还有大量插图，更为形象地解释宗教教义。关于图像，中国的木刻技术不知以何途径传至法国，使法国人方便地刻制与传播图像。[③]

宣道经常成为冗长的说教。宣讲者还要学习宣讲的技巧，并按固定的程序做精心的准备。宣讲的内容可能漫无边际，甚至莫名其妙，比如涉及这样的问题："末日审判的火与我们取暖的火是一样的吗？""末日审判中的天使是吹真的喇叭吗？"

许多平民的传教士到处宣道，主要宣讲原罪、忏悔、婚姻、地狱、永生，抨击偷窃、渎神言语、高利贷和杀戮，反对铺张浪费和奢华，如游戏、纸牌、香水、珠宝等。

三、妇女教育

中世纪的欧洲流行一种厌恶女人的不良风气，几乎不存在妇女文化

[①]　塞内卡（Sénèque，前 4 年—65 年 4 月 12 日），古罗马帝国哲学家、政治家、剧作家。

[②]　Michel Rouche, *Histoire de l'enseignement et de l'éducation en France, tome 1, V^e av. J.-C.-XVe siècle*, Paris: Perrin, 2003, p. 638.

[③]　同上书，第 647 页。

教育，甚至贵族与高官的妻子及女儿都是文盲。1348 年欧洲流行的黑死病可能是妇女上学的契机，由于大量人口的死亡，学校腾出了位置，允许一些贵族女子入学，但实施严格的男女分校制度。

妇女是否可能接受高等教育？有据可查的是，1322 年巴黎大学医学院控诉意大利裔的贵族女子雅克利娜·费利西·德·阿尔玛尼亚（Jacqueline Félicie de Almania）在非法行医。在诉讼文件中，有诸多良好医病的记录，说明阿尔玛尼亚医生具备相当高水平的医术，但无法获知其学习经历。

妇女普遍羞于显露其缺陷给男性医生，因此有一些人早亡。

一些贵族妇女在家中接受艺术教育，学会歌唱和演奏竖琴、拨弦钢琴等乐器。妇女教育的主流是妇德与家政教育，1393 年出现的一部手写书《巴黎家政》（Ménagier de Paris）便是一个有产者写给其年轻妻子，告诉她如何管理家务和烹调的书，也成为当时有产者妇女的生活指南。在书中的第一部分，作者列出了妻子对上帝与丈夫应当执行的九条规章，比如化妆物品须整理有序，不得犯行凶、通奸、杀人等大罪（Péchés mortels），克制欲望，保持贞洁，爱其丈夫，保守秘密，不许唠叨，谦恭与服从。第二部分则是教导妻子如何操持园艺与烹调。作者以居高临下的口吻写道："我的朋友，要知道在你丈夫之后，你要成为家中的主人、领导者、参访者、行政的最高权威。"妇女俨然是家中的主管，其实不过是操持一切家务的体力劳动者。

在关于妇女的主流观念之中，也有一些小小的变化。热尔松（Jean Charlier de Gerson）[①] 认为，妇女应当顺从其丈夫，但也应有同等的地位，丈夫应当体谅妇女的脆弱。被认为是第一位用法语写作的女作者克

---

① 让·夏尔里耶·德·热尔松（Jean Charlier de Gerson，1363年12月13日—1429年7月12日），神学家、政治人物。1395—1415 年担任巴黎大学校长。

里斯蒂娜·德·皮桑（Christine de Pisan）① 主张让年轻女子了解生活的快乐与艰辛，应当学习一些知识，学习拉丁文和数学，当然也要学会缝纫和刺绣。她认为，妇女同男人一样有理性，有爱，但需要接受与男人同样的教育。女人应当具备两种美德：一是克制，不去追求过分的享乐；二是贞洁，恪守自己的行为。她可能是教育史中最早肯定妇女作用的人，在其《妇人城》（*La Cité des dames*）一书中，她列举一系列勇敢、机智的妇女的故事，驳斥了流行的诸如妇女不能保守秘密的陈词滥调。她还特别强调道德对于知识的意义，她写下了这一名言："无意识的学问不过是灵魂的废墟。"

四、艺徒与师傅

公元 1000 年以来，城市中的有产者逐渐增多，并在社会中发挥越来越大的作用。一批商人穿梭于欧洲和地中海，需要同犹太人等外地商人洽谈生意。早期的贸易主要依赖过去的公证人（notaire）记账，签署贸易文书，偶尔他们也向商人的儿子教授一些读写算及拉丁语知识。也有一些商人把儿子送进修道院学校学习自由七艺等基础知识。还有少数大商人请家庭教师教儿子学习。但这些措施都不能满足商业及手工业发展的需要。②

在 11 世纪的佛兰德（Flandre）③ 地区，伯爵们划分了各自的领地，建立各自的城堡，并在城堡旁开设市场。正是为了市场的需求，城堡还附设了学校，为伯爵培养未来的公证人和商人。只是由于一场大火将一

---

① 克里斯蒂娜·德·皮桑（Christine de Pisan，1364—1430年），出生于威尼斯，文艺复兴时期欧洲威尼斯诗人。因为其父被任命为法国国王查理五世的皇家占星家，所以她在宫中成长。在文艺复兴前的法国，她维护妇女的事业，倡导给青年妇女平等教育的机会。著有《妇女城》（*La Cité des dames*）（1405 年）、《妇女教育的三种道德书》（*Le Livre des trois vertus à l'enseignement des dames*）（1405 年）等书，被认为是第一位用法语写作的女作者。

② Michel Rouche, *Histoire de l'enseignement et de l'éducation en France, tome 1, V^e av. J.-C.-XVe siècle*, Paris: Perrin, 2003, p. 460.

③ 佛兰德（Flandre），现为比利时西部的一个地区，中世纪时亦包括今天法国北部和荷兰南部的一部分。

座教堂和学校烧毁之后，富商们通过组建的商人协会开始筹建自己非宗教的学校，并在整个佛兰德地区的城市中普遍设立。较大规模的学校仍需由教会批准，较小的学校则不需要审批。在这些学校，学生主要学习写信、商业文书和期票，1250 年之后还学习法语。

商人协会的模式也被其他行业模仿，纷纷组建自己的行业协会。行业协会的基本职能是对入行资格和学徒条件进行垄断性控制。一般来说，店主的儿子具有优先学徒的地位，而私生子、高利贷者和非婚同居者的儿子不被接受。学徒还区分为家人与外人，但一个店铺只能接收一个外人学徒。少数妇女参加的行业可以招收两个外人学徒，因为在织网、缝纫、饰品等行业中一对夫妻被计算为两个师傅。只有旅店业、弓箭业、制桶业、雕画业可以招收多个外人学徒。

外人学徒通常比师傅的亲生儿子做学徒要苛刻得多，主要体现在学徒时间和学徒费上。学徒开始年龄没有严格规定，但学徒期最少两年，且师傅可以随意延长时间。一般来说，厨师两年可以出徒，但金银业学徒可达 10 年，珠宝业学徒可长达 12 年。家长交付的第一笔入徒费为 20 苏（sou）[1]，各行业基本一致，如果有行业协会，还要另交至少 5 苏。如果家长十分贫穷，也可以分期支付，比如木匠学徒在第一年可按每天 6 但尼尔（denier）支付。这笔费用相当于学徒工每天的伙食、住宿和穿着的消费。所有条件需要家长和师傅谈妥，并在一两个陪审员面前表示遵守合同。合同形式主要是口头的，也有书面的。

学徒生活可能比较艰苦，学徒逃逸时有发生。在刀剪商那里，如果学徒第三次逃跑，就会被开除，因为一两个月的逃跑会忘掉所学的一切。而呢绒商只会在学徒逃跑一年零一天才开除他。

当学徒生活结束，学徒要在行业委员会宣誓，按雇佣合同完成其职责。而年轻工人只有独立工作一年以上才可以成为师傅。就任师傅，要有一定仪式。在面粉商和面包商行业，新任师傅典礼在每年一月的第一个礼拜天举行。在行业师傅家中，新任师傅要在同行师傅面前接过行业

师傅递交的四槽棒和装有核桃的陶罐，然后把陶罐掷向墙上打碎，意味着过去学徒生活的结束和师傅生涯的开始。最后，所有人都参加新任师傅奉送的餐会。

15世纪，法国出现了"伙计"（compagnon）。行会章程划分了职业分类：学徒（apprenti）、伙计（valet）、师傅（maître）。劳动力的短缺，造成工资的提高，老板更倾向于培养自己的儿子，即使不是儿子也优先选择侄子或外甥。在技术不太难的情况下，学徒的家长要支付头二、三年的学徒费，而当技术比较难学时，老板会给学徒一定报酬。

为了同老板争取更好的待遇，从事木匠、铁匠、皮具和纺织的年轻工人开始组织起来，确定工资额度，以便同雇工者谈判获得满意的工资，也规范自身的标准。这些散工游走于各个城市，寻求满意的工作。工人们尝试建立一种协会，帮助新来的工人尽快在一个生疏的城市站住脚。

每个行业都有自己的"机密"或"诀窍"。17世纪，特别是1673年颁布的国王敕令（Édit du roi）[1]以来，国家对于学徒设置比较严格的规定。每当学徒将要开始时，需要家长与师傅在公证人面前签订合同。学徒期限须明文规定，三年、五年，或更长时间，师傅须向徒工传授相关职业的全部技能，不得有所保留。而作为徒工，却是行业内部竞争的潜在因素。对于伙计，他可能是与老板要求提薪的障碍；对于老板，他可能是行业内的竞争对手。因此徒工的学习期被普遍地延长，除了学习技术之外，徒工通常还须承担许多杂活，比如，打扫店铺及门前地面，整理所有伙计的工具，听从师傅和伙计的使唤，为他们采购饮食，还需要敬爱伙计，因为他们也时常教徒工技术。

---

[1]　敕令（Édit），指的是在中世纪和旧制度的法国，为君主颁布的法律文书，内容涉及某些人或某一省。此类文书只标记年月份，而没有日期，用绿色蜡封印并束红绿色丝带。另有皇家法令（Ordonnance royale），为法国旧制度时期的法律，适用于整个王国。

五、贵族教育

罗马人凭借强大的军事力量取得征战的胜利，并自 2 世纪初开始确定了防卫的对外政策。为了防止蛮族的侵犯，在莱茵河畔驻扎大量军团，并自美茵河至多瑙河沿岸构筑军事防线。奥古斯都重建了"贵族青年团"（collegia juvenum），实施准军事化的培训，体育是其培训的主要内容。

这些青年团体通常有固定的活动场所，称之为"斯高拉"（schola）。这一希腊语名称即是西语"学校"名词的来源，但其本来含义却是"娱乐"，其拉丁语翻译为"游戏"（ludus）。体育学习的主要项目是骑马术和击剑。但罗马人体育游戏仅仅是为了训练体能，而无希腊体育竞赛的特点。罗马的青年贵族学习骑马只是为了掌握一种重大技巧，而不是为了赛跑。他们跟角斗师学习击剑，也仅仅是在角斗场上进行模拟的搏斗，或猎杀公牛、熊和狮子。竞赛和创造纪录的意识在他们头脑里根本不存在。

体育的目的是强壮体魄，而强壮体魄的意义也仅在于实用。在高卢时代，狩猎与军事训练的目的受到罗马人的影响，就是尽可能地使身体强壮，但已由过去的军事艺术转变为生存艺术。

关于狩猎，还保有原始的意义，就是获得生存所需的食物，同时具有消解暴力的功能。由于狩猎的装备花销极大，有时还需配备猎犬，因此只能是罗马高卢贵族青年的体育活动。

对于罗马高卢贵族，军事训练也有另外的目的，就是跻身于官员的必要途径。对于普通高卢青年，军事训练可以使之获得罗马公民身份。在边境的四大军团中，大约有 5 万人接受军事训练，同时学习拉丁语以及各种职业技能。因为构建堡垒，需要瓦工技术；安营扎寨，需要测量技术；制造武器，需要打铁技术。军营在当时其实就是学校。在莱茵河畔的军营中，至少都有一座圆形阶梯操场，用于阅兵、演练、角斗和猎兽。一座军营还可能演变为城市，例如今天的法国东北部重要城市斯特拉斯堡最初就是一座军营。

在高卢，大约有 60 座圆形阶梯操场。操场内经常有三种类型的表演。一是猎兽，将一群野兽驱赶至操场，然后进行猎杀。二是行刑，将被判处死刑的人投入野兽之中，任野兽将其撕烂、吞噬。三是角斗，通常是两个角斗士相互拼杀，直至其中一人战死。失败者即使死亡，也要学会死得光彩。当时的角斗士学校，主要接收奴隶、犯人和低等级的自由人，不仅教授角斗技巧，还教授死亡的艺术。

在卡洛林王朝，世俗社会已经划分成贵族与平民。依据法兰克人的传统，从 14 岁起便是成人，儿童与成人之间没有过渡的少年期。当贵族儿童能够打斗时，就要接受暴力教育，要学习狩猎、骑马、击剑。暴力教育的理念是报复，而绝不原谅冒犯者。在安克马尔看来，国王应当是"虔诚的基督徒、完美的武士、无情的审判官"。[1]

奥尔良的若纳斯（Jonas d'Orléans）[2] 在其《世俗人导论》（De Institutione Laicali）一书中最早主张废除多配偶制，反对与女仆同居，倡导以互爱为基础的婚姻。他提出尊重妇女，并以两性平等的名义，认为男人不可与人通奸，这样将丧失其名誉，也不会得到妻子的原谅，并由此导致离婚。

侯爵贝尔纳（Bernard de Septimanie）的妻子达霍达（Dhuoda）[3] 在其子纪尧姆 16 岁成为国王属臣时，特意写了一部《诫子书》（Manuel pour mon fils），告诫其儿子恪守基督信条，以接受圣灵的七个礼物 [4] 并

---

① Michel Rouche, *Histoire de l'enseignement et de l'éducation en France, tome 1, V^e av. J.-C.-XVe siècle*, Paris: Perrin, 2003, p. 262.

② 奥尔良的若纳斯（Jonas d'Orléans，约 760—843 年），818 年任奥尔良主教。

③ 达霍达（Dhuoda，约 800—843 年），侯爵贝尔纳（Bernard de Septimanie）的妻子，卡洛林王朝的贵族。

④ 根据基督教的信仰，上帝给信徒的七件礼物被称作"圣灵的七个礼物"，即：理解、忠告、坚韧、知识、虔诚、敬畏、智慧。

获得天国八福（Béatitudes）[①]。她写道："我要求你慷慨地对待朝圣路上的病人、寡妇、孤儿、无助的儿童和你看来处于贫困之中的所有人"。[②]作为一个上层贵族的妇女达霍达对儿子的道德标准是：忠实于王子、有力量、公正、热爱亲人与穷人。

书籍在当时是重要的财产。有人将当时一些显赫贵族的遗嘱进行比较分析，发现他们心中最宝贵的是：武器、珠宝和书籍。埃卡尔（Eccard）伯爵在将其马匹、猎犬、鹰隼遗赠给子女的同时，将50余部书籍分配给4个儿子和4个女儿。

当然，贵族中懂得拉丁语的尚是少数，多数武士只会方言。《罗兰之歌》（*La Chanson de Roland*），创作于778年8月15日的隆塞斯瓦耶斯隘口战役（Bataille de Roncevaux）失败之后，诗歌的主角是查理大帝的外甥罗兰侯爵，亦是查理大帝手下最好的十二圣骑士之一。《罗兰之歌》主要歌颂了基督教武士的道德：荣誉感、自豪感、面对死亡的艺术、对异教徒的仇恨。

中世纪的贵族也许意识到不能让其子孙后代养尊处优，从小便让他们远离母亲，远离学校，独自去外面闯荡，以便将来成为骑士。大约在12世纪末至13世纪初，法国贵族中逐渐形成了骑士理想：武士与武器。但这种理想并未被所有贵族所接受，一些贵族依然崇尚行吟诗人的

---

① "天国八福"或称"真福八端"是耶稣在巴勒斯坦早期传福音时的宣道，记载在《马太福音》第5章第3—12节，包含在信徒称之为的"山上宝训"内容当中。

"心灵贫穷的人有福了，因为天国是他们的。

哀恸的人有福了，因为他们必得安慰。

谦和的人有福了，因为他们必承受土地。

饥渴慕义的人有福了，因为他们必得饱足。

怜悯人的人有福了，因为他们必蒙怜悯。

清心的人有福了，因为他们必得见神。

缔造和平的人有福了，因为他们必称为神的儿子。

为义受迫害的人有福了，因为天国是他们的。

人若因我辱骂你们，迫害你们，捏造各样坏话毁谤你们，你们就有福了。

要欢喜快乐，因为你们在天上的赏赐是很多的。在你们以前的先知，人也是这样迫害他们。"（《马太福音》第5章第3—12节）

② Michel Rouche, *Histoire de l'enseignement et de l'éducation en France, tome 1, V[e] av. J.-C.-XVe siècle*, Paris: Perrin, 2003, p. 264.

高雅，而拒绝对暴行的狂热。隐修教士虽然不喜欢骑士，但却利用他们为孤寡服务。对于贵族青年来说，也不可能同时具有勇敢、谦恭和基督徒的品质，这也是骑士理想相互矛盾的地方。

贵族青年学习的重要方式是夜晚到城堡里听说唱诗人或日耳曼行吟诗人吟诵英雄史诗，养成对血腥与屠杀的癖好，形成对中剑而亡的荣誉感，对主人无条件的忠诚。

这些青年的地理知识非常匮乏，甚至充斥着错误。十字军战士看不懂世界地图，误认为世界上只有欧洲、亚洲和非洲三块陆地，环绕着中间唯一的一片海洋，城市只有罗马、君士坦丁堡和耶路撒冷。

其实，对于他们来说，知识的学习并不重要，首要是锻炼体魄。12岁开始，他们便背上简单的行囊去寻找能够提供餐饮的领主。在领主即养父的指导下，学习5—7年可被授予骑士盔甲。青年们首先要学习狩猎，以掌握屠杀的技术。通常，领主或仆人作为狩猎的教师，最先训练青年的项目是驯鹰。从学习训练放飞、喂食到唤回、落掌等环节，使鹰隼能够熟悉附近的环境。然后是驯犬，让狗懂得不同声音信号，并做出相应的反应。驯犬的最后环节是"净骨"，将猎物的骨头、内脏和碎肉放在刚刚剥离的毛皮下面，让狗啃净骨头。通过这样的训练，培养猎鹰和猎犬与主人的感情。

然后，贵族青年们还要学习使用刀剑、棍棒、长矛等武器，并学会备马与骑马。在主人出征前，他们要把主人的马牵出，主人征战回来还要把主人的马擦洗干净。如果有客人来临，他们要为客人洗手，布置餐桌，在砧板上将狍子肉或松鸡翅切成薄片，为客人斟酒，等等。做这些令人乏味的琐碎工作就是为了准备学习骑马的技术。这些贵族青年有时还要练习刺"人像靶"（quintaine）。人们在草地上竖一根木桩，挂一块人型的雕板及一块盾牌。青年人骑上马并穿戴上至少50公斤重的锁子铠甲和头盔。他要把一根木制长矛夹在右臂，对准人像靶的盾牌快速冲去，以便将人像靶撞倒。好的情况是，长矛被折断，但人还继续稳坐在马上。糟糕的是，未能刺中人像靶，前胸却撞在木桩上而落马。为了增加训练的难度，人们又设计了旋转的人像靶，人像雕画成挥舞狼牙棒的凶狠的撒拉森人（Sarrasins）[1]。如果青年人未能击中目标，脖颈就会被旋转的木棒砸中。通过这样的学习与训练，选拔出最具野性的人。

经过这样的训练，终于迎来授骑士盔甲的仪式。仪式通常选择在复活节、圣灵降临节等重大节日时举行，或直接在征战结束时举行。例如，在 1129 年，当若弗鲁瓦五世（Geoffroi Plantagenêt）[2] 即将 15 岁时，其主人、英格兰国王亨利一世（Henri I）[3] 在鲁昂为其主持了授骑士盔甲仪式。若弗鲁瓦先与 25 个小伙伴沐浴，然后穿上亚麻衬衣、金线锦缎长袍、紫红色外衣、短丝裤和金线缝制的皮鞋。接着要跪在主人面前，左肩接受主人的重击而不摇晃，才可佩戴双锁子铠甲和头盔。他的脖子上还要挂上盾牌，佩上马刺和长剑。最后，他被授予白腊木制的铁头长矛，敏捷地登上马，去重复过去的游戏。实际上，这一仪式要持续七天。

这一授骑士盔甲仪式本来纯属世俗礼仪，后来逐步被教会借用。沐浴演变成洗礼，服装一律改为白色。佩剑也有了新的意义，双刃的一面象征着砍向压迫穷人的富豪的利器，另一面象征着打击欺压弱者的强人的锋刃。击肩的环节则成了宣誓。

刚刚被授予盔甲的骑士，往往要遭受一番嘲弄，才能彻底摆脱"黄嘴儿"（béjaune）的境地。过去 14 岁即为成年，但 13 世纪开始逐渐延长至 21 岁，通常以结婚为标志。但由于骑士的生活漂泊不定，成家的年龄可能更晚。

获得骑士头衔并不等于进入贵族行列，骑士间的比武是成为贵族的最后考验。一些刚刚授衔的骑士自发地组织在一起，寻找另外的骑士帮

---

①　撒拉森人（Sarrasins），在西方的历史文献中，撒拉森最常用来笼统地泛称伊斯兰的阿拉伯帝国。实际上，历史上并不存在所谓"撒拉森帝国"，欧洲人在 7 世纪以后的文献中，单方面地称穆斯林为撒拉森人。

②　若弗鲁瓦五世（Geoffroi Plantagenêt，1113 年 8 月 24 日—1151 年 9 月 7 日），绰号"美男子""金雀花"，1129 年通过继承成为安茹、都兰、曼恩伯爵，1144 年通过征服成为诺曼底公爵。由于他和英格兰国王亨利一世之女和继承人、神圣罗马帝国皇帝亨利五世的遗孀玛蒂尔达皇后的婚姻，他的长子"短斗篷"亨利继承了英格兰的王位，开创了金雀花王朝。

③　亨利一世（约 1068 年—1135 年 12 月 1 日），亦被称为儒雅者亨利（Henry Beauclerc），是 1100 年至 1135 年在位的英格兰国王。

伙角斗。田间、葡萄园或乡村小巷都可能是两个骑士帮伙比武的战场。在比武的前夜，人们便开始准备盔甲和武器。早晨，比武开始，先是个别人对打以热身，然后是群殴，对手间相互猛击，力图把对手打昏、落马。战斗结束时，一些人的头盔被打变形，头颅卡在里面，不得不请求锻匠将头盔切割，以便"出头露面"。败者将失去其马匹和武器，如果被监禁，还需付赎金。胜者将举办宴席以犒劳其伙伴与仆人。骑士比武的规则也逐步建立，比武场开始变小，并设立供领主和贵妇人观赏的看台。然而，骑士的角斗变得更加残酷起来，因为贵妇人喜欢为精彩的击打欢呼和奖赏，骑士帮伙内部的自相残杀时有发生，以减少冗员、强化自身的力量。1240 年在诺伊斯（Neuss）的一场比武中，仅仅一天便有60 人被杀死。如此残酷的杀戮游戏源于崇尚暴力的教育，而当时人们对此乐此不疲，节日里或集市中不能缺少比武，据估计至少每半个月就会有一场比武。教会与皇家都曾发布禁令企图阻止这种暴力游戏，但收效甚微。

当恶劣天气时，这些贵族青年会待在城堡里，听说书人或吟游诗人讲故事。故事内容多为英雄人物的武功与传奇，令青年人心潮澎湃，将英雄人物作为崇拜的对象。对英雄的崇拜转化为激情与无畏，并以死为荣耀。

随着讲故事的风气的形成，也受古罗马奥维德（Ovid）[①]的影响，自 1150 年开始出现一批长篇小说。与此同时，法国南方还出现了一种抒情诗形式的文学作品。这些彬彬有礼的抒情诗歌体现着一种爱的新概念，一种男人的爱。那些被爱的妇人被描绘成高尚、不可企及和拥有各种天赋的人，特别是已婚的成熟妇女更被人所爱。诗人歌颂的便是想象中被情人亲吻的幸福与快乐，但能做到的就是吟诵这些诗歌。诗歌中从不出现某妇人的名字，但诗人相信她根本不爱她所从属的人。于是便有了长久的等待、多重的关爱、各式的礼物，也被称作"遥远的爱"。

---

① 普布利乌斯·奥维修斯·纳索（Publius Ovidius Naso，笔名奥维德，公元前43年3月20日—公元 17年或18年），古罗马诗人，与贺拉斯、卡图卢斯和维吉尔齐名。代表作《变形记》《爱的艺术》《爱情三论》。

1358 年，法国发生了扎克雷农民起义（Grande Jacquerie）①，虽然起义最终失败，但也深刻地影响了法国社会，一些老的贵族家庭消失了，许多新贵族出现了。新贵族为了更好地效忠于朝廷，对教育和文化开始热衷起来，而贵族教育涉及智力、狩猎、武功、政治等领域。骑士与更高等级的贵族纷纷去学校和大学学习，许多人还聘用家庭教师授课。

13 世纪中叶以来，一些封建领主不再满足于听人讲故事，更喜欢自己直接阅读，藏书也成为一种时髦的爱好。号称"英明者"的查理五世（Charles V le Sage）②收集了大量的图书手稿，1424 年他的藏书室已经积累了 1239 部手稿书。这些书籍构成了后来国王图书馆的基础藏书，也为今天法国国家图书馆奠定了基础。其弟路易（Louis Ier d'Anjou）③和贝里的让（Jean de Berry）④也都是藏书爱好者。查理五世的藏书被不断复制，逐渐流传，贵族们从古罗马的英雄故事中学习到智慧，也得以休闲。

查理五世的另一个弟弟菲利普（Philippe Ⅱ le Hardi）⑤也有一个较大规模的藏书室，存有 220 部手稿书。藏书室由三名卫士看管，60 余名艺人和书商往来其间，帮助其整理与收集书稿。其藏书除了 10 部彩绘《圣经》、25 部供妇女消遣的时髦书以及其他供祈祷用的书籍以

---

① 扎克雷起义（Grande Jacquerie），是在中世纪后期百年战争期间发生于法国北部的欧洲农民起义。1358 年初夏发生的起义以巴黎北部瓦兹河河谷为中心，数周之后，起义军就因领袖吉约姆·卡尔（Guillaume Carle）被诱捕斩杀而群龙无首，最终被平息，两万农民军被杀。"扎克"（Jacques）一词是当时的贵族对农民的蔑称，后者所穿的棉布白袍被称作"Jacque"。起义军领袖吉约姆·卡尔被贵族年代史编纂者傅华萨（Nicole Gilles）称为"Jacques Bonhomme"或"Callet"。虽然历时很短，其影响依然深远，后来英法都将"Jacquerie"视为农民起义的代名词。

② 查理五世（Charles V le Sage，1337 年 1 月 21 日—1381 年 9 月 16 日），卡佩王朝的支系瓦卢瓦王朝（Maison de Valois）第三位国王（1364 年—1381 年在位）。他逆转了百年战争第一阶段的战局，使法国得以复兴。

③ 路易一世（Louis Ier d'Anjou，1339 年 7 月 23 日—1384 年 9 月 20 日），法国安茹公爵，自称那不勒斯国王。

④ 贝里的让（Jean de Berry，1340 年 11 月 30 日—1416 年 6 月 15 日），贝里公爵，号称"好人"（Le Bon）。

⑤ 菲利普二世（Philippe II l'Hardi，绰号"勇敢者"，1342 年 1 月 15 日—1404 年 4 月 27 日），勃艮第王朝的第一位勃艮第公爵（1363—1404 年在位）。

外，更多的是哲学、文学、娱乐和体育方面的书籍。比如，波爱修斯的《哲学的慰藉》（*Consolation de philosophie*）、让·德·梅恩（Jean de Meung）[1]的《玫瑰传奇》（*Roman de la Rose*）、马可·波罗（Marco Polo）[2]的《游记》（*Livre des merveilles*）。

藏书室的建立，有利于培养贵族子弟们的文化精神情趣，也激发了王室对子女教育的热情，经常聘请名人担任子女的家庭教师。著名的学者热尔松就被聘请教育查理六世的子女。查理六世[3]在1403年的"国王万岁"的讲话中强调对王储教育的重要作用，甚至亲自编排教育课程，主张一种兼顾人性、精神和世俗的全面教育。

文化的熏陶也在转变贵族的观念，为了有效地巩固王朝的统治，需要灵魂的力量和公正的思想。智慧来源于怜悯，而怜悯得自祈祷。热尔松建议贵族子弟经常阅读道德文本的《圣经》和福音书。他还提出针对贵族子女教育的一些概念：儿童的天真与可塑性、成人的责任、恶劣习惯对教育的伤害、实际知识与理论知识的平衡、兼顾热爱与明智等。

热尔松还提倡实施体育。古法语已有"体育"（desport）[4]一词，意味着"身体或精神的娱乐"。那时贵族中最流行的体育是狩猎，并且还是贵族的特权。1396年还有明文规定，禁止非贵族、劳动者及其他人进行狩猎活动。但对狩猎有了新的认识，狩猎可以避免无所事事，可以锻炼身体，还可以与大自然密切接触，可以培养上等人，而不再是一种暴力教育。

角斗与擂台赛也是贵族中流行的体育活动。王公们为了满足迷恋这

---

①　让·德·梅恩（Jean de Meung，1240—1305年），法国13世纪的诗人，续写基洛姆·德·洛利思（Guillaume de Lorris）的长诗《玫瑰传奇》（*Roman de la Rose*）。

②　马可·波罗（Marco Polo，1254年9月15日—1324年1月8日），威尼斯商人、旅行家及探险家。据本人说他曾随父亲和叔叔通过丝绸之路到过中国，担任元朝官员。回到威尼斯后，马可·波罗在一次威尼斯和热那亚之间的海战中被俘，在监狱里口述其旅行经历，由鲁斯蒂谦写出《马可·波罗游记》（*Livre des merveilles*）。他的游记让欧洲人得以了解中亚和中国，对东、西发展有很大的贡献。

③　查理六世（Charles VI，"le Bien-Aimé""le Fou"，1368年12月3日—1422年10月21日），又称可爱的查理，或疯子，瓦卢瓦王朝第四位国王（1380—1422年在位）。查理五世之子。

④　古法语"desport"意味着"身体和精神的娱乐"，后被英国人借用，并写为"sport"，之后德国人也采用此词，而1828年法语中才出现这一新词，最终将古法语的词汇置换。

一运动的夫人们的喜好，以较高的报酬豢养一批角斗士。曾经有勃艮第的角斗冠军被一个斯拉夫角斗士击败，而丧失了其 500 金币的年金。面对角斗竞赛的无序、高价、伤亡，自 14 世纪初开始制定一些禁令与规定。铁矛被禁用，规定短剑不得过于尖锐，且宽度为四指，以防止穿过对手的头盔视孔而戳伤眼睛。硬木锤须用绳穗系在手上，铠甲须用铁片缀连，并打孔以防窒息。每个骑士须身穿沉重的铠甲，佩戴完全封闭的头盔，身体右侧置一铁钩，用以悬挂长余 5 米的轻木长矛。骑士在比赛之前须宣誓，不得劈刺，不得击刺对手腰带以下部位，不得击刺倒下的对手。

　　骑士之间的比武有时规模很大。1389 年，在法国圣安格勒韦尔（Saint-Inglevert）小城举行的英国人与法国人之间的比武持续了 30 天。有一种"隘道比武"（pas d'armes），攻守双方通常在桥上或城堡的通道上进行较量。比武有时也有一些浪漫色彩，好王勒内（Bon Roi René）①曾在索米尔（Saumur）城举办了 40 余天的化妆比武。表面上是取悦自己的妻子和女儿，实际上是为了他暗恋的贵族女子拉瓦尔的让娜（Jeanne de Laval）②，而后者终于成为其第二任妻子。贵族在举办重大庆典时还经常把擂台赛作为主要活动。1468 年，勇士查理（Charles le Téméraire）③结婚典礼中召集了两队共 52 个骑士比武，而当宣布比赛结束时，双方仍是打得不可开交。直至公爵高吼要杀死双方的宾客，才迫使比武双方罢手。④

---

　　① 好王勒内（Bon Roi René，1409 年 1 月 16 日—1480 年 7 月 10 日），具有多种身份的法国贵族。

　　② 拉瓦尔的让娜（Jeanne de Laval，1433 年 11 月 10 日—1498 年 12 月 19 日），那不勒斯王后。

　　③ 勇士查理（Charles le Téméraire，1433 年 11 月 10 日—1477 年 1 月 5 日），法国加佩—瓦卢瓦王朝的勃艮第公爵（1467 年起）。

　　④ Michel Rouche, *Histoire de l'enseignement et de l'éducation en France, tome 1, V^e av. J.-C.-XVe siècle*, Paris: Perrin, 2003, p. 608.

第四章　大学的诞生与危机

大学诞生于中世纪。尽管中世纪在整体上处于文明的蒙昧状态，但却为人类文明贡献了大学。

一、大学之源

关于大学的起源，中世纪的著名学者沙特尔的贝尔纳（Bernard de Chartres）[1] 的名言可能是最好的解释："我们是站在巨人们肩膀上的侏儒。并非我们的眼光更加敏锐，也并非我们的身材更加高大，而是因为他们把我们抬至空中，把我们提升至巨人的高度，因此我们的视野比他们更宽广和更远大。"[2]

自 6 世纪以来，基督教便开始统治欧洲，非宗教的哲学流派随即被禁止，一些学者躲进修道院里进行教学活动。至 12 世纪初，除了意大利存在少数世俗学校外，学校完全掌握在教会手中。教会学校的基本职能是培养修士，经常实施的是读、写、算等初等教学，重复着抄录员式的简朴劳动和个人的读经与默祷，目标均是学会祈祷。建于乡村的修道院曾经在知识传播上发挥重要作用，但在 12 世纪其影响逐渐式微。修道院学校也越来越趋于神秘化和神学化。只有少数颇具声望学校可视作真正的高等教育机构，但"其声望经常得益于某一名师的存在，名师一

---

[1]　沙特尔的贝尔纳（Bernard de Chartres，约1100—约1165年），12世纪法国柏拉图主义哲学家。

[2]　Michel Rouche, *Histoire de l'enseignement et de l'éducation en France, tome 1, V^e av. J.-C.-XVe siècle*, Paris: Perrin, 2003, p. 287.

且离去，学校声望即告终结"①。国王的权威在缩小，领主们也无法阻止由新兴居民发动的城市自治运动。在要求"教会自由"的呼声中，批评的矛头也转向自由且富足的教会。12世纪末和13世纪初，反对异端成为教会的中心事务，因此更加需要知识型的教士和专业的神学家。

巴黎盆地的图尔、昂热、兰斯、奥尔良等几座城市学校聚集了一批著名学者，从而使法国北部成为文化的重心。

巴黎吸引了安塞姆（Anselme de Laon）②等大批学者，成为与巴比伦和耶路撒冷齐名的文化都市。尚波的纪尧姆（Guillaume de Champeaux）③在巴黎圣母院内院教授七艺④，特别是修辞学。他同其学生皮埃尔·阿伯拉尔（Pierre Abélard）⑤曾进行过"共相之辩"（Querelle des universaux）⑥。

1136年，阿伯拉尔来到塞纳河左岸的圣伊莱尔小教堂（Chapelle Saint-Hilaire）和圣维克多修道院（Abbaye Saint-Victor）讲学。圣维克多的休格（Hugues de Saint-Victor）⑦也在圣维克多修道院讲学，并将其教学经验总结于《教学论》（Didascalicon）一书中。在此书中，休格在自由七艺之后，增加了新的学科。一部分是理论科学，包含神学、数学和物理学；一部分是实践科学，主要有个人道德、家庭道德和政治道德；还有一部分是手工艺，涵盖编织、武器制造、航行、种植、狩猎、医疗、歌舞。

圣维克多修道院成为12世纪神学的精神中心。外国学生也纷至沓

---

① 〔法〕雅克·韦尔热.中世纪大学［M］.王晓辉，译.上海：上海人民出版社，2007：8.

② 拉昂的安塞姆（Anselme de Laon，1050至1055年间—1117年），法国中世纪哲学家和神学家。

③ 尚波的纪尧姆（Guillaume de Champeaux，1070—1121年）巴黎圣母院学校教师，巴黎圣维克多修道院的创建者。中世纪哲学家和神学家，曾为阿伯拉尔的教师。

④ 七艺（Sept arts），其中语法、修辞与辩证法，是文科教育中的核心部分，被称为"三艺"（Trivium），算术、几何学、音乐以及天文学（其中也包括了占星学），这被称为"四艺"（Quadrivium）。三艺与四艺，合称"七艺"，或"自由七艺"（Arts libéraux）。

⑤ 皮埃尔·阿伯拉尔（Pierre Abélard，1079年—1142年4月21日），法国著名神学家和经院哲学家。

⑥ 共相之辩（Querelle des universaux），12—14世纪欧洲学者关于世界是否存在普遍性的争论。

⑦ 圣维克多的休格（Hugues de Saint-Victor，1096—1141年），中世纪哲学家、神学家和神秘主义作者。

来，最著名的当数波兰克拉科夫主教斯坦尼斯拉夫（Stanislas）[1]，他曾在巴黎学习长达 7 年时间。1142—1158 年间，意大利的皮埃尔·龙巴尔曾在巴黎学习，为巴黎大学第一位博士学位获得者，其著作《警句集》(Sentences) 成为神学的经典。

12 世纪末，巴黎教育涵盖了自由艺术、神学、医学、法学等全部学科领域，并且在地理分布上基本固定。小桥（Le Petit pont）附近是逻辑学，西岱岛（Ile de la Cité）是哲学和自由艺术、神学和法学，塞纳河左岸尚不足以同西岱岛相比肩。[2]

文化的积累也为大学的诞生准备了条件。犹太人、意大利人、西班牙人在法国传播古希腊文明中发挥了重要作用。11—12 世纪，法国南方的犹太人社群主要是塞法迪犹太人（Sefhardim）[3]、阿什肯纳兹犹太人（Haschkenazim）[4]。在北方，著名的学者有拉什（Rashi）[5]，他对犹太人的宗教经典《塔木德》(Talmud) 作了全面评述。这些人实际上成为地中海周围的犹太、基督和伊斯兰或拜占庭文明的自然纽带。

12 世纪，犹太社群的图书馆在文化传承上具有重要作用。犹大·伊本·提邦（Juda ibn Thibbon）[6]对其儿子嘱咐："每当新月升起时，检查希伯来文书籍，每两个月检查阿拉伯文书籍，每个季度检查各种文卷。图书馆的书籍要按次序排列，避免找不到书。每间藏书室须配置清

---

[1]　斯坦尼斯拉夫（Saint Stanislas Szczepanowski，1030—1079 年），克拉科夫大主教。

[2]　小桥（Le Petit pont）是巴黎最古老的桥之一，是塞纳河左岸通向西岱岛（Ile de la Cité）的通道，而西岱岛上建有著名的巴黎圣母院（La cathédrale Notre Dame）。

[3]　塞法迪犹太人（Sefhardim），指在 15 世纪被驱逐前那些祖籍伊比利半岛，遵守西班牙裔犹太人生活习惯的犹太人，是犹太教正统派的一支，占犹太人总数大约 20%。由于长期生活在阿拉伯化的伊比利半岛上，故长期受伊斯兰文化影响，生活习惯与其他分支颇为不同。法国犹太人中，塞法迪犹太人占大多数。

[4]　阿什肯纳兹犹太人（Haschkenazim），指的是源于中世纪德国莱茵兰一带的犹太人后裔（阿什肯纳兹在近代指德国）。其中很多人自 10 世纪至 19 世纪期间，向东欧迁移。从中世纪到 20 世纪中叶，他们普遍采用意第绪语或者斯拉夫语言作为通用语。其文化和宗教习俗受到周边其他国家的影响。

[5]　拉什（Rashi，1040—1105 年），法国中世纪的拉比（Rabbin）。拉比，是犹太人中的一个特别阶层，主要为有学问的学者，是老师，也是智者的象征。犹太人的拉比社会功能广泛，尤其在宗教中扮演重要角色，为许多犹太教仪式中的主持。

[6]　犹大·伊本·提邦（Juda ibn Thibbon，1120—1190 年），西班牙安达卢西亚的拉比。

晰的图书分布图，并有所收藏的图书目录。检查每卷书松散的书页，并认真保存。我收集的这些残页包含重要的内容。我给你的所有残页中的文件和信件都不要损坏。经常浏览图书目录，以便做到对你的图书馆藏书心中有数。用细绒布将书箱罩起来，避免受潮和发霉以及各种危害，因为这些书是真正的宝物。如果你借出一卷书，一定要在离家前做好记录卡片，并在还书之后注销借书人的名字。每当复活节或结茅节[①]之际，索回所有借出的书籍。"[②]

免费借书当时被认为是一种道德义务，特别是借书给贫困学生更被认为是一种善举。

犹大·伊本·提邦还是一位翻译家。他制订了翻译语法学、词汇学、哲学的 25 年计划。约 1150 年，他在卢奈尔（Lunel），约瑟夫·基米（Joseph Khimi）[③]在纳尔博纳（Narbonne）共同促成了阿拉伯犹太人的诗歌和哲学著作的翻译高潮。被阿尔摩哈德王朝（Almohades）[④]驱逐的西班牙犹太人带来了科尔多瓦哲学家迈蒙尼德（Moïse Maimonide）[⑤]的著作。其中两部著作对教育变革发挥了重要作用:《第二法》(*Michné Torah*) 将犹太法、礼仪规定的传统教育进行了系统整理。《迷途导引》(*Guide des égarés*) 一书，虽然整体上的视角是宗教，但却运用亚里士多德的理性概念，试图阐明不仅信仰，而且理性都是神的启示。

犹大·伊本·提邦在遗嘱中谆谆教导其子:"我的儿子，不要忽视医学学说和科学。你要用少一点精力去经营，多关注理论学说。你要诚心地研究非宗教的书籍，你在那里会得到实际生活中所需要的东西。要习惯于每周至少一次检查草药，不要用你不认识的草药。不要不听你老师口述的《塔木德》，你只能在从学校回来时才可以教授别人。所有你

---

① 结茅节（tabernacle），犹太人的秋节，以纪念其祖先的旷野天幕生活。
② Michel Rouche, *Histoire de l'enseignement et de l'éducation en France, tome 1, V^e av. J.-C.- XVe siècle*, Paris: Perrin, 2003, p. 346.
③ 约瑟夫·基米（Joseph Khimi，1105—1170年），中世纪法国拉比、诗人、注释与翻译家。
④ 阿尔摩哈德王朝（Almohades），1121—1269年北非柏柏尔人建立的伊斯兰教王朝。
⑤ 迈蒙尼德（Moïse Maimonide，1135年3月30日—1204年12月13日），又译摩西·本·迈蒙，犹太哲学家、法学家、医生。

从我这里学到的东西，都可以教授给可靠的学生。"[①]

沙特尔的伊夫（Saint Yves de Chartres）[②]在法国教授罗马法和宗教正典法，已经将"权力"与"权威"、"公正"与"公平"、"现世的"与"精神的"等概念进行了基本区分。

在意大利南方的城市巴勒莫（Palerme），一座阿拉伯医学学校将阿拉伯和古希腊医学书籍介绍到西欧。特别是非洲人康斯坦丁（Constantin l'Africain）[③]及其弟子撒拉森人让（Jean le Sarrasin）[④]的译作，使古希腊的医学广为人知。有人通过对猪的解剖，增进了人体解剖学的知识。亨利·阿里斯蒂普（Henri Aristippe）[⑤]翻译了柏拉图的哲学对话集《斐多篇》（Phédon）和《美诺篇》（Meno），亚里士多德的《物理学》（Physica）、《天象论》（Météorologiques）、《形而上学》（Métaphysique）。比萨的彼尔贡迪欧（Burgondio de Pise）[⑥]将希波克拉底（Hippocrate）[⑦]的《格言》（Aphorismes）和盖伦的著作译成拉丁文。巴斯的阿德拉德（Adélard de Bath）[⑧]长期居住意大利，将阿拉伯文的欧几里得（Euclide）[⑨]的《几何原本》（Elements）和花拉子米

---

① Michel Rouche, *Histoire de l'enseignement et de l'éducation en France, tome 1, V^e av. J.-C.-XVe siècle*, Paris: Perrin, 2003, p. 347.

② 沙特尔的伊夫（Saint Yves de Chartres，约1040—1116年），主教，格里高利改革的支持者。

③ 非洲人康斯坦丁（Constantin l'Africain，1020—1087年），11世纪的医生，其前半生在非洲，后半生在意大利从事写作，特别是将阿拉伯医学大师的著作翻译成拉丁文。

④ 撒拉森人，或译萨拉森人，系源自阿拉伯文的"东方人（شرقيين, sharqiyyin）"。在西方的历史文献中，撒拉森最常用来笼统地泛称伊斯兰的阿拉伯帝国。撒拉森人让（Jean le Sarrasin，？—1141年）12世纪教士，普瓦提埃大主教学校教师。

⑤ 亨利·阿里斯蒂普（Henri Aristippe），12世纪希腊裔意大利学者。

⑥ 比萨的彼尔贡迪欧（Burgondio de Pise，约1100—1193年），12世纪意大利法官和翻译家。

⑦ 希波克拉底（希腊语名Ἱπποκράτης，前460—前370年），为古希腊伯里克利时代之医师，其所订立之医师誓言，更成为后世医师之道德纲领后，世人普遍认为其为医学史上杰出人物之一，故今人多尊称其为"医学之父"。

⑧ 巴斯的阿德拉德（Adélard de Bath，约1080—约1160年），英格兰本笃会修士，中世纪哲学家、数学家、阿拉伯语翻译家。

⑨ 欧几里得（希腊语名Ευκλειδης，前325—前265年），古希腊数学家，被称为"几何之父"。

（Al–Khwārizmī）① 的天文表翻译成拉丁文。

　　科学精神开始显现。巴斯的阿德拉德对穆斯林的科学十分崇敬，敢于批评当时流行的研究方法，特别是敢于向权威挑战。当其侄子要求与其讨论动物问题时，他回答："我很难与你讨论动物，因为我与我的阿拉伯老师总是在理性的指导下研究。而你却被权威的表象所迷惑，被权威所束缚。什么叫权威，不是笼头吗？如果你要听我更多的话，就是服从理性，接受理性。我不追随表面上给我牛排吃的人。"②

　　科学精神意味着独立思考。阿德拉德继续说："我们这一代有着这样缺点，拒绝任何似乎是来自现代的东西。既然如此，当我有了个人思想时，如果想要公开，就先告诉其他人，并声称：'这是别人的想法，而不是我的'。为了使人完全相信我的主意，我会说：'这是某个发明者的话，而不是我的'。为了避免人们追究我的思想深处的弊端，我会让人们相信这些思想来自于我的阿拉伯研究之中。我不想让我说的话引起陈旧思维的讨厌，而是我讨厌这种陈旧思维。我知道何为处于俗人之中真正学者的命运。因此，这不是我所提起的诉讼，而是阿拉伯人的诉讼。"③

　　正是来自阿拉伯的百科全书式的科学思潮悄然改变了中世纪原有的教育模式。在诺曼底和英格兰，人们运用一种棋盘（Échiquier）来计算收入，而"棋盘"这一词语至今用于英国财政部的名称。比萨的列奥纳多（Léonard de Pise）④ 将源于印度的阿拉伯数字引入欧洲。得益于阿拉伯数字"0"，彻底改变欧洲人原来使用罗马数字进行四则运算的方法，运算速度大大加快。

　　在西班牙的托雷多（Toledo）、巴塞罗那（Barcelone）等地也形

---

　　① 花拉子米（全名是阿布·阿卜杜拉·穆罕默德·伊本·穆萨·花拉子米，Abū ʿAbdallāh Muḥammad ibn Mūsā al-Khwārizmī，约780—约850年），波斯数学家、天文学家及地理学家。

　　② Michel Rouche, *Histoire de l'enseignement et de l'éducation en France, tome 1, Vᵉ av. J.-C.-XVᵉ siècle*, Paris: Perrin, 2003, p. 351.

　　③ 同上。

　　④ 比萨的列奥纳多（又称斐波那契，Léonard de Pise，或 Leonardo Fibonacci，1175—1250年），意大利数学家，西方第一个研究斐波那契数，并将现代书写数和乘数的位值表示法系统引入欧洲。

成了翻译中心，并对法国产生较大影响。塞法迪犹太人摩斯（Moisés Sefardi）在皈依基督教之后称阿尔封索（Alfonso）①，长期游历于法国和英格兰，以传播其思想。他强调观察的重要意义，坚持将天文学同星象学区分开来。

在西班牙的埃布罗河畔出现了两个著名学者：克恩顿的赫尔曼（Hermann de Carinthie）②和切斯特的罗伯特（Robert de Chester）③。他们共同翻译了阿拉伯文的天文学著作。赫尔曼还翻译了托勒密④《世界地图》（Planisphère）。罗伯特在1147年返回伦敦途中经过西班牙的潘普洛纳（Pampelune）和塞哥维亚（Ségovie）两地时，带去了花拉子米《代数》（Al-Djabr）一书的缩写本。

西班牙的让（Jean d'Espagne）⑤和多米尼克·冈底萨尔维（Dominique Gundissalvi）⑥在托雷多红衣主教的主持下共同翻译了亚里士多德的哲学著作。让将阿拉伯语文本翻译成卡斯蒂利亚语文本，冈底萨尔维再将卡斯蒂利亚语文本翻译成拉丁语文本。

对亚里士多德思想的研究也随之开始。冈底萨尔维及其周边一些人对亚里士多德的著作解释的同时，反对阿维森纳（Avicenne）⑦关于逻辑、自然哲学、形而上学的观点。迈克尔·斯科特（Michel Scott）⑧在

---

① 塞法迪犹太人摩斯（Moisés Sefardi，生卒年不详），在皈依基督教之后称阿尔封索（Alfonso）。

② 克恩顿的赫尔曼（Hermann de Carinthie，1110—1154年），斯拉夫人，沙特尔学校的学生，中世纪哲学家、数学家、翻译家。

③ 切斯特的罗伯特（Robert de Chester，生卒年不详），12世纪英格兰学者，主要活动时间在1140—1150年间。

④ 克劳狄乌斯·托勒密（Claude Ptolémée，约90—168年），希腊裔罗马公民，数学家、天文学家、地理学家、占星家。

⑤ 西班牙的让（Jean d'Espagne，1123—1160年），生于西班牙阿尔曼萨的犹太人，后皈依基督教。

⑥ 多米尼克·冈底萨尔维（Dominique Gundissalvi，约1105—1181年），皈依基督教的犹太人，塞哥维亚大主教。

⑦ 阿维森纳（Avicenne，980—1037年），塔吉克人，中世纪波斯哲学家、医学家、自然科学家、文学家。

⑧ 迈克尔·斯科特（Michel Scott，1175—1232年），中世纪经院哲学家、医学家、占星师。

托雷多翻译了阿威罗伊（Averroès）① 关于亚里士多德《物理学》的评论。亚里士多德思想的研究对于 13 世纪欧洲神学家的思想体系的建立具有至关重要的意义。

对希腊文化遗产的关注和对更为灵活教学方法渴求，不仅激发了古典文献的翻译与评注，也催生了城市中的大量私立学校。而人口的增长、城市的兴盛，社会结构的变化，特别是行会制度的成熟，为大学的诞生提供了适宜的土壤。

随着城市的发展，职业趋于垄断，行会（jurande）逐渐形成。行会有时也称作"全体"（universitas），它包含从事某一职业的所有成员。行会通行的制度，即"行会制"（collegium）曾是古典罗马法认可的制度。

博韦的樊尚写道："文人的学校，正如曾经由雅典转移到罗马一样，已经由罗马转移到巴黎。"布列塔尼人纪尧姆（Guillaume Le Breton）②也曾写到，巴黎是"王国的都城，教育着全世界"。教师与学校的关系也发生根本转变。正如美国中世纪历史学家查尔斯·霍默·哈斯金斯（Charles Homer Haskins）③所说，在 1100 年，是学校追逐名师，1200 年是教师追逐名校。而学者们追逐巴黎的学校，主要目的是寻求科学与知识。修道院长哈文的菲利普（Philippe de Harvengou）④在给其弟子的信中说，"需要自豪的不是已在巴黎，而是要在那里获得诚实的学问"。

二、为自由而生

12 世纪的巴黎有三种类型的学校：主教学校（école épiscopal）、

---

① 阿威罗伊（Averroès，1126—1198 年），著名的伊斯兰哲学家和医生。

② 布列塔尼人纪尧姆（Guillaume Le Breton，约 1165—1226 年），法国布列塔尼的编年史作者。

③ 查尔斯·霍默·哈斯金斯（Charles Homer Haskins，1870—1937 年），美国中世纪历史学家。

④ 哈文的菲利普（Philippe de Harvengou，? —1183 年），比利时埃诺省好愿修道院院长，神学家。

隐修院学校（école monastique）和私立学校。

主教学校的主持人为"校管"（écolâtre），通常由"副主教"（chancelier de l'évêque）担任，负责管理教师。教师经常具有"议事司铎"（chanoine）的身份，他们在圣母院周边的居所中教学。

私立学校可以在任何地方举办，但其教师须获得副主教颁发的"授课准许证"（licencia docendi）。1170 年，教皇亚历山大三世[1] 明确禁止以金钱换取授课准许证。天主教会也明文规定教育的免费原则："上帝的教会，犹如慈祥的母亲，不仅要保护贫穷人的身体，还要保护他们的灵魂，要保证他们读书的可能性。"[2]

一些获得授课准许证的自由教师在巴黎圣母院周围开展教学活动，理论上他们也不属于副主教管辖。皮埃尔·阿伯拉尔在圣热内维耶夫山丘开设讲坛，并以讲学赚钱。阿伯拉尔虽然是圣母院的议事司铎，但他已不领取议事司铎的薪俸，其基本收入来自于学生的酬金和礼品。阿伯拉尔的学校实际上是一种营利性的学校（ad lucrandam pecuniam）学校，他首次使用了"哲学"一词描述其学校，以显示他与教士的区别，并标示着一种更崇尚斯多噶主义而不是传统宗教教育的实用道德理念。[3]

阿伯拉尔的到来及其成功既是学校兴旺的原因，也是其标志。阿伯拉尔开创了收费讲学的先河，其他教师也纷纷效仿。这些教师，其实也是教士，但并不从事宗教活动，与世俗人几乎无异。这时的学校开始出现一种世俗化的倾向，私立学校教师只需校长认可，学生也不直接依附于教会，大部分学生只有下级神阶，甚至只受简单的剃发礼。然而这些教师与学生群体又不被城市人看好，这些不受主教控制的人们可能是滋事动乱的源头。

1200 年，在一家小酒馆突然发生了斗殴事件：一个贵族学生的仆

---

① 教皇亚历山大三世（Alexandre III，约1105年—1181年8月30日），原名罗兰多·巴弟内利（Orlando Bandinelli），1159 年 9 月 7 日至 1181 年 8 月 30 日在位。

② Michel Rouche, *Histoire de l'enseignement et de l'éducation en France, tome 1, V^e av. J.-C.-XVe siècle*, Paris: Perrin, 2003, p. 357.

③ 〔法〕雅克·韦尔热 . 中世纪大学［M］. 王晓辉，译 . 上海：上海人民出版社，2007：22–23.

人，也是列日（Liège）教区选出但未任职的主教与酒馆老板发生争执。这个仆人被暴打之后，他的一群朋友报复性地捣毁了小酒馆。巴黎的卫队长亲率士兵攻击列日学生居住的旅馆，并打死了这个将任职的主教及其他四个人。教师和学生们对此向国王抗议，并要求制裁卫队长，否则将停止教学活动，并离开巴黎。对于师生们的威胁，国王菲利普二世·奥古斯都（Philippe Auguste）①当局感到惊恐，随即妥协，下令释放所有被捕学生。国王同时颁旨给予学生享有教士特权。这一特权在1231年的法律中得以强化，规定任何对教士动手的人将被自动革除教籍。

为了躲避巴黎主教的干预，巴黎教师和学生迁至塞纳河左岸，首先在草靴路、三门路等处安顿下来。那里是圣·热内维耶夫教堂独自管辖的豁免区，即形成后来大学集中的"拉丁区"。

但是，巴黎教师与学生尚未构成真正的行会组织，即具有职业团体的自治特征。而要成为这样组织，须经巴黎主教和教皇双重权力的批准。巴黎主教通过颁发授课准许证掌控着教师与学生，教皇则关注知识文化中心的创建是否对教会有利。法国国王只想维持巴黎的社会秩序，保证首都的声誉，而不与教皇发生冲突。他也不在意与教皇洪诺留三世（Honorius III）②于1219年达成的禁止在巴黎教授罗马法的协议。

1215年巴黎大学宪章在教皇特使库尔松的罗伯特（Robert de Courçon）③的协调下得以签署。最初，学者们的聚集不过是单纯的集合，并无正式的组织机构，巴黎大学宪章使他们成为一个团体——"巴黎教师学生团体"（universitas magistrorum et scholarium parisiensum）。"universitas"为拉丁文，含有"协会""团体""联合会"等义，亦为西文"大学"一词的起源。

但是，巴黎主教仍然拒绝承认巴黎大学的自治，认为巴黎大学的宪

---

① 菲利普二世·奥古斯都（Philippe Auguste，1165年8月21日—1223年7月14日），法国卡佩王朝国王（1180—1223年在位）。

② 洪诺留三世（Honorius III，1148年—1227年3月18日），原名森西欧·萨维利，自1216年7月18日至1227年3月18日为罗马教皇。

③ 库尔松的罗伯特（Robert de Courçon，1160或1170—1219年），英国主教。

章是密谋的结果，并指责行会组织有害于学习。

实际上，大学在组建过程中不可避免地会出现某些混乱，正如巴黎大学校长格莱夫的菲利普（Philippe de Grève）[①]描述的那样，"过去，大学的名字还未曾有过，当每个教师讲课时，常有读书与讨论，大家学习热情高涨。但是现在，人们忙于组建大学，课程变得稀少，且匆匆忙忙，没多少东西。讲课的时间都荒废于开会和讨论。在大会上，年长者忙着讨论决议和立法，年轻者则只想干坏事，准备夜间出行"。[②]

巴黎教师与学生争取大学地位的过程长达30余载。自1200年开始，他们便与教皇、巴黎大主教和法国国王周旋。他们首先期待教皇能够合理裁决，但毕竟天高教皇远，即使其裁决不利于师生，他们还有更锋利的杀手锏——罢课与离散。

1229—1231年的危机中，大学再一次显示其力量。在一次狂欢节上，一些大学生在圣马塞尔酒馆发现了好酒，但在付费上出现了争执。先是谩骂，后是扇耳光、揪头发，再到拳脚相加，直至老板唤来邻居才把学生驱散。第二天，气势汹汹的学生携带剑、棒，捣毁了酒馆，甚至伤及了顾客。圣马塞尔修道院长将此事报告了主教，主教请摄政卡斯蒂利亚的布兰卡（Blanche de Castille）[③]处置。女摄政以其淫威决定惩治这些年轻人，命令巴黎执政（prévôt）惩办肇事者。执政当然不遗余力地执行这一命令，率士兵出击，打死好几个学生。由此导致学校停课。1229年复活节，巴黎大学决定，如果此事得不到合理的司法解决，大学将离散并永不再返回巴黎。事实上，巴黎大学也说到做到。作为行会的大学，既无校舍又无私产，巴黎师生轻松地分别离散到牛津、剑桥、兰斯、奥尔良、昂热和图卢兹。离散到牛津、剑桥的英格兰学生不再返

———————

① 格莱夫的菲利普（Philippe de Grève），1218—1236年任巴黎主教和巴黎大学校长，卒于1236年。

② Michel Rouche, *Histoire de l'enseignement et de l'éducation en France, tome 1, V^e av. J.-C.-XVe siècle*, Paris: Perrin, 2003, p. 361.

③ 卡斯蒂利亚的布兰卡（Blanche de Castille，1188年3月4日—1252年11月26日）是卡斯蒂利亚国王阿方索八世的女儿，1223年至1226年为法国国王路易八世的王后，在路易九世未成年时出任摄政。

回，牛津大学和剑桥大学由此诞生。

巴黎学者和学生的罢课与离散对于法国国王和巴黎人而言的确是一个严重大的打击，因为教师和学生租用大量的旅馆和民房，并在酒吧与餐馆消费。一旦他们离去，这些旅馆与餐饮业将无法为继。

巴黎大学的离散不仅扰乱了巴黎的餐饮生意，更影响了罗马教皇的权威。曾在巴黎就读的罗马教皇英诺森三世（Innocent III）[1] 自 1205 年邀请巴黎大学代表商谈大学的法律地位问题。在 1212 年的谕旨（bulle papale）[2] 中，英诺森三世明确制止主教在颁发授课准许证时对接受者宣读忠诚誓言的要求。

1231 年，教皇格雷戈里九世（Grégoire IX）[3] 颁布题为"科学之母"（Parens Scientiarum）的谕旨，确认大学师生罢课权利的合法性，但须提前 15 日通告。谕旨同时命令惩罚杀人者，规定由两个教授和两个市民组成的委员会确定学生住宿的租金。谕旨还取消了巴黎主教开除学生的权力。

1246 年，巴黎大学重新获得了自己的印章，大学自治得以确认，大学生们同时获得司法特权。大学自治主要有四个方面：

- 文凭颁发的专属权和自行遴选制度；
- 管理独立，有权要求其成员宣誓与开除抵制者；
- 司法独立，具有选举其代表的权限；
- 财政独立，具有其经费支出的权力。

巴黎大学自治，意味着居住在巴黎的教师和学生行会，作为遵守现行封建法律的平和机构，自行管理教师，并对学生行使权威，制定自己的纪律，而不需要外界干预。

---

① 英诺森三世（Innocent III，约 1161 年—1216 年 7 月 16 日），1198 年 1 月 8 日—1216 年 7 月 16 日任罗马教皇。

② 谕旨（bulle papale），为天主教教皇所发布的最降重之文告。"bulle"源于拉丁语"la bulla"意为金属封印，最初应用于拜占庭，6 世纪教皇开始用铅印表示其普通文件，用金印或银印表示更重要的文件。

③ 格雷戈里九世（Grégoire IX，约 1145 年—1241 年 8 月 22 日），1227 年 3 月 19 日至 1241 年 8 月 22 日担任教皇。

　　1292 年，教皇授予巴黎大学颁发"基督教区通行教学证书"（Licentia ubique docendi）的特权，大学因此有了新的称谓"studium generale"，也是后来对中世纪大学的称呼。巴黎大学也由地方大学提升到欧洲中心位置，而意大利的博洛尼亚大学因限于法律专业无法与其相比。

　　可以设想，如果当时的学者和学生屈从于教会的控制，就不会有大学的诞生。从这个意义上看，大学的诞生，便是追求自由的结果。

　　当然巴黎大学最初追求的自由，并不是寻求真理和正义，而不过是在国王与教皇之间寻求生存空间，左右逢源。结果是巴黎大学获得了学位专属授予权，把握着象征法律资格与自主的校印。其成员可享有与教士相同的社会地位，不必纳税，不必服兵役，却有罢工或罢课的权利。

　　在中世纪的拉丁语中，大学同时由"studium"和"universitas"表示。"studium"意味着高等教育机构，"universitas"表示行会组织，而正是这种行会式的高等教育机构得以自治并行使其功能。①

　　借鉴中世纪的行会组织，巴黎大学的教师经过艰苦斗争几乎逐渐获得了当时行会所能有的全部特许权，也审时度势地创造了他们所需要的"自治"机构。

　　但这一自治的获得并非一蹴而就。教皇为了控制正呈燎原之势的异端邪说，振兴日渐衰竭的 11 世纪改革，希望通过大学增强教会的中央集权，并以此建立将整个基督教界与教皇直接联系的大型宗教研究中心。虽然教皇的多数决定符合大学学者的愿望，但一旦大学学者的作为触犯教皇的某根敏感神经，教皇也会向大学学者叫停，迫使他们屈服。1225 年，教皇特使、圣昂日的枢机主教便砸碎了巴黎大学的大印章，直至 1246 年才重新授予。

　　巴黎大学在建校伊始便设四个学部：艺学部、神学部、法学部和医学部。艺学部相当于文学部，是初级学部，为 14—20 岁的学生教授"三艺"和"四艺"等学科，颁发"授课准许证"（licencia docendi）。

---

① 〔法〕雅克·韦尔热.中世纪大学 [M].王晓辉，译.上海：上海人民出版社，2007：38.

获此文凭者，才具备任教资格，可以进入其他三所高级学部学习。这种四个学部组合构成的巴黎大学，不仅是大学的滥觞，也是后来欧洲大学办学的基本模式。每个学部由执教教师（actu regentes）全体大会选举产生学部部长，管理学部生活的各方面事务。

巴黎大学同时也是国际性的学校。那时的欧洲人喜欢旅行，乐于了解外国的风土人情，而大学的建立更是他们出行的理由，通用的拉丁语又使游学毫无障碍。巴黎大学当时便集中了许多国家的学生，因相近国籍形成四个"民族团"（Nations）：法兰西民族团（Nation française）、诺曼民族团（Nation normande）、庇卡底民族团（Nation picarde）和英格兰民族团（Nation anglaise）。所有拉丁民族的学生在法兰西民族团，日耳曼和斯拉夫民族的学生与英格兰民族的学生在英格兰民族团，欧陆西部的学生在诺曼底民族团，弗莱芒的学生和庇卡底[①]的学生组成庇卡底民族团。

艺学部的学生虽然是低年级，但却有着相对更大的权力。每个民族团选举出自己的代理（procureur），而只有4位代理有权共同任命一位艺学部教师作为部长。作为部长的教师须经全体艺学部教师若干轮的选举产生。艺学部作为大学内部的行会机构，占有公共财政、管理人员和印章。因此，艺学部长逐渐成为大学的真正主管，自1249年开始行使大学命令，自1256年绝大多数教师宣誓服从于艺学部长，并同意代表大学与维护大学特权。

校长作为大学行会的真正首脑（caput studii），在大学内部与外部具有荣誉权和特别优先权。大学校长的权力十分广泛。他向国王的代理要求释放被捕的学生，然后由大学法庭予以裁决。决定城市的学生住房租金和图书租借费。在四个民族团的协助下管理财政。当在师生中出现争端时，可以决定对肇事者处罚、逮捕或驱逐。召集全体教师大会，确定工作日程。作为大学宪章的维护者，在8位司法执事的协助下对外代表大学。

---

① 在中世纪，庇卡底（Picardie）指巴黎以北的法国及说荷兰语的弗兰德地区。

　　然而，大学校长的权力也很有限，真正的民主决策机构是全体教师大会。校长的任期为 3 个月，在改选时，全体教师要对校长的工作进行审查。这种民主方式与当时所有职业行会的情况类似。巴黎大主教在大学中的责任仅仅是主持仪式和记录大会决定。13 世纪初，教师大会在穷人圣朱利安教堂（Église Saint-Julien-le-Pauvre）举行，校长只需公布大会召开时间。后来由于会址的变动，校长还要公布会议的地点。大会召开时，教堂大殿的四角各置一个座位，每个民族团的代理分别占一席，艺学部的成员也分别在四个角落商议。其他学部的教师在空位入座。校长根据每个学部的提议形成大会决议，由四个学部的成员举手通过，最后校长作出总结论并加以实施。1340 年之后，大会决议须由四分之三以上的绝大多数成员同意才能通过。

　　校长在管理方面的责任极为有限，因为大学没有自己的校舍，召开教师大会的教堂是租借的，印章存放在圣女热纳维耶芙教堂（Église Sainte Geneviève），档案存放在马蒂蓝修道院（Couvent des Mathurins）。每个民族团都有其特定的教堂，举办弥撒，进行考试和其他仪式。教师如果不想在街头授课，须自费租房间做课堂。大学唯一的资产要算沿塞纳河左岸的教士草地（Pré-aux-Clercs），每个礼拜天学生们常在草地上玩耍、散步。但这块校产得来也不光彩，是大学与圣日耳曼德佩修道院（Saint-Germain-des-Prés）长期争执与霸占的结果。

　　大学校长的经常行为实际上是维护大学的特权，争取减免各种税赋和巡逻警戒事务，特别是各种司法豁免权。每个教师或学生享有一种特权，即只接受主教法院的审判。而巴黎市政法院只审理一般的民事诉讼。一般来说，主教法院只能关押教士。当学生案件涉及世俗人时，主教须请求市政法院逮捕或关押世俗人。

　　教廷保守法院（cour du conservateur apostolique）可以审理所有侵犯大学权利的案件。在 13 世纪末，教廷法院对于维护大学学术自由发挥了重要作用。

三、以学术为业

学者当以学术为业。中世纪学生的信件，经常流露出其精神状态的理想面貌：对学习的饱满热情、对导师的崇敬、对知识不断增长的憧憬。

艺学部学生的入学年龄为 14—15 岁，学习至少六年时间。毕业时，首先须通过由各民族团教师组成的评审委员会的考试，然后参加"终考"（determinatio）。终考的形式是辩论，学生须选一主题在 4 位教师面前展开辩论，目的是考察其论证与讲课的能力。考试通过之后，便可获得"终考文凭"（déterminance），即 15 世纪之后改称的"艺学毕业证书"（baccalauréat ès arts）。艺学毕业证书的获得者，称为"艺学士"（bachelier），需作为教师的助手承担两年的教学工作。两年助教工作结束才可参加授课证书（licence）考试。如果助教生切实在学部学习、听课、完成作业、阅读经典著作，便可自动进入教师根据成绩编排的录取名单。这一名单送至圣女热纳维耶芙主教处，由其确认获得授课证书的人选。

新的授课证书获得者，身着长袍，随大学校长、大学执事、民族团代理之后，列队自马蒂蓝修道院走向圣女热纳维耶芙教堂，在那里跪拜，在巴黎副主教面前接受羊皮纸质的授课证书。授证仪式之后六个月，新的授课证书获得者便成为正式艺学教师。

新教师的入职仪式称为"启动"（inceptio），新教师需以其代表作开讲第一课，之后其指导教师授予其一顶四角帽、一枚金戒指和一本书，并吻其面颊与向其祝福。然后，新教师宣誓服从校长。仪式之后是大型宴会，并向学友赠送手套、长衫、金钱等礼品。其中不乏炫耀的色彩，有时甚至邀请管乐队或哑剧助兴。

尽管当时禁止奢华消费，但高消费的炫耀十分普遍。其实，炫耀还有另外一种意义。在节庆中，大学团体近乎狂热地感受其团结，大学的任何行为都非个人行为，只有共同的意志才能使个人得以存在，并通过集体活动来宣示他们具有如同其他社会团体一样的地位。

在另外三个学部，荣耀之路（Cursus honorum），或者说晋升体系大体一致。首先经过 5 年学习获得艺学文凭，再经过至少 7 年方可获得"硕士文凭"（maîtrise）或"博士文凭"（doctorat）。获得法学和医学博士的年龄约 28 岁，而若要获得神学博士文凭，则需要 15 年的学习时间。先做 7 年学生之后成为神学艺学士，还必须读 2 年《圣经》，可成为"读经艺学士"（bachelier biblique）。然后，再经 2 年阅读皮埃尔·龙巴尔的《警句集》，才能成为"警句艺学士"（bachelier sententiaire）。最后，还要参加 3 年的辩论，终于成为"养成艺学士"（bachelier formé），接着才可以参加授课准许证的考试。

完成这些阶段通常要超过 35 岁，其时已经接近老年。因为中世纪时人的平均寿命比今天短许多，40 岁已经算老年了。神学博士学位每隔两年的万圣节[①] 授予一次。所有神学部教师都对博士申请者提问，只有获得三分之二以上教师同意的人可被选取。被淘汰者主要是曾经缺课或无能力支付宴会费用的人。博士文凭的授予仪式与学士的仪式基本一样，不同的是副主教亲自将四角帽戴在新博士头上，并接受其宣誓。仪式之后，不可或缺的依然是宴会，并向考试教师、同学和贫困学生赠送礼物和金钱。礼金数额经常较大，也构成大学收入的重要来源。为了限制过量的礼金，1311 年的维也纳主教会议将数额限定为 3000 图尔里弗尔[②]。

大学的淘汰率很高，据估计只有半数学生获得艺学文凭，只有四分之一学生获得硕士文凭。韦尔热认为，只有三分之一或四分之一的学生可获得艺学文凭，十五分之一或二十分之一的学生可获得授课证书。[③]

求学的动力来自于出人头地的野心和对知识的渴望。同时求学需要有雄厚的财力保证，以支付入学注册费、购书或租书费、住宿费、教师

---

① 万圣节（Toussaint），西方天主教纪念亡灵的节日，为每年的 11 月 1 日。

② 图尔里弗尔（livre），或称里弗尔、图尔镑（livre tournois），中世纪法国货币，因在图尔制造，故称图尔里弗尔，1795 年被法国法郎所取代。1 里弗尔等于 20 苏（sou）或等于 240 旦尼尔（denier）。

③ Michel Rouche, *Histoire de l'enseignement et de l'éducation en France, tome 1, V^e av. J.-C.-XVe siècle*, Paris: Perrin, 2003, p. 381.

工资、考试费。艺学考试费用相对较低，但授课证书和博士考试的费用极高。法学部和医学部的学生多是富家子弟，而贫困学生集中于艺学部和神学部。

13 世纪末，巴黎人口约 20 万，虽在整个欧洲首都中为首屈一指的超大都市，但容纳 5000 名大学生已是超出极限，因此房租价格极贵。一些富人出钱或出地为贫困学生建造居住和学习的场所。1180 年建造的十八人学院（Collège des Dix-huit）便是巴黎建立最早的学院。学院最初为 18 个贫困学生而建，并因此得名。学院建于巴黎圣母院的对面，每个学生在学院住宿并且每个月还能得到 1 旦尼尔的零花钱。作为回报，学生们须为附近一家医院的亡者守夜，为其下葬搬送十字架和淋洒圣水。之后，还有类似的学院相继建立，如建于 1208 年的良童学院（Collège des Bons-Enfants）、建于 1246 年的金翅雀学院（Collège du Chardonneret）、建于 1304 年的纳瓦尔学院（Collège de Navarre）。

中世纪大学教学内容的基础是"七艺"（sept arts）。其中语法（grammaire）、修辞（rhétorique）与辩证法（dialectique），是文科教育中的核心部分，被称为三艺（Trivium）；算术（arithmétique）、几何学（géométrie）、音乐（musique）以及天文学（astronomie）（其中也包括了占星学），被称为四艺（Quadrivium）。三艺与四艺，合称"七艺"，或"自由七艺"（Arts libéraux）。

12 世纪，博韦的让（Jean de Beauvais）编纂了一部以记忆法为特点的语法书，名曰《贫困者之书》（Livre des pauvres），为语法学科的重要著作。在修辞学方面，多纳图斯（Aelius Donatus）[1] 的著作《错误表述》（Barbarismus）堪称经典，在中世纪仍在使用。1230—1240 年间，由不知名者编纂的《学校训律》（De disciplina scolarium）因受到波爱修斯的推崇而广泛应用，并数次再版。在辩证法方面，波爱修斯的《逻辑》在 1255 年之前是最常用的基础书，之后波菲利（Porphyre）[2]

---

① 多纳图斯（Aelius Donatus，约320—约380年），古罗马修辞学家和文法学家。他所著的两本语法书在中世纪仍在使用，并成为后来及至现代的语法基础。

② 波菲利（Porphyre，约232—305年），3 世纪的新柏拉图主义哲学家。

在《亚里士多德〈范畴篇〉导论》（*Isagoge*）和亚里士多德的《工具论》（*Organon*）及其形而上学的论文得以普遍应用。

四艺方面的教科书主要有：沙特尔的蒂埃里（Thierry de Chartres）①编写的《自由七艺论》（*Heptateuque*）、贝蒂讷的埃伯哈德（Ébrhard de Béthune）②编写的《拉丁语法诗》（*Grecismus*）和维莱迪厄的亚历山大（Alexandre de Villedieu）③编写的《教义诗》（*Doctrinale*）。

在神学方面，最重要的著作当然是《圣经》，其次是皮埃尔·勒芒戈尔（Pierre le Mangeur）④的《经院哲学史》（*Historia scholastica*）和皮埃尔·龙巴尔（Pierre Lombard）的《警句集》。

医学的主要著作是阿维森纳的《医典》（*Canon d'Avicenne*）、萨莱诺的尼古拉（Nicolas de Salerne）⑤的《药谱》（*Antidotaire*）、约翰尼修斯（Johannicius）⑥的《医学规则》（*De Regimine acutorum*）、犹太人以撒（juif Isaac）⑦的《热病》（*Livre des fievres*）、非洲人康斯坦丁的《临终圣餐》（*Viatique*）和《医术》（*L'art medicinae*）。当然，希波克拉底（Hippocrate）的《预后之书》（*Pronostic*）和《格言》（*Aphorismes*）是最重要的医学参考书。

关于法学，雷蒙多·德佩尼亚福特（Raymond de Penafort）⑧编纂的《教皇谕旨》（*Décrétales*）是古典法的重要教科书，《查士丁尼法典》⑨则是民法的主要参考书。

---

① 沙特尔的蒂埃里（Thierry de Chartres，？—约 1150 年），12 世纪柏拉图主义哲学家。

② 贝蒂讷的埃伯哈德（Ébrhard de Béthune，？—约 1212 年），13 世纪早期的语法学家。

③ 维莱迪厄的亚历山大（Alexandre de Villedieu，约 1175—1240 年），法国诗人与语法学家。

④ 皮埃尔·勒芒戈尔（Pierre le Mangeur，约 1110 年—1179 年 10 月 12 日），中世纪神学家。

⑤ 萨莱诺的尼古拉（Nicolas de Salerne），约 1150 年任意大利萨莱诺医学校的校长。

⑥ 约翰尼修斯（Johannicius，809—873 年），本名为侯奈因·伊本·易司哈格（Hunayn ibn Ishaq），阿拉伯翻译家与数学家。

⑦ 犹太人以撒（Juif Isaac，约 830 或 850—约 932 或 955 年），埃及的犹太人，医生与哲学家。

⑧ 雷蒙多·德佩尼亚福特（Raymond de Penafort，约 1175 或 1180—1275 年）。道明会修士，以编纂教会法律而闻名。

⑨ 《查士丁尼法典》（*Corpus iuris civilis*），又称《民法大全》，是东罗马帝国皇帝查士丁尼一世下令编纂的一部汇编式法典，是罗马法的集大成者。《查士丁尼法典》由四部分组成，分别为法典、学说汇纂、法学阶梯以及新律。最后完成于公元 530 年左右。法典内容为东罗马帝国时期的皇帝敕令，以及权威法学家的法律解释，还有给法律学生当作法学的入门教材等。

　　中世纪大学根据不同知识学科的地位划分为神学、法学、医学三个高级学部和教授七艺的艺学预备学部。实际上，许多大学在 13 世纪只有两三个学部，但艺学部（Facultés des arts）则必不可少。艺学部是一个更为世俗的环境，也较少受正统教义的干扰，特别是亚里士多德的文献激发了严格意义上的哲学思考。值得一提的是，虽然艺学部在各大学都是初级学部，但由于艺学部的师生数量众多，艺学部部长经常是大学的真正首脑，神学、法学和医学博士则处于从属地位。

　　在圣托马斯（Thomas）等神学家们看来，"亚里士多德所推崇的基本道德'宽宏'，是希望道德的理性形式，是人追求崇高，即永福的原始努力"。布拉班特的西格尔（Siger de Brabant）等一些艺学部教师，则认为"宽宏是远比谦恭更高的道德，通过对真理的无私探求，达到人类的真正崇高，即人性的发展、自信、力量的美德"。达西的博伊斯写道："哲学专注于学习与沉思，天然地合乎道德，即纯洁与节制、公正、强大与自由、温柔与崇高、宏伟卓越"。阿威罗伊主义的大学学者还提供了这样的职业伦理要素："知识分子的劳动，作为求知的无私实践，本身具有其公正，因为它是自我完善的因素，是力量与智慧的源泉"。[①]

　　读书是中世纪大学的基本内容。13 世纪西方书籍猛增，大学则发挥了重要作用。如果说在中国由于蔡伦造纸和毕昇的活字印刷，至少在 11 世纪已使书籍进入寻常百姓家，但在中世纪的欧洲，书籍却是奢侈、稀罕、华丽、昂贵的物品。当时欧洲的传统书写材料为莎草纸（papyrus）和羊皮纸（parchemin），前者须从埃及进口，后者的原材料为羊皮，一张羊皮只能裁成四页羊皮纸。且不说书写材料的昂贵，书籍的制作程序更为艰辛。首先，大学授权的书商（stationarii，出版者兼书店），须获得一份经博士委员会审查可供学部使用的文献样本（exemplar）；然后将每份样本分册（peciae）装订，由若干抄录人分别誊写某一分册；最后教师或学生须按大学规定的价格租下或购买这一样本。在波伦亚，需要 10—15 个月才能复制完毕一本无彩饰的法学手稿，

――――――――――

　　① 〔法〕雅克·韦尔热.中世纪大学［M］.王晓辉，译.上海：上海人民出版社，2007：60.

复制费用为 20—60 波伦亚镑，至少相当于教师（年收入为 150—200 镑）的月工资。[1]

由于书籍的昂贵与稀少，大学的基本教学方式便是讲授（lectio）。教师手执一部书，讲解书的结构与基本内容，一段接一段，一章接一章，教师讲，学生听。沙特尔的贝尔纳是这样教学：为了加强记忆和训练智力，他对一些学生予以鼓励，而对另一些学生施以鞭打与惩罚，让他们模仿认真听讲的学生。第二天每个人必须复述前一天学习的部分内容。[2]

讲课时间通常在上午。在上午临近结束，或下午开始之时，时常会插入一些特别课，即由获得艺学证书的学生教师进行评述。如果课文特别生疏难懂，便产生所谓"问题"（question）。教师会将一些权威对此问题的不同观点列举出来，进行比较，通过逻辑分析、论证，予以支持或反对。这种练习形式便是"辩论"。在辩论中，教师终于可以离开书本，由学生寻找逻辑资源，学生也热衷于出头露面。但一些保守的教师并不满意这种新的教学方式，孔什的纪尧姆（Guillaume de Conches）[3]便抨击其过分："我们的学生放弃了要求学习 7 年听讲与阅读，直至第八年才可向教师提问的毕达哥拉斯教学体系。而在今天，学生刚进学校，屁股还未坐稳，就向教师提问。更可憎的是，竟敢评价教师！"[4]

学生的问题确实五花八门，如：是否应尊重父母？撒旦能被拯救吗？教师和学生，包括外校的学生都可以提供论据，回答问题。第二天，教师会将有关问题的论据综合阐述，并作出自己的"结论"（détermination）。之后，辩论的问题将被笔录下来，并标注具体的参考

---

① 〔法〕雅克·韦尔热. 中世纪大学［M］. 王晓辉，译. 上海：上海人民出版社，2007：50.

② Michel Rouche, *Histoire de l'enseignement et de l'éducation en France, tome 1, V^e av. J.-C.-XVe siècle*, Paris: Perrin, 2003, p. 389.

③ 孔什的纪尧姆（Guillaume de Conches，约1080—约1150年），12世纪法国语法学家和哲学家。

④ Michel Rouche, *Histoire de l'enseignement et de l'éducation en France, tome 1, V^e av. J.-C.-XVe siècle*, p. 399.

文献。通过辩论记录，大学的全体成员都可参与，从而促进了知识探讨与研究。辩论还产生了新的教学概念——"经院问题辩论"（question quodlibétique），其意义是，无论是谁（quodlibet）都可以提出任何问题（ad voluntatem de cujuslibet）。这种漫无边际的辩论实际上每年只在圣诞节和复活节期间各举办一次，除了午饭休息一小时，从早 6 点一直延续到晚 6 点，结论则于第二天由教师作出。其实，辩论在于练习思维，而无所谓结论，正如托马斯·阿奎那 1271 年总结的那样："如果通过权威这个唯一途径解决了信仰问题，我们肯定占有真理，但却在空荡的头脑之中"。①

枯燥乏味也许是人们对经院哲学的直觉认识。但需要知道，辩论才是经院教学方法最具特色的原始训练。与东方"讷于言而敏于行"的传统不同，中世纪大学的辩论课是教学的重要内容，最优秀的教师往往把基本课程交给艺学文凭获得者去上，他们自己则特别致力于辩论。

在法学和医学学部，辩论中经常应用亚里士多德的逻辑分析原理：同一律（A 即 A）、矛盾律（A 非 B）、三段论（所有人都会死，苏格拉底是人，苏格拉底会死）。此时经学分析水平已超越小桥亚当（Adam du Petit-Pont）② 于 12 世纪提出的文字游戏，"你有你所未失，你未丢角你便有角"的水平。经院哲学已经达到十分精细的程度，但是未能进一步发展到自然科学。罗吉尔·培根当时已经意识到这一点，提倡经验主义，但由于 1277 年的宗教惩戒而未能获得发展。

书籍虽然数量明显增长，但依然是中世纪大学发展的障碍。贫困学生不仅买不起昂贵的书籍，反而要靠誊写赚一些生活费。学生的参与降低了书籍的成本，但也降低了质量。誊写技术略有进步，羽毛笔代替了芦苇笔，哥特式小写字母的普遍应用也加快了书写速度。书籍的卅本有所缩小，便于翻阅和搬运，也不用铁链锁在图书馆里。文字修改需用

---

① Michel Rouche, *Histoire de l'enseignement et de l'éducation en France, tome 1, V^e av. J.-C.-XVe siècle*, Paris: Perrin, 2003, p. 400.

② 小桥亚当（Adam du Petit-Pont），生于英格兰，在巴黎学习，在小桥附近开设学校，便有此绰号。卒于 1180 年。

骨质或象牙质柄的小刀或小锉刮去牛皮纸的表层，重新写上正确文字。因此，法文用来表示修改文字的短语，有"给合同一刀"（指修改合同文本），"锉一锉文字"。

教师中出现了一批编书人。特别是在修道院，编书作者通常有一位秘书和两位助手。秘书时常代编书人写作，一位助手负责校对参考文献，一位负责在空白牛皮纸上用雕刻针画线。

随之出现了一个在大学的管控下的教科书出版系统。一张羊皮可折成 4 页，即 1 件（pecia），也是今天法语中常见的量词"pièce"的来源。所有"件"构成一"部"（exemplar）著作。每部著作须经由博士组成的委员会审查，才能进入大学批准的"书社"（stationarius）。1323 年，巴黎有 28 家这样的书社。书社将某部著作中的 1 件，分配给其雇佣的誊写人，若干誊写人同时誊写一部书的所有件，每件完成之后组装成一部完整著作。书社按官价（taxatio）出售或租借书籍。

由于书籍的昂贵，图书馆成为名副其实的藏宝馆。1290 年，索邦学院的藏书 1077 部，全部用链条锁定，以防止丢失。

造成书价昂贵的原因，除了誊写效率低之外，还包括羊皮产量低。羊皮经营商因此受到大学的监督。巴黎大学任命 4 位监督员赴专门羊皮市场监督到货情况。在图卢兹，一整条羊皮商街都由大学监控。羊皮商与大学校长共同确定价格，羊皮价格确定之后则不许改变。羊皮售出之后，大学要抽取一定税款，这笔款项也构成大学经费的重要来源。

在中世纪大学因书写材料而踯躅缓行之际，迎来了东方中国的福音——纸。纸的发明，至少可以追溯到东汉宦官蔡伦造纸的公元 105 年，但传到欧洲却经历了漫长的过程。公元 8 世纪，中国的纸传到突厥斯坦（Turkestan），至 10 世纪再传到叙利亚、埃及、西班牙。克吕尼修道院（Abbaye de Cluny）院长可敬者彼得（Pierre le Vénérable）[①]曾看到莫札拉布[②]在使用纸张，但出于对这些屈膝者的憎恨，而对新的书写

[①] 可敬者彼得（Pierre le Vénérable，1092 或 1094 年—1156 年 12 月 25 日），著名的克吕尼修道院（Abbaye de Cluny）院长。

[②] 莫札拉布（Mozarabe），阿拉伯人占领期间效忠征服者但仍信奉基督教的西班牙人。

材料——纸张不屑一顾。

收复失地运动（Reconquista）① 为纸的传入提供了契机，一些文件开始用纸来书写，中国纸便从西班牙和意大利两条途径传至法国。1270年，三个法国人将造纸秘方带到法国中部的奥弗涅（Auvergne）地区，并在那里建造了三座造纸磨坊。其中理查磨坊（Moulin Richard de Bas）存在至今并仍在运行。几乎在同时，约 1268—1270 年，意大利的造纸磨坊出现在法布里亚诺（Fabriano），后出现在法国的维奈桑伯爵领地（Comtat Venaissin）、特鲁瓦（Troyes）。大概在 1345 年之后，纸在法国被普遍接受，只有少量官方文件仍用羊皮纸书写。但在 14 世纪初，纸的价格高于羊皮纸的价格，至 14 世纪末，纸的价格仅为羊皮纸价的十分之一。

纸张的普遍应用带来大学教学模式的变革。写作的意义开始大于口述，一部文稿更能体现个人智慧风格，比起过去的团组讨论，个人研究也更容易实施。

然而，书写材料的变革并非短期得以实现。蜡板被人们习惯地应用，蜡板商本能地抵制纸的应用。直至 15 世纪，人们最终认可了比蜡板与黑板更为实用的纸张。

四、知识分子群体

在中世纪学校发展的两百年间，逐渐形成了一个特殊的社会群体。勒高夫认为，这些人"以思想和传授其思想为职业"②。这就是知识分子。

知识分子与教士、其他市民、游走的艺人有什么区别吗？首先区别在于工作日程与节律的不同。1231 年，教皇格雷戈里九世谕令每年的

---

① 收复失地运动（Reconquista），亦称为复国运动、复地运动，是 718 至 1492 年间，位于西欧伊比利亚半岛北部的基督教各国逐渐战胜南部穆斯林摩尔人政权的运动。史学家以 718 年倭马亚阿拉伯征服西哥特王国，以及阿斯图里亚斯王国建国为收复失地运动的开端，以 1492 年格拉纳达的陷落为终。

② 〔法〕雅克·勒高夫.中世纪的知识分子［M］.张弘，译.北京：商务印书馆，1996：1.

假期不得超过一个月。一般来说，大学生的课程和练习的间歇不会超过一个月，但每个学部都会根据教学进程延长休假时间。艺学部的课程可以在圣彼得与圣保罗日（6月29日）的前夜休息，直至圣路易日（8月25日）的次日，神学部和法学部的休假可能延至圣十字日（9月14日）。如果算上圣诞节和复活节的休假日，大学实际的授课日约140天。这些授课日大体划分为大、小两部分：大授课期自圣丹尼日（10月9日）至复活节，小授课期自复活节到6月。

每天的课时安排因学部而不同。在艺学部，课程时间划分为上、下午两部分。上午，学生在艺学文凭获得者的指导下做练习与改错，下午是教师授课。在神学部及其他高级学部，教师授课在礼仪时辰的第三时辰之前，即在8点半至10点之间。① 艺学文凭获得者的辅导课在第六时辰之前，即在11点半至13点之间。下午一般是辩论时间，如无此需要，则是授课。

每天学生的作息时间与修道院的时间大体相同。大约4点至5点半起床，近10点时早餐，12点午餐，17点晚餐。在小吃小饮之后，应于21点左右就寝。但大学城中修道院的钟声并非有规律地响起，实际上为大学的教学留有时间余地。特别是在冬天，大学时常借助油灯或蜡烛在夜晚授课。

知识群体的另一个特征是穿着制服。每个学生须接受"剃发礼"并穿着教士袍。艺学教师则穿着黑色圆形长袍，袍角须达至脚跟，不得穿系带鞋，鞋也不得露出袍外。主讲教师须在长袍外加穿松鼠毛皮镶边的披罩。艺学教师也可以穿上披罩，但其披罩的镶边只能是羔羊毛或兔毛。此外，教师还需佩戴四角帽或带流苏的圆帽。

伪波爱修斯（Pseudo-Boèce）② 主张学生应当尊敬与热爱教师。作

---

① 礼仪时辰（Liturgie des Heures），根据圣本笃（Benoît de Nursie，480—547年）于公元530年制定的规则所确定修道院祈祷时间。分别是：夜祷（Matins，子夜时分），晨曦祷（Lauds，清晨或是3点时），第一时辰（Prime，在6点时），第三时辰（Terce，在9点），第六时辰（Sext，中午），第九时辰（None，下午3点），晚祷（Vespers，点灯时分或下午6点），睡前祷（Compline，睡前或是晚间9点）

② 伪波爱修斯（Pseudo-Boèce），12世纪一位冒波爱修斯之名写作的人。

为教师，虽然没有规定为单身，但许多教师为了恪守职业的尊严，均自觉执行独身。西塞罗这样提出问题，一个哲学家能够同时关照女人和智慧吗？因此，阿伯拉尔为其名声，其婚姻对外秘而不宣。

大学成员从入口至出口，甚至说从生至死，都应有团结一致的概念和意识。奥古斯丁在其《忏悔录》（*Confessiones*）中说，"一部分人与大学整体的不一致是一种羞耻。"①

阿伯拉尔放弃其贵族身份，选择以文字对抗武器，并最早为学术职业定义：赢得荣誉与金钱。这一职业概念，鄙视贫穷，又鲜明区别于托钵会主张的"动手谋生、伸手要钱"的观念。阿伯拉尔认为，教书就是允许向学生索取学费。教师所得并非如圣伯尔纳（Saint Bernard）②所认为的是可耻的牟利，而是正当的收入，况且教师教学对于贫困学生是免费的。

对于教师职业，除了作为谋生手段之外，还可以赢得名声与荣耀。阿伯拉尔毫不掩饰地说，"我的两个课程的声誉吸引了大量学生，我从声誉中获得金钱与荣耀。"③世俗教师也支持获得工资，认为谦卑并不是美德。他们阅读亚里士多德的伦理学，亚里士多德的知识分子道德使他们坚信，其社会地位优越于其他职业。他们视斯多噶主义（Stoïcisme）④和亚里士多德主义的道德为崇高，以知识充实自我，把知识作为人的发展终极目标，将传授知识作为职业，以区别于教士职业。然而，知识分子过分的自我与清高的大学道德在 1277 年的大惩戒之后，很快转向基督教道德，服从于日常的祈祷，服务于世俗和教会权威。

---

①　Michel Rouche, *Histoire de l'enseignement et de l'éducation en France, tome 1, V^e av. J.-C.-XVe siècle*, Paris: Perrin, 2003, p. 413.

②　圣伯尔纳（Saint Bernard，1090 年—1153 年 8 月 20 日），天主教隐修士，克莱沃修道院（Abbaye de Clairvaux）院长。

③　Michel Rouche, *Histoire de l'enseignement et de l'éducation en France, tome 1, V^e av. J.-C.-XVe siècle*, Paris: Perrin, 2004, p. 415.

④　斯多噶主义（Stoïcisme），古希腊和罗马帝国思想流派，哲学家芝诺于公元前 3 世纪早期创立。斯多噶派学说以伦理学为重心，秉持泛神物质一元论，强调神、自然与人为一体，"神"是宇宙灵魂和智慧，其理性渗透整个宇宙。个体小"我"必须依照自然而生活，爱人如己，融合于与整个大自然。

　　但这一观点与教会的免费原则发生矛盾。宗教的虔诚和哲学的崇高，使教育是否应当收费在大学诞生之日就成了悬而未决的问题。当时的主导思想是这样的："知识是上帝的恩赐，知识传授不得以金钱为交换，违者以买卖圣物罪论处，因此教育应当是免费的。"主教会认为，作为教士的教授，既然领取教士薪俸，就应当以无偿的名义从事教学。但也有针锋相对的观点：教授的学问虽然为上帝所赐，不得买卖，但其学问应当从其劳动中分离，他的劳动应当享有公正的报酬；学生向教师缴纳"酬金"，通过与教师劳动的交换，保证教师的生计。[①]

　　作为教师，在 12 世纪的法国大学只有寥寥可数的几个外国人，如：英格兰人索尔兹伯里的让（Jean de Salisbury）[②] 和小桥亚当、意大利的皮埃尔·龙巴尔。而大师级的人物都是法国人：皮埃尔·阿伯拉尔、圣博尔纳、可敬者彼得、圣蒂耶尔里的纪尧姆（Guillaume de Saint-Thierry）、叙利的莫里斯（Maurice de Sully）[③]。但是至 13 世纪，巴黎大学的教师呈现出真正的国际化。在名师名录里，除了奥弗涅的纪尧姆（Guillaume d'Auvergne）[④] 是法国人之外，其余都是外国人：英格兰人阿勒的亚历山大（Alexandre de Hales）[⑤]、加兰的约翰（Jean de Garlande）[⑥]、罗伯特·格罗斯泰斯特、罗吉尔·培根，日耳曼人大阿尔伯特，意大利人博纳文德、托马斯·阿奎那、罗马的吉尔（Gilles de Rome）[⑦] 和丹麦人达基亚的波爱修斯。巴黎大学的国际化也反映了当时一位编年史学家的断言："教会体现三种力量——自然、生命与科学；帝国、教廷；大学"。[⑧]

---

　　① 〔法〕雅克·韦尔热. 中世纪大学［M］. 王晓辉，译. 上海：上海人民出版社，2007：62.

　　② 索尔兹伯里的让（Jean de Salisbury，1115—1180 年），英国哲学家和历史学家。

　　③ 叙利的莫里斯（Maurice de Sully，约1105 或 1120—1196 年 9 月 11 日）。1160—1196 年间任巴黎主教，于 1163 年主持建设巴黎圣母院。

　　④ 奥弗涅的纪尧姆（Guillaume d'Auvergne，1190—1249 年），法国神学家，1228—1249 年任巴黎主教。

　　⑤ 阿勒的亚历山大（Alexandre de Hales，1180—1245 年），英国哲学家和经院神学家。

　　⑥ 加兰的约翰（Jean de Garlande，1190—1252 年），英国语法与音乐教师。

　　⑦ 罗马的吉尔（Gilles de Rome，1247年—1316年 12 月 22 日），意大利神学家和哲学家。

　　⑧ Michel Rouche, *Histoire de l'enseignement et de l'éducation en France, tome 1, V^e av. J.-C.-XVe siècle*, Paris: Perrin, 2003, p. 417.

在 12—13 世纪，大学学生来自四面八方，也不论出身贵贱，但其中贵族学生的比例较大。一些贵族学生租住豪华旅馆，有仆人伺候，甚至还有监护人和神甫陪伴。当然，学生中也有骑士、商人、工匠、农民的子弟，经常需要依靠社会赞助，来弥补家庭供给的不足。

学生们因其原籍不同，组成"民族团"。不同民族的学生，显示出不同特点，正如维提的雅克（Jacques de Vitry）[1] 所描述的那样："酗酒与傲慢的英国人，爱虚荣、好讲究、带女人味的法国人，狂躁的、贪吃的日耳曼人，爱吹牛、爱炫耀的诺曼底人，虚伪与媚富的普瓦提埃人，粗野与愚笨的勃艮第人，漂泊的、无居所的布列塔尼人，吝啬、凶狠、卑鄙的伦巴第人，总爱造反闹事、爱咬指甲的罗马人，专横与冷酷的西西里人，血腥的、惹事的、粗俗的、凶残的布拉班特人，挥霍的、贪吃的、黄油般软弱的弗莱芒人。"[2]

大学生们主要生活在各学院（Collège）。这一场所最初仅仅是为受资助的贫苦学生提供住宿和餐饮，兼做一些辅导或复习工作的地方，后来才转变为教学场所。15 世纪，原来仅供大学考试和举行庆典的地方也开放成教学场所，学院的收入吸引更多优秀教师来教学。学院的发展改变了大学无场所的局面，巴黎大学遂于 1445 年宣称，"大学完全存在于学院之中"。在当时看来，分散型的学院更有利于管理。学院总监可以制订约束青年学生的规则，年长的学生可以监督年轻学生，家长也无法干涉学校开除行为不端的学生。

著名的索邦神学院（Collège de Sorbonne）以捐赠者罗伯特·索邦（Robert de Sorbon）[3] 命名，创建于 1257 年，最初只是巴黎古普格勒路上的三间房和一个谷仓。

另一著名的纳瓦尔学院（Collège de Navarre）于 1304 年由法国王

---

[1]　维提的雅克（Jacques de Vitry，约 1160 或 1170 年—1240 年 5 月 1 日），法国中世纪历史学家。

[2]　Michel Rouche, *Histoire de l'enseignement et de l'éducation en France, tome 1, V^e av. J.-C.-XVe siècle*, Paris: Perrin, 2003, p. 418.

[3]　罗伯特·索邦（Robert de Sorbon，1201 年 10 月 9 日—1274 年 8 月 15 日），法国神学家，索邦学院的创建者。

后让娜·纳瓦尔（Jeanne de Navarre）[1] 创立，并以其名字命名。纳瓦尔学院为巴黎大学最大的学院，可以接收 20 名语法学生（每周 4 苏学费），30 名艺学学生（每周 6 苏学费），20 名神学学生（每周 8 苏学费）。学院为每个学生提供教室、宿舍、食堂和教堂。该学院主管与索邦学院的主管都是国王的亲信，当然也是巴黎大学界的重要人物。

阿夫·玛丽亚学院（Le collège de Ave Maria），1339 年由俞邦的让（Jean de Hubant）[2] 创建，只接收其家乡的六名贫困男生。俞邦的让实施一种新的教学原则，鼓励学生的长处，而不去惩罚学生，如果学不明白便被开除。只有当学生毁坏书籍时，才被用皮鞭抽打，如果没人承认错误，受惩罚的是所有学生。特别值得一提的是，这个学院已经用连环画的形式学习知识。

14 世纪，学院开始多起来。1300—1350 年间，在巴黎创立了 27 所学院。学院增多的最初原因是让最低收入的学科多吸收一些最贫困学生。之后，由于阿维尼翁教皇[3] 鼓励教士去大学学习，获得教皇资助的教士逐渐挤占贫困学生的位置，救助贫困学生进入大学成为学院发展的次要原因。在阿维尼翁，本来可以接收 200—250 名学生的学院，1480 年仅有 48 个学生。

后来的学院变得豪华起来，特别是 14 世纪和 15 世纪学院的建筑模式，更偏爱贵族式的模式，或传统的大教堂的模式。温彻斯特主教维克汉姆（William de Wykeham）[4] 于 1379 年创建的新学院所开创了新的建筑模式：回廊环绕的方形庭院、规模宏大的图书馆、居高临下的钟楼、

---

① 让娜·纳瓦尔（Jeanne de Navarre，1273 年 1 月 14 日—1305 年 4 月 2 日），1285—1305 年为法国王后。

② 俞邦的让（Jean de Hubant，？—1346 年），法国修士。

③ 阿维尼翁教皇（Papes en Avignon），指 1309—1378 年驻法国阿维尼翁的七任教皇，是天主教史上出现罗马和阿维尼翁两地教皇并存的现象。1309 年，在法王菲利普四世支持下，教皇的克雷芒五世离开罗马，驻进法国边境小城阿维尼翁，此后 6 任教皇皆驻该地。这是教皇与世俗君主争权失利的结果。

④ 维克汉姆的威廉（William de Wykeham，1324 年—1404 年 9 月 27 日），中世纪天主教温彻斯特教区主教和大法官。他于 1379 年成立了牛津大学新学院和新学院学校（New College School），1382 年创建温彻斯特公学。

庄严肃穆的教堂、宽敞的教室与会堂、舒适的院长住宅和学生宿舍，以及花园、墓地等附属建筑。

枢机主教埃斯图特维尔（Estouteville）[①] 于1452年强调，"学院宽松的年代应当由更严厉的纪律加以强化，""因为惧怕与尊敬是学校纪律的命脉"。他命令学院每年选出四名艺学院教师，负责巡视学生的行为，并报告学校生活状况。[②] 学院管理者的权力得以扩大，犯错误的学生将受到惩罚，临时学生如果不是住在父母或名人家中，则必须在某个学院注册。这些措施明显触犯了大学自治权利。

尽管这些措施未能全面实施，但也造成了艺学部学生数量减少的不良后果。不过，学院学生数量的减少促使学院的转型，催生了类似今天中小学的教学模式。

以阿夫·玛丽亚学院为例，学院里的学生通常在8—16岁之间，还充满稚气与真诚。他们的学校生活有三类：通过公共慈善活动学习社会生活、祈祷与礼拜、学习。首先，他们要去接触贫苦人家，关心孤寡老人，特别是到附近的养老院照顾10个老年妇女，每周六为她们送去一碗汤和在节日时送去一瓶葡萄酒。每到学院创办人的忌日，学生们要背诵圣诗以祈祷逝者安息，他们还要在礼拜日参加弥撒。

学院里有四间卧室，学生们两个人睡一张床。学院配备一个图书室，至少存有43部书。有两间教室，其中大的一间有一个壁炉及两个柴火架，用以冬天取暖。教室里摆放一条长凳、两张长椅和四张桌子。教师根据情况站着或坐着讲课。18世纪，学院由于财政困难而停办。

学生首先学习阅读、书写，以及进行三大祈祷——《信经》《天主经》《圣母经》。当他们掌握一些基本拉丁语词汇之后，进入学习圣诗和语法的阶段。14岁之后，学生们开始学习逻辑学，就某个主题进行辩论。

---

① 纪尧姆·埃斯图特维尔（Guillaume d'Estouteville，1412年—1483年12月24日），枢机主教，1451年负责学校秩序改革。

② Michel Rouche, *Histoire de l'enseignement et de l'éducation en France, tome 1, V^e av. J.-C.-XVe siècle*, Paris: Perrin, 2003, p. 533.

　　学生们休息时，可以观看笼子中的金翅鸟。他们还可以玩一种叫作"城堡"的游戏，在三颗榛子或栗子上面再放上第四颗，然后在远处用核桃将这座"城堡"击倒，胜者便可将"废墟"收走。

　　学生们的早餐通常只有面包，午餐是一碗浓汤或一片羊肉或一片猪肉，晚餐则增至两至三碗浓汤，以及低度的葡萄酒与水混合的饮料。

　　12 月 28 日的愚人节（Fêtes des saints Innocents）是学生们恶作剧的日子，特别是老生捉弄新生的时刻。新生被形容为"黄嘴儿"（béjaune），需经历一系列狡黠的询问、令人难堪的羞辱才能由"野蛮的"（rudis）变成"有教养的"（eruditus）人，才能被学生群体所接受。被接受的新生还需骑在驴上在城里走一圈，然后举办忏悔宴以开始其新的学习生涯。

五、大学的危机

　　大学自诞生以来从未实现完全自治。虽然教皇和法国国王相继给予巴黎大学司法特权，但权力毕竟掌握在当权者手中，干涉大学自治易如反掌。正是大学受制于教权与王权，危机便潜伏其中。

　　大学的危机首先来自于天主教会内部不同派别的争斗。对于教皇来说，巴黎大学具有三重作用：为教会提供优秀人才，为宣道者提供反对异端的论据库，通过神学研究论证其正统。此时，基督教内部出现了道明会（Dominicains）① 和方济各会（Franciscains）② 等托钵修会

---

　　① 道明会（拉丁名 Ordo Dominicanorum，又译为多明我会，正式名称为"宣道兄弟会"，拉丁语：Ordo Praedicatorum，简称 O.P.）是天主教托钵修会的主要派别之一。会士均披黑色斗篷，因此被称为"黑衣修士"，以区别于方济各会的"灰衣修士"和圣衣会的"白衣修士"。

　　② 方济各会（Franciscains，意大利语：Ordine francescano）又称方济会或小兄弟会，或译法兰西斯会、佛兰西斯会，是一个跟随圣方济亚西西教导及灵修方式的修会，是天主教托钵修会派别之一。其拉丁语会名称为"Ordo Fratrum Minorum"（简写为 OFM），是"小兄弟会"的意思（方济各会提倡过清贫生活，互称"小兄弟"）。另外，在不同地方的旧天主教会、圣公会及路德会均有方济各会。

（Mendiants）^①与新亚里士多德教派（le nouvel Aristote）的论争。

西多会修士（cisterciens）^②在纯洁派（Catharism）^③教士圣道明（Dominique de Caleruega）^④传教成功之后放弃教育，而道明会反而将教育为己任，将其目标定为：研究、宣教、拯救灵魂。他们把神学、辩证法和自由七艺作为研究圣文的基础科学。托钵修会的教育与同时兴起的新亚里士多德教派开始时相安无事。但在1229—1231年的离散中，托钵修会教师宣称忠于教皇而不介入此运动，因此与其他教师酿成心结。

1253年，也是在一次打斗中一个学生被官兵打死，一些学生被关押、虐待，但官兵却受到新摄政的保护。巴黎大学又宣布罢课，托钵修会教师再一次拒绝参与，于是大学将他们开除。

1255年4月，教皇亚历山大四世（Alexander IV）^⑤颁布"新的光明之源"（Quasi lignum vitae）谕旨，宣布对托钵修会的开除无效，并决定当大学成员的三分之二以上的绝对多数要求托钵修会罢课才有效，而实际上托钵修会成员在学校的数量已超过三分之一，决议通过其罢课的可能性为零。然而，大学拒绝执行此决定，宣布实施离散，在思想领域打击道明会和方济各会。1255年的整个冬天，世俗教师在主教和巴黎市民舆论的支持下抵制托钵修会，禁止学生接近被谴责的修道院，禁

---

①　托钵修会（Ordre mendiant）是完全依靠捐助而生存的宗教修会，他们不积蓄财产（个人和团体均如此），需要发贫穷誓愿，以便将所有时间和精力投身于宗教工作。中世纪后期随着克吕尼修会、西多会、本笃会的腐败，很多异端修会兴盛起来。这些异端败坏了教堂，所以他们争取不建立教堂随处随传，谨守清苦。这样的情况之下，为了与异端争夺人心，许多正统的有识之士仿效异端，成立了托钵修会，不建立任何的有形修院与教堂。因他们以乞食为生，所以称之为托钵修会，又称为乞食僧团、托钵僧团。他们积极维护基督教正统教义，热心布道，甘愿过着清心寡欲的生活，以此攻击异端，以挽回基督教的威信。

②　西多会（Cistercenses）是一个天主教隐修会，遵守圣本笃会规，平时禁止交谈，故俗称"哑巴会"。西多会主张生活严肃，重个人清贫，终身吃素，每日凌晨即起身祈祷。他们在黑色法衣里面穿一件白色会服，所以有时也被称作"白衣修士"。

③　纯洁派（Catharism），是一个中世纪的基督教派别，受到摩尼教思想的影响，兴盛于12世纪与13世纪的西欧，主要分布在法国南部。

④　圣道明（Dominique de Caleruega，1170年—1221年8月6日），生于西班牙卡莱鲁埃加，西班牙的教士，西班牙神父及罗马公教的圣人，道明会创始人。

⑤　亚历山大四世（Alexander IV，约1199年—1261年5月25日），1254年12月12日至1261年5月25日任教皇。

止在家中接待托钵修会修士，禁止向他们作忏悔。托钵修会修士出门，犹如过街老鼠，人人喊打。人们丑化他们如犬之吠[①]、熊之吼、蛇之咝，还如突掷窗外的垃圾和脏水。

当时的经院学者圣阿摩尔的威廉（Guillaume de Saint-Amour）[②]专门撰写一篇檄文《论世界末日之危机》抨击托钵修会。尽管罗马教廷有人为其辩护，但是威廉还是被迫逃回老家，巴黎大学校长也被判为有罪。

博纳文德（Bonaventure）[③]和托马斯·阿奎那（Thomas d'Aquin）[④]等托钵修会的教师又堂而皇之地重返大学。1261 年，道明会获得两个神学教席，方济各会和另一教派各获得一个神学教席。托钵修会的胜利其实得益于他们在教廷中的高官受到教皇的信赖。

大阿尔伯特（Albert le Grand）[⑤]虽为道明会教士，但其在对亚里士多德的解释中，慎重地将"所知"与"所信"区分开来，从而将哲学从神学中分离出来。但博纳文德不屑于这样分离，他认为神秘有利于维护热爱上帝这个唯一的优秀品质，任何新思想都必须围绕这一最高品质。他反对单纯的哲学研究，感性知识不足以发现灵魂。

托马斯则接受了亚里士多德的物质与形式的概念，建立了自己的以

---

① 道明会的拉丁文"Dominicaini"拆解开的词意接近于"主的狗"（Domini canes）。

② 圣阿摩尔的威廉（Guillaume de Saint-Amour，1202—1257年），生于圣阿摩尔，经院学者。

③ 博纳文德（意大利语：San Bonaventura，1221—1274年），中世纪意大利的经院哲学神学家及哲学家。博纳文德于 1482 年 4 月 14 被教皇西斯都四世尊奉为圣人，并于 1588 年被教皇西斯都五世列为教会圣师之一。博纳文德因其完备的品德，被尊称为"色勒芬天使博士"（拉丁语：Doctor Seraphicus）。

④ 圣托马斯·阿奎那（St. Thomas Aquinas，约 1225 年—1274 年 3 月 7 日），欧洲中世纪经院派哲学家和神学家。他是自然神学最早的提倡者之一，也是托马斯学派的创立者，成为天主教长期以来研究哲学的重要根据。他所撰写的最知名著作是《神学大全》（*Summa Theologica*）。天主教会认为他是史上最伟大的神学家，将其评为 35 位教会圣师之一，也被称作天使博士（天使圣师）或全能博士。

⑤ 大阿尔伯特（Albertus le Grand，约 1200 年—1280 年 11 月 15 日），中世纪欧洲重要的哲学家和神学家，他是道明会神父，由于他知识丰富而著名，他提倡神学与科学和平并存。有人认为他是中世纪时期德国最伟大的哲学家和神学家。他也是首位将亚里士多德的学说与基督教哲学综合到一起的中世纪学者。罗马天主教将他列为 35 位教会圣师之一。

存在为基础的学说。如果说灵魂是身体的形式，所有关于灵魂的认识便是从身体的感受所得，人类的存在并非其存在的理由，而是依赖上帝而生存。托马斯的一句名言是，"意志乃智慧的力量"。他认为，依据自然行事为佳。

牛津的两位教师罗伯特·格罗斯泰斯特（Robert Grosseteste）[1] 和罗吉尔·培根（Roger Bacon）[2] 试图创立以数学为基础的真正科学思想。前者认为光在世界形成中发挥了主要作用，后者强调直接经验在认识中的作用，并提出"实验科学"的概念。他们都认为自然科学研究本身并无目的。

达基亚的波爱修斯（Boèce de Dacie）[3] 等人接受了亚里士多德的全部理性主题，特别是关于世界永恒的思想。博纳文德坚决否认这些思想，托马斯更是激烈批判这些阿威罗伊主义者（Averroïste）[4]。阿威罗伊主义的活动中心在巴黎大学，主要代表是西格尔（Siger de Brabant）[5]。西格尔继承了阿威罗伊的唯物主义观点，并接受亚里士多德的关于上帝是第一动力的观点。

观点的不同与论争本属于哲学领域或宗教思想的讨论，但 1270 年，巴黎大主教艾蒂安·坦普埃尔（Étienne Tempier）[6] 颁布惩戒令（Condamnation），禁止讨论 15 条哲学主题，其中 13 条涉及阿威罗伊

---

[1] 罗伯特·格罗斯泰斯特（Robert Grosseteste，约1175年—1253年10月9日），英国政治家、经院哲学家、神学家和林肯教区主教。格罗斯泰斯特出生于萨福克郡斯特拉德布鲁克市（Stradbroke）的贫苦家庭。A.C.克龙比称他为"牛津科学思考的传统的真正创始人，并且在某种程度上，史是英国理智的传统的创始人。"

[2] 罗吉尔·培根（Roger Bacon，1214—1294年），英国方济各会修士、哲学家、炼金术士。他学识渊博，著作涉及当时所知的各门类知识，并对阿拉伯世界的科学进展十分熟悉。提倡经验主义，主张通过实验获得知识。

[3] 达基亚的波爱修斯（Boèce de Dacie），丹麦人，中世纪哲学家，卒于1284年。

[4] 13世纪西欧以阿威罗伊（Averroès）的哲学学说来反对托马斯·阿奎那那些哲学论点的学派。阿威罗伊（1126年—1198年12月10日），又译为伊本·鲁士德，著名的伊斯兰哲学家和医生，伊斯兰教法、伊斯兰数学和伊斯兰医学的重要学者。

[5] 西格尔（Siger de Brabant，1240—1284年），中世纪哲学家。

[6] 艾蒂安·坦普埃尔（Étienne Tempier），1268—1279年任巴黎大主教，卒于1279年。

主义。教皇约翰二十一世（John XXI）① 要求巴黎大主教解决巴黎大学的思想冲突。1277 年 3 月 7 日，巴黎大主教坦普埃尔第二次颁布惩戒令，219 个哲学与神学命题被禁止。

1277 年的惩戒令实际上禁止了科学与信仰之间的沟通，将大学变为维护正统的场所，也切断了教学与研究之间的联结，特别是在人文科学与神学之间刚刚建立起来的联系也被迫中止。艺学教师重新致力于语法和逻辑的研究，自然哲学与科学精神都被搁置。

对大学的惩戒实际上是对大学自治和学术自由的粗暴干涉，但是并非总是有效。自 1140 年对阿伯拉尔的惩戒，一些被禁止的学说经常采取秘密的形式继续讲授，甚至还得以发展。一些学科还借此脱离哲学与神学的纠葛，独立为纯世俗的科学，如法学和医学，作为社会体和个体的科学，便从此独立成一门科学。然而，1255 年教皇对大学危机的处置也凸显了大学自治的脆弱，1277 年的惩戒令更是对大学学术自由的严重危害。

中世纪的巴黎大学不仅未能真正实现自治，担当起知识自由的保障，反而在 1277 年之后更加依附于教会权威，充当了知识监督与镇压的驯服工具。

大学的危机也来自于王权。对于占据一方领地的王公来说，巩固自己势力的一个重要手段就是建立自己的大学。安茹的路易二世，是普罗旺斯伯爵②，同时又是安茹领地的领主，于 1398 年签署了安茹大学（Université d'Anjou）宪章，并于 1409 年建立了爱克斯—普罗旺斯大学（Université d'Aix-Provence）。勃艮第公爵无畏的约翰（Jean sans Peur）③ 于 1423 年在多勒（Dôle）建立自己的大学，后于 1481 年

① 约翰二十一世（John XXI，1215 年—1277 年 5 月 20 日），本名伯多禄·茹利昂或西班牙的伯多禄（Pedro Julião 或 Pedro Hispano），1276 年 9 月 16 日当选罗马天主教教皇，同年 9 月 20 日即位至 1277 年 5 月 20 日为止。

② 安茹的路易二世（Louis II d'Anjou，1377 年 10 月 5 日—1417 年 4 月 29 日），1384—1417 年间为安茹公爵和普罗旺斯伯爵。

③ 无畏的约翰（Jean sans Peur，1371 年 5 月 28 日—1419 年 9 月 10 日），勃艮第公爵（1404 年起）。他是弗兰德菲利普二世公爵的儿子，生于第戎。

迁至贝臧松。查理七世（Charles VII）^①于 1431 年建立的普瓦提埃大学（Université de Poitiers），号称"阿马尼亚克（Armagnac）^②的大学"，便试图与巴黎大学抗衡。百年战争期间^③，英格兰国王不失时机地在自己辖地建立大学，冈城大学（Université de Caen）便是在 1432—1437 年间建立，波尔多大学（Université de Bordeaux）在 1441 年建立。布列塔尼公爵弗朗索瓦二世（François II de Bretagne）^④则于 1461 年建立了南特大学（Université de Nantes）。当然，这些由王公建立的大学最终也都由教皇的谕旨加以确认。

法国国王美男子菲利普四世（Philippe Ⅳ le Bel）^⑤在第一次三级会议上召集大学学者来反对教皇，而大学学者在 1357—1358 年的骚乱中承担了国王与市民之间的中间人，构建了公共舆论的主渠道，由此大学获得了"王国长女"（La fille aînée du royaume）的美誉。

法国王室自查理五世（Charles V）^⑥开始扩大录用公职人员，至查理七世时王室的行政管理已经十分重要。国王查理七世为了应对下面的封建势力反叛，不断扩充其司法机构，建立了从中央到地方的议会。1455 年，为了增加税收，查理七世拟建立一个税务管理机构，需要大量律师、法官、财务官、收税员。为此，大学的非宗教性质的民法学部也开始兴起。与此同时，15 世纪的一些新大学也是为培养地方行政官员而创建。

---

①　查理七世（Charles VII，1403 年 2 月 22 日—1461 年 7 月 22 日），绰号"胜利者"（le Victorieux）、"忠于职守者"（le Bien-Servi），瓦卢瓦王朝第五位国王（1422—1461 年在位）。他最后打赢百年战争，为法兰西王国在接下来几个世纪的强盛奠定了基础。

②　阿马尼亚克（Armagnac），法国中世纪时期的一个省份。

③　百年战争（Guerre de Cent Ans），是 1337 年至 1453 年期间，发生在金雀花王朝治下的英格兰王国和瓦卢瓦王朝治下的法兰西王国之间，针对法兰西王国统治权的战争。是世界最长的战争，断断续续进行了长达 116 年。

④　布列塔尼的弗朗索瓦二世（François II de Bretagne，1435 年 6 月 23 日—1488 年 9 月 9 日），布列塔尼公爵。

⑤　美男子菲利普四世（Philippe IV le Bel，1268 年 4 月 28 日—1314 年 11 月 29 日），法国国王（1285—1314 年在位）。

⑥　查理五世（Charles V le Sage，1337 年 1 月 21 日—1381 年 9 月 16 日），号称"英明的查理"，法国国王（1364—1380 年在位）。

与此同时，人文主义学习兴盛起来，国王也把人文主义者作为政治支持者。

人文主义学者罗伯特·加甘（Robert Gaguin）[①] 将凯撒的《高卢战记》(*Commentaires sur la Guerre des Gaules*) 由拉丁文译成法文，并于1495 年出版了《法兰克人起源与历史纲要》(*Compendium de Francorum origine et gestis*)，不仅描述了高卢的历史，特别首次揭示了高卢祭司与中世纪大学的关系。他还澄清了一些历史观点的错误，并相信法国人文主义的水平高于意大利，声称巴黎为第二雅典，提出伟大法兰西的思想，甚至发起对中世纪蒙昧主义的批判。在他的带动下，人文主义开始服务于王室的意识，教育也服务于国家，成为构建民族意识的工具。

许多人文主义者并不教书，而是担任王公们的秘书，其中不少人并非教士，却可享有教士的俸禄。这些人文主义者的主要工作就是陪王公贵族们谈天说地，培育王公们的新情趣，有时还协助王公们著书立说。这些人文主义者自以为是高于平民的精英，而事实上由于他们所处的地位，也成为精神贵族，学术研究完全脱离了教学。

无关利益的学术研究转而成为国王资助的对象，原因是这种研究对国王的思想有利。大学的法学部开始兴隆起来，在教皇所在的城市阿维尼翁，大学的法学部尤为兴盛，因为教会和王室都需要这里培养的人才。15 世纪，阿维尼翁的公职人员总数达到 4391 人，而城市本身的人口不过 5000 人。

在 1378 年教会大分裂（Grand Schisme）[②] 之后，大学面临艰难的选择。国王查理五世要求大学寻找解决分裂的途径。1394 年 1 月，巴黎马蒂兰（Mathurins）修道院的回廊里汇集了近万名谋士、学者。巴黎

---

① 罗伯特·加甘（Robert Gaguin，1433 或 1434—1501 年 5 月 22 日），法国人文主义者和历史学家。

② 天主教会大分裂（Grand Schisme，1378—1417 年），亦称"西方教会大分裂"，是罗马天主教会中数位教皇同时要求其合法性导致的一次分裂。1377 年法籍教皇格列高里十一世由阿维尼翁回到罗马，次年 3 月死去。教会在意、法世俗封建统治者的分别支持下，先后选出两个教皇，分驻罗马和阿维尼翁。各以正统自居，誓不两立。为了弥合分裂，1409 年召开比萨会议调处，无结果，又选出第三个教皇，造成鼎立局面。直到 1417 年康斯坦茨会议另选新教皇马丁五世（Martinus V，1368—1431 年）驻罗马，才结束分裂局面。

大学提出削减教皇的权力，使阿维尼翁教皇只具有精神权威和批准国王颁发教士俸禄的权力。此建议在 1398 年得以执行，但大学却遭受了比过去更严厉的管治。

巴黎大学学者甚至认为，主教会应当是天主教会中高于教皇的最高权力机构。在巴黎大学学者的主导下，康斯坦茨会议①于 1414—1419 年召开。大会中有三百位博士，占全部成员中的半数，而其中二百人曾在巴黎大学就读。他们提出一种类似于大学民族团的选举方法，而不是一人一票的选举，从而打破了意大利人的绝对多数优势，终于选举出单一的教皇，从而终结了教会大分裂。法国大学明显取得了胜利，但也埋下了法国人与英国人对立的种子，也使教皇产生了对大学的反感，也不愿再对大学实施保护。

大学的危机也存在于自身。

13 世纪时，大学教师与学生的选拔在欧洲已经国际化，除了一些富裕家庭和小贵族有一点特权，各阶层人员均可进入大学。但从 14—15 世纪以来，大学变得封闭起来，逐渐成为文化精英的小圈子，出生地、财富和家族成为选拔的重要依据。特别是各国普遍建立大学，千里迢迢来法国学习显得没有必要。大学的本地化特点突出起来。1378 年，图卢兹大学为教皇克雷芒七世②推荐了 1380 名教师、毕业生和大学生，他们的出生地几乎都是在图卢兹及周边地区。15 世纪初，甚至巴黎大学的学生除了大巴黎地区的主要来自诺曼底、香槟等近距离的地区以外，来自苏格兰、瑞典、弗莱芒等国的已寥寥无几。号称"母校"（Alma mater）的巴黎大学变得名不副实，因为她几乎接收不到外国学生了。

大学学院也开始大兴土木。过去的学院建筑基本上是买来的旧房，经简单改造供学习之用，学生们经常坐在草捆上听课。后来的教室修

---

①　康斯坦茨会议（Councile de Constance），1414—1418 年在德国康斯坦茨举行，废除了三位对立教皇，拥立一位正统的教皇，终结了教会大分裂。

②　克雷芒七世（Clement VII，1478 年 5 月 26 日—1534 年 9 月 25 日），原名朱利奥·迪·朱利亚诺·德·美第奇（Giulio di Giuliano de'Medici），1513 至 1523 年间担任红衣主教，1523 至 1534 年担任教皇。

建得宽敞明亮，设置固定的桌椅，而为教师设置的专用椅子高高在上。"教学得以在一个威严的环境中进行，犹如举行盛典。教师与其听讲者的教学关系已经全面转变。从此学生坐在长凳上（头排座位经常保留给贵族学生），教授则身着礼袍，巍然居于教席之上。教授自称其为'主'（dominus），讲授其课犹如堂皇演说。"①

大学学费变得昂贵起来。四年艺学部的学习要付学费、住宿费、伙食费及零花钱，粗算起来需 80—120 图尔里弗尔。在 15 世纪，大学一年的花费大约为 35 图尔里弗尔，相当于普通工匠年收入的 2.5—4 倍，差不多可购置一处房产。教会宣称在巴黎大学的 3000 名学生中，680 名为奖学金生，但实际没有这样多。本来为贫困学生设置的学院，因接纳越来越多的富家子弟，免费变成收费。贫困学生集中在收费不高、学制较短、更加容易的艺学部，因为他们无力支付学士或博士考试的费用。"中世纪末的大学章程不尽其详地描述了大学学者的装束，每所学院，每所专科学院都有其特别颜色。学袍的饰物因每个人的学位有所不同。博士的服装都包含着贵族的名贵成分：丝绸、裘皮、长皮手套。"②

但大学不会把文凭轻易交给学生。中世纪的博士文凭或硕士文凭，并非严格意义的学术标志，而不过是纳新（inceptio）仪式。为此仪式，新博士要为所有与会者设盛宴，并伴有娱乐与礼物。这对于新博士来说是极大的付出，经常不得已负债累累。尽管 1311 年维也纳主教会议规定，博士的入门费不得超过 3000 图尔里弗尔。但这些规定不过是一纸空文，酒和香料不断涨价，使获得文凭后的庆祝酒会花销越来越大。颁发学位的仪式上，都要穿着特制的服装，法学博士的服装尤为昂贵，而且每个学院的服装都有独特的颜色。获得文凭后，还要举办舞会，做弥撒，上街巡游，以炫耀大学精英们的富有。

追求奢华的同时便是对贫穷的排斥。中世纪大学在创立之初，还体现着教会慈善的特色。而对于许多学生来说，对大学还寄托着社会晋升的希望。大学学位可以使贫困的下层贵族在王室机构中效劳，可

---

① 〔法〕雅克·韦尔热.中世纪大学［M］.王晓辉，译.上海：上海人民出版社，2007：145.
② 同上书，第 143 页。

以使工匠的儿子成为医生，可以使农夫的儿子成为主教。但这些都变得渺茫起来。

大学浸染着贵族的风气。自 1418 年康斯坦茨会议以来，各大学开始模仿王公的纹章设置自己的徽章。徽章通常由象征《圣经》的一部书和象征圣人之手的图形构成。但这样标志未必象征着知识，而是暗喻着大学的特权。巴黎大学的徽章是一只手托着一本书，手下衬有三朵百合花。大学徽章通常出现在大学仪式的队列中，由大学执事（bedeau）手捧刻有徽章的标牌，走在队列之首。

贵族学生在大学中的数量并不多，通常比例在 5%—10% 之间。但这些学生却享有不少特权，比如可以穿着华丽的服饰上课，通常占据教室第一排的位置，可以免去其他学生必须缴纳的考试费用，学习时间和入学年龄也更为宽松，毕业以后即可在教会机构任职。

其他大学学生的成分也发生重大变化。由于大学学费的提升，住宿与图书消费的增高，贫困学生越来越少，律师、法官、检察官、教师的子女的比例越来越大，大学也成为子承父业的封闭社会圈。而学术腐败也由此滋生，考官可以降低相关学生的考试标准，科学精神变得毫无价值，课堂成为毫无趣味的絮叨话场。

在对奢华的竞相追逐中，大学学者开始向往贵族生活。教师更偏袒贵族学生，并期待有朝一日也被授予贵族的头衔。博士们纷纷挂上了"法学骑士""法学老爷""法律主子"等头衔，如有幸获得皇帝授予的骑士封号则是无上荣耀之事，哪怕是享受一次剑面击肩礼也求之不得。[1] 于是，无功利的科学情趣、与他人分享的欲望、对辩论成果价值的确信，都丧失殆尽。

大学教学目标大体上可以划分为两类：一类是纯粹地传授知识，教人思考，没有特殊的职业技能；另一类则是使人获得某种职业技能，比如学习神学，将来便可以成为神职人员，而神父在中世纪是既有钱又有地位的职业。但 14 世纪以来，社会职业发生了重大变化，国家创办了

---

[1] 〔法〕雅克·韦尔热. 中世纪大学［M］. 王晓辉，译. 上海：上海人民出版社，2007：148.

国会、法院、枢密院等机构，需要大量法官与行政人员。而这些人员也都需要由大学来培养，大学的法学部开始成为热门机构。

如同 14 世纪政界的选官，15 世纪的买官鬻爵，中世纪大学的行业腐败也时有发生。在阿维尼翁，有一些学生经过几个月，甚至几周的居留之后，便从教授手中获得了学士文凭或授课证书，那些教授则轻松地得到了学生酬金和礼品。在奥朗热，大学在 15 世纪本未进行任何教学，却"培养"出博士。一些教士利用其与教廷的关系，不经任何考试，集体通过教皇通谕获得了文凭。而这背后，无疑在隐藏着金钱的交易。[①]

实际上，随着教皇权力的集中，教皇越来越有能力给予教师以教士薪俸。与此同时，教授依靠学生支付酬金的形式趋于萎缩。虽然有着淡泊名利的教授，如扎奈蒂（D. Zanetti）写道："大学给人以名望，而不是财富"。[②] 但确实有极少数教授享有极高的薪俸，有着奢华的生活排场，城市中有豪宅，乡间有别墅，还有藏书丰富的图书馆。

大学学者时而也参与政治。中世纪大学教师已不满足于教学，他们凭着关于教会与国家的理论武器，开始介入政治生活，特别乐于担任王公贵族的谋士。而在教会大分裂（Grand Schisme）时期，在法兰西王国与英格兰贵族分治之时，更是大学教师参与政治的极好机会。

巴黎大学早在 14 世纪就已经开始参与法兰西王国的政治生活，纠缠于国王与教皇势力之间。15 世纪的巴黎大学先是在内战的混乱中出现分裂，之后在英国人入侵时与之谋和，甚至与英国人合谋，迫害圣女贞德（Jeanne d'Arc）[③]。令人悲哀的是，大敌当前大学学者只看到两件事：战争对其特许权和薪俸带来的危险，对信仰和宣扬信仰的使命的威胁。大学不去抗敌，而是满足于空谈全体信徒团结的必要性，空谈重建

---

① 〔法〕雅克·韦尔热. 中世纪大学〔M〕. 王晓辉，译. 上海：上海人民出版社，2007：106–107.

② 同上书，第 140 页。

③ 圣女贞德（Jeanne d'Arc，1412 年 1 月 6 日—1431 年 5 月 30 日），绰号"奥尔良的少女"（La Pucelle d'Orléans），法国人视为民族英雄。在英法百年战争（1337—1453 年）中她带领法国军队对抗英军的入侵，最后被捕并被处决。

和平，空谈战争的邪恶。[①]

　　针对国家对大学的批评，大学也制定了一些改革措施。第一，大学试图消除教师缺席由学生讲读的阅读课（Lectio）的现象，并委派监课教师管理辩论课，防止学生之间争执斗殴。第二，取消对于学生年龄、学习期限、阅读书目的特许，查禁虚假出席证明、考试教师的偏袒与舞弊。但是这些措施基本上是一纸空文，大学依然是腐败成风。一些人交少量学费在大学注册，便可享受大学生的特权，考试教师依旧偏袒自己圈子里的学生。枢机主教埃斯图特维尔不得已实施这样的禁令："只要教师不能肯定某些学生没有充分准备考试，就可以制止这些学生参加考试。"[②]

　　然而，这些改革无法挽救大学的危机，大学的衰落不可避免。

---

① 〔法〕雅克·韦尔热 . 中世纪大学［M］. 王晓辉，译 . 上海：上海人民出版社，2007：128.

② Michel Rouche, *Histoire de l'enseignement et de l'éducation en France, tome 1, V^e av. J.-C.-XVe siècle*, Paris: Perrin, 2003, p. 541.

第二部分

从蒙昧到启蒙：旧制度时期的教育

　　法国的旧制度（Ancien Régime）是指法国 16 世纪末至 18 世纪末的历史时期，从文艺复兴末期开始，直到 1789 年法国大革命为止。所谓"制度"（Régime）指的是政治制度，具体来说，在这一时期是指封建君主制。尽管"旧制度"一词在法语中早有使用，但真正将这个词语的含义确定下来的是法国政治思想家、历史学家亚历克西·德·托克维尔（Alexis de Tocqueville）[①] 的著作《旧制度与大革命》（ _L'Ancien Régime et la Révolution_ ）。19 世纪的大部分法国历史学家倾向于将 1589 年亨利四世即位法国波旁王朝国王之日定为旧制度的开始时间。

　　在旧制度中，法国社会被分为三个等级：第一等级天主教教士（Le clergé）、第二等级贵族（La noblesse）以及其他人组成的第三等级（Tiers état）。第一等级和第二等级为社会的统治阶级，第三等级为除前两个等级以外的其他所有人，即平民。但是，三个等级的划分并非依据人的才能，而是封建传统与思想意识。

　　然而，旧制度孕育着新思想。第三等级中的资产阶级不断壮大，开始介入社会政治领域，要求破除封建特权，争取自身利益。而启蒙运动又为新兴的资产阶级带来了精神动力。

　　启蒙运动，又称启蒙时代（Siècle des Lumières），是指 17—18 世纪于欧洲发生的哲学及文化运动。该运动相信理性发展知识可以解决人类实存的基本问题。人类历史从此展开在思潮、知识及媒体上的启蒙，开启现代化和现代性的发展历程。

---

　　① 亚历克西·德·托克维尔（Alexis de Tocqueville，1805 年 7 月 29 日—1859 年 4 月 16 日），法国思想家、政治学家、历史学家、政治家，法兰西学术院院士，法国第二共和时期的外交部长、众议院议员。以《论美国的民主》和《旧制度与大革命》等著作闻名于世。

　　法国教育也是在旧制度中开启了从蒙昧到启蒙的进程。尽管儿童养育还充斥着迷信和愚昧，人们还是逐渐认识到科学的力量，用牛痘疫苗来抵抗疾病。宗教改革使学校教育向平民延伸，政治家也试图给平民以教育，目的虽有不同，学校和学生毕竟多了起来。中学也开始兴起，打破了贵族对精英教育的垄断。大学沿袭中世纪的传统开始衰落，但高等技术学校却得以萌发，科学和技术成为其教育的重要内容。

第一章　多舛童年

童年，是人生的必然经历。生无选择，但如果出生在旧制度时期，可能要经历诸多磨难。

一、人之初

生儿育女是人类社会延续的基本方式。在法国的传统社会中，虽然没有无后即不孝的概念，但不育对于新婚夫妇来说也是一种耻辱。为了避免这种耻辱，17世纪的法国盛行一种"打结"（nouement de l'aiguillette）的巫术。施行这一巫术时，巫师拿着刚刚杀死的狼的阴茎，在新婚夫妇的家门呼唤他们的名字，然后用白线绳系在男人的阴茎上。据说，这样可以解决不育问题。然而这更是一种耻辱，往往令不育的夫妇思而生畏。

朝圣也是寻求生育的一种途径。除了祈祷圣母之外，还要朝拜具有生育象征的圣人。妇女要用刀片刮圣像阳具，把刮下的粉末放到白葡萄酒中，在早晨空腹喝下。

当然，这些方法都无助于怀孕，只不过是人们在蒙昧状态中的荒唐之举。而一旦怀孕，防止意外、避免流产便是孕妇的头等大事。有这样谚语告诫孕妇："母牛的错误，由小牛付出代价"。神父和医生也指出，丈夫的气忿与粗暴、妻子的不小心都可能引发流产。

民间还流传关于"胎记"的说法。在妇女怀孕的前三个月，对某些食物有特别强烈的愿望，但这些食物可能对胎儿不利。如果这种食物未能满足孕妇的食欲，就会在胎儿身上留下标记，这便是"胎记"。因此，法语中的"胎记"与"欲望"（envie）是同一个词。

对于孕妇最大的考验是能否顺利分娩。为了达到这一目的，民间的方法也是五花八门，比如把丈夫的帽子放在孕妇的肚子上，把蛇蜕缠绕在孕妇的右侧大腿上，或让孕妇喝一种茴香和苏草泡制的饮料或白酒，甚至喝鹿头或狼皮泡制的饮料。

而真正的问题是，当时几乎没有产科医生和助产士，基本上是没有任何正规培训的接生婆负责接生。当遇到难产时，经常会提出是保住孕妇的命，还是挽救婴儿的命这样的问题。教会的回答十分明确：最好让两者都死去，而不是保住其中一个人的命。

如果婴儿有幸活着，迎接他（她）的便是洗礼，只有经过洗礼，婴儿才能获得永恒拯救。由出生到洗礼的时间间隔本来可以很长，但至中世纪晚期，由于相当数量的婴儿来不及洗礼便已死去，迫使新生儿父母尽可能早地为婴儿洗礼。如果婴儿在未被洗礼之前死去，不仅其尸体不能埋在墓地，更可怕的是人们相信他（她）的灵魂不能上天，只能在地狱边上游荡。洗礼之前，要对婴儿要进行第一次清洗，或是用温葡萄酒加一点黄油洗，或是用温水加一些白酒洗。

通常，洗礼在本堂区教堂施行，或在婴儿出生当天，或在第二天，极少在第三天。神甫会在教堂门前迎接前来洗礼的人们，随即给新生儿起一个名字。其实，为数不多的几个名字已经准备好，可以轮流给予陆续来接受洗礼的婴儿，一旦刚刚获得名字的婴儿死去，这个名字还可以给后续来的婴儿。洗礼仪式的开始步骤是驱魔，神甫念一些咒语以驱除魔鬼与原罪，然后婴儿的教父与教母[①]手执蜡烛，口念经文为婴儿祈祷。接着，教父教母从产婆手中接过孩子，神甫将一点圣水洒在婴儿的额头上，同时念诵经文，最后在婴儿头顶抹上圣油，给婴儿戴上白色麻制的洗礼帽。洗礼帽要戴上一段时间，以继续对儿童的保佑，同时也是

---

① 教父、教母，在基督教的洗礼仪式中为受洗者扮演作保的角色，男性为教父（parrain），女性为教母（marraine）。婴儿或儿童受洗后，教父或教母会教导受洗者（即教子女）在宗教上的知识，而如果教子女的双亲死亡，教父教母有责任去照顾这些童年子女。通常父母在自己的密友或者是所信赖的人当中，为儿女选择合适的教父教母。

对儿童头部的保护。洗礼帽摘下后，需妥善保存，不能洗，更不能丢失，那样会带来厄运。但这一洗礼帽可以给以后同一家庭的弟、妹使用。也可以在母亲的安产感谢礼 [①] 当天，把洗礼帽带至教堂焚烧，其灰屑可在封斋节 [②] 的首日使用。洗礼在钟声中结束，象征着婴儿真正来到世界，并开始基督界的宗教生活和社会生活。

二、养之难

婴儿被紧紧地裹在襁褓里，类似于木乃伊，据说这样可以矫正身体，防止罗圈腿。襁褓通常被放在木制婴儿床里，床下是弧形的木条，以方便母亲摇晃。婴儿可以在摇晃和母亲的吟唱中安睡，也有少数家庭把婴儿直立放在一个吊在房梁上的匣子里。然而，不是所有家庭都备有婴儿床，一些贫穷的家庭也不得已把婴儿放在自己身边。但时不时会有婴儿被母亲身体压迫窒息而亡的情况。因此，当时教会规定，严格禁止将婴儿放在母亲或奶妈的床上睡眠。

当时人们还不懂卫生，甚至对卫生的理解与现代科学南辕北辙。人们很少给婴儿洗头，人们认为污垢是头发的保护膜，可以使头发结实而美丽，甚至认为污垢形成的硬壳可以保护儿童的囟门。婴儿头上有了虱子，不必捉净，而要留下一两只，为的是让它们吞噬"坏血"。婴儿的指甲长了也不剪，可以留至一、二岁再剪。由于襁褓的拆解与捆绑都是费事的活儿，一天只能做一两次。婴儿尿溺也无关紧要，因为人们认为童子尿不仅无害，还是一剂传统药液。因此，婴儿的尿布都是晾干再用，而不必去洗。

---

① 安产感谢礼（relevailles），在法国比较流行的天主教节日。当初产母亲产后四十天，须重新去教堂做礼拜，感谢上帝的恩典。

② 封斋节（carême），基督教会年历的一个节期。拉丁教会称Quadragesima，意即四十天（四旬）。整个节期从封斋首日，即圣灰星期三，或称涂灰日（Mercredi des Cendres）开始至复活节止，一共四十天。天主教徒以斋戒、施舍、克己及刻苦等方式补赎自己的罪恶，准备庆祝耶稣基督的复活。

当然，这些都是过去的习俗，自1762年卢梭（Rousseau）[1]的《爱弥儿》发表以来，诸多教育家和医生都激烈反对这些不健康习俗，提倡科学卫生。

在农村，母乳喂养儿童还是普遍实施。有时产妇的乳房阻塞，会请专门的"吸乳女"来解决。为了医治产妇无奶，人们会让产妇喝一些植物或石头熬制的汤水。也有人向被割去双乳的圣女阿加莎（Sainte Agathe）[2]祈祷。当母乳不足，并且雇不起奶妈时，通常会用牛乳或羊乳替代。

婴儿出生几周之后，会喂一些通常以小麦粉为主熬制的糊粥类食品。母亲或奶妈用指头衔起一团粥糊，先放到自己嘴里，等到温度适合婴儿时，再喂给婴儿。18世纪时，这种不卫生喂食方法受到医生反对，但未能有效制止其继续流行。

在城市，雇用奶妈喂养婴儿主要出现在富裕人家，16—17世纪之后开始在所有阶层的家庭流行。其原因之一是，医生和天主教会坚持禁止哺乳期妇女的性行为，而丈夫又不愿遵守这样的禁忌。

对于奶妈的选择，有时十分挑剔。她们不能太年轻，更不能太年长，身体还须健壮，乳房不能太大，也不能太小，且以乳头呈榛仁状为好，其乳不能太稠，也不能太淡。奶妈的发色以褐色为佳，而金色的反而不好，因为这种发色的人的体味令人不适。此外，还要求她们不能有酗酒、偷窃等恶习，也不能有暴力倾向，或喜怒无常的性格。

大有产者可以把孩子放在自己的庄园里，交给佃农的妻子喂养。而对于进城不久的平民家庭，则把新生儿留在家乡请人喂养。在巴黎，已经有专门的中介机构为家长提供奶妈服务。而巴黎周边地区不乏奶妈申请者。许多贫苦农民的妻子都想以此挣些钱养家。当她们的孩子到7个月时，或其婴儿夭折，便可请当地神甫开具证明，然后申请奶妈工作。

---

① 让－雅克·卢梭（Jean-Jacques Rousseau，1712年6月28日—1778年7月2日），启蒙时代的瑞士裔法国思想家、哲学家、政治理论家和作曲家，与伏尔泰、孟德斯鸠合称"法兰西启蒙运动三剑侠"。

② 圣女阿加莎（Sainte Agathe，231—251年）是天主教会最受尊敬的处女烈士之一，因拒绝男人的追求，而被割去双乳。

一个村及其几个邻村的准奶妈先由拉脚人用人力车拉至巴黎的奶妈中介所，与等在那里的婴儿父亲们协商选择儿童。协商好之后，拉脚人把奶妈和婴儿再拉回所居住的村庄。一些儿童会不幸在几天旅程的颠簸中死去。一般来说，脚夫会把每次行程的情况报告给奶妈中介所，再由中介所告知家长。家长也可以规律性地去看望自己的孩子。但实际上，平民家长没有条件去看望孩子，甚至由于交通不便及奶妈的疏忽，可能永远见不到自己的孩子。一旦婴儿死去，也无人承担责任，奶妈会立即接手另一个儿童。

比被奶妈哺育的婴儿更不幸的是弃婴。16—17世纪，经常有人在夜里悄悄地把婴儿遗弃在教堂的门廊下，不少婴儿因此死亡。尽管弃婴行为被禁止，并被认为是犯罪，但弃婴现象依然普遍。关于弃婴，一般的原因通常是非婚子女，未婚母亲无法承受世俗道德压力而抛弃孩子。其实弃婴中非婚子女的比例并不大，一部分非婚子女仍然由母亲抚养，或在父母婚姻合法化之后由双亲抚养。弃婴的主要原因其实是生活的贫困，据统计数据，在饥馑之年的1694年，巴黎弃婴医院接收了3788名婴儿，大大高于前些年的1000—1500名。[1] 也有一些家境一般的父母，甚至经济比较殷实的家长，不愿被养育子女所困扰，甘心先把孩子送进养育院，过后再重新领养。

为了减少弃婴的死亡，巴黎议会于1552年颁布了一项法令，要求各领主每年支付一定的费用用于弃婴的救助。1640年，万尚·德·保罗（Vincent de Paul）[2] 在巴黎创建了一座专门收留弃婴的医院，名曰"弃婴之家"（maison de Couche）。之后外省也陆续建有类似的医院，但数量远远不能满足现实需要。因此，外省人经常雇人把弃婴送至首都的弃婴之家。有人描述这样的场景：一个人背负铺着棉絮的匣子，里面可以装上三个婴儿。婴儿在襁褓中直立着，只能呼吸到头顶的空气。这

---

[1]　François Lebrun, Jean Queniart, Marc Venard, *Histoire de l'enseignement et de l'éducation en France, tome II, 1480–1789*, Paris: Perrin, 2003, p. 74.

[2]　万尚·德·保罗（Vincent de Paul，1581年4月24日—1660年9月27日），法国天主教神父，遣使会的创办者，毕生致力于服务穷人。

个人只是在吃饭时稍作停留，给孩子喂些奶。如果发现一个婴儿死去，会背着另外两个继续前行，直至把他们送至医院，然后重新开始新的运送工作，以此获取谋生所需。18 世纪初，许多医院修建了一种双门转箱，一个门朝外，一个门朝内，方便有人把遗弃的孩子放在箱内的同时转向室内，而不暴露弃婴者的身份。然而，育婴院绝非天堂，大约 60%的婴儿在不足一岁之前死去。另据统计，法国在 1740—1789 年间，千分之 280 的人口死于一周岁之前。而法国在经济好转之后，婴儿死亡率的下降仍很缓慢，1872—1900 年间的平均值还在千分之 160。[①]

婴儿一般在接近二岁时断奶，有时更早些，在一岁半，甚至一岁时也可能断奶。儿童断奶意味着第二个童年期的开始。这时，儿童最初的牙齿开始长出，标志着可以咀嚼一些食物，但其消化能力还很弱。医生主张延长哺乳期，但民间的看法有所不同，人们认为延长哺乳期不仅对儿童的智力发展有害，还多少有些违背常伦。只是对于儿童来说，断奶是一件十分困难的事。母亲或奶妈会在乳头上涂抹一些苦味的东西，或把奶挤干，或戴上软木塞串成的项链，让儿童逐渐讨厌吸奶。但这些方法都不特别有效。

儿童长牙期间，容易哭喊。为了让儿童安静，人们会在孩子的脖子上挂一个小口袋，里面装有一颗小马或小狗的牙齿，一只蝰蛇头或几只鼹鼠爪。人们还用蜀葵梗、雄鸡冠或鸡胸肉来按摩儿童的牙龈，以促进牙齿的生长。

儿童完全断奶后，便与父母吃一样的食物，主要是甘蓝熬制的含有少许黄油或其他油脂的浓汤，加上面包。然而，儿童能否长大，还有许多变数。

三、长之险

法国旧制度的家庭结构主要是由父亲、母亲和子女构成，有的家庭

---

① François Lebrun, Jean Queniart, Marc Venard, *Histoire de l'enseignement et de l'éducation en France, tome II, 1480–1789*, Paris: Perrin, 2003, p. 77.

雇用一个仆人，偶尔也有祖父母来度过晚年。一个家庭平均有四五个子女，当然不算早夭的孩子，当时有近半数的儿童活不到 10 岁。其实，当时成人的寿命也不长，特别是 25—49 岁的妇女，因生产而死亡的比例极高。在 13 世纪诺曼底地区的一些村庄里，超过半数的夫妻共同生活不足 15 年，超过三分之一的夫妻共同生活不足 10 年，其原因不是离婚，因为那时离婚现象并不存在，而是夫妻中一人去世。存活者没有太多悲伤时间，为了养活孩子，需要尽快找到另一配偶。因此，当时再婚家庭的比例达到四分之一，有时甚至三分之一。这样，一个家庭中的子女可能为两对父母，甚至三对父母所生。由继母抚养子女十分普遍，继母虐待子女的现象也屡见不鲜，从而也出现了表示虐待子女的后妈的特有词汇"marâtre"（恶母）。至于祖父母，则是十分罕见的，因为他们经常在孙子、孙女出生之前已经离世。

儿童死亡的高峰虽然在出生及之后的几个月期间，但 2—7 岁儿童的死亡率仍然很高。一方面，死亡的危险在于监管不周而出现的突发事故，比如炉火、坠井、溺水、疯狗咬，甚至狼等野兽的袭击。为了避免这些危险，母亲惯用的方法便是恐吓，比如孩子太靠近壁炉玩耍，妈妈会说："这样会尿床的"。当孩子在井边时，妈妈会说："小心魔鬼来把你吞掉"。另一方面，儿童死亡的更大危险是疾病。首先的危险是误诊，儿童得病时还不会说话，或者还不能正确表达身体的感受。由于缺乏科学的诊疗手段，经常依赖神灵来判断病情。人们会点燃一组相同的蜡烛，每支蜡烛标上一种疾病和医治这种病的神灵的名字，当时人们相信，某一神灵专治某一种疾病。最先燃尽的蜡烛所标明疾病便被认定为病源。而巫师也经常采用这种方法来"选定神灵"。然后以某种虔诚的仪式来祈求神灵的佑护，治愈儿童的疾病。

在农村，人们也会用一些民间认定的草药来治病，只有城里的富裕人家才能请得起医生。其实，法国的医学发展相对落后，特别是儿科，直至 1872 年才出现"儿科学"（pédiatrie）这一专有名词。而同期在意大利、德国、英国、荷兰已经出版多种儿科医学专著，最早的法文译本出现在 1764 年。

在 15—17 世纪的法国，阑尾炎和腹膜炎还不被人知，百日咳被认定为传染病，腮腺炎在民间称为"刺绣"（oripeaux），而水痘则被认为是轻度的天花，麻疹也经常与猩红热和风疹相混淆。通常治疗这些病的方法是，调制一种琉璃苣、欧芹、丽春花等植物混合的糊状敷料，涂抹在儿童全身。这些不当的治疗经常引起并发症，甚至导致儿童死亡。

天花对儿童有特别的伤害。天花被认为是一种严重的传染病，每6—7 年会在一定地方大暴发。1723 年后期，天花便在巴黎地区流行，几乎影响到每个家庭，造成 2 万多人死亡。天花对儿童的伤害尤甚，导致一部分儿童死亡，一部分面部变形。

1755 年，瑞士医生西奥多·特隆金（Théodore Tronchin）[①] 将接种技术介绍至法国。据说，这一技术先是由英国驻君士坦丁堡大使夫人于1716—1718 年间从土耳其传至英国，然后由伏尔泰（Voltaire）[②] 于 1734年将天花接种的信息告知法国。只是由于法国医生团体和天主教会的激烈反对而未得以实施。直至 1756 年，特隆金医生为奥尔良公爵的两个孩子成功地接种牛痘才使接种技术得以流传。实际上，直至 18 世纪末，通过种痘控制天花还是一种特权，平民百姓对此还是一无所知，更无机会以此防治疾病。19 世纪前期，英国医生爱德华·詹纳（Edward Jenner）[③] 研究及推广牛痘疫苗的成功，才使天花病的流行得以遏制。

痢疾是另一种伤害儿童的严重疾病。这种病由痢疾杆菌引起，发病期通常在 7—9 月，主要原因是天气突然变化，吞食生鲜水果和饮用不洁水。当时的医生已经找到一种由产自南美的草药制成特效药——吐根糖浆（ipécacuana），但是医生经常把握不好服用的剂量，因此患痢疾的儿童也不能得到有效治疗。

2 岁以上儿童的死亡，对于家庭来说已经不同于新生儿的死亡。在

---

① 西奥多·特隆金（Théodore Tronchin, 1709 年 6 月 24 日—1781 年 11 月 30 日），瑞士医生。

② 伏尔泰（Voltaire，1694 年 11 月 21 日—1778 年 5 月 30 日），原名弗朗索瓦－马里·阿鲁埃（François-Marie Arouet），法国启蒙时代思想家、哲学家、文学家，启蒙运动公认的领袖和导师，被称为"法兰西思想之父"。

③ 爱德华·詹纳（Edward Jenner，1749 年 5 月 17 日—1823 年 1 月 26 日），英国医生，以研究及推广牛痘疫苗，防止天花而闻名，被称为疫苗之父。

几年的成长过程中，儿童已经融入家庭，因此给家庭带来的痛苦更为巨大。

四、教之切

随着儿童的成长，儿童的教育也逐渐展开，最早的一个教育内容是保持洁净。当儿童8—9个月时，紧裹的襁褓由长衫所替代，一般也再不用尿布。在农村，儿童一开始可以随时随地大小便，然后逐渐让他们到指定的地方便溺。在城市，通常让儿童用便桶或加带孔的小椅。如果四五岁的孩子还尿床，人们会向圣人祈祷，或每晚强迫尿床的孩子喝有老鼠或鼠粪泡制的液体，以改掉这一坏毛病。

学习说话，是幼儿教育的重要内容，也是儿童社会化的最初阶段。法国民间认为，过早会说话并不是好事，正如谚语所讲，"太过精明，不可活"。但人们也担心说话晚的孩子，可能有智力缺陷。最初的语言学习，主要是母亲经常在儿童临睡前，说一些短语，念一些儿歌，其韵律、节奏、音调都符合儿童的接受能力。当说出某个词时，同时指点面部或身上的某个部位，使儿童把词汇与这个部位联系起来。还用手指头，教孩子简单地识数。当儿童大一些，母亲会唱一些歌曲，讲一些寓言故事。1685年之后，由于夏尔·佩罗（Charles Perrault）[1]的作品《鹅妈妈的故事》，童话开始流行，其中《睡美人》《小红帽》《灰姑娘》《小拇指》成为童话中的经典。

其实，文艺复兴以来卢梭等思想家对童话故事的危害早有批判，认为其中的迷信内容会伤害儿童的心灵，而新的童话却有焕然一新的面貌，抨击了嫉妒、诬陷等丑恶，赞扬了勇敢、机智的品质，成为教育儿童的极好作品。

当然，家庭中，特别是母亲经常用故事来教育子女。当孩子学会走步，也开始淘气。尤其在农村，家长为了让孩子安静，不打扰他们的工

---

[1] 夏尔·佩罗（Charles Perrault，1628年1月12日—1703年5月16日），17世纪法国诗人、作家，以其作品《鹅妈妈的故事》而闻名。

作，不仅讲一些狼的故事，也讲一些鬼魂的故事来恐吓孩子。有时也用讥讽的反话来教训孩子，比如一个小女孩在缝纫时被针扎而哭泣，人们会说，"小心了，你的肠子要从那里冒出来了"。再比如，一个小男孩跌倒了，出血了，人们会说，"我们可以用这些东西灌血肠"。母亲也常用此类方法教训告密的、说谎的、吹牛的或笨拙的孩子。

在平民家庭，恐吓、反讽，再加上肉体惩罚是教训孩子守规矩的常见方法。只要孩子们遵守家庭的基本规矩，干别的什么事就没人管了。但在富裕和贵族家庭，遵守规范则是儿童教育的重要内容。《儿童礼仪》（*Civilité puérile*）[①]一书自 16 世纪在法国中上层社会产生重大影响。受其影响，富裕和贵族家庭对 3—4 岁孩子开始进行严格的教育，不仅是母亲，仆人或管家都参与对儿童的监管，主要是教孩子保持整洁，注意饭桌上的规矩，讲话要得体，等等。

幼儿教育在中世纪后期仍然具有宗教特点，教会继续把持着家庭教育的主导地位。当时的指导手册写道，儿童在面对教义时一无所知，是一个"光板"，是一块"蜡模"。教士们认为农村的家长都很无知，不能指望他们教育儿童，必须直接地给儿童讲解宗教教义，直至他们长大成人。直到 17 世纪末，教会在转变态度，意识到教育儿童，首先要教育家长。主教博须埃向家长们说："你们要知道，你们应当是你们子女的第一个和基本的教义宣讲者。""从他们牙牙学语时，就要就他们画十字。更好的是教他们学习拉丁语，从摇篮开始就伴随着教会的语言。"[②]

儿童的玩具以木制为主，主要有木马、风车、鼓与鼓槌、树皮哨、吹弹管、弓与箭、弹球与木柱、木制娃娃等。也有一些游戏不需要任何器具，如"蒙眼击掌猜人"（main chaude）、"捉迷藏"（cligne-musette）。

7 岁，可以说是童年的结束，也是人生的新阶段的开始。在法国的

[①] 《儿童礼仪》（*Civilité puérile*）为中世纪尼德兰（今荷兰和比利时）著名人文主义思想家和神学家伊拉斯谟（Érasme，1466 年 10 月 27 日—1536 年 7 月 12 日）所著，出版于 1530 年。

[②] François Lebrun, Jean Queniart, Marc Venard, *Histoire de l'enseignement et de l'éducation en France, tome II, 1480–1789*, Paris: Perrin, 2003, p. 96.

传统社会，贵族家庭的男孩的养育任务便从女人的手中转到男人的手中，从女管家转到男家庭教师。这一转手并非容易，比如小时候的路易十四（Louis XIV）[1]，当第一次被带到新的房间就非常不习惯，因为没有女人给他讲故事，而折腾得数位王宫的内务官手忙脚乱。

与此同时，男孩要脱去长衫（robe）换上短裤（culotte）——一种标志男性阳刚气质的装束。男孩换装的时间不严格固定，可提前至 5—6 岁，如果儿童比较瘦弱还可能滞后。而女孩依旧穿着长衫，并由女人照管。

平民子女，无论在城市还是在乡村，都要开始承担一定的家务劳动，如看管牲畜或照顾弟妹。

7 岁，是儿童具备理性思维能力的开始，天主教会也把这一年龄作为宗教教育的开端，因为这时魔鬼、尘世和肉体向人类进攻的警钟开始敲响。7 岁的男孩和女孩必须规律性地去教堂听教理宣讲（catéchisme）。所谓教理宣讲，主要是通过问与答的形式向儿童传授宗教教义，但基本方法是利用儿童的记忆，而不是智力思考。1750 年，一位主教这样描述其工作：每当礼拜天和节日，7—12 岁的儿童会被召集到教堂，先是唱圣歌，然后用拉丁语和法语诵读经文。接着，主教重复解释经文，再让儿童们背诵这些经文，男孩和女孩分别排列两侧。主教会向某个儿童提问，这个儿童须正确回答问题。在这个儿童回答问题时，所有儿童须低声回答同样的问题，声音的强度须恰好自己能够听到，但不至于影响旁边的儿童。[2]

每临四旬期（carême）[3]，便是儿童复习经文的时期。经常是女孩向

---

① 路易十四（Louis XIV，1638 年 9 月 5 日—1715 年 9 月 1 日），全名路易·迪厄多内·波旁（Louis-Dieudonne），自号太阳王（Le Roi Soleil），1680 年接受巴黎市政会献上的"大帝"尊号（Lowis le Grand，路易大帝）。他是波旁王朝的法国国王和纳瓦拉国王，从 1643 年至 1715 年在位，长达 72 年 3 月 18 天，是在位时间最长的君主之一，也是有确切记录在世界历史中在位最久的独立主权君主。

② François Lebrun, Jean Queniart, Marc Venard, *Histoire de l'enseignement et de l'éducation en France, tome II, 1480–1789*, Paris: Perrin, 2003, p. 115.

③ 四旬期（carême），基督教教会年历一个节期，历经四十天（四旬）。天主教徒以斋戒、施舍、克己及刻苦等方式补赎自己的罪恶，准备庆祝耶稣基督的由死刑复活的"逾越奥迹"。

男孩提问，因为女孩也称为未来的母亲，而训练提问的能力，有利于将来教育自己的子女。

法国宗教改革家约翰·加尔文（Jean Calvin）[1] 于 1541 年撰写的《儿童教育的基督教义简汇》（*Formulaire d'instruire les enfants en la chréstienté*）被认为是第一部采用问答形式的儿童宗教教育的教科书。

对于 7 岁儿童而言，家庭教育依然重要，特别是在法国中世纪，学校教育对于普通家庭的儿童来说还不是现实生活。17 世纪，法国社会中家长对子女的教育开始受到重视，其中重要原因是英国哲学家洛克[2] 的教育思想在法国的影响。洛克 1693 年出版的《教育漫话》（*Some Thoughts Concerning Education*）由法国译者皮埃尔·考斯特（Pierre Coste）[3] 于 1695 年译成法文，开启了认识儿童的新时代。

17 世纪中叶，教会更强调家长教育子女的责任。1689 年出版的《南特教理讲义》（*Catechisme de Nantes*）这样确认家长的义务："何为父亲与母亲对于其子女的基本义务？哺育，教育，监督，纠正，榜样。"[4]

1703 年，法国教士若翰·喇沙（St. Jean–Baptiste de la Salle）[5] 参照伊拉斯谟（Érasme）[6]1530 年的著作《儿童礼仪》（*De civilitate morum puerilium*），撰写了《基督文明礼仪之规则》（*Les Règles de la bienséance et de la civilité chrétienne*）。1694 年的一部词典这样定义"礼仪"："诚实、谦恭，在生活交往中持有诚实的态度。"总括起来，一些

---

[1] 约翰·加尔文（Jean Calvin，1509 年 7 月 10 日—1564 年 5 月 27 日），法国著名的宗教改革家、神学家，新教的加尔文派的创始人。

[2] 约翰·洛克（John Locke，1632 年 8 月 29 日—1704 年 10 月 28 日），英国的哲学家。

[3] 皮埃尔·考斯特（Pierre Coste，1668 年 10 月 27 日—1747 年），法国出版人与译者。

[4] François Lebrun, Jean Queniart, Marc Venard, *Histoire de l'enseignement et de l'éducation en France, tome II*, 1480–1789, Paris: Perrin, 2003, p. 118.

[5] 圣若翰·喇沙（St. Jean–Baptiste de la Salle，1651 年 4 月 30 日—1719 年 4 月 7 日），法国教士、教育家和改革者，天主教组织喇沙会的创办人。1685 年，喇沙于法国兰斯开办了第一座通常意义上的师范院校（institut des Frères des Écoles chtétiennes），为教会学校教师提供培训。1900 年被封圣。

[6] 德西德里乌斯·伊拉斯谟（Érasme de Rotterdam，1466 年 10 月 27 日—1536 年 7 月 12 日），中世纪尼德兰（今荷兰和比利时）著名的人文主义思想家和神学家，为北方文艺复兴的代表人物。

基本礼仪得以确认，比如，控制自己不要突然大笑或恼怒，不要大声咳嗽或打喷嚏，不要伸舌头表示瞧不起，不要双指捏鼻子往地上擤鼻涕。在饭桌上，不要把手指伸到汤里，不要用鼻子去闻别人用的杯子，尤其不要在吃饭时发出声响。对大、小便也有要求，即不能在大庭广众面前方便。不要公开谈论身体的隐私部位，甚至不可以对这些部位命名。[1]

尽管若翰·喇沙秉承伊拉斯谟面向所有儿童的理念，尝试在平民家庭中推行礼仪教育，但实际上儿童的礼仪基本体现在上层社会的家庭之中，或者说，儿童礼仪还是上层精英社会与平民社会的分界线。

对儿童礼仪的规定还呈现出宗教化的倾向。1714 年出版的一本 78 页的小册子《儿童教育中的诚实礼仪》(*Civilité honnête pour l'instruction des Enfants*) 的前言写道："我亲爱的孩子，阅读这本书并非无用，它教导你们如何敬仰上帝。……礼仪是一种美德，更是基督的道德，它教导你们善良，不是让你们流于尘世，而是让你们更加虔诚于基督。"[2]

在传统社会的家庭中，父亲具有绝对的权威，犹如家中的国王，并像上帝那样主宰着全家。除了生与死，父亲几乎掌握着管教子女的所有权利，尽管法律限制家长对子女过于严厉的体罚，但父亲打骂孩子的现象司空见惯。通常，子女在结婚之后才能摆脱父亲的控制，但婚姻须由父亲做主。

在贵族家庭，父亲会采取另一种方式教育子女，就是写信给子女，特别是给儿子，以自己的经历来教导子女，并常加上"嘱托""劝导""建议"等副标题。1622 年，贵族勒内·佛罗里约（René Floriot）在写给其长子题为"道德建议"(*Avis moraux*) 的信中说："我的儿子，我的朋友，如果我不能勾勒出生活的要领，只是看着当今年轻人沉湎于赌博、酗酒、淫乱、亵渎上帝等一切放荡行为，我相信这对于你，对于其他家人，对于整个社会都是无益的。……我以父亲以及兄弟的名义，

①　François Lebrun, Jean Queniart, Marc Venard, *Histoire de l'enseignement et de l'éducation en France, tome II, 1480–1789*, Paris: Perrin, 2003, p. 120–121.

②　同上书，第 121 页。

全心地希望你能遵循道德的轨迹，走上一条值得世人称道并引人通往天堂之路。"①

女孩主要是跟随母亲学习未来家庭主妇管理家庭与承担家务。费内隆（Fénelon）②在其1687年的著作《女子教育文集》（*Traité de l'éducation des filles*）这样写道："一个妇女应当受到教育，无论其做什么工作。她要承担教育其子女的责任，对于男孩的教育要达到一定年龄，对于女孩的教育要直至其出嫁或出家，教导其管理家务，遵守习俗，服侍家人，节省开支，保持既经济又体面的生活，通常还要经营菜园并负责收获。"③

儿童与周边的人也会有所交往，无论是在城市还是乡村，除了亲属之外，儿童经常有自己活动的小圈子，他们在一起玩耍，也互相影响，互相学习。

然而，儿童的圈子有一些特点。法国讲究门第，贵族子女不会同平民子女在一起。男孩和女孩也有比较明显的界限，不同年龄段的孩子一般也不在一个圈子里。

12—14岁为通常的少年期，男女少年开始青春萌动。尽管诸多禁忌限制了男女少年的交往，但他们还是有一定的交往机会，甚至一些家长有意无意地允许他们交往。而婚前性行为和怀孕被认为是可耻的事情。保持贞洁（chasteté），禁止私通（fornication）也是法国传统社会的伦理道德。

如果儿童能够顺利度过儿童期，便有较大机会去上学。然而，学校生活并非美好。

---

① René Fleuriot, *Avis moraux de René Fleuriot*, http://forumarchedemarie.forumperso.com/t9985-avis-moraux-de-rene-fleuriot-17-eme-siecle (2021-03-29).

② 弗朗索瓦·费内隆（François de Salignac de La Mothe-Fénelon，1651年8月6日—1715年1月7日），法国天主教神学家、诗人和作家。

③ François Lebrun, Jean Queniart, Marc Venard, *Histoire de l'enseignement et de l'éducation en France, tome II, 1480–1789*, Paris: Perrin, 2003, p. 124.

第二章　学塾时代

16 世纪，法国进入所谓"旧制度"时期，贫困家庭的子女开始有机会进入教区学校学习简单的读、写、算知识和宗教信条。这些学校经常设在居民共同租用的房间里，或在教师自己家中，类似于我国的私塾，我们把它称作"学塾"。

一、学塾的发展

在 16 世纪，儿童教育同时意味着宗教教育、道德教育和读、写、算等基础知识教育。长期以来，教会不仅承担着儿童教育的责任，同时也不断要求家长实施对儿童的教育。但是，有多少家长真正承担起教育儿童的责任呢？宗教改革家路德[1]首先发现这一问题，他看到家长并不一定认识到自己的责任，大多数家长也不具备教育子女的能力，即使他们有能力也未必有时间去实施教育，因此他结论说，"需要专门人员训练和教育儿童"。[2]

至 1500 年，小学在法国已经普遍建立，但并非都是教会学校。在卢瓦尔河[3]以北地区，小学基本属于教会性质，而在南方小学则多为社区所建。

---

[1]　马丁·路德（Martin Luther，1483 年 11 月 10 日—1546 年 2 月 18 日），德国教会司铎兼神学教授，于 16 世纪初发动了宗教改革，促成基督新教的兴起。

[2]　François Lebrun, Jean Queniart, Marc Venard, *Histoire de l'enseignement et de l'éducation en France, tome II, 1480–1789*, Paris: Perrin, 2003, p. 240.

[3]　卢瓦尔河（Loire），法国最长的河流，发源于塞文山脉，流程 1020 公里，先向北、西北，后向西注入比斯开湾，两岸有闻名世界的卢瓦尔城堡群。

在北方，小学分布基本与教区的地域重合，并由教区主教管理，教师的选用由教区的宗教的或世俗的首领决定，在一些地区教师的工资由部分什一税^① 支付。

教会学校的教师通常也是教士，这样方便带领儿童在教堂中学唱圣歌和宗教礼仪。只是在一些城市，为了避免教士教师与世俗教师工作领域的冲突，限制具有教士身份的教师教授书写与数学。

在南部的城镇，地方议会或居民委员会的重要议程就是讨论小学校的问题，首先是决定学校的预算，签订合约，然后是选择教师。教师候选人要经过由市政官和公证人组建的委员会认真挑选，报请议会决定录用。教师选定之后，市政官和教师要在公证人面前签订合同，注明合同期限和教师工资。一般来说，市镇或社区要为教师提供住房，教师要承诺为儿童提供符合道德与宗教规范的教育。

16 世纪法国初等教育的发展，实际上得益于宗教之间和宗教与世俗势力的相互争斗。首先是新教的崛起，为了继续扩大其影响，而办教育又是最便捷、最有效的途径。特别是路德对教师和学校的认识，更是促进了新教教会学校的发展。而天主教不甘心新教的势力的扩展，在自身改革的同时也注意发挥学校的作用，也力图发展学校。

宗教势力的扩张，引起王权的警惕，有人向国王报送陈情书（cahier de doléances）^②，认为过度的宗教生活会影响社会秩序，而举办学校则是维护社会秩序的重要途径，通过对年轻人的教育可以使他们遵守法律，尊敬国王。1560 年的国王奥尔良敕令（ordonnance d'Orléans）规定，议事司铎的俸禄中包含雇用一位教师的工资，这个教师应当免费教授学生。所有宗教团体的收入须维持一所慈善学校的费用。特别是针对贫苦家庭儿童的教育更为紧迫，拯救灵魂的同时关系到社会秩序，人们已经认识到，开设一所学校，就是关闭一座监狱。当时的法国人也赞

---

① 什一税（dîme），其希伯来文原意是"十分之一"，常用于指犹太教和基督宗教的宗教奉献，欧洲封建社会时代用来指教会向成年教徒征收的宗教税。

② 陈情书（cahier de doléances），为旧制度时期，民众向三级会议（États généraux）表达愿望与诉求的文书，并被记录成册。

同教会开办学校，并认为教会应当承担办学经费。有人特别强调，政府拨给教会医院治疗麻风病的经费，应当用于办学，因为当时麻风病已基本消失。

1525 年，人文主义学者让 – 路易·维韦斯（Jean Louis Vivès）[1] 在布鲁日（Bruges）倡导开办慈善学校。自 1530 年，在法国里昂，一批慈善学校开始创办，主要是收养流浪街头的贫苦儿童。

16 世纪早期，家长送孩子上学的基本目的是通过教育进入教士职业，但宗教改革[2] 之后，教士的地位发生重大变化，成为教士已不再是学习的主要目的。只有城市中的有产者和乡村中的士绅比较积极地送孩子学习读、写、算，以便将来学有所用。但那时学校的纪律并不严格，还要顺应农村的劳作规律。如果一个农民的孩子说，我要帮助家里干活，没有教师不答应的。

然而，比较努力的学生通常是富裕家庭的子弟，因为他们付出的学费，远远大于普通劳动力的费用。贫困家庭的孩子并非被排斥于学校，社区与教师的租约通常规定教师应当有限度地免费接收本社区的贫困儿童。但贫困儿童上学的比例并不高，其原因不仅是家中的劳动，还因为上学需要比较体面的穿着，而他们窘于购置衣帽。

学校并非总有真正的校舍，学校经常设在教士的住宅里，几条长凳和几张木板桌便是教室。课时相对固定，比如鲁昂 1520 年的规定，上午 8—11 时和下午 2—4 时为上课时间，而东北部城市杜尔凯姆（Turckheim）1610—1621 年的规定，上午 7—10 时和下午 12—15 时为上课时间。

教学方法完全是个别教学，教师对每个学生轮流施教。教学内容基

---

① 让–路易·维韦斯（Jean Louis Vivès，1492 年 3 月 6 日—1540 年 5 月 6 日），瓦伦西亚人，神学家、哲学家、教育学家。

② 宗教改革（Réforme protestante），是指基督教在 16 世纪至 17 世纪的教派分裂及改革运动，也是新教（Protestantisme）形成的开端。1517 年，神圣罗马帝国教会司铎兼神学教授马丁·路德（Martin Luther，1483 年 11 月 10 日—1546 年 2 月 18 日）发表的《九十五条论纲》引发了宗教改革。法国牧师、宗教改革神学家约翰·加尔文（Jean Calvin，1509 年 7 月 10 日—1564 年 5 月 27 日）则是新教的重要派别加尔文派的创始人。

本是从学习宗教简易读本开始，先学认字母，再学习音节，再学习词汇，直至背诵圣诗。认字之后，开始学习书写，通常是教师写出范例字，学生尽量模仿。然后，学生开始学习计数，最初借助于筹码，相对容易地学习加减法。但是，当涉及乘除法时，因为运用罗马数字，又是12进制和20进制，学生经常面临较大困难。

二、关于教育普及的认识

17世纪末，法国已经开始工业革命，法国人的文化素质如何呢？南锡学区长路易·马乔洛（Louis Maggiolo）[①]在1880年前后发动了一次关于法国人识字水平的重大调查，调查采用婚姻登记签名的统计方法，回溯至1686—1690年的情况。尽管这一方法是当时唯一可行的方法，但存在很大缺欠，因为法国各省在婚姻登记时对签名的要求并不一致，是否由新婚夫妇本人签字也无法确定。我们只能从调查结果中窥见一些事实：1686—1690年间，新郎签字的比例只有21%，而在1600年前后出生的新婚夫妇中，男人签字的比例为29%，大大高于女人的14%。[②]由此可见，即使排除各省在婚姻登记签名的管理不平衡的因素，也可以看到法国当时文化水平整体的低下，况且仅仅写出自己的名字，并不一定能说明文化水平的高低。

对于许多平民家庭，上学不过是浪费时间，耽误了赚钱的机会，更无任何升迁的希望。农忙时，学校可能空空荡荡，而在农闲的冬季，教室里又人满为患。

法国大革命前，特别是路易十四（Louis XIV）统治年间，大部分法国人并不讲法语，而只讲方言，法语基本上只在巴黎盆地的区域内

[①]　路易·马乔洛（Louis Maggiolo，1811—1895年），1868—1871年任法国南锡学区长。

[②]　François Lebrun, Jean Queniart, Marc Venard, *Histoire de l'enseignement et de l'éducation en France, tome II, 1480–1789*, Paris: Perrin, 2003, p. 424.

流行。1539 年 8 月，弗朗索瓦一世（François I）[1] 的一项敕令规定，法律诉讼与判决和行政机构须用法语写成。而当时经济的发展，也需要一种统一的语言，法语逐渐成为不同地区交流的主要语言，特别是书面语言。

1635 年，法国红衣主教黎世留（Richelieu）[2] 创建了法兰西学术院（Académie française），主要职能便是规范与纯洁法语。17 世纪下半叶，出现了最早的法语语法和由法兰西学术院编纂的第一部法语词典。

17 世纪下半叶，法国教育进一步扩展，但在是否继续发展大众教育，引起了上层社会的警惕。在国家层面，法国宰相黎世留在其 1640 年的《政治遗嘱》（Testament politique）宣称，"一个身体，如果到处都长眼睛，便是怪物，对于国家，如果所有臣民都是学者，同样也是怪物。人们会在那里看到极少服从，傲慢与自负变得司空见惯。文商绝对要摧毁保障国家财富的商品贸易，摧毁作为哺育民众母亲的农业，在短期内将培育士兵的苗床弃置，因为士兵只能在无知的艰辛中而不是在科学的文雅中长成。最终让更善辩的讼棍充斥法国，毁灭家庭，扰乱公共安宁，不会给国家带来任何福利。"黎世留还说："如果文学浸入所有精神领域，我们看到是能够怀疑的人而不是解决问题的人，许多人更是抵抗真理，而不是维护真理的人。"[3]

教会对大众教育的发展也产生了担忧，随着人们宗教热情的下降和对宗教怀疑苗头的出现，他们发现学校不仅是宗教和道德教育的场所，也是思想解放的工具，"所有最简单、最纯洁、最信仰基督的人，都是既不会读也不会写的人"。[4] 因此教会对继续发展大众教育有所动摇。

---

[1]　弗朗索瓦一世（François I，1494 年 9 月 12 日—1547 年 3 月 31 日），法国历史上最著名也最受爱戴的国王之一（1515—1547 年在位），在其统治时期，法国繁荣的文化达到了一个高潮。

[2]　阿尔芒·让·迪普莱西·德·黎塞留（Armand Jean du Plessis de Richelieu，1585 年 9 月 9 日—1642 年 12 月 4 日）法王路易十三的宰相，天主教的枢机。

[3]　François Lebrun, Jean Queniart, Marc Venard, *Histoire de l'enseignement et de l'éducation en France, tome II, 1480–1789*, Paris: Perrin, 2003, p. 393–394.

[4]　同上书，第 403–404 页。

　　在学者方面，并非赞同发展大众教育，著名的百科全书派①思想家狄德罗（Denis Diderot）②宣称："一个会读写的农民，比其他人更难于压制。"③启蒙时代思想家伏尔泰（Voltaire）虽然也主张大众教育，但要有所限制，他在一封信中明确地说："社会的福利要求民众的知识不能超过管制他们的范围。"他还说："在我看来，本质上需要有无知的穷人。如果你像我一样拥有土地，如果你也有犁杖，你也会有跟我一样的想法，不是需要教育劳动力，而是需要教育有产者。"卢梭也有类似的观点，他在《新爱洛漪丝》（La Nouvelle Héloïse）中写道："不要教育村民的孩子，因为他不适于接受教育。"他的《爱弥儿》（Émile）也不是为农村孩子写的。④

　　拉夏洛泰（La Chalotais）⑤与启蒙思想家一脉相承，也不主张对公众实施教育。例如伏尔泰就曾表示反对大众教育，拉夏洛泰于1763年写给伏尔泰道："我感谢您对取消劳动者学习的主张"，并在他的《论国民教育：或青年学习计划》（Essai d'éducation nationale : ou, plan détudes pour la jeunesse，后文简称《论国民教育》）中强调，"社会的福利要求，人民的知识不能超过其职业范围"。⑥一方面给人民一定教育，使之符合国家的需要，另一方面，又要限制人民获得知识，以便于对其实施统治。这便是后来资产阶级革命成功之后长期实行的教育策略。

　　在民众教育这一点上，一些政治人物其实比启蒙思想家更进一步。

---

　　① 百科全书派（Encyclopédiste），是指18世纪法国一部分启蒙思想家在编纂《百科全书，或科学、艺术和工艺详解词典》（L'Encyclopédie, ou Dictionnaire raisonné des sciences, des arts et des métiers, par une société de gens de lettres）过程中所形成的以狄德罗为核心一个学术团体。

　　② 德尼·狄德罗（Denis Diderot，1713年10月5日—1784年7月31日），法国启蒙思想家、唯物主义哲学家、无神论者和作家，百科全书派的代表。

　　③ François Lebrun, Jean Queniart, Marc Venard, Histoire de l'enseignement et de l'éducation en France, tome II, 1480–1789, Paris: Perrin, 2003, p. 394.

　　④ 同上书，第120–121页。

　　⑤ 拉夏洛泰（Louis–René de Caradeuc de La Chalotais，1701年3月6日—1785年7月12日），法国法官，驱逐耶稣会运动的主要倡导人之一。

　　⑥ Michel Rouche, François Lebrun, Marc Venard, Jean Quéniart, Histoire générale de l'enseignement et de l'éducation en France, tome 2, Perrin: Paris, 2004, p. 401.

被称为革命者之父米拉波侯爵（marquis de Mirabeau）[①]写道，"如果孩子的父母不懂读、写、算，并以伤害公共利益为代价，让儿童从小就厌恶学习，无异于损毁人类。全面的、普及的民众教育是君主的首要的、基本的和崇高的责任。"[②]

1770 年之后，法国哲学家爱尔维修（Helvétius）[③]等人也主张普及知识，"无论谁想要让人民在无知的蒙昧之中"都将被其鄙视。霍尔巴赫（Holbach）[④]认为，对人之义务的启蒙教育，可以引导其至美德。教育人民，是人民摆脱国王和神父专治之路。[⑤]

三、教师

教育的发展需要教师，要为教师支付工资，提供住宿条件。在乡村，比较理想的是有乡绅或显贵提供捐赠，保证有固定的教学场所和支付教师工资。但这种情况并不多见。为了解决教育经费来源问题，村民要求教会承担，而教会主张从税收中提取，争执的最终结果是把学校的经费落实在各个乡村的村民身上。1698 年和 1724 年，法国王室分别宣布须从居民中为男教师征收 150 镑，为女教师征收 100 镑的税费用于办学。但是，在 18 世纪的法国，教育经费的来源并不一致。在法国东部，教育经费主要来源于什一税，在西部，虽然以从居民征收的附加税为主，但学校获得的捐赠比例略大，至少可以维持免费接收最贫困学生。

教师的职位一般通过任命和选聘两种方式来认定。任命通常是由教

---

① 维克托·德·里克蒂，米拉波侯爵（Victor de Riquetti, marquis de Mirabeau，1715 年 10 月 5 日—1789 年 7 月 13 日），法国政治经济学家，重农学派经济思想的先驱。他是法国大革命家米拉波伯爵奥诺雷的父亲，人称老米拉波。

② François Lebrun, Jean Queniart, Marc Venard, *Histoire de l'enseignement et de l'éducation en France, tome II, 1480–1789*, Paris: Perrin, 2003, p. 402.

③ 克洛德·阿德里安·爱尔维修（Claude-Adrien Helvétius，1715 年 1 月 26 日—1771 年 12 月 26 日），18 世纪法国哲学家。

④ 保尔-亨利·提利·霍尔巴赫男爵（Paul-Henri Thiry, baron d'Holbach，1723 年 12 月 8 日—1789 年 1 月 21 日），18 世纪法国哲学家，无神论者。

⑤ François Lebrun, Jean Queniart, Marc Venard, *Histoire de l'enseignement et de l'éducation en France, tome II, 1480-1789*, p. 403.

区的神父向本地教务会或主教推荐，然后由后者任命。如果学校由某人捐助建立，最初通常由捐助人任命，以后任命权会逐渐转移到教会当权者手中。教师选聘则是由当地居民委员会或居民全体大会在申请人中选举教师，答辩通常不可或缺，并以签订合同为法律依据。

教师主要在从事写作与誊写的人群中选拔，因为印刷技术与印刷所的普及，这些人基本处于失业状态，而他们具备的文字能力恰好是作为教师的基本能力。在大城市，已有教师与写作者行会，他们拜卡西扬为师，负责制定入行的标准，对入行人员进行审查。1618 年，鲁昂的教师行会已有 32 名教师。[1]

在堂区学校，教师通常是神职人员，但也有世俗人。大部分世俗身份的教师都是单身，并非有婚姻限制，而是教师职业不稳定，他们总在寻找更稳定、收入更高的职业，因此不愿结婚。那时也没有教师培训，时常有一些大学生教一二年书之后再去学习。

关于教师待遇，并无全面的资料，难以作出准确的判断。根据法国普罗旺斯的一个小城库尔泰宗（Courthézon）的学校租约，教师的年工资为 7 日内瓦埃居（Ecu Pistolet）[2]，相当于 18 图尔里弗尔。他还有一处免费住所，并免费在富裕人家就餐，每四个月轮换一家。此外，他可以从学生那里收取少量学费，一般是每个学生每个月交 2—3 苏，特别贫困的学生可以免交，教师就餐家庭在提供餐饮期间也不交学费。他还要参加一些宗教活动，比如敲钟、捧圣水，也会有少量收入。当时的散工每天可赚 2—2.5 苏，年最高收入可达 36 里弗尔，手工艺人每天可赚 5 苏，年最高收入可达 72 里弗尔。这样比较，教师的工资收入确实较

---

[1]　François Lebrun, Jean Queniart, Marc Venard, *Histoire de l'enseignement et de l'éducation en France, tome II, 1480–1789*, Paris: Perrin, 2003, p. 401.

[2]　埃居（Écu），法国古货币名。1266 年，法王路易九世开始铸造金埃居，称大埃居（Gros Ecu）。1337 年—1349 年铸造的金埃居重 4.53 克，等值于 20—25 苏。从 1483 年起，金埃居稳定在 3.496 克。路易十三于 1641 年货币改革，将埃居改为用银铸币，称为小埃居（Petit Ecu），等于 3 里弗尔。18 世纪，1 银埃居等于 6 里弗尔多一点。1795 年，法国大革命后的政府彻底改革法国货币体系，发行含银 4.50 克的法国法郎，约等于 1 里弗尔。同时规定 5 法国法郎的银币称为埃居，一直到 1878 年。瑞士日内瓦地区自 1562 年发行日内瓦埃居（Ecu Pistolet），直至 1642 年。

低，但考虑到免费的住房和餐饮，就不算低收入了。

18 世纪的教师并无专门的培训，通常是具有一定知识的文化人充当教师。在法国一些地区，人们在集市上推销自己，在帽子上插上一根鹅毛表示可教阅读课，两根鹅毛表示可教阅读与书写两门课，而三根鹅毛表示还可以教算术，但通常只限于四则运算。18 世纪后半叶，在报纸上出现了教师求职广告。1784 年 12 月 29 日《特鲁瓦日报》便刊登这样一则广告："品性良好的年轻人希望在某一乡村寻求教师职位。……他能够唱丧歌，掌握算术的基础规则，虽不具备良好的书法但懂得其原则，此外，他很聪明……他有一个良好的愿望，特别是他才 19 岁。"[①]

在选择教师方面，本堂神甫具有重要作用。一方面，神甫通常是乡村中最有知识的人，也应有能力鉴别教师的人选，另外，乡村学校的教师还要承担一部分教堂工作。1788 年的一份文件清楚标明新教师的职责：

教儿童为弥撒服务，参加唱诗班的活动，参加各种宗教仪式，参加并陪同神甫参加各种管理工作，执行宗教任务，无论白天与黑夜，管理教堂的时钟，在三钟经[②]、周年追思礼（obit）等时刻敲钟，负责学校的宗教读本课和教育，礼拜日和节日前夜打扫教堂，布置祭台，为安葬仪式布置祭台和教堂，参加出殡队伍并唱丧歌，教授儿童阅读、书写和计算，教他们宗教知识……

如此看来，作为乡村学校的教师，不如说是神甫的助手，实际上更多地在辅助神甫做宗教活动，因此当时人们这样写道："教师在努力去做，但没有孩子可教。"而对于女教师，教学更不是其基本工作，她的主要工作是照顾病人。

在城市，已经有私人教师存在，或是在自己住所授课，或是去学生家里授课。通常，私人授课须经当地主教许可，但在大城市往往难以控

---

①　François Lebrun, Jean Queniart, Marc Venard, *Histoire de l'enseignement et de l'éducation en France, tome II, 1480–1789*, Paris: Perrin, 2003, p. 408.

②　三钟经（angélus），原意为天使，为记述圣母领报及基督降生的天主教经文，是默想耶稣基督降生成人圣迹的经文，它包括三节经文，且每节后加念一遍圣母经。由于诵念三钟经是在早上 6 时、中午 12 时及下午 6 时，并鸣钟以提醒信友，故得其名为"三钟经"。

制，一些教师仍在无准许的情况下授课。私人教师的收入通常难以估计，往往因授课的种类，课时的密度，特别是教师的名气而异。1778年，法国西部城市勒芒（Le Mans）的一位教师开设了有两个班级的学校，小班为贫困学生而设，每人每月的学费为 20—25 苏，大班为有产阶级学生而设，每人每月的学费为 40—50 苏。也有资料显示，在当时的鲁昂，一位私人教师每天可赚 16—30 苏。

四、学校设备与教学法

17 世纪，法国学校开始普及之初，学校设备并不完善。有刻版画显示，在教室的角落里，两条长凳上坐着十来个学生，另一侧一个教师坐在高靠背的椅子上。在雷斯迪福（Restif）[1] 的著作《我父亲的生活》（La vie de mon père）这样描写教室的场景：教师坐在桌前，一本书打开着，向坐在两条长凳上的学生提问。他的右侧是供男生用的大桌子，上面铺着供写字的纸张，他的左侧是女生。一些地方规定，学校尽可能地远离其他建筑物，避免受其影响。甚至要求学校窗户不得低于距地面 7 法尺[2]，以防止路人看到学校内部情况。

教室设备还可能因不同学习水平有所区分。宽大的书桌供学习写字的学生使用，而学习阅读的学生只能坐在长凳上。学习拉丁语的学生使用的桌子摆放在教室中最佳的位置上。甚至学生的座位还划分富家子弟和贫穷儿童，因为贫穷儿童经常衣着肮脏，身上有虱虫，还爱说脏话。新学生往往被安置在最前排，便于老师监督。

在一幅埃格伯特·范·海姆斯凯克（Egbert van Heemskerck le Jeune）[3] 于 1687 年创作的题为"学塾教师"的油画中，我们可以看到 17 世纪法国学塾的教学场面：设备简陋，只有一张讲桌、一把椅子、几条

---

① 尼古拉·埃德姆·雷斯迪福（Nicolas Edme Restif，1734 年 10 月 23 日—1806 年 2 月 3 日），又称布列塔尼人雷斯迪福（Restif de La Bretonne），法国作家。

② 法尺（pied），法国古长度单位，相当于 325 毫米。

③ 埃格伯特·范·海姆斯凯克（Egbert van Heemskerck le Jeune，1634—1704 年），荷兰画家。

长凳和一张课桌。教师挥舞着戒尺在吼叫，表示对课堂秩序的不满。一个学生似乎因犯错误被惩罚，躲在教师的座椅旁复习，一个女孩在讲台上认字，另一个男孩战战兢兢地摘下帽子，准备接受老师的考试。

法国画家让－雅克·德布瓦西约（Jean Jacques de Boissieu）[①]的雕版画"小学的大教师"（*Le grand maître d'école*）清晰地描述了当时学校的场景：教师背向一群学生，叫过来一个学生念他手指所指的一段文字，另一个学生坐在他的旁边小心地准备将要阅读的文字。但其余学生就放任自流，即使有人在看书，或拿着鹅毛笔，多数学生都在闲聊或玩耍。这就是当时学校普遍实行的个人教学法，不同年龄、不同学习水平的学生混在一起，教师轮流教某一个学生，其他学生基本无所事事。一些不爱学习的学生时常跑出学校，老师要出去把他们从田野上或半路中唤回。

学校上课的时间也不固定，开课的时间通常在冬季更长一些。在农村，复活节之后便是农忙季节，学校就关闭了，直至 10—11 月才重新开课。因为是个别教学，每个学生学习的课本都不一样。17 世纪以来，农村的流动书贩十分普遍，兜售的主要是初级的拉丁语读本，又以宗教内容居多，如：《上帝的十字》（*Croix de Dieu*）、《烤猪》（*Rôti-Cochon*）。

16 世纪，基督学校兄弟会[②]创立了新的教学法，他们根据学习水平，将学生划分成组，同组的学生学习相同的课程，这种方法被称为"同步教学法"（enseignement simultané）。17 世纪，这一教学法在法国东部获得较大发展，学校通常划分三个阅读小组：字母学习组、印刷书学习组和手写体学习组。

同步教学法的实施，也引起教学设备的变化，人们可以把黑板或图片挂在教室的墙上，供全体学生学习其中的内容。自 1725 年，洛林的

[①] 让–雅克·德布瓦西约（Jean Jacques de Boissieu，1736 年 11 月 30 日—1810 年 3 月 1 日），法国画家。

[②] 基督学校兄弟会（Frères des Écoles chrétiennes），亦称喇沙会，或喇沙兄弟会，由法国教士圣若翰·喇沙于 1680 年创立，是一个天主教的修会组织，但其会员不是教士，他们专注于教育和相关事务。

修女们（les vatelottes de Lorraine）在卡片上写上单个字母，将这些卡片变换组合，让学生学习不同的拼写和词汇。后来，还有人在卡片上画图，以其名称的发音提示相关词汇的拼写。

新的方法也引起师生关系的变化。在个别教学的情况下，教师只能一对一地教学生，而无暇顾及其他多数学生。为了维持课堂纪律，教师经常需挥舞戒尺呵斥学生。而在新的教学中，教师可以在上课时管理整个班级。不仅如此，教师还可以在全体学生中选出更听话、更聪明的学生，协助教师管理班级纪律。

经过一段识字学习，学生们开始学习书写。通常，学生需携带纸张和两支鹅毛笔，以便在老师削秃笔时使用另一支。当然，学生也要逐步学习削笔，这也是书写艺术的内容。老师还要不断矫正学生书写的姿势。对于初学者，老师首先让学生用小木棍来练习执笔，要求"左边一个指头，右边两个指头"。

学习写字的第一步是模仿。老师在每一张纸上方，先写出范例字，学生再仿照书写。基督学校兄弟会把书写水平划分成12个等级，学生均按不同水平分组。最初学习书写的字母为"O"和"I"，主要是掌握曲线与直线的书写技巧。然后学习的是"C、F、M"等相对容易写的字母，再后才学习其他字母。之后还要学习不同的字体，如罗马体、斜体、草体。老师还会要求字体的粗、细、宽、窄，甚至还要求书写的速度，因为书写已不仅是练习书法，还是社会生活的一种能力。特别是对于女孩，将来在缝纫、刺绣、编织等方面都需要掌握良好的字母书写技巧。

学习书写的同时也需要学习正确拼写。听写，便是掌握拼写的基本教学方法。基督学校兄弟会创造了即时纠错的听写方法。老师读出一段话的同时，每个学生随即录写，同时要求一个学生在黑板上书写。如果这个学生出现错误，老师便及时纠正，同时每个学生也可以纠正自己的错误。

基础学习的最后内容是算术。然而，当时能够教授算术的教师不多，即使在基督学校兄弟会的学校里，每周也只有两节一小时的算术课。法国自 16 世纪中开始出现一种"算盘"，但只限于简单的加减法运算。算术教师需要借助于筹码，教学生认识数字，认识个位数、十位数、百位数，再学习加减法，学习"交叉相乘"（Règle de trois）和"去九法"（Preuve par neuf），最后过渡到四则运算。

五、女童教育

直至 16 世纪，女童与妇女教育在法国都是被极端轻视的。德国新教领袖马丁·路德较早地看到妇女教育的意义，他在 1524 年写道："世界需要有能力的男人和女人，以便使男人能够管理国家和众人，女人能够管教家庭、子女和仆人。"[1] 尽管这里还存在对妇女的严重歧视，但在当时已经是非常进步了。在法国，让-路易·维韦斯是极少数关注妇女教育的人物之一，他在 1523 年用拉丁语撰写了一部论文集，《基督教妇女教育》（De institutione feminae christianae），对当时包括伊拉斯谟人文主义者具有较大影响。维韦斯认为，妇女最重要的品德是"贞洁"（pudicité），无论是婚前还是婚后，都应恪守这一品德，为此需要具备一定的文化。但是在学习阅读与书写之前，女孩需要学习针线和烹饪，即使公主也应这样。

其实，当时对于妇女学习一定知识已无绝对障碍，关键是允许她们学习什么。其实，在当时的主流观念中，妇女学习的最后关卡是拉丁语。伊拉斯谟在《会话集》（les Colloques）里，还以一位修道士的身份说出了禁止妇女学习拉丁语的秘密："如果妇女不懂拉丁语，她们就会很好地在神父的掌控之中"。法国诗人阿格里帕·多比涅（Agrippa d'Aubigné）[2] 劝诫自己的女儿们不要学习拉丁语，他引用一句谚语"夜莺有了小雏就不再歌唱了"，告诉她们学习拉丁语无用。

---

[1]　François Lebrun, Jean Queniart, Marc Venard, *Histoire de l'enseignement et de l'éducation en France, tome II, 1480–1789*, Paris: Perrin, 2003, p. 376.

[2]　阿格里帕·多比涅（Agrippa d'Aubigné，1552 年 2 月 8 日—1630 年 5 月 9 日），法国作家、诗人。

　　法国对女童和妇女教育传统观念也反映在文学作品中。1659年，法国喜剧作家莫里哀（Molière）① 创作了《可笑的女才子》（*Les Précieuses ridicules*），剧中嘲讽那些女才子们竟幻想建立自己的"美好思想学园"。莫里哀在另一部喜剧《太太学堂》（*Le École des femmes*）中描写的绅士阿尔诺尔夫（Arnolphe）之所以令人憎恶，就是因为希望娶一位极其无知的妇女为妻。莫里哀还在《女学者》（*Les Femmes savantes*）剧中，借克利唐德（Clitandre）之口说："女博士，我不感兴趣。"其实，法国传统社会的观念认为女人的职责就是管理家务，妇女应当恪守自己的地位，不得僭越，女人最大的错误就是想与男人平起平坐。蒙田（Montaigne）② 还说过这样一句话："一个女人如果能够把丈夫的衬衫和短上衣分清楚，就算够聪明了"。③

　　当然，随着社会的发展，关于妇女的陈旧观念总要改变。至1685年克洛德·弗勒里（Claude Fleury）④ 的著作《研究方法及其选择论文集》（*Traité du choix et de la méthode des études*）、1686年曼特农夫人（Madame de Maintenon）⑤ 关于圣西尔（Saint–Cyr）女子学校⑥ 经验，以及1687年费内隆的著作《女子教育文集》发表，法国社会才开始对妇女教育有了新的认识：妇女应当学习阅读和书写，懂得语法和拼写规则，正确书写信件，能够计算账目。

　　曼特农夫人的圣西尔女子学校招收了250名没落贵族的女儿，入学

---

　　① 莫里哀（Molière，1622年1月15日—1673年2月17日），原名为让–巴蒂斯特·波克兰（Jean–Baptiste Poquelin），莫里哀为艺名。17世纪法国喜剧作家、演员、戏剧活动家，法国芭蕾舞喜剧的创始人，与皮埃尔·高乃依、拉辛合称为法国古典戏剧三杰。

　　② 米歇尔·德·蒙田（Michel de Montaigne，1533年2月28日—1592年9月13日），又译蒙泰涅，法国文艺复兴时期最有标志性的哲学家，以《随笔集》（*Essais*）三卷留名后世。

　　③ François Lebrun, Jean Queniart, Marc Venard, *Histoire de l'enseignement et de l'éducation en France, tome II, 1480–1789*, Paris: Perrin, 2003, p. 479.

　　④ 克洛德·弗勒里（Claude Fleury，1640年12月6日—1723年7月14日），法国律师、历史学家。

　　⑤ 曼特农夫人（Madame de Maintenon，1635年11月27日—1719年4月15日），原名弗朗索瓦丝·德奥比涅（Françoise d'Aubigné），路易十四的第二任妻子。

　　⑥ 圣路易王家学校（La Maison royale de Saint–Louis）由法国国王路易十四在曼特农夫人建议下，于1686年在圣西尔（Saint–Cyr）创建，为女子寄宿学校。

年龄在 7—12 岁之间，直至 20 岁毕业。学校划分四个年级，第一年级为 7—10 岁儿童，主要学习宗教读本的基础知识。第二年级为 11—13 岁儿童，开始学习历史、地理和音乐。第三年级的学生为 14—16 岁，学习法语、绘画和舞蹈。第四年级学生的起始年龄为 17 岁，重点学习道德。所有学生都要学习家政管理，学习缝纫。学校实施封闭式管理，学生只能在会客室与家人见面，且每年只有四次。这样管理的目的是培养她们适应精英社会的生活。然而，这样的学校也并不是根本上改变妇女的地位，正如曼特农夫人所言："无论如何，上帝要我们服从，上帝创造的第一个女人就从属于男人。"①

六、贵族教育

旧制度下的王室成员可以免除任何法律约束。王子们小时候均由王室女主管统领下的宫女照料，但至 7 岁时即转交宫内男主管管理。男主管的责任不是教授王子们思想，而是教他们如何当国王，即维护自身的政治地位，掌握统治人的艺术。但同时，王室会安排最著名的学者担任王子们的私人教师。例如，费内隆担任勃艮第公爵的教师，弗雷瑞斯（Fréjus）主教弗勒里担任路易十五（Louis XV）②的教师，里默日主教高特罗斯盖（Coëtlosquet）③担任路易十六（Louis XVI）④和其兄的教师。

这些高级私人教师经常一边陪伴王子们入睡，一边教他们背诵名言

---

① François Lebrun, Jean Queniart, Marc Venard, *Histoire de l'enseignement et de l'éducation en France, tome II, 1480–1789*, Paris: Perrin, 2003, p. 486.

② 路易十五（Louis XV，1710 年 2 月 15 日—1774 年 5 月 10 日），被称作"被喜爱者"（le Bien-Aimé），作为法国国王在 1715—1774 年期间执政。他执政早期受到法国人民的拥戴。但是，他无力改革法国君主制和他在欧洲的绥靖政策，使他大失民心，导致他死后成了法国最不得人心的国王之一。

③ 让-吉尔·高特罗斯盖（Jean-Gilles du Coëtlosquet，1700 年 9 月 15 日—1784 年 3 月 21 日），法国高级教士。

④ 路易十六（Louis XVI，1754 年 8 月 23 日—1793 年 1 月 21 日），原名路易-奥古斯特（Louis-Auguste），亦名路易·卡佩（Louis Capet），法国国王，1774 年即位，1791 年后正式头衔更改为法国人的国王，1792 年被废黜，并于次年 1 月 21 日被送上断头台。

和警句。《忒勒玛科斯历险记》(*Les Aventures de Télémaque*) 便是费内隆专为王公子弟的教育以古希腊神话人物题材编撰的小说,其中充满适应贵族统治的道德与政治理想。

其实,贵族子弟教育的开始早于 7 岁,例如路易十五的孙子们 7 岁之前就已经可以熟练阅读与书写了,并对古代希腊与罗马的神话故事了解很多,甚至还掌握一定的科学、历史和地理知识。路易十五本人童年时每天要上书写、拉丁语和历史课,每周还有绘画、数学、天文、自然科学、舞蹈等课。童年的路易十六每天要上 7 小时的核心课:宗教、拉丁语、历史、法律和政治,课间娱乐要穿插次要一些的课程:地理、科学、外语(意大利语和英语)、绘画。在其 12—15 岁时,还要增设体育锻炼,每周两次马术,以及一些如排版或制锁手工技术劳动。总之,作为王室的儿童,几乎没有任何随心玩耍的时间和空间。

自 17 世纪初,一些贵族家庭还把孩子送进著名学校,接受一些体育和军事训练。16 世纪末,一些马术、击剑、舞蹈、音乐学院相继诞生。1594 年,普鲁维奈尔(Pluvinel)[①] 在巴黎创建了第一所马术学院(académie d'équitation),年轻的路易十四曾经在那里学习,也成就了普鲁维奈尔的马术教科书《国王上马训练教本》(*L'Instruction du Roy en l'Exercice de Monter à Cheval*)。至 1677 年,巴黎已经有不同专业的体育或艺术学院 12 所。法国其他地方也仿造巴黎的学院创建不同专业的学院,其中不乏闻名欧洲的学院,例如昂热学院,在 1759—1790 年间至少吸引了 261 个英国、爱尔兰和苏格兰人来学习,其中还有后来成为拿破仑冤家对头的威灵顿(Wellington)将军。

1661 年,马扎然[②] 创立了 "四民族学院"(Collège des Quatre-

[①] 安托万·普鲁维奈尔(Antoine de Pluvinel,1552 年—1620 年 8 月 23 日),法国马术学校创建者,曾任法国国王查理九世的马术教师。

[②] 儒勒·马扎然(Jules Raymond Mazarin,1602 年 7 月 14 日—1661 年 3 月 9 日),法国国王路易十四时期的宰相(1643—1661 年在任)及枢机主教。

Nations）。所谓"四民族"，均为威斯特伐利亚和约[①]和比利牛斯条约[②]之后归并法国的阿尔萨斯等四个地区，该学院便是专门免费招收来自这些地区的贵族子弟，共 60 名学生。

为了征战的需要，卢福瓦（Louvois）[③]侯爵于 1682 年创立了专门招收贵族子弟的军事学校（compagnies de cadets-gentilshommes），不仅实施理论教学，还注重实际培训。

---

① 威斯特伐利亚和约（Traités de Westphalie），为 1648 年 10 月 24 日分别在神圣罗马帝国明斯特市和奥斯纳布吕克市（威斯特伐利亚区）签定的一系列和约，标志着三十年战争的结束，学者一般将该条约的签订视为"民族国家的开始"。

② 比利牛斯条约（Traité des Pyrénées），法国路易十四与西班牙腓力四世之间的条约，订于 1659 年 11 月 7 日，它结束了 1648 年至 1659 年之间发生的法西战争。

③ 卢福瓦（Louvois），本名弗朗索瓦·米歇尔·勒泰利埃（François Michel Le Tellier，1641 年 1 月 18 日—1691 年 7 月 16 日），法国政治家。卢福瓦侯爵是路易十四时代法国最著名的伟大人物之一，人们普遍称呼他为"卢福瓦"。他在婚礼时接受父亲赠予的卢福瓦城堡，即后来以其名字命名的"卢浮宫"。

第三章　教会中学

自 16 世纪，法国中等教育出现了较大规模的发展。17 世纪中叶，中学的大量设置的时代已经完结。在 1789 年存在的约 270 所中学中，近四分之三建于 1650 年之前。大革命前夕，法国存有 562 所中学和 73 000 名中学生。其中 178 所中学属于教会，384 所附属于大学或属于个人。[①] 中等教育基本由教会垄断。耶稣会[②] 在 1640 年时有 93 所学校，至 17 世纪末，新建学校只有 9 所，而 1700 年至 1762 年被驱逐，期间仅仅新建了 3 所。奥卡托教派（Oratoriens）[③] 在 1640 年占有 18 所学校，至 1760 年也只发展为 26 所。教条派（Doctrinaires）[④] 在 1660 年有 15 所学校，1690 年增至 25 所，但至 1760 年仅仅新建了 2 所。[⑤]

一、中学的兴起

大学自中世纪诞生以来，便要求具备基础的拉丁语知识才能入学。这对于富裕家庭不算问题，可以聘请家庭教师来教授儿童这些知识，甚

[①]　Antoine Léon et Pierre Roche, *Histoire de l'enseignement en France*, Paris : PUF, 2018, p.37.

[②]　耶稣会（La Compagnie de Jésus）是天主教会的主要男修会之一，1534 年 8 月 15 日由依纳爵·罗耀拉（Ignace de Loyola）与方济·沙勿略（François Xavier）等人于巴黎成立，至 1540 年由教皇保禄三世诏令承认。

[③]　奥卡托教派（Congrégation de l'Oratoire），由菲利普·内里（Philippe Néri，1515 年 7 月 21 日—1595 年 5 月 26 日）于 16 世纪在罗马创建的天主教派。

[④]　教条派（Prêtres de la doctrine chrétienne），1592 年 9 月 29 日，凯撒·德比斯（César de Bus，1544 年 2 月 3 日—1607 年 4 月 15 日）召集一些教士决定成立为贫困儿童设置的学校，从而诞生了这一教派。

[⑤]　François Lebrun, Jean Queniart, Marc Venard, *Histoire de l'enseignement et de l'éducation en France, tome II, 1480-1789,* Paris: Perrin, 2003, p. 497–498.

至还可以陪伴他们上学。但对于一般家庭，则不大可能支付家庭教师的
昂贵工资。虽然教会也开办学校，教授拉丁语，但其目的是培养教士，
且普遍处于衰落境地。城市政权试图发展拉丁语学校，但经常面临经费
不足的困境。当然，大学的艺学部在某种程度上承担着基础教育的责
任，但这些艺学部只在少数大城市存在，而 14 岁左右的孩子离家远行
总是令家长担心，且花费极大，不是一般家庭可以承受的。比较理想的
是在所居住的城市，有一种大学前的教育机构，花销不大，又能保证孩
子受到良好教育。

人文主义学者首先看到这一问题，不仅注意到少年儿童的心理特
点，同时试图创办一些适合儿童发展的学校。在 14 世纪的荷兰，兴
起了共同生活兄弟会（Frères de la vie commune）[①] 的"现代笃信宗
教"的世俗运动，主张培养更多的信仰天主教的人。他们在兹沃勒
（Zwolle）开设的一所学校在 14 世纪末招收的学生达到 1200 人，主要
学习阅读宗教经典著作。共同生活兄弟会开办的学校在荷兰获得较大
成功，遍布荷兰的各大城市，其中最著名的是由黑吉乌斯（Alexander
Hegius）[②] 主持的代芬特尔（Deventer）学校，而伊拉斯谟正是黑吉乌
斯的学生。

共同生活兄弟会的学校首创了班级。他们按照学习水平划分八个年
级，最低为八年级 [③]，六至八年级为基础年级，主要学习文法，五年级
学习文法和逻辑，四年级和三年级学习逻辑和修辞，二年级和一年级学
习伦理与哲学，同时学习一些几何与音乐知识。一年级的学生开始为低
年级学生上辅导课。而从某一年级升入高一年级需经过考试，考试成绩
优秀者可获得某种奖励。班级设小队长（décurion），负责班级的纪律，
兼管祈祷、读经等活动，但小队长的岗位每周轮换。

共同生活兄弟会的学校主要在荷兰和德国的莱茵河地区流行，未

---

① 共同生活兄弟会（Frères de la vie commune）是一个在 14 世纪于荷兰（尼德兰）成立的
罗马天主教虔敬主义团体，其成员会放弃世俗的物品，共同严格遵守教规生活，每日进行礼
拜、阅读、讲道、工作。共同生活兄弟会成员会共同进餐，在餐前会有圣经朗诵。

② 亚历山大·黑吉乌斯（Alexander Hegius，1433 年—1498 年 12 月 7 日），德国人文主义者。

③ 注意，这里年级排序由大至小，后来法国基础教育排序也依此规则。

能直接在法国设置，但对法国大学学院的改革产生一定影响，特别是对让·斯丹东克（Jean Standonck）① 主持的蒙太古学院（Le Collège de Montaigu）② 具有较大影响。

在蒙太古学院，斯丹东克不仅借鉴共同生活兄弟会学校的宗教清苦风格和严肃的纪律，特别是吸取了按学习水平划分的班级制，于 1509 年开始实施。同时，蒙太古学院还开创了学校中的课间娱乐活动，以平衡学生紧张的学习生活。

1530 年以来，在斯丹东克等人文主义者的推动下，巴黎许多学院开始实施荷兰的教学法：划分班级、分设教室、规范课时、升级考试。

在法国其他设置大学的城市里，为了适应家长对大学前教育的需求，城市议会对衰落中的学院进行改造。创建于 1462 年的蒙彼利埃玛日学校（École Mage），便是在旧学院的遗址上建立起来的。而本来无大学的城市，则需要白手起家建立自己的学校，如鲁昂（Rouen）的好孩子学校（Le Collège des Bons-Enfants）就是靠自身资源在 16 世纪建立的。

根据学校的规模，中学可以划分成三个等级。第一层次上为"完全中学"（collèges de plein exercice），包含全部语法、人文、修辞和哲学各个班级。第二层次的学校由于缺少哲学班级而称为"人文中学"（collèges d'humanités）。第三层次的学校基本以教授语法为主，称作"拉丁学校"（régences latines），通常只有一位校长（recteur）和两名教师（régents）。

中学的班级通常包含四个年级的语法班，一个年级的人文班和一个年级的修辞班。少数中学还设哲学班，或划分逻辑和物理两个年级，或缩减成一个年级。中学从第六年级开始，但许多大型中学取消了这一年级，或要求入学者具有一定的学习基础。进入名牌学校变得困难起来，

---

① 让·斯丹东克（Jean Standonck，1453 年 8 月 16 日—1504 年 2 月 5 日），弗来芒教士，15 世纪拉丁语作者和索邦大学教授。

② 蒙太古学院（Le Collège de Montaigu），巴黎大学艺学部的一所学院，1314 年由鲁昂大主教蒙太古（Gilles Ier Aycelin de Montaigut）创建，1792 年被关闭。

比如为了进入巴黎的路易大帝中学，往往需要在入学前的一年半时间，就要在某个寄宿学校准备，从而也催生了这类辅导学校，由负责书写、宗教读本、拉丁语等教师帮助儿童达到第五年级的水平。

年级的划分，主要是根据学生的学习水平，因此学生的年龄差距可能很大。1680 年，在特鲁瓦（Troyes）的一所中学，第六年级学生的年龄为 8—15 岁，其中 70% 为 10—12 岁。也有提早入学的儿童，例如 1783 年，昂热（Angers）的一个 7 岁儿童便进入第六年级，当然这种情况比较罕见。

班级的规模在大城市可能很大。1669 年，南特（Nantes）的第五至第三年级的每个语法班接收近 200 个学生。1662 年，鲁昂的逻辑班接收 220 个学生，修辞班接收 250 个学生。而在一些小城市，中学的规模可能很小。1730 年，在夏帕龙（Chpâlon），一所中学只有 20 余个学生，4—5 个学生便构成一个班级。

17 世纪中学的课时普遍不多，每天通常只有 5 小时，但每天都有 2 小时的宗教活动。在宗教节日期间，如圣诞节、复活节、狂欢节，学校也都放假。另外，学校普遍还有暑假。1643 年在教条派的学校，语法班的学生暑假有 20 天，修辞班有 39 天，逻辑班有 52 天，物理班有 88 天。

中学里体罚非常普遍。1750 年之后，由于家长们的反对，学校中的体罚极大地减少，或仅限于惩罚比较严重的错误。学生反抗学校的事件时有发生。1723 年，南特的行政官准许修辞班的学生一周假期，但教师企图私自缩减为 2 天，为此遭到学生的抗议，最终由于市长的介入，学校不得不恢复整个假期。更为严重的是可能引起学生罢课，例如 1774 年，塔布（Tarbes）的一所中学的高年级学生就曾罢课数天。

中学的课程依然以宗教和道德课为主，向学生灌输天主教信仰与教条，只是增加了人文主义色彩。首要的道德是勇敢地面对死亡、贫困和不平等，鄙视财富。人们崇尚的真正财富是友情，要尊重与热爱大自然的威力，尊重与热爱家庭或主人的权威，年轻人应当尊敬家长和老人，敬爱国王如同所有臣民的共同父亲。学校还教导学生要热爱劳动，安于本分，安于现状，承担对于祖国的义务，即子女相对于父亲，父亲相对于国王，国王相对于上帝的等级秩序不得逾越。而不满、抗争、表达个人或集体的意志则是一种恶。

在所有中学，拉丁语都是基本课程，希腊语则是次要课程，而且开课较晚。历史和地理、自然科学等学科开始进入学校，不过都是次要学科，课时比例都很小。值得一提的是 1680 年以来，一些学校开始用法语编写教科书，个别学校更将拉丁语视为死语言，而加强法语教学。自 1740 年，特鲁瓦中学开始设置法语修辞课，1747 年，巴黎的中学还设置法语竞赛。

然而，法国中学的发展路程并不平坦，社会的政治动荡和经济衰退都可能对中学造成不利影响。1662 年，鲁昂的耶稣会中学有近 2000 名学生，但至 18 世纪后期只有 800 名，而雷恩的耶稣会中学同期从 1500 多名学生降至不足 500 名。其原因主要是农业歉收，粮价猛涨，导致生活水平和人口双下降，也使中学生源不足。

随着社会的发展和社会需求的变化，中学的教育也受到批评。一方面，中学的职业目标受到质疑，批评中学十余年的学习，学生只会讲一种死语言，掌握一些将要忘记的哲学概念。而 18 世纪的社会发展，无论是技术还是商业，都需要新知识和新技能，但中学却满足于传授所谓永恒文化，与当代社会严重脱节。尼古拉斯·马勒伯朗士（Nicolas Malebranche）[1]在 1684 年出版的《道德论文》（*Traité de morale*）已经提出科学教育应当在学校占据重要位置。弗勒里在其著作《研究方法及其选择论文集》中批评学校只有拉丁语和古代社会的课程，呼吁放宽学校课程，减少拉丁语的比重，增加法语的分量。拉夏洛泰更是批判学校的经院教育，坚决反对耶稣会对法国教育的垄断，提出并系统地论证了国家办学的教育主张。他还主张开设历史与地理课程，特别是应引入外语

---

[1]　尼古拉斯·马勒伯朗士（Nicolas Malebranche，1638 年 8 月 6 日—1715 年 10 月 13 日），法国哲学家、神学家。

教学，"为了科学学习英语，为了战争学习德语"。[1]

有人还提出改革历史教学，应当更多地认识当前世界，而不是念念不忘久远的轶事和道德。狄德罗应俄罗斯女皇叶卡特琳娜二世之邀，写成了《为俄罗斯政府而作之大学计划》(Plan d'une Université pour le Gouvernement de Russie)。虽然这一计划为俄罗斯政府所写，但也反映了他的教育思想。他认为历史教学应当采取厚今薄古的方式，"不应该从陈旧的、与我们相异的史实开始，而要从更为确切，我们更近接触的事实开始。"伏尔泰也主张历史教学的现代化，不能把历史归结为陈旧轶事或简单的历史年表，要培养批判精神和道德意识。[2]

关于地理教学，由于库克船长[3]和拉·贝鲁兹[4]对太平洋岛屿的发现，当时的世界的版图发生了巨大变化，因此有人主张需要更新知识，而不是停留在古老的观念之中。

关于科学教育，弗勒里主张培养儿童的"自然好奇心"，认识周边的世界，卢梭在其《爱弥儿》中提出自我发现原则，让儿童自发地去感知世界，狄德罗要求所有儿童学习最新的职业，更好认识人类社会。因此，数学、物理学、医学、建筑学等学科都应在学校教育中加强。特别值得一提的是水文学开始有了特殊地位，例如1715年，南特市政府向耶稣会学校拨发了一笔开设水文地理学课程的专款，以适应地方航海人才的需要。

二、耶稣会中学

耶稣会（La Compagnie de Jésus）作为天主教会的主要男修会之

---

[1]　Ludovic Carrau, "L'Éducation en France depuis le XVIe siècle", Revue des Deux Mondes, 3e période, tome 37, 1880, p. 414–433.

[2]　François Lebrun, Jean Queniart, Marc Venard, Histoire de l'enseignement et de l'éducation en France, tome II, 1480–1789, Paris: Perrin, 2003, p. 540.

[3]　詹姆斯·库克（James Cook，1728年11月7日—1779年2月14日），人称"库克船长"（Captain Cook），英国皇家海军军官、航海家、探险家。

[4]　拉·贝鲁兹（Jean-François de Galaup, comte de La Pérouse，1741年8月23日—1788年），法国海军军官、探险家。

一，1534 年 8 月 15 日由依纳爵·罗耀拉（Ignace de Loyola）[①] 与方济·沙勿略（François Xavier）[②] 等人在巴黎成立，至 1540 年由教皇保罗三世（Paul III）[③] 诏令承认。最初是为了对抗宗教改革的风潮而创立，在天主教会中属于原教旨主义派，重视神学教育、对教会的忠诚度以及向青年传教，发愿守贫、忠贞、服从，并要求会士对修会和教廷的命令绝对服从。

耶稣会在建立之初并未对办学感兴趣，只是为了培养新会员，建立了一些寄宿制学校，并以传统的"学院"（collège）命名。新形式的教育机构获得了社会未曾预想的认可，也成为耶稣会抵制新教的武器。耶稣会学校的发展还遇到一个契机，1548 年西西里总督将墨西拿学院（Collège de Messine）交付给耶稣会管理，并获得成功，于是耶稣会于 1551 年乘势开设了罗马学院（Collegium Romanum）。1553 年，耶稣会决定进一步发展学校。他们首先想在巴黎设置学校，但遇到了巴黎市政府、大学和主教的抵制，便转向法国中部曾经有过大学的小城比永（Billom），并在克莱蒙主教的支持下于 1556 年开设了比永中学。在此后三年，这所中学是法国境内的唯一耶稣会学校，1562 年这所学校的学生达到 1200 人。而后来耶稣会中学在法国的发展令人惊叹，1640 年耶稣会中学达到 70 所。

耶稣会中学的成功，首先得益于办学目标的确定，他们瞄准大城市，特别是在设置大学的城市，以中学取代艺学部的教育职能。他们先占领小城比永，其实是一种不得已的迂回，在小城获得成功之后，转而向巴黎、图卢兹、里昂、波尔多等大城市进攻。其次，耶稣会学校实施严格的管理，严格挑选教师，开设的班级数量和年度经费均在与城市的

[①]　依纳爵·罗耀拉（Ignacio de Loyola，1491 年—1556 年 7 月 31 日），西班牙人，耶稣会创始人。

[②]　方济·沙勿略（François Xavier，1506 年 4 月 7 日—1552 年 12 月 3 日），西班牙籍天主教传教士，也是耶稣会创始人之一。

[③]　保罗三世（Paul III，1468 年 2 月 29 日—1549 年 11 月 10 日），原名亚历山大·法尔内塞（Alessandro Farnese），1543 年 10 月 13 日当选罗马主教（教宗），同年 11 月 3 日即位至 1549 年 11 月 10 日为止。他将英格兰国王亨利八世逐出教会，推动反宗教改革运动，承认耶稣会，召开特伦特宗教会议。

合约中写明。最后，耶稣会学校的教学法得到广大家长的赞同，纷纷将儿子送进这些学校。耶稣会中学善于利用戏剧表演的形式来发展儿童的语言能力，使课堂教学生动活泼。中学一开始曾经引入普劳图斯（Plautus）[1]和泰伦提乌斯的喜剧，但后来认为这些喜剧有下流的内容而被逐渐排除于其课程。耶稣会中学不仅接收富家子弟，也不排斥平民家庭的孩子，因为他们的教育是免费的，只是由于食宿费限制了贫困子弟入学。

1584年，耶稣会总会长克劳迪奥·阿奎维瓦（Claudio Acquaviva）[2]，召集了200余所中学总结教学经验，进一步明确耶稣会教育的目标和方法。会议文件于1593年在耶稣会总会讨论通过，然后以《学习计划》（Ratio Studiorum）为名于1599年出版发行，并成为耶稣会教育的宪章。这一文件会根据时代变化不断更新，其最新版本为1987年。

《学习计划》以拉丁文写成，是耶稣会教育规则的汇集，适用于涉及教育的所有人：校长、教师、学生、管理者。规则包含班级的划分，教学内容，教师的责任与职能，纪律与惩罚等。不同规则环环相扣，又有基本规则贯穿其中。

耶稣会中学以希腊语和拉丁语为基本教育内容。拉丁语尤其重要，课堂主要是学习拉丁语法、阐释作者、长篇背诵、诗文书写练习。学校里禁止讲母语或方言，讲法语会被惩罚。而拉丁语学习的目的正是耶稣会的基本目的，就是信仰天主教，服从天主教，更好地认识耶稣，更好地服务于上帝。

一般来说，耶稣会课程以讲授开始，然后是评述，通常是对《圣经》和亚里士多德、圣托马斯等人著作的评述。课程的第二阶段是复习（répétition），但不是重复，而是要求学生以自己的理解来阐述原著。复习阶段经常安排在当天课程最后，便于学生晚间回顾，第二天讲授新课之前可继续前一天的内容。之所以强调复习，正如《学习计

---

① 普劳图斯（Titus Maccius Plautus，约前254—前184年），古罗马剧作家。

② 克劳迪奥·阿奎维瓦（Claudio Acquaviva，1543—1615年），文艺复兴时期欧洲神学家之一。16世纪后期至17世纪初期，担任耶稣会总会长一职长达34年。

划》所言:"智慧乃习得,待困难愈深,其愈明。"① 因此也可以说,复习即练习,通过反复练习,达到训练智慧的目的。练习的更高境界是精神练习(Exercices spirituels),这种练习包括已知的知识和"对耶稣生活的冥思"。这种思考,是深刻体会耶稣的内心世界。当个人面临或是幸福,或是痛苦的选择时,应当通过冥思上升至伟大信仰,上升至对耶稣的爱。

课程的另一重要内容是辩论(disputationes),一个学生须回答另一学生的问题,或对某一学生的观点进行反驳。辩论可以在两个学生之间或两个学生组之间进行。

耶稣会教育主张教师的教学应当有所保留,以便激发青年学生去拷问事物,去关注自身的情感。他们要求教师尽量避免惩罚学生,不到万不得已就不要运用惩罚的手段。相反,他们利用奖励来鼓舞学生,利用娱乐来消除疲倦。奖励并非只有奖金,更经常的是一些十字章、彩带、徽章等小物件。耶稣会教育特别倡导"活跃"(actus),还把戏剧表演引入课堂,通过悲剧或喜剧表演来调动学生的积极性。

耶稣会中学不鼓励学生过度疲劳地读书,不主张像一些修会那样以损伤身体为代价去换取所谓灵魂救赎。但他们严格限制学生参加校外的演唱会和大型集会。甚至不许学生与家长联系,只有在极其严重的情况下,才允许与父母相见。

耶稣会还善于利用学生组织来维持班级纪律。他们会挑选一些优秀或听话的学生来收发作业,记录缺课学生。一般来说,这是好事,但耶稣会还利用学生相互监督,特别鼓励告密。一旦某个学生的错误行为被揭露,将会受到惩罚。

耶稣会中学培养了诸多名人,如哲学家笛卡尔(Descartes)②、孟德

---

① Calvez Jean-Yves, "Le Ratio, charte de la pédagogie des jésuites," *Études*, tome 395, 2001/9, p. 207–218.

② 勒内·笛卡尔(René Descartes,1596年3月31日—1650年2月11日),法国著名哲学家、数学家、物理学家,西方近代哲学创始人之一。

斯鸠（Montesquieu）①、伏尔泰（Voltaire）、文学家高乃依（Corneille）②、莫里哀（Molière）。

法国思想家伏尔泰对耶稣会有过数次批判，但他作为耶稣会中学的学生，对其中学这样客观地描写：

> "我曾是在7年间这些无偿地、诲人不倦地教授青年人思想和道德的人的学生。不知从何时起人们不认识其教师？怎么了！他不是在人的天性中愉快地接受他所出生的家庭，接受受雇妇女哺育的村庄，他不是在心中热爱那些最初几年普遍关心我们的人们吗？如果说我毫不知晓耶稣会士在马拉巴尔（Malabar）③被一个修士控告，与我何妨？能说这就是我对那些赋予我文学灵感和抚慰我终生感受的人忘恩负义的理由吗？什么都不能抹去我心中对波雷（Porée）④的记忆，对于所有在他门下学习的人，他同样是值得敬爱的。没有比他更加值得学习与敬爱的人。他上课的时间对我们来说是最有趣味的时间，我曾设想他能够在巴黎、在雅典上课，使更多人能够听他讲课，我也能经常来听课。我有幸接受不止一个具有波雷特点的耶稣会教士的教导，我知道他不愧为成功者。当我在他们学校学习的7年之中，我看到什么呢？最辛苦的生活，最清淡的生活，最严格的生活，所有时间都在给予我们关照和进行刻苦的职业训练。我证明，数以千计的人像我这样由他们培养，不会有任何人说我在说谎。"
>
> ——1746年2月7日伏尔泰致拉图尔（Latour）神父的信

总体上看，尽管耶稣会教育有一些方法上的创新，并取得了极大成

---

① 夏尔·路易·德·塞孔达，拉布雷德与孟德斯鸠男爵（Charles Louis de Secondat, Baron de La Brède et de Montesquieu，1689年1月18日—1755年2月10日），法国启蒙时期思想家、律师，也是西方国家学说和法学理论的奠基人。

② 皮埃尔·高乃依（Pierre Corneille，1606年6月6日—1684年10月1日），法国古典主义悲剧的代表作家，与莫里哀、拉辛并称法国古典戏剧三杰。

③ 马拉巴尔（Malabar），南印度的一个地区。

④ 查尔斯·波雷（Charles Porée，1675年9月4日—1741年1月11日），法国牧师，耶稣会士，教育家，诗人。

功，但是这种教育仅仅关注于形式训练，严重脱离生活实践，对已经兴起的科学毫无兴趣，甚至不关心历史，哲学也被边缘化。另外，耶稣会其实只关心中等教育，而对初等教育几乎漠视不见，他们有时也声称对民众教育是一种慈善事业，只是资源不足而无暇顾及，实际上他们宁愿民众保持无知状态。对于大学，他们又担心学术自由而对宗教不忠，因此也不介入高等教育。

无论如何，耶稣会学校获得了巨大的成功，中产阶级都乐于将子女送进耶稣会中学。由于大学对文凭的垄断，耶稣会学校只能颁发一种"学习证明"（lettre testimoniale）。然而，这一证明在当时却比大学颁发的艺学证书更有价值。

17 世纪末，耶稣会在法国与外国已有 180 所中学、90 个研习班、160 处住所和 21 000 名教师。[1] 耶稣会学校的成功，也引起其他教派的嫉恨。18 世纪开始，这种嫉恨达到顶峰，并扩展到全世界。1719 年耶稣会在俄国被驱逐，1759 年在葡萄牙、1762 年在法国、1767 年在西班牙被驱逐。1773 年，教皇克莱芒十四世（Clément XIV）[2] 下令废黜耶稣会。而"中国礼仪之争"（Querelle des rites）[3] 也是导致废黜耶稣会的重要因素。

驱逐耶稣会的直接后果，就是耶稣会学校被完全取缔，人去楼空，造成教师的严重缺乏，从而酿成当时法国教育的重大危机。

---

[1]　Bernard Perez, "Jésuites," in Ferdinand Buisson dir., *Nouveau Dictionnaire de Pédagogie et d'Instruction primaire*, édition de 1911.http://www.inrp.fr/edition–electronique/lodel/dictionnaire–ferdinand–buisson/document.php?id=2957 (2021–03–29).

[2]　克莱芒十四世（Clément XIV，1705 年 10 月 31 日—1774 年 9 月 22 日），原名若望·云先·安多尼·甘加内利（Giovanni Vincenzo Antonio Ganganelli），1769 年 5 月 19 日—1774 年 9 月 22 日任教皇。

[3]　"中国礼仪之争"（Querelle des rites），指 17 世纪至 18 世纪西方天主教传教士就中国传统礼仪是否与天主教义相容，从而和清王朝在学术和政治上发生的冲突。耶稣会认为祭祖、祭孔乃世俗的礼仪，与天主教义相容，但道明会和方济会则认为这与天主教教义相悖，不可容忍，并因此向罗马教皇请示报告。在道明会建议下，罗马教廷在 1645 年颁布通谕，禁止中国教徒祭祖祭孔。克莱芒十一世在 1704 年下达谕令禁止教徒进行祭祖祭孔的仪式。1742 年，本笃十四世重申禁令，并禁止一切辩论。

三、皇港小学校

皇港小学校（Petites écoles de Port-Royal），是 17 世纪中叶由冉森教派 ① 在巴黎皇港（Port-Royal）地方创建的一批学校。

"皇港"名称源于 1204 年建于位于巴黎西南的郊区的皇港修道院（L'abbaye de Port-Royal），1625 年在巴黎创建皇港修道院分部（Abbaye de Port-Royal de Paris），此区域便称为"皇港"。皇港地名今日尚存，只是修道院旧址辟为博物馆。

1637 年，圣西朗（Saint-Cyran）② 决定在靠近卢森堡公园的圣多米尼克（Saint-Dominique）不通行小巷的终端建立一所学校，称之为"小学校"。但这不是一般意义上的初等教育的小学，而是接收具有小学基础的学生，实施中等教育。称其"小"，是名副其实地规模小，只有 4 名教师和 20 余名学生。另外，也是惧怕其强大的对手耶稣会学校，稍加张扬，便会引来嫉恨。虽然小，其成绩却不可小觑。学生有大名鼎鼎的剧作家让·拉辛（Jean Racine）③，教师有哲学家布莱兹·帕斯卡尔（Blaise Pasca）④，其他名人无需加列。

圣西朗以慈善为教育者的最高原则，他要培养完整的基督徒，而不是培养学者或"诚实之人"。在他看来，尘世是最大敌人，任何尘世沾染都是危险的，所有世俗的东西都不能接触。教师应当全方位地管理学生，或者说学生的全部都属于教师，教师对学生负有全责。宗教教育不能列入学校课程，而是潜移默化地传授给学生，唯一显露的是虔诚。要春风化雨般地向孩子们讲述上帝，而不是像上帝那样教诲学生。

其实，圣西朗极少亲自教学，而由其弟子，包括作为弟子的其侄

---

① 冉森教派（Jansénisme），是罗马天主教在 17 世纪的运动，是由荷兰神学家康内留斯·冉森（Cornelius Jansen，1585 年 10 月 28 日—1638 年 5 月 6 日）创立，17—18 世纪流行于法国，其理论强调原罪、人类的全然败坏、恩典的必要和预定论。

② 圣西朗（Saint-Cyran），本名让·杜·维吉尔·德·豪兰（Jean du Vergier de Hauranne，1581 年—1643 年 10 月 6 日），法国天主教圣西朗修道院院长，经常称其为"圣西朗"。

③ 让·拉辛（Jean Racine，1639 年 12 月 22 日—1699 年 4 月 21 日），法国剧作家。

④ 布莱兹·帕斯卡尔（Blaise Pascal，1623 年 6 月 19 日—1662 年 8 月 19 日），法国神学家、哲学家、数学家、物理学家。

子，去实践其教育原则。圣西朗对弟子说："学校更加重视虔诚而不是科学。"皇港小学校的教师因此对学生更多呵护，每个教师全心地负责6—7个学生。学生每天早晨5—6点起床，先晨读，8点用早餐。上午是课堂学习，11点开始良心审查和用午餐，然后阅读史书。午间休息与娱乐1—2小时，然后学生自习至午后3点，偶尔有一些点心、小食。学生继续学习至傍晚6点，用晚餐。再一次休息与娱乐至晚上8点，然后背诵所学课文，预习第二天的课程，晚祷。所有学生晚上9点就寝。学生每周只参加2—3次弥撒，不是通常学校那样每天参加弥撒。以上是1653年一所学校的作息时间，其他学校会依据当地情况有所变动，但仍可见一般状况。

根据一些回忆记录，皇港小学校的学校生活比较舒适，伙食比较卫生与充足。住宿费用为400—500里弗尔，相当于当时寄宿学校普遍的价格。学校不特别鼓励竞争，以避免过度的骄傲与沮丧，但也举行适当的拉丁作文比赛。学生的娱乐以各种棋类和扑克为主，但通常都在比较安静环境中进行，特别是教师在场时，一般不允许学生自由活动。拉丁语是基本教学内容，口语解释重于书面翻译。学生也学习数学，主要是学习计算与几何，而历史和地理课程的分量极小。

1650年，一次迫害降临至巴黎的学校，导致学校关闭，学生散落至乡村。一部分学生在凡尔赛附近的村庄的新校舍学习，一部分学生又辗转回到巴黎，但不是在原来的修道院，而是附近的农庄。童年的拉辛就是1655年由其做修女的姑妈带到这一学校。帕斯卡尔则是在1650—1653年在此担任教师。1656年，皇港小学校在经历更大的迫害之后彻底关闭。

皇港小学校存在不足20年，其学生总数不足百人，但其教学思想及其实践值得人们记取。圣西朗的一个弟子说，"既然学校更加重视虔诚而不是科学，我们就不能强迫孩子们学习，但我们要给他们坚实的原则。"他们强调，应当学习以便认识应当如何去做，应当学习更好地说话，更好地书写，因为应当处于效忠于上帝的位置，同时捍卫信仰的真理。正所谓，"追随真理，而不是习俗"。[1] 当然，他们的教育充满宗教的色彩，特别是认为儿童生于疾病，生于自然的恶，只有通过宗教洗礼才能使儿童变得纯洁。对于这一点，需要认真辨识。

四、文科中学

"文科中学"（gymnasium）的拉丁语名称源于古希腊语"γυμνάσιον"，由人文主义者于 16 世纪开始创建，而第一所文科中学由让·斯图谟（Jean Sturm）[2] 在斯特拉斯堡创建。

斯图谟 1507 年诞生于今日德国亚琛（Aix-la-Chapelle）附近的施莱登（Schleiden）小镇，当时属于卢森堡公国。他在家乡读完小学之后，去比利时的列日读中学，接受了具有人文主义色彩的"共同生活兄弟会"的新思想。然后，他在鲁汶大学的三语学院学习，获得硕士文凭，又去巴黎学习法学和医学。自 1530 年，斯图谟在巴黎教授辩证法和修辞。

16 世纪初，斯特拉斯堡仅有四所天主教堂区学校，并于 1524 年归俗。为了适应新教发展的需要，1536 年斯特拉斯堡的新教改革者准备创办新学校。1537 年 1 月 14 日斯图谟来到斯特拉斯堡，正逢其时，他便接受了此重托，亲自编写课程、设置班级，并被斯特拉斯堡的执政官委任为终身校长。1538 年，斯图谟文科中学（Gymnase Jean-Sturm）正式诞生，成为世界教育史上第一所文科中学，也是斯特拉斯堡大学的前身。原校舍 1860 年毁于大火，现存的校舍是 1865 年 8 月 9 日正式建成的。

斯图谟把其理念注入到这所新的学校，注重与德育并辅的宗教教育，主要课程设有拉丁文、希腊文、历史、法律、神学，后来也有数

---

[1]　Irénée Carré, "Port-Royal (petites écoles de)," in Ferdinand Buisson dir., *Nouveau Dictionnaire de Pédagogie et d'Instruction primaire*, édition de 1911. http://www.inrp.fr/edition-electronique/lodel/dictionnaire-ferdinand-buisson/document.php?id=3422 (2021-03-29).

[2]　让·斯图谟（Jean Sturm，1507 年 10 月 1 日—1589 年 3 月 3 日），文艺复兴时期学者与教育家。

学、物理等。其教学三原则是：第一，培养虔诚的有教养者，道德与宗教教育融于智育之中；第二，将中等教育与高等教育联系起来；第三，设置九个逐渐升级的班级。他还主张培养学生的竞争意识，为优秀学生予以奖励，实施每 10 人学生组长制，提倡体育娱乐活动。学校每年都举办庄严的典礼，以庆祝学生的晋级。尽管学校的教学水平已等同于学院，但最初无权授予文凭，斯图谟对此并不十分在意，因为他首先注重的是培养学者而不是博士。

斯图谟被誉为出类拔萃的教师，他的神学和辩证法课以严谨简明的风格吸引了整个欧洲的学生，特别是那些企图在上流社会显露头角的城市资产阶级和贵族子弟。新教改革家约翰·加尔文不仅在 1538—1541 年居留斯特拉斯堡期间在学校教学，还把斯图谟的方法介绍到瑞士的学校。1546 年，即使欧洲流行严重的黑死病，学校还保有 623 个学生，并增设了第十个班级。欧洲许多城市也效仿斯图谟，办起类似的文科中学。1566 年，皇帝马克西米利安二世（Maximilian II）[1] 把文科中学提升到学院的等级，有权授文科和哲学的学士和硕士。1578 年，在学生中有 3 个王子，24 个公爵和男爵，200 个绅士。然而，斯图谟的盛名也不能使他避免不幸，由于宗教教义的分歧，1581 年他被解职，直至 1589 年。

虽然斯图谟文科中学有着浓厚的宗教色彩和新经院主义，但作为人文主义者的斯图谟毕竟建立了文科教学的完整体系，其文科中学不仅存在至今，还催生了斯特拉斯堡大学，尽管未能在法国产生重大影响，却是后来乃至今日德国、奥地利普通中学的主要类型。

---

[1]　马克西米利安二世（Maximilian II，1527 年 7 月 31 日—1576 年 10 月 12 日），哈布斯堡王朝的神圣罗马帝国皇帝（1564—1576 年在位）。

第四章　高等教育

曾经辉煌的大学，由于过度依存于教会，也由于自身的学术腐败，不可避免地逐渐衰落，而人文主义的兴起和科学的进步又催生了专业学校。

一、大学的衰落

15世纪，法国一批新大学诞生，但这些新大学的创建更多在于政治原因。比如，普瓦提埃大学和布鲁日大学是法国国王对两省忠诚的奖赏，以对抗英国国王在当时其领地创建的冈城大学和波尔多大学。而另外一些大学是封建领主相互争霸的产物，如布列塔尼的南特大学，多菲内（Dauphiné）的瓦朗斯大学，普罗旺斯的爱克斯大学，弗朗什-孔泰的多尔大学。

大学的职能也发生了变化，大学不再是培养精英人才的地方，而成为颁发文凭的场所。大学文凭成为职业的"进身之阶"（marchepied）。

每所大学通常设有四个学部：艺学部依然是以教授"七艺"为主的初级高等教育机构，高级机构为神学部、法学部、医学部。只有在初级学部获得艺学文凭，才可进入高级学部学习。在高级学部，由博士们选举产生学部长（syndic 或 doyen），但在艺学部，当选部长总是大学生，并由他承担整个大学校长（recteur）的责任，当然这种责任的名誉大于权力，并且任期只有三个月。大学生还是按民族团划分，在巴黎大学依旧有四个民族团，但成分有所变化，即法兰西、诺曼底、庇卡底和德意志民族团。每个民族团都有其代理人（procureur），所有新学生须在其中一个民族团注册，遵守其规则，同时受其一定保护。

　　大学的实际运行基础在学院，因为大学并无校舍。学院本是为贫苦学生的住宿而建，后转变为教学机构。在巴黎，最大的学院当属纳瓦尔学院和索邦学院，为神学部所管辖，而艺学部管辖的学院多达 50 余所。

　　法国各大学的地位与名气相差甚远。法国伟大作家弗朗索瓦·拉伯雷（François Rabelais）[①] 在其名著《巨人传》（Pantagruel）中描述了巨人庞大固埃（Pantagruel）游学的经历。法国当时的 14 座城市里，只有 8 座城市有大学。大部分大学并不完全，或者只有艺学部，仅承担大学的初级教育，或者还有一个高级学部，如法学部或医学部。其中一些大学仅仅依赖优惠条件颁发文凭。蒙彼利埃大学只有医学部著名，其他学部则十分平庸。当庞大固埃去法学部，只发现三个半秃顶和一个全秃顶的法学家。图卢兹大学也只是法学部有些名气，还只有罗马法教学。而巴黎大学禁止教授民法，所以学习法学的学生只好去奥尔良大学学习。当然，巴黎大学的荣耀在于其艺学部和神学部，其他大学无法与其比肩。

　　大学在中世纪获得的自治变得岌岌可危。曾经慷慨解囊的学院赞助者已不多见，导致 1200—1500 年间建立的 50 余所学院纷纷解体，15 世纪仅存 5 所。新建的学院只有担任法国国王路易十四时期的宰相儒勒·马扎然，于 1661 年创立的"四民族学院"（Collège des Quatre-Nations）。大学的贫困给予城市插手大学的机会，大学的存在不仅是城市的装饰，而且有明显的利益。当蒙彼利埃大学的法学部不景气之时，蒙彼利埃议会决定资助其法学博士。但大学对城市的依赖，导致城市对大学的干预。比如，阿维尼翁议会在整个 16 世纪不断对阿维尼翁大学教授的任命施加影响，充当教师与学生纠纷的调节人。在图卢兹，市议

---

　　① 弗朗索瓦·拉伯雷（François Rabelais，约 1493 年—1553 年 4 月 9 日），法国北方文艺复兴时代的伟大作家，也是人文主义的代表人物之一。1532 年，他出版了第一部主要作品《巨人传》（Pantagruel），全名为《巨人卡冈都亚之子、迪波沙德王、鼎鼎大名的庞大固埃的可怖而骇人听闻的事迹和功业记》（Les horribles et épouvantables faits et prouesses du très renommé Pantagruel Roi des Dipsodes, fils du Grand Géant Gargantua）。1534 年，《巨人传》第二部出版。巨人庞大固埃是小说《巨人传》中的主角。

会利用大学师生的矛盾，竟然于 1480 年制定关于大学学费、学部机构和课程的规定。1512 年，诺曼底议会应一批有产者要求，对冈城大学的法学部实施改革，决定教授讲席的名额和课程性质。这都严重侵犯了中世纪以来大学自治的权利。

最著名的巴黎大学在百年战争中与英国人合作的不良行为得到国王路易十一（Louis XI）① 的原谅，国王还在 1462 年的一部宪章里申明大学作为"王国长女"享有一切特权。但实际上，巴黎大学基本屈从于议会，特别是在校长的选举上更是受到议会的干预。巴黎大学占用的塞纳河左岸地域，也不断地被国王政权蚕食。1498 年，国王路易十二（Louis XII）② 颁布敕令，将大学特权仅限于正规注册的大学生，并限定他们只有 6 个月的居住权，大学本身的司法特权基本被剥夺，仅存的特权只有某些税收的豁免和出席某些仪式的荣誉。大学也试图以罢课相抵制，但巴黎议会立即传唤校长上法庭，并威胁关押教师。大学终于屈服，此后并被禁止罢课。1518 年，巴黎大学爆发一次大规模的示威活动，反对罗马教皇与法国王室 1516 年签订的《博洛尼亚协定》（Concordat de Bologne），因为这一协定取消了法国国王查理七世于 1438 年颁布的"国事诏书"（La Pragmatique Sanction de Bourges）给予大学的一些特权，但同样遭遇了失败。③

大学本身也不是没有毛病，人们对大学僵化教学的批评也不绝于耳。学院招收不到充足的学生，因而入不敷出。一些位置又被建院者的亲属所占，贫困学生反而得不到救助。15 世纪末，一些学院试图进行改革。1483 年，让·斯丹东克（Jean Standonck）受命担任蒙太古学院（Collège de Montaigu）院长，开始实施严厉的改革，要求学生不得随意

① 路易十一（Louis XI，1423 年 7 月 3 日—1483 年 8 月 30 日），绰号"谨慎者"（le Prudent），法国瓦卢瓦王朝国王（1461—1483 年在位）。查理七世之子。

② 路易十二（Louis XII，1462 年 6 月 27 日—1515 年 1 月 1 日），号称"人民之父"（le Père du Peuple），法国瓦卢瓦王朝国王（1498—1515 年在位），是奥尔良公爵查理一世和克莱沃的玛丽的儿子。

③ François Lebrun, Jean Queniart, Marc Venard, *Histoire de l'enseignement et de l'éducation en France, tome II, 1480–1789*, Paris: Perrin, 2003, p. 192.

出入，早晚要进行长时间祈祷，提供粗淡的饮食。但改革似乎并不成功，伊拉斯谟曾于 1595 年秋至 1596 年春造访这所学院，留下了极差的印象——肮脏不堪，到处是虱子，饮食极差，鱼肉腐烂。然而，加尔文也曾在这所学院度过 5 年（1523—1528 年），但似乎没有如此恶劣的印象。

在大学衰落的同时，人文主义[①]开始兴起。1470 年，纪尧姆·菲歇（Guillaume Fichet）[②]经索邦学院副院长同意在学院内开设印刷所，印制一些意大利学者的名著。其友人罗伯特·加甘不仅继承其印刷事业，更构建了一个人文主义者的文化圈，参与其中的菲利普·拜罗尔多（Filippo Beroaldo）[③]、福斯多·安德烈利尼（Fausto Andrelini）[④]等人。他们在一起切磋高雅的拉丁语，学习希腊语，出版古典书籍。

勒穆瓦纳主教学院（Le collège du Cardinal–Lemoine）教授雅克·勒菲弗（Jacques Lefèvre）[⑤]讲授亚里士多德的哲学，但他不满足于评述古典著作，而是通过学习希腊语去读原著，并游历意大利，在佛罗伦萨结识了柏拉图学派的大师马尔西利奥·费奇诺（Marsile Ficin）[⑥]和米兰多拉的皮科（Jean Pic de la Mirandole）[⑦]，拓展了其哲学视野。他培养的弟子也有一些名人，如阿尔萨斯人比亚图斯·雷纳努斯（Beatus

---

① 人文主义（Humanisme），在欧洲历史和哲学史中，主要指 14 世纪到 16 世纪间，较中世纪先进之思想。今天一般历史学家这时期文化和社会之变化称为文艺复兴，而将教育上的变化运动称为人文主义。

② 纪尧姆·菲歇（Guillaume Fichet，1433 年 9 月—1480 年与 1490 年之间），法国神学家与人文主义者。

③ 菲利普·拜罗尔多（Filippo Beroaldo，1453 年 7 月 11 日—1505 年 7 月 17 日），意大利学者，15 世纪著名文学家。

④ 福斯多·安德烈利尼（Fausto Andrelini，1450 年—1518 年 2 月 25 日），意大利诗人。

⑤ 雅克·勒菲弗（Jacques Lefèvre d'Étaples，1450—1537 年），文艺复兴时期法国人文主义学者。

⑥ 马尔西利奥·费奇诺（Marsile Ficin，1433—1499 年），文艺复兴时期欧洲学者，文艺复兴时期佛罗伦萨的新柏拉图主义的捍卫者。

⑦ 米兰多拉的乔瓦尼·皮科（Jean Pic de la Mirandole，意大利语名 Giovanni Pico dei conti della Mirandola e della Concordia，1463 年 2 月 24 日—1494 年 11 月 17 日），意大利文艺复兴时期哲学家。

Rhenanus）^①、弗莱芒人若斯·克里克多夫（Josse Clichtove）^②。

人文主义教学也在其他学院逐步展开。但是，当时的学院还比较封闭，除了本院的学生，外界无法接触院内的课程，而一些官员、律师、神学家、法律顾问都有兴趣学习人文思想。另外，人文主义教学也只限于部分艺学部，高级学院还是被禁止这种教学。于是，一些人文主义者另辟蹊径，比如 1517 年在鲁汶（Leuven）创建了"三语学院"（注：三语即拉丁语、希腊语、希伯来语）。

1530 年，法国国王弗朗索瓦一世（François I）接受了纪尧姆·比代（Guillaume Budé）^③的进谏，设置了"王室讲师团"（Lecteurs Royaux），聘请当时著名的人文主义学者，开设免费的希腊语和数学讲座，但他们的工资直接由王室金库支付。这一机构便是皇家学院（Collège royal），后演变为成为著名的"法兰西学院"（Collège de France），但学术大师免费向公众授课的传统不变。

纪尧姆·比代还在法学教育中引入人文主义内容，其 1508 年发表的《学说汇纂评注》（*Annotations sur les Pandectes*），融入了哲学和历史内容，成为新法学教育的教科书。

人文主义的发展使 16 世纪中叶衰落的法国大学有了一点生机。1650—1789 年间，法国大学的版图基本无大变动，只增加了斯特拉斯堡大学（Université de Strasbourg，1681 年）、波城大学（Université de Pau，1722 年）和第戎大学（Université de Dijon，1722 年），而里昂、马赛、鲁昂、里尔等大城市的大学建设依旧空白。

17 世纪，一个反常现象是科学的发展不是发生在大学内部，而是大学以外的学者提出新的思想。

在神学部，仍然通行选举制，而自路易十四时期，法学部开始实施竞考制（concours）。当教授出现空缺时，大学便向全国大学发出公告，

---

① 比亚图斯·雷纳努斯（Beatus Rhenanus，1485 年 8 月 22 日—1547 年 7 月 20 日），阿尔萨斯的重要学者、藏书家，身后将私人藏书捐出并成立图书馆。

② 若斯·克里克多夫（Josse Clichtove，1472—1543 年），文艺复兴时期弗莱芒神学家。

③ 纪尧姆·比代（Guillaume Budé，1467 年 1 月 26 日—1540 年 8 月 22 日），文艺复兴时期法国人文主义法学家。

申请人须通过公开辩论，优胜者可能被录用。但此规则并未被严格执行。昂热大学 1679 年设立的法国法教授席位，则是由国王在推荐的几个候选人中指定。也有申请人提前接任仍在职教授，或正常录取过程被突然中断的情况。

1680 年，创立了"讲课博士"（docteur agrégé），一定程度上缓解了教授不足的问题。讲课博士首先要具有法学博士文凭，并由法学部选出，也可以从律师和法官中选出。这些讲课博士可担任临时教师，但实际讲课机会并不多，主要职能是参加考试和答辩评审委员会。他们是教授职位的潜在竞争者。他们的收入明显低于在职教授，其收入通常包括两部分，一部分是固定工资，另一部分从学生的学费和考试费中提取。在一些大学，讲课博士没有任何固定工资，其收入完全来自于学生的学费和考试费。在巴黎大学，他们的收入只相当于教授的十分之一。

二、大学生学习生活

大学求学生涯十分漫长，从 14—15 岁在艺学部注册，到获得法学、神学或医学文凭至少需要 10 年工夫。艺学部的课程几乎无差异地面向所有学生。神学部招生偏重教士，求学者不多。法学部的职业前景比较好，因此学生较多。医学部则因为比较难学，学习时间也偏长，学生往往知难而退。

上大学，也意味着背井离乡，甚至离开自己的国家。上学前，需要做充分的准备：一匹马、日常衣物、钱币。上路前，通常父亲会嘱咐儿子小心，祈求上帝和圣母保佑儿子平安。比如瑞士人菲利克斯·普拉德（Félix Platter）[1]在 16 岁时离开家乡巴塞尔前去法国的蒙彼利埃求学，20 余天的旅途，穿越自己的国家，随时可能遇到危险，来到人生语不熟的地方，确实需要极大的勇气。当然，出身富裕家庭的学生，可以聘请家庭教师陪同，也不用担心钱不够花。

---

[1] 菲利克斯·普拉德（Félix Platter，1536 年 10 月 28 日—1614 年 7 月 28 日），瑞士医生、解剖学家和植物学家。

学生的作息时间都有严格的规定。马蒂兰·科尔迪埃（Mathurin Cordier）[1] 在其著作《研讨会》（*Colloques*）这样描述巴黎一些学院的作息时间：所有季节凌晨 4 点敲钟唤醒学生起床，然后在院子里穿衣、洗漱，开始晨祈。课程从 5 点一直持续到 11 点，期间有一个弥撒，弥撒之后是只有一块热面包的早餐。午餐在 11—12 点之间，通常包含一份肉菜和一份蔬菜。学生们分散在各个餐桌，中央餐桌为院长和学监专桌。餐后，院长开始训话，表扬或惩罚某些学生。下午为练习、复习、提问与课程时间，一直持续到傍晚 6 点。晚祷之后，还有一段学习时间，之后才能就寝，冬季是晚上 8 点，夏季是晚上 9 点。一些学生为了挣些零钱，经特许后可以在小教堂劳动，直至晚 11 点就寝。

在一些学院，允许富裕学生有私人教师陪同，甚至可以带仆人，帮助其整理衣物和提供餐饮。但多数学生，特别是奖学金生，须忍受困苦的生活条件和粗茶淡饭。

当然，这是初级学部的情况，而在神学部或法学部等高级学部，学院的青年大学生们实施自我管理，并由其中选出的部长负责。在阿维尼翁大学的圣尼古拉–安纳西学院（Collège Saint-Nicolas-d'Annecy），通常由 24 名法学部的大学生集体决定学院纪律，比如，学院大门夏季在晚 10 点至早 5 点关闭，冬季在晚 9 点至早 6 点关闭。部长负责记录缺课和缺席祈祷的学生。未经部长允许不得邀请外来人在院内免费就餐。除非生病，即使自费也不得使用仆人。房间内不得用火。学生间的争斗时有发生，如果出现流血事件，肇事者的伙食可能被剥夺 4 个月至整整一年，他就得另外自费解决吃饭问题。

也有一些学生住在个人家庭之中，幸运的是可以相互居住在对方家中。如瑞士人菲利克斯·普拉德住在蒙彼利埃的一位药剂师家，而这个药剂师的儿子住在普拉德在瑞士巴塞尔的家中。普拉德这样描述其在朗

---

[1]　马蒂兰·科尔迪埃（Mathurin Cordier，约 1479 年—1564 年 9 月 8 日）法裔瑞士神学家、教育学家。

格多克（Languedoc）[1]风格家中的生活：晚餐有羊肉或牛肉，配萝卜或青菜。晚餐后，他们坐在燃着迷迭香的壁炉前，读着《圣经》的一些片段，信仰天主教和新教的人，都试图论证自己信仰的正确，并试图说服对方。

无论是住在学院，还是住在个人家，上大学都是十分昂贵的事。鲁昂的一个有产者这样列举为其儿子的花销：学费，1549—1557 年在巴黎每年花费 100 里弗尔，8 年共花费 800 图尔镑。住宿、服装、伙食费，每年 40 里弗尔，8 年共花费 320 图尔镑。1557—1565 年，其儿子去外地游学，每年花费 300 里弗尔，8 年共花费 2400 图尔镑。这样，他为儿子上大学总共花费了 3520 图尔镑，这绝非普通家庭可能承担的高昂支出。

对于贫困家庭的学生，唯一的办法是通过打零工来赚取一定工资，用以支付学费和生活费。较好的工作是谋得家庭教师的工作，其次是到印刷所担任校对工作，或作为公共写作人，赚点小钱。一个穷学生这样形容自己："尖牙利齿、腹中空空、口干舌燥、饥渴难捱。"[2]

通过学习拉丁语即语法和亚里士多德的哲学即逻辑学和形而上学，便可获得"艺学教师"（maître ès arts）文凭，不仅可以有资格教授年龄较小的同学，更是进入高级学部的基本条件。学生的年龄通常在 16—20 岁之间。

对于刚刚进入高级学部的学生，面临新的考验。这些新生被称为"黄嘴儿"（béjaune），本意为嘴上黄皮尚未脱去的雏鸟，要忍受来自学长的各种嘲弄、羞辱。在阿维尼翁的一所学院，新生遇见老生要让路，要在老生面前保持肃静、脱帽，要在用餐时做上菜服务，等。

考验阶段过后，学生们开始紧张的学习。一些学生甚至充满激情地

---

① 朗格多克（Languedoc），法国南部一地区，也是法国历史上的行省，13 世纪并入法国，首府是蒙彼利埃。

② François Lebrun, Jean Queniart, Marc Venard, *Histoire de l'enseignement et de l'éducation en France, tome II, 1480–1789*, Paris: Perrin, 2003, p. 209.

学习，法学专业的学生博尼法斯·阿梅巴赫（Bonifacius Amerbach）[①] 刚刚来到阿维尼翁大学之后这样写道："我们只咀嚼着法律，无论白天与黑夜我们只想着法律，我们只考虑法律，我们只梦到法律。"他购置了大量法律著作，如饥似渴地阅读，法学大师的授课一堂不缺。医学部的学生同样也紧张地学习，不仅要听课，还要观摩解剖。个别学生还深夜偷偷地去墓地解剖尸体。

　　神学部的学生经过 5 年的学习，考试合格后可以宣誓成为"课程毕业文凭获得者"（Bachelier cursor），并可以讲授《圣经》的《旧约》与《新约》。但要获得学士文凭，则要经历更多的艰苦历程，特别是最后的索邦式的答辩，要持续 12 小时。

　　医学部与其他学部具有明显不同的两个特点：教师的构成和教学目标。根据 1707 年国王敕令，教师席位须经过竞考选拔录用。双重教学目标：学习医学知识和获得行医资格。1696 年的通示规定，任何未经过至少 4—5 年甚至更长时间的大学学习并获得博士学位的人，不得行医。而实际要求更为严格，一般单纯的医学博士只配在小城市行医。在布列塔尼，这种医生被称为"小大夫"（petite manière）。在一般城市里，都有医生行会，新入职者须获得行会认可，保证具备行医能力，淘汰那些低端医学院培养的能力不足的人。有时甚至以适应地方条件为名，要求新入职者继续到大学注册学习，当然也须付出不菲的学费。而在设大学医学部的城市里，还有一种奇怪的规则，即培养"外地博士"（docteur-forain）。例如听诊器发明者勒内·拉伊奈克（René Laënnec）的叔叔，法国医生纪尧姆·拉伊奈克（Guillaume Laënnec）就在蒙彼利埃大学医学部注册这种类型的博士，毕业后不能在蒙彼利埃任职，但可以在蒙彼利埃之外的任何城市行医。而非要在这座城市就业，必须在一种暗设的医学部注册，经过一段时间才可能被当地医生行会接受入职。其实这些医学部并无真正的教学，这种制度的存在不过是对外地学生的排斥。

---

　　① 　博尼法斯·阿梅巴赫（Bonifacius Amerbach，1495 年 10 月 11 日—1562 年 4 月 25 日），瑞士法学家和人文主义学者。

1707 年国王敕令还规定，解剖学和植物药学课程须设置实物演示环节，并要求医学院长同四名实习博士免费为贫穷病人诊疗。当然，这一改革并未完全落实，因为建立一座植物园花费巨大，并非一般医学院可以承担。但在巴黎和蒙彼利埃都分别建立了大规模的植物园，号称"国王花园"。巴黎的植物园创建于路易十三（Louis XIII）[①] 时期，直至 1778 年都主要是医生和药剂师的培训基地，并存在至今，成为免费参观的公共花园。御医和植物园总管法贡（Fagon）[②] 倡导一种应用教学，并主张游学，特别是认识热带植物及其药用价值。1690 年，法贡承认医学院的医学博士专属授予权，同时医学院接受国王植物园的博士申请人。蒙彼利埃医学部还在大学初级文凭与学士学位之间创立了 6 个月跟随在职医生实习的制度。

在法国，长期以来外科手术并不属于医生职业技能范畴，而是作为一种手工技能与理发师的技能相提并论，也许因为都是操刀的行当。理发师 – 手术师（barbiers-chirurgiens）行会便是负责这两种技能培训的行业机构。直至 1692 年的国王敕令，才将手术师同理发师彻底分开，并于 1731 年成立外科医师科学院。自 1743 年在巴黎，自 1756 年在外省，外科学生才等同于其他医学部学生，可被授予相应的硕士或博士文凭。

自 18 世纪中期，最好的外科医生被称为"大师"（grande expérience），他们通常在大学初级学院毕业之后，获得硕士文凭。当然也有例外，有人先跟随外科手术师傅学习一至二年，然后再经过外科学校至少三年的理论与实践的专门培训，也可能成为大师。18 世纪后半叶，法国有 14 所外科学校，主要讲授外科原理、解剖学、手术操作、骨病，教师还利用尸体教学生做手术。学生们还可以到皇家海军学校学习，以便获得更多的实践机会。1774—1775 年间，在斯特拉斯堡、梅

---

① 路易十三（Louis XIII，1601 年 9 月 27 日—1643 年 5 月 14 日），法国波旁王朝国王（1610—1643 年在位）。亨利四世的长子。

② 居伊 – 克里桑·法贡（Guy-Crescent Fagon，1638 年 5 月 11 日—1718 年 3 月 11 日），法国国王路易十四的首席御医。

茨和里尔还建立了军事医院，同样可以接受外科学生实习。经过长期的学习与实践，并通过长达数月的一系列考试，才能获得外科行医资格。这些医生在后来的大型手术中崭露头角，逐渐成为大师。不过，并非所有外科学生都能幸运地成为医生，因为外科医生考试的费用极其昂贵，一般家庭的学生支付不起。但如果是大师的儿子或女婿，考试费可以打折，甚至免费。

与大师相对，还有"小匠"（petite expérience）。一些人经过三四年的外科学徒，并经过考试之后，可以去无外科医师行会控制的小城市行医。还有一些人，当过刚好两年的外科学徒，经过单一的考试，便可在小镇或乡村行医。当然，这些外科医生的医术不能保证手术的安全，但在当时缺医少药的农村，也是无可奈何的做法。

在18世纪的法国，妇女生产基本还依靠无科学知识的接生婆，生孩子犹如过鬼门关。法国著名的助产士古德雷夫人（Angélique du Coudray）[1]，制作了"接生娃娃"，直观地展示了婴儿在母体中的位置，并向接生婆教授如何正确接生。1759年，她的著作《接生术简明教程》（Abrégé de l'art des accouchemens）出版，她的接生娃娃也成为诸多外科医生临摹的模型。1767年，她获得国王颁发的证书，被允许在"王国的任何地方教授接生术"。

大学生的课余生活主要是跳舞、奏乐、散步、游览以及到朋友家中聚餐。他们也有一些健身活动，如跑步、击剑、射箭、游泳。大学假期通常从9月到10月初或中旬。然而，每年大学的教学过程并非总是顺利，瘟疫和战乱时有发生，造成大学课程中断。比如曾经的鼠疫可以使整个城市空空荡荡，大学自然也是无人上课了，教师和学生都纷纷逃散。而这种瘟疫在16世纪平均每7年在城市中流行一次。

学生有时也闹事，比如不满某些教师的课程，就可能罢课。教师之间也有争执，除了学术上的分歧，还有政治和宗教的对立与民族间的妒忌。

---

[1]　安洁莉柯·古德雷（Angélique Marguerite Le Boursier du Coudray，1712年—1794年4月17日），法国助产士。

在旧制度末期，法学部的学生仍以富家子弟为主。据第戎大学等三所大学数据，体力劳动者的子弟占大学生总量的比例从未达到 2%，经常不足 1%，三分之二甚至四分之三的法学生为自由职业者或法官的儿子。

18 世纪，巴黎大学法学部平均每年学生有 600 人，而在雷恩大学的法学生有 150 人，在冈城有 200 人，在南锡和第戎有 70—150 人。当然，各地学生的数量并非总是均衡的，各种因素会影响学生的增减。例如在冈城，由于 1679 年颁布一项将要加重大学课程的法令，导致短期大学生数量突然激增，以便在教育改革之前完成学业。经济变化也是学生数量增减的重要因素，1709 年、1725 年、1738 年等年份的粮食减产，造成学生数量的减少，而 1685—1686 年由于粮价低廉，冈城法学部的学生增加了至少 300 名。

大学中逃课现象也是一种常态，特别是一些富家子弟向贫困同学支付一些钱财，以换取课堂笔记。政府官员对大学的干扰时有发生，甚至强迫大学免除学生的必修课程。1690 年的一项国王告示准许超过 24 岁的学生学习三个月之后参加毕业考试。1693 年 6 月 11 日，冈城大学的主管写信给几位教授，申明国王同意某位学生将要担任政府职务，须提前毕业。于是，这个学生于当年 6 月 27 日顺利毕业，一个月后又获得学士文凭。[1]

学术贿赂并不罕见。1769 年，在瓦朗斯大学，某位论文答辩人通过贿赂在答辩之前便获得了对某些提问的解答。在昂热大学，考试题目甚至明码标价，即一个问题 12 法郎。为了提前毕业，金钱便是通行的捷径。从某种角度看，学习时间最长的学生，可能是最刻苦的学生。

三、专业学校的萌发

直至 18 世纪，法国还没有兽医。一方面，农村的牲畜疾病或多或少由马蹄铁匠来管，另一方面，人与兽的医疗问题并未严格区分，外科

---

[1] François Lebrun, Jean Queniart, Marc Venard, *Histoire de l'enseignement et de l'éducation en France, tome II, 1480–1789*, Paris: Perrin, 2003, p. 579.

医生也负责牲畜疾病的治疗。皇家外科科学院的研究领域就包括动物流行病。法国生物学家乔治－路易·比丰伯爵（Georges-Louis Buffon）[1]主张设置专门的兽医学科，而重农学者倾向于把兽医列入农业技术。1762 年和 1766 年，分别在里昂和阿尔福（Alfort）建立了最早的兽医学校。

路易十四时期，公共建设项目较多，但施工质量问题也多起来。通常，工程由当地的瓦匠和木匠承建，但其职业能力参差不齐，特别是工程设计与监管未能分开。虽然 1668 年和 1676 年的法令都规定，每项工程须由"工程师协会"认可的"国王建筑师"负责监管，但并未有效实施。法国摄政时期（Régence）[2]才组建了工程师团体。

但这些工程师并非都受过严格的培训，其中不乏毫无理论知识之人，不过是经验模仿。为了解决这一问题，路桥建设的负责人特鲁丹纳（Trudaine）[3]于 1744 年创建了一家建筑制图所（Bureau de dessinateurs），一方面收集大型道路的施工报告，一方面让其成员接受科学技术培训，以便完成工程指导任务。从 1747 年开始，这一制图所最初执行的职能更多是管理，而不是教育。1756 年，制图所转变为学校，即后来的路桥学校（École des ponts et chaussées），首任校长是让－罗多尔夫·佩罗耐（Jean-Rodolphe Perronet）[4]。

学校最初招生人数并不固定，1775 年才确定为每个年级 20 名学生，共三个年级。第三年级，即最低年级的学生主要学习几何、三角、测量和制图。课程量比较繁重，校内每天至少 10 课时的必修课，有时还要去校外听课。1785 年之后还增加了建筑学和骑马术，以及物理学、化学、自然史、民用建筑、水利学等选修课。学校不设专职教师，学生管

---

① 乔治　路易·勒克莱尔，比丰伯爵（Georges-Louis Leclerc, Comte de Buffon，1707 年 9 月 7 日—1788 年 4 月 16 日），法国博物学家、数学家、生物学家、启蒙时代著名作家。

② 摄政时期（Régence）是指法国路易十四死后的 1715—1723 年。期间，法国由菲利普·奥尔良（Philippe d'Orleans）执政，这种情况一直延续到路易十五长大成人。

③ 达尼埃尔－夏尔·特鲁丹纳（Daniel-Charles Trudaine，1703 年 1 月 3 日—1769 年 1 月 19 日），法国行政官员。

④ 让－罗多尔夫·佩罗耐（Jean-Rodolphe Perronet，1708 年 10 月 25 日—1794 年 2 月 27 日），法国工程师。

理通常由优秀学生负责。升入高一年级则需要达到一定的知识水平，并且要看那一班级容许接收的位置。每个学生都要通过竞考成绩排序，因此，只有特别优秀的学生能够三年毕业，一些人则需要10余年才能完成学业。第一年级即毕业年级终结时，合格学生被授予准工程师头衔，可以参加公路、桥梁的设计。

如果说路桥学校的建立由工程建设而催生，那么法国稍晚建立的另一所工程师学校——矿业学校则首先得益于好奇。为了满足一些宝石爱好者的好奇心，国王植物园于1745年开设了自然史课程，矿物学仅仅是其中一个分支。其次，经济发展也是矿业学校诞生的因素。1744年，鉴于日益增多的煤矿开采，法国政府决定将地下所有权同土地所有权区别开来，同时派出技术人员去英国学习法国当时尚未掌握的先进采矿技术。1778年，法国开设了矿物学课程，被视为矿业学校的雏形。1783年，国王委员会（Conseil du roi）正式设置矿物学讲席，不过不是单一学科而是兼授化学的讲席，但已标志矿业学校正式成立。然而，最初的矿业学校发展并不顺利，由于当时的矿业和冶炼业均属于私人领域，其学生毕业后难以找到就业的机会。

为了选拔优秀学生，法国工程师沃邦（Vauban）[1] 于1691年提出通过公开考试录取军事工程师。[2] 第二年，军事学校便最早实施竞考招生。竞考引发了备考的严峻局面，一些寄宿学校成为备考的前沿。在贝尔托（Berthaud）学校，学生5点半起床，21点就寝，除了吃饭、弥撒和短暂的散步，几乎整天都在学习。正是这种备考方式，催生了预备班（classe préparatoire）。

1760年，巴黎军事学校开设，目标是培养500个贫困绅士，1776年改革成为高等学校。1764年，在法国西南部萨尔特省的一个市镇拉弗莱什（La Flèche），因耶稣会被驱逐，而设置了另一所军事学校，招

---

① 塞巴斯蒂安·勒普雷斯特雷·德·沃邦（Sébastien Le Prestre de Vauban，1633年5月1日—1707年3月30日），法国军事工程师、元帅。

② François Lebrun, Jean Queniart, Marc Venard, *Histoire de l'enseignement et de l'éducation en France, tome II, 1480–1789*, Paris: Perrin, 2003, p. 604.

收 250 名学生。1785 年，12 所军事学校招收约 1200 名学生，其中四分之一为贵族子弟，被称为"国王的学生"。拿破仑·波拿巴（Napoléon Bonaparte）便是作为科西嘉贫困贵族之子于 1779—1784 年成为布里耶纳军事学校（École militaire de Brienne）的奖学金生。

大革命前夕，1770—1789 年，出现了一些特别学校（maison d'éducation particulière）。在这些学校，拉丁语的地位显著下降，甚至不设课程，而科学教育大为增强。应用性课程比例较大，比如在敦刻尔克的一些学校，教授货币知识，外国的重量与测量单位，账簿的管理，水利学和航海学。还开设弗莱芒语、德语、意大利语等外语课。

这些专业学校的诞生，为法国工业发展提供了专门人才，也构成了法国高等教育独特的双轨制。

第三部分

―――――― ✦ ――――――

从革命到共和：大革命至大战
结束时期的教育

　　1789 年爆发的法国大革命（Révolution française）① 摧毁了统治法国多个世纪的波旁王朝（Maison de Bourbon）②。尽管革命的爆发属于偶然，但革命之前要求变革的呼声已经体现在三级会议③的诸多陈情书上。然而，这些陈情书更多涉及政治、经济、社会等方面，很少谈及教育问题。即使谈及教育，也无人要求教育彻底变革。一般来说，宗教人士要求维持甚至强化其教育特权，另外等级的人要求公民参与教育管理的权力。第三等级特别要求教会承担教育的全部经费，义务与免费的教

―――――――――――

　　① 法国大革命（Révolution française，1789—1799 年）是法国的一段社会激进与政治动荡的时期，对于法国历史以及全欧洲都留下深刻广泛影响。革命开始于 1789 年 5 月 5 日法国国王路易十六（Louis XVI）试图解决财政危机而召开的三级会议。第三等级的民众在 6 月 20 日发表网球场宣言，7 月 14 日攻占巴士底监狱，8 月 26 日颁布人权宣言。1792 年 9 月 22 日，法兰西第一共和国成立，路易十六在次年被推上断头台，直至 1799 年拿破仑（Napoléon Bonaparte）执政后结束。

　　② 波旁王朝（Maison de Bourbon），欧洲历史上曾断断续续地统治纳瓦拉（1555—1848）、法国（1589—1792、1814—1830）、西班牙（1700—1808、1813—1868、1875—1931、1975 年至今）、那不勒斯与西西里（1734—1816）、卢森堡（1964 年至今）等国和意大利若干公国的跨国王朝。由于其父系祖先为卡佩王室成员，因此亦称卡佩王朝波旁分支。

　　③ 三级会议（États généraux），是在法国旧制度中，法国全国人民的代表应国王的召集而举行的会议。参加者共分成三级：第一级为神职人员、第二级为贵族、第三级为除前两个级别以外的其他所有人，即平民。会议通常是在国家遇到困难时，国王为寻求援助而召开，因此是不定期的。1789 年 5 月 5 日，法国国王路易十六召开了最后一次三级会议，这次会议导致了法国大革命。

育原则偶尔也有提及。个别陈情书反而要求减少免费学校和中学助学金的数量，以避免农村人口的减少和乡村教师的失业。不过，陈情书一致批评的是大学制度和大学学者，对中小学教育则要求面对实际、面对职业培训。

也是在大革命前夕，国家公共教育的概念已经出现。拉夏洛泰（La Chalotais）于 1763 年出版《论国民教育》，阐述其教育主张。拉夏洛泰的核心教育思想，是建立国家的教育。他说，"我想为民族要求一个只能依赖于国家的教育，因为教育在本质上属于国家，因为全民族具有不可剥夺和不受时效约束的教育其成员的权利；因为国家的儿童必须由国家的成员施以教育。"[1] 正是在国家教育的意义上，拉夏洛泰主张实施公民教育，"公共福利、国家的荣誉要求公民教育为每一新生代的成功，实现国家需要的不同职业"。[2]

大革命亦关心教育，正如大革命的领导人圣–茹斯特（Saint-Just）[3] 所言，教育是自由的工具，教育应当成为自由与美德的同义语。[4]

革命的首要任务是打破教会对学校教育的垄断。1789 年 9 月和 12 月的法令决定将对公共教育、政治和道德教育的监管权力由教会转移至公民。立法会和国民公会[5] 通过 1792 年 8 月 18 日的法令使旧制度的中等教育完全解体，并禁止教会出售中学的资产。1793 年 8—9 月，国民公会相继关闭了所有皇家学术院（académies royales）、军事学校和大学。

不破不立，打破旧的教育制度也许是必须的，但是建立新制度就不那么容易了。我们会看到，大革命初期的教育计划层出不穷，但基本都未能实施。而革命之后，经历复辟王朝、帝国、共和国的反复与交替，社会动荡不已。直至第三共和国，法国社会才基本稳定，教育制度从而得以确立。

---

[1]　Louis–René de Caradeuc de la Chalotais, *Essai d'éducation nationale ou Plan d'études pour la jeunesse* (1763), édition critique Présentée et commentée par Robert Grande route, Paris : CNRS éditions; Saint Étienne: Publications de l'université de Saint–Étienne, 1996, p. 41.

[2]　Louis–René de Caradeuc de la Chalotais, *Essai d'éducation nationale ou Plan d'études pour la jeunesse* (1763), edition critique Présentée et commentée par Robert Grande route, Paris : CNRS éditions; Saint Étienne: Publications de l'université de Saint–Étienne, 1996, p. 2.

[3]　路易·安托万·莱昂·德·圣–茹斯特（Louis Antoine Léon de Saint-Just，1767 年 8 月 25 日—1794 年 7 月 28 日），法国大革命的雅各宾专政时期的军事和政治领袖之一。

[4]　Georges Duveau, *Les instituteurs*, Paris: Éditions du Seuil, 1957, p. 20.

[5]　国民公会（Convention nationale），法国大革命时期的单一国会，存在于 1792 年 9 月 20 日至 1795 年 10 月 26 日。

第一章 大革命时期的教育 计划和法规

1789 年的法国大革命风起云涌，硝烟弥漫，但革命者们仍然视教育为巩固革命胜利的重要手段，把让公众理解自由、平等、博爱的原则作为一种神圣的任务。大革命之所以关心教育，是因为革命人认为教育是自由的工具，教育成为自由与美德的同义语。实际上，大革命前夕，启蒙思想已经悄然地浸入法国社会。1762 年，卢梭（Rousseau）发表著名的《爱弥儿》，以及培根（Francis Bacon）[1]、洛克等启蒙思想家的著作深深地影响了大革命时期的革命者。理性，作为普世价值应当成为人的思想与行为的指南，而只有接受更多的教育，才能更加完美、更加幸福。于是，革命者纷纷发表关于教育的建议，提出教育改革计划。"教育系统""全民教育""普及教育""终身教育"等概念都可以在法国大革命时期的教育报告和教育计划中找到思想源头。

一、塔列朗计划

1791 年 9 月 10、11、19 日，塔列朗（Talleyrand）[2]在国民立法议会[3]中陈述了其关于公共教育的报告。此报告包含共 221 条的 17 项法

---

[1] 弗兰西斯·培根（Francis Bacon，1561 年 1 月 22 日—1626 年 4 月 9 日），著名英国哲学家。

[2] 塔列朗，全名为夏尔·莫里斯·德塔列朗–佩里戈尔（Charles Maurice de Talleyrand–Périgord，1754 年 2 月 2 日—1838 年 5 月 17 日），法国主教、政治家和外交家。

[3] 国民立法议会（Assemblée législative），1791 年 10 月 1 日至 1792 年 9 月，法国大革命期间的立法机构。其前承接国民制宪议会，其后继联国民公会。

律草案。塔列朗对教育的性质有着十分深刻的认识，他说，"教育，可以被认为是社会的产物，不仅对社会是一种福利资源，对个人同样是丰富的福利资源"。[①] 塔列朗认为，"普遍意义上教育的目的在于使各个年龄的人得以完善，不断地从每个人的优点中获益，享受整个团体的知识、经验，甚至前辈人的错误教训。人的最显著特点之一，就是其可完善性。"[②] 因此，教育应当使人获得身体的、智慧的和道德的发展。塔列朗应当是最早提出教育系统的人，他将教育划分为三个阶段。第一阶段面向所有人，第二阶段着重于职业教育，第三阶段则是高级神职人员、法官、医生与官员的教育。不过他所说的确切概念是"普遍组织"（organisation générale），而非后来常用的"教育系统"（système de l'éducation）。[③]

在塔列朗看来，初等教育是社会对其成员背负的真正债务，国家的重大义务就是向中小学生传授宪法的原则，宪法是"儿童的新信条"。在关于初等学校的法律草案中的第一条中，塔列朗指出："关于所有公民的公共义务和不可或缺法律的简明教育应当面向所有人，""最贴近的道德行为典范和优秀公民的名字，应当让人知晓"。[④]

在小学阶段，就应当注重培养儿童的身体、智慧和道德能力的发展。关于道德，塔列朗并无确切定义，只是强调指出，应当予以特殊的关心，小心翼翼并且持之以恒。他指出，"人带着各种能力来到世上，这些能力既是获得福利的工具，又是实现社会所要求的目标的途

---

① Maurice Talleyrand-Périgord, Talleyrand. Rapport sur l'Instruction Publique, les 10, 11 et 19 Septembre 1791.Fait au nom du comité de constitution a l'assemblée nationale, les 10, 11 et 19 septembre 1791, The Project Gutenberg eBook, p. 11. https://www.gutenberg.org/files/26336/26336-h/26336-h.htm (2021-09-02).

② 同上。

③ Gabriel Compayré, "Talleyrand et la réforme de l'éducation sous la Révolution française," avril, 2012. http://agora.qc.ca/Documents/Revolution_francaise--Talleyrand_et_la_reforme_de_leducation_sous_la_Revolution_francaise_par_Gabriel_Compaye (2021-09-03).

④ Maurice Talleyrand-Périgord, Talleyrand, Rapport sur l'Instruction Publique, les 10, 11 et 19 Septembre 1791.Fait au nom du comité de constitution a l'assemblée nationale, les 10, 11 et 19 septembre 1791, The Project Gutenberg eBook, p. 131. https://www.gutenberg.org/files/26336/26336-h/26336-h.htm (2021-09-02).

径。……人是理性的存在，或者更准确地说，人将成为理性的存在，应当教人学会思想。人又是社会的存在，应当教人学会交流其思想。人还是道德的存在，应当教人学做善事。"①

不过，立法会最终放弃了塔列朗计划，而更加关注孔多塞计划。

二、孔多塞计划

孔多塞（Condorcet）②参加了 1789 年的法国大革命，是法兰西第一共和国③的重要奠基人，并起草了吉伦特宪法。他也是法国革命领导人中为数不多的几个公开主张女性应该拥有与男子相同的财产权、投票权、工作权以及接受公共教育权的人之一。1793 年 7 月，执政的雅各宾派以"反对统一的和不可分割的共和国的密谋者"为罪名追捕孔多塞。在九个月的逃亡生涯中，孔多塞在朝不保夕的最后时刻，完成了自己的思想绝唱，即《人类精神进步史表纲要》。他所表述的进步史观，不仅成为了法国启蒙运动的重要遗产，并对后来的思想家造成了深远的影响。恩格斯将其与孟德斯鸠、伏尔泰、卢梭并列为"在法国为行将到来的革命启发过人们头脑的那些伟大人物。"1782 年孔多塞当选法兰西科学院院士。

孔多塞长时间关注教育，写了四篇关于公共教育的论文，题目分别是:《论公共教育的性质与目标》《论儿童的共同教育》《论成人的共同教育》《论职业教育》。第五篇关于科学教育的论文，在其生前未能完

---

① Maurice Talleyrand-Périgord, Talleyrand. Rapport sur l'Instruction Publique, les 10, 11 et 19 Septembre 1791.Fait au nom du comité de constitution a l'assemblée nationale, les 10, 11 et 19 septembre 1791, The Project Gutenberg eBook, p. 10. https://www.gutenberg.org/files/26336/26336-h/26336-h.htm (2021-09-02).

② 尼古拉·孔多塞（Condorcet，全名：Marie Jean Antoine Nicolas de Caritat, marquis de Condorcet，1743 年 9 月 17 日—1794 年 3 月 28 日），是 18 世纪法国启蒙运动时期最杰出的代表之一，同时也是一位数学家和哲学家。1794 年 3 月 28 日因被追捕而服毒身亡。

③ 法兰西第一共和国（République française）是法国历史学家对1792 年9 月到1804 年5 月间多个共和政体习惯上的统称。在法国大革命期间，法国经历了短暂的君主立宪时期（1791 年 9 月 4 日—1792 年 9 月 21 日）。1792 年 8 月 10 日，"无套裤汉"占领杜伊勒里宫，法国君主制最终结束，随后开启了法兰西第一共和国时期。法兰西第一共和国先后经历了三个不同的政治体制：国民公会（1792 年 9 月 21 日—1795 年 10 月 26 日）、督政府（1795 年 10 月 26 日—1799 年 11 月 9 日）、执政府（1799 年 11 月 10 日—1804 年 5 月 18 日）。

成。他认为，国家具有教育公民的权利与义务，但他不相信这一教育会轻易实现，因此设想一个由具体到抽象的整套方案。初等教育应当讲授儿童能够接受的社会秩序的原则，之后再讲授法律。

1791 年 10 月 14 日，孔多塞向公共教育委员会提交了教育改革计划，但随后因不适应新组建的国民议会要求而被搁置。孔多塞于 1792 年 4 月 9 日和 20—21 日向国民议会陈述了"关于公共教育的整体组织"及其新的教育改革法案。

孔多塞把教育作为公民平等的基础，他在报告中开宗明义地指出："为人类的所有个体提供能够满足其需求，保证其福利，认识与行使其权利，理解与实现其义务的途径；保证每个人便捷地完善其职业技能，能够承担其有权利获得的社会职能，发展其得益于自然的全部能力；从而在公民中建立事实上的平等，使法律承认的政治平等得以实现。这应当是国民教育的首要目标，在这样的视角下，对于公共权力来说，便是公正的义务"。[①]

孔多塞把教育划分为五个阶段：初等学校、高级初等学校、初级中学、高级中学、国家科学与艺术学院。初等教育面向所有人，每 400 名居民设置同一类型的学校。他主张教育系统独立于公共权力之外，其人员录用和运行完全依赖于其本身，只是接受国家代表的控制。为了平等，教育应当完全免费。

孔多塞已经考虑到培养每一代青年的身体、智慧和道德素质，教育不仅要平等，还应普及，不仅应当全面发展，还应适应个别需求。孔多塞认为学校应当独立于政治，"所有教育机构的首要条件是只传授真理，公共权力所管辖的学校应当尽可能地独立于任何政治权威"。[②]

孔多塞最早提出将道德教育与宗教严格分开。他说："学校教授的道德原则应当建立于属于全人类的我们的自然感受和理性。……十分必

---

① Condorcet, "Rapport et projet de décret sur l'organisation générale de l'instruction publique," in Marie-Thérèse Frank, Martine Allaire, *Les politiques de l'éducation en France: de la maternelle au baccalauréat*, Paris: La Documentation Française, 1995. p. 25.

② 同上书，第 8 页。

要将道德与任何特殊宗教原则区别开来，公共教育不能接受任何宗教教条的教育。"[1]

尽管孔多塞的报告尚未提及"公民教育"，但其教育内容表现出公民教育的特点，要求在公民生活中实施教育，"要发展首要的道德思想，以及由此产生的行为准则，发展在儿童接受范围内有关社会秩序原则的思想"，特别是"教育应当普及，就是说扩展到所有公民"。[2]

孔多塞在关于初等学校的法案中的第五条提出，"应当连续地编写基础教科书并在初等学校讲授。这些教科书应当根据当前科学进步采用我们所指出的最好的教学方法编写，应当根据宪法规定的自由、平等、纯净风尚、忠于公共事业等原则编写。"法案的第七条规定，"每个礼拜日，小学教师要向所有年龄的公民进行公共教育，特别是那些尚未进行公民宣誓的青年应被邀请参加。这一教育的目的是讲授宪法与法律"。[3]

虽然议会通过了孔多塞的法律草案，但由于议会分裂，特别是国王路易十六世被捕，导致法国君主立宪制度的结束，所有教育改革的法律草案均未能落实。但是，无论是孔多塞，还是塔列朗，他们的教育思想不断被后人提及，成为教育改革理论的宝贵遗产。

三、勒佩雷提计划

法兰西共和国建立之初，社会秩序尚未恢复，共和国的奠基者们对教育充满期待。诸多教育计划纷纷出笼，最为著名的教育计划当属勒佩雷提（Lepeletier）[4]的"关于国民教育的计划"。勒佩雷提也是法国大革

---

[1]　Condorcet, "Rapport et projet de décret sur l'organisation générale de l'instruction publique , les 20 et 21 avril 1792," in Bronislaw Baczko (présentés par), *Une éducation pour la démocratie : Textes et projets de l'époque révolutionnaire*, Genève: Droz, 2000, p. 197.

[2]　Condorcet, "Rapport et projet de décret sur l'organisation générale de l'instruction publique," p. 26–27.

[3]　Alain Mougniotte, *Les débuts de l'éducation civique en France*, Lyon: Presses Universitaires de Lyon, 1991, p. 19.

[4]　路易–米歇尔·勒佩雷提（Louis–Michel Lepeletier，1760年5月29日—1793年1月21日），法国法学家、政治人物。

命中的重要人物。1789 年 5 月 16 日，勒佩雷提被选为全国三级会议巴黎地区的贵族代表，1790 年成为国民制宪议会 [1] 主席。1793 年 1 月 21 日被暗杀。

勒佩雷提在计划中提出义务教育的概念，初等教育由国家提供经费自 5 周岁开始，男童至 12 岁，女童至 11 岁。"国民教育完全平等，所有儿童同样饮食，同样服装，同样训导，同样照料。" [2]

通过这样平等的教育，勒佩雷提期待培育出 "强壮的、勤奋的、有规律的、守纪律的全新一族，构建一条与我们衰老种族的不洁与偏见相隔离的不可侵入的堤坝"。[3] 这种教育依赖于艰苦生活的磨练，要求对共和国绝对忠诚，要把法国青年培养成类似古希腊斯巴达式的人。

在谈到初等教科书时，勒佩雷提要求讲述，"宪法、道德和家政经济的主要原则，自由人民和法国大革命历史中的最显要的事件，并通过各个独自课程训练儿童的记忆，发展他们的公民道德和共和国情感。" [4] 勒佩雷提还设想通过设置国家节日制度，对全体公民灌输共和国理念。

1793 年 7 月 13 日，勒佩雷提的教育计划由罗伯斯庇尔（Robespierre）[5] 向制宪议会提交。虽然议会于 1793 年 8 月 13 日通过了这一计划，但未能实施，然而其思想被后来的教育部长费里所吸收。

---

[1]　国民制宪议会（Assemblée nationale constituante），成立于法国大革命第一阶段的 1789 年 7 月 9 日，其前身是法国国民议会。国民制宪议会于 1791 年 9 月 30 日解散，其继承者为国民立法议会。

[2]　Lepeletier, "Projet de décret sur l'éducation nationale," in Marie-Thérèse Frank, Martine Allaire, *Les politiques de l'éducation en France: de la maternelle au baccalauréat*, Paris: La documentation francaise, 1950, p. 50.

[3]　Lepeletier, "Plan d'éducation nationale," in Marie-Thérèse Frank, Martine Allaire, *Les politiques de l'éducation en France: de la maternelle au baccalauréat*, p. 26–27.

[4]　Lepeletier, "Projet de décret sur l'éducation nationale," Alain Mougniotte, *Les débuts de l'éducation civique en France*, Lyon: Presses Universitaires de Lyon, 1991, p. 20.

[5]　马克西米连·罗伯斯庇尔（Maximilien Robespierre，1758 年 5 月 6 日—1794 年 7 月 28 日），法国大革命时期政治家，雅各宾专政时期的实际最高领导人。

四、罗默法令与布基耶法令

第一共和国的罗默教育法案也在有较大影响。罗默（Romme）[1]出生于里永（Riom）的一个资产阶级家庭，1790年在巴黎创建"法律之友"俱乐部，1791年被选为国民立法议会议员，并成为公共教育委员会成员。1793年10月21日，罗默提交的教育法案获得议会通过，其主要内容如下：

"第二条：儿童在学习中接受最初的体育、德育和智育，最主要的是发展其共和国的品行，热爱祖国，热爱劳动。

"第三条：他们学习用法语讲话、阅读和书写，使他们认识法国大革命的特点，获得法国的一些地理概念。通过典范或自身经验认识人与公民的权利与义务。"[2]

同日再发布了与学校组织有关的附加法令：

"第三条：为了使身体敏捷、灵活和强壮，儿童根据不同年龄进行各种训练，特别是根据场地的允许情况，开展走步、军训、游泳等活动。

"第四条：利用一定时间训练儿童像祖国的士兵那样走出家庭、田园、车间，去保卫乡镇。"[3]

---

[1]　查理-吉贝尔·罗默（Charles-Gilbert Romme，1750年3月26日—1795年6月17日），为法国大革命时期的重要政治人物。

[2]　"Décret relative à l'organisation et à la distribution des premières écoles，30 vendémiaire an II (21 Octobre 1793)," in Octave Gréard ed., *La législation de l'instruction primaire en France depuis 1789 jusqu'à nos jours. Recueil des lois, décrets, ordonnances, arrêtés, réglements, décisions, avis, projets de lois, avec introduction historique et table analytique. Tome I. De 1789 à 1833,* Paris: Delalain Frères Typographie Imprimeurs de l'Université, 1833, p. 73–74.

[3]　"Décrets complémentaires relatifs à l'organisation des Ecoles, 5, 7 et 9 Brumaire An II (26, 28 et 30 Octobre 1793)," in Octave Gréard ed., *La législation de l'instruction primaire en France depuis 1789 jusqu'à nos jours. Recueil des lois, décrets, ordonnances, arrêtés, réglements, décisions, avis, projets de lois, avec introduction historique et table analytique. Tome I. De 1789 à 1833,* p. 74–75.

　　法语关于"教育"表述至少有两个词，"éducation"和"instruction"。第一个词在今天通常表示最广泛意义的教育，第二个词含有训令的意义，当时的公共教育部便采用第二个词汇。在勒佩雷提看来，教育（éducation）的目的在于"培养人"，特别是对于人的道德的培养。而训育（instruction）的作用是"传播人类知识"。训育虽然也应向所有人提供，但应特别优先于社会的少数人，因为社会职业和人的才能有所不同。[①]

　　而罗默对此表示反对。罗默认为，"训育在于启迪精神，开发心智，拓展思维。教育是发展个性，在灵魂中注入健康的动力，合乎情感的规则，引领着意志，并将精神的概念付诸于行动。"因此教育同训育密不可分，"无教育的训育，会使人恃才孤傲，狂妄自大，使人无法在理性中克制，也不能在榜样前止步，而只能成为无序狂热的灾难性的工具。无训育的教育，只能形成导致偏见的行为与习惯。使人局限于其能力，进程缓慢且不确定，思想单纯，不了解真理与公正。"[②]

　　罗默教育法令颁布两个月后被废止，取而代之的是布基耶法令。1792年，加布里埃尔·布基耶（Gabriel Bouquier）[③]被选为国民公会中多尔多涅省（Dordogne）的议员。1793年12月19日，布基耶关于公共教育的新法案获得国民公会批准，成为"布基耶法令"。

　　布基耶在1793年12月8日的报告中指出，"在最美好、最有用、最简单的学校中，青年们可以接受真正的共和教育，不可质疑，这就是省、县、镇、法庭，特别是公众社会的公共讲座。"[④]

　　国民公会对教师的要求是，宣称开设一所学校，并致力于颁发"公

---

①　Lepeletier, "Plan d'éducation nationale," in Marie-Thérèse Frank, Martine Allaire, *Les politiques de l'éducation en France: de la maternelle au baccalauréat,* Paris: La documentation française, 1950, p. 26-27.

②　Gilbert Romme, "Rapport sur l'instruction publique," in Boulad–Ayoub, Josiane; Grenon, Michel et Leroux, Serge, *Les comités d'instruction publique sous la Révolution Principaux rapports et projets de décret: Condorcet & Romme*, Montréal, Presses de l'université du Québec, 1992. p. 128.

③　加布里埃尔·布基耶（Gabriel Bouquier，1739年11月10日—1810年10月6日），法国政治人物。

④　Françoise Mayeur, *Histoire générale de l'enseignement et de l'éducation en France, tome III, De la Révolution à l'École républicaine (1789-1930),* Paris: Perrin, 2004, p. 39.

民责任感和良好风俗证书"。而对教师的监管同时由市镇政府、家长和全体公民负责。当教师违背公共道德，或传授与共和国法律和道德相反的口号格言，便对教师施以惩罚。[①]

布基耶法令要求"家长须将其子女送至初等教育的学校"。该法令已经涉及义务教育，家长如果违背此法令，将被处以重罚，甚至被剥夺公民权利。共和六年的一项政令更为严格，规定公民如不能提供送子女入学的证明，就不能就业或者不能晋级。[②] 其第三章关于初等教育的条款中规定，"推荐基础知识书籍对于培养公民是绝对必要的，这些书籍的首要内容应当是人权、宪法、英雄与道德行为"。[③]

五、拉卡纳尔报告

约瑟夫·拉卡纳尔（Joseph Lakanal）[④] 作为国民立法议会议员和公共教育委员会主席，向国民公会提交了关于军事学校的报告，指出巴黎的军事学校是"以其傲慢与自负的专制而闻名的最可憎的标志物"。国民公会还根据拉卡纳尔的另一份报告，制定了关于著作产权的法令。1794 年 10 月 28 日，拉卡纳尔在国民公会陈述其关于初等学校的报告及其法令草案。国民公会 1794 年 11 月 17 日的法令，根据他每千名居民设置初等学校的提议，决定设置 24 000 所初等学校。

法令同时指出，"对自由之人的必要教育"将施以男女儿童，每千个居民须建一所学校。教师由人民任命，其工资在共和国范围内完全一致，教学语言固定为法语。

拉卡纳尔的教育思想主要体现在其关于初等学校组织的法令草案

---

①　Françoise Mayeur, *Histoire générale de l'enseignement et de l'éducation en France, tome III, De la Révolution à l'École républicaine (1789-1930),* Paris: Perrin, 2004, p. 40.

②　同上书，第 50 页。

③　Gabriel Bouquie, "Plan général d'instruction publique", in Boulad–Ayoub, Josiane, Grenon, Michel et Leroux, Serge, *Les comités d'instruction publique sous la Révolution Principaux rapports et projets de décret : Condorcet & Romme*, Montréal: Presses de l'université du Québec, 1992, p. 77.

④　约瑟夫·拉卡纳尔（Joseph Lakanal，1762 年 7 月 14 日—1845 年 2 月 14 日），法国政治人物。

中。在法令草案题目为"初等学校的教育制度"的第四章规定如下：

"第二条：在每所学校中教授学生：

1. 阅读、书写，在读本中提及有关学生的权利与义务的范例；

2. 人与公民权利宣言和法兰西共和国宪法；

3. 关于共和国道德的初级教育；

4. 法语口语与书写基础；

5. 简单计算与测量的规则；

6. 关于自然的主要现象与日常生产；

7. 教学生学习英雄事迹和胜利之歌。

"第三条：在讲方言的地方，教学同时使用方言和法语，并在较短的时间内，使法语成为共和国所有公民熟悉的日常用语。

"第四条：学生将在健康与身体的强度与灵敏的训练中受到教育。男生还要接受军事训练，教官由教育审查委员会任命的国民卫队的军官担任。

"第八条：学生要帮助老人与家长等祖国的保卫者从事家务和田间的劳动"。[1]

六、《多努法》

1795 年 10 月 25 日，国民公会根据弗朗索瓦·多努（François Daunou）[2] 的思想制定了《公共教育法》，亦称《多努法》。

《多努法》重申义务教育，但否认免费，要求家长支付教育酬金，只允许四分之一的本地居民家庭可享受免费。小学教师应享有教室和居所，但由家长支付的酬金负担。《多努法》要求每个乡镇至少设置一所

---

[1] Lakanal, "Projet de décret sur l'organisation des Écoles primaires," cité par Alain Mougniotte, *Les débuts de l'éducation civique en France*, Lyon: Presses Universitaires de Lyon, 1991, p. 21–22.

[2] 弗朗索瓦·多努（François Daunou，1761 年 8 月 18 日—1840 年 6 月 20 日），法国政治人物与历史学者。

小学，小学课程限定为读、写、算和共和国道德。

《多努法》的第二章要求培养学生的各种素质，其中第二条规定培养的道德为：

"常怀公正与慈善之心，习惯于温顺与合群，了解公民的权利与义务，具备共和国要求的品德，遵守学校的内部规则。"①

多努还把大革命的节日作为教育人民的途径之一，为此《多努法》确定了国庆节、青年节、夫妻节等公民节日的日期。

法国大革命风云激荡，甚至充满血腥，然而难能可贵的是许多革命者都十分重视教育，提出许多极有价值的思想理念。比如塔列朗、孔多塞、多努具有这样的共同思想：人是世界的唯一主宰，大革命就是实现人的主宰。多努认为，国家只应负责基础教育和职业教育，其他领域则是"教育的自由，专门教育机构的自由，教育方法的自由。"②而孔多塞更强调教育的平等。乔治·雅克·丹东（Georges Jacques Danton）③在1793年8月13日的演讲中，讲到"有了面包之后，教育是人民的第一需求"（Après le pain, l'éducation est le premier besoin d'un peuple），这句话后来成为民众争取教育权利的著名格言。

虽然大革命的革命者的教育主张涉及方方面面，但是仍然有一些基本共识，包括：学校教育的起始年龄限定为6岁；义务教育；免费的初等教育；法语为教学语言；

当然，受传统习俗影响，他们对女童教育多少存有偏见。塔列朗认为，"女童只能在8岁才能被初等学校接受。"他还要求，"公共教育机构对学生的全部教育应当特别为女童准备家庭生活的道德，以及家庭管理的应用技能。"孔多塞则坚持男、女分校。16—17世纪以来法国便实施主要从道德角度考虑的这一措施。拉卡纳尔法令规定，"每所初等学

---

① Daunou, "Projet analytique d'une loi sur l'instruction publique," cité par Alain Mougniotte, *Les débuts de l'éducation civique en France*, Lyon: Presses Universitaires de Lyon, 1991, p. 22.

② François Guizot, *Mémoires pour servir à l'histoire de mon temps*, Paris: Michel Lévy Frères, 1858, p. 24.

③ 乔治·雅克·丹东（Georges Jacques Danton, 1759年10月6日—1794年4月5日），法国大革命初期的领导人物和第一任公共安全委员会主席。

校将划分为两个部分，一个为男生开设，一个为女生开设，因此将由一名男教师和一名女教师分别授课"。[1]

大革命之后的国民公会立法者关于教育的思想也存在诸多共同之处，都体现着柏拉图（Platon）[2]的《理想国》（La République）的主张。教育与政治相关，应当致力于"政治生活的公民价值"。每个人都根据自己的能力接受教育，特别是精英教育更应如此。

实际上，国民公会对教育的认识并不稳定，以至于不得不朝令夕改。法国教育学家奥克塔夫·格里亚尔（Octave Gréard）[3]批评道，"自1792年至1804年，一年接一年地颁布法令，新的规定取代先前规定，甚至先前规定尚未实施便被取代。"而后来的教育部长基佐（François Guizot）的批评更为尖刻，"有太多承诺，但毫无作为。无异于飘荡在废墟上的幻想。"[4]

可以说，无论是大革命早期的革命者，还是之后的国民公会，即使再多美好的教育主张，没有稳定的政治氛围和社会秩序，都不可能实现。

---

[1]　Françoise Mayeur, *Histoire générale de l'enseignement et de l'éducation en France, tome III, De la Révolution à l'École républicaine (1789-1930)*, Paris: Perrin, 2004, p. 52.

[2]　柏拉图（Platon，古希腊语：Πλάτων，公元前429年—前347年）是著名的古希腊哲学家，雅典人，他的著作大多以对话录形式记录，并创办了著名的学园。柏拉图是苏格拉底的学生，是亚里士多德的老师，他们三人被广泛认为是西方哲学的奠基者。

[3]　奥克塔夫·格里亚尔（Octave Gréard，1828年4月18日—1904年4月25日），法国教育家。

[4]　Françoise Mayeur, *Histoire générale de l'enseignement et de l'éducation en France, tome III, De la Révolution à l'École républicaine (1789-1930)*, p. 43, 55.

第二章　中央集权制的确立

一、创立帝国大学

1806 年 5 月 10 日，拿破仑[①] 创建帝国大学（Université impériale）。但这不是一般意义上的高等教育机构，1806 年 5 月 10 日的法规定，"它以'帝国大学'为名，无例外地将帝国全部公共教育构建一个整体。"帝国大学实际上是统领法国全部公共教育的中央集权管理机构。帝国大学这一名称须冠以大写字母，表示其权威。拿破仑关于帝国大学的思想十分清晰，就是力图将法国全部教育纳入其管控之中，他说，"如果没有固定原则支撑的教师团体，就没有稳固的政治国家。如果不能教育儿童成为共和主义者或无政府主义者、天主教徒或无信仰者，国家根本不能成其为国家，就会建立在不确定和模糊的基础之上，就会不停地处于混乱和动荡之中。"[②]

帝国大学的首要特点是构建了巨大的由上而下的行政等级管理机构。其最高长官为"大总管"（grand maître），即后来的教育部长。大总管由皇帝亲自任命，并享有与大主教相同的就职仪式，他任命帝国大学的官员，批准学院的讲席位置，批准中学的职位，批准教师的晋级。

帝国大学的另　特点是所有中学教师和大学教师都是国家公职人

---

① 拿破仑·波拿巴（Napoléon Bonaparte，1769 年 8 月 15 日—1821 年 5 月 5 日），法国军事家、政治家与法学家。作为拿破仑一世（Napoléon Ier），创立法兰西第一帝国（1804 年 5 月 18 日—1814 年 4 月 14 日；1815 年 3 月 20 日—1815 年 7 月 7 日）。

② Antoine Prost, "Foudation de l'université," Recueil de commé morations 2008. https://francearchives.fr/commemo/recueil-2008/39347 (2021-03-29).

员，在履行公共职责的同时，享有退休等福利。从大学毕业入职开始进入教师行列，再通过竞考成为竞考教师，直至成为名校校长，整个教师职业都依据能力的原则，都须服务于国家，拿破仑将这一系统称之为"教师体"（corps enseignant）。

帝国大学是公共行政机构，但又不提供公共服务。其中等教育其实是商业机构，如同私立学校那样收取高昂的学费，并且实施垄断，所有申报高等教育初级文凭者，须具备其最后二年在公立学校注册学习的证明。

由此而诞生中央集权的教育管理系统，形成统一标准的教师资格，统一标准的教学模式。法国哲学家依波利特·丹纳（Hippolyte Taine）[1]这样嘲讽第二帝国的公共教育部长，"此时此刻，帝国的这些班级的所有学生都在解释维吉尔（Virgile）这几页文字。"[2]

最反对国家集权的是教会。法律规定，教会的中等学校应当直接受帝国大学控制，教师由大总管安置，学生必须到中学学习。只有教区管辖的小修院部分地避开了大学的控制，但国家仍有一些限定：限制人数、不得接受走读生、必须穿长袍等。只是这些规定无法完全落实到偏僻之地。相反，小修院还可以获得捐赠等特权，直至1906年小修院被彻底取消。

国家的严格管控令教会学校极度气恼，一些教会甚至拒绝大学的督查。天主教会要求完全的教育自由。自由天主教的倡导者查尔斯·德·蒙塔朗贝尔（Charles de Montalembert）[3]在写给教育部长的信中说，"帝国大学，是所有邪说、所有谬误、所有诡辩、所有谎言的庞大聚合处，毫无道理。它只能向渴求真理的乳汁和智慧的面包的无数

---

① 依波利特·丹纳（Hippolyte Taine，1828年4月21日—1893年3月5日），法国哲学家与史学家。

② Vincent Troger, Jean-Claude Ruano-Borbalan, *Histoire du système éducatif*, Paris: Presses universitaires de France, 2017, p. 62.

③ 查尔斯·蒙塔朗贝尔（Charles de Montalembert，1810年4月15日—1870年3月13日），法国历史学家、政治人物。

儿童散布怀疑和亵渎神明的言论。"[①] 1845 年，天主教团体逐渐形成了支持教育自由的势力。但是，教皇不支持蒙塔朗贝尔的主张，二月革命又限制所有组织活动。

二、设置学区

根据拿破仑 1808 年 3 月 17 日的法令，在实施帝国大学体制的同时，将帝国教育行政区域划分若干学区，每个学区的管辖范围相当于上诉法院（Cour d'appel）覆盖的范围。最初学区的数量为 18 个。随着帝国疆域的扩大，1814 年的学区数量曾达到 40 个，而帝国的覆灭导致其中 13 个学区随之消失。

1848 年，学区数量为 20 个。1850 年的《法鲁法》将学区降格为省级，过去 20 个学区长转变成 86 个省级学区长，并听命于主教和省长。学区长的选任资格降低为学士文凭，且不论教士或私立学校的教师。1850 年 8 月任命的学区长竟然还有一部分人是外国人，甚至是敌视帝国的人。

1854 年 6 月 14 日的教育法又将学区恢复至跨省地域，该法强调，减少教会对教育的影响，强化国家对教育的管控，由专业人士实施管理。至此，法国本土有 16 个学区。1854 年 6 月 14 日的教育法案的报告人、议员雅克·朗格莱（Jacques Langlais）[②]在立法会的讲话，真实体现了帝国皇帝关于设置学区的意愿，"显著地减少教会的影响，""强化国家对教育的控制"，将教育领导权交由"来自国家且独立致力于专业生涯并享有未来保障，具有严格纪律、独特生活和特殊精神气质的人组成的团体。"[③] 1888 年，为了减少里尔大主教学院日益增长的影响力，法国政府特意将位于杜埃（Douai）的学区机关迁至里尔市。

[①]　André Latreille, René Rémond, *Histoire du catholicisme en France*, Paris: Spes, 1964, p. 334.

[②]　雅克·朗格莱（Jacques Langlais，1810 年 2 月 27 日—1866 年 2 月 23 日），法国政治人物。

[③]　*Lois et décrets, Empire français-Napoléon III*, 31 mai–14 juin 1854, p. 322, cité par Patrick Gérard, "Le Recteur et son académie in Pierre Grégory," Mathilde Golléty, *L'art, la gestion et l'État: voyage au cœur de l'action*, Paris: Éd. Eska DL, 2013, p. 355.

每个学区的行政主管为"学区长"（recteur）。"recteur"的名称源于中世纪巴黎大学选举产生的校长之名。在波旁王朝时期，巴黎大学校长的地位十分显赫。在公共典礼中，巴黎大学校长与巴黎大主教并列，位置仅次于王子。在法国大革命及其后来的百余年，法国大学被取消，大学校长的名称也随之消亡。直至1808年，"recteur"的名称重新被启用，但已不表示为知识团体的代表，而是表示政府机构的要职，即由帝国大学的大总管统辖的地方教育主管——学区长。学区长由大总管任命，须具备大学的最高学历，即具有博士文凭，其地位与地区最高长官同等级别，且不受地方政府的领导，其显赫地位可以从其制服上体现：紫色的丝质长袍、腰挂流苏、紫色紧身长裤镶衬八厘米宽的白鼬皮、高帽悬单一饰带、细亚麻领带、银质棕榈叶徽章。[①]

1852年3月9日的法令进一步规定，"共和国总统根据公共教育部长的提议，任命和免除学区长"，即学区长的任命权由教育部长提升至总统一级。1854年8月22日的法令还重申，"任何不具备博士文凭的人不得任命为学区长。"这一规定的有效性持续到21世纪初，直至2001年3月21日的法令，才允许学区长不必拥有大学最高学位。实际上，自1984年，所谓大学最高学位，已由博士文凭提升至"研究指导资格"，即获得博士文凭之后，经过更多的学术积累才可获得的更高级学术资格。即使这样，当前实际状况是80%以上的学区长仍为大学教授。2001—2010年间例外被任命的学区长只有3位，[②]而这些人的资格须由最高行政法院指定的专门委员会对其能力进行认定。

巴黎，作为法国首都和国际大都市，又具有悠久的文化历史，有诸多著名高等教育机构和高中，因此巴黎学区的学区长地位更为特殊。自1808—1920年间的一个多世纪，巴黎学区长都是由大总管或公共教育部长直接兼任，由副学区长主持日常工作。1920年，公共教育与艺术

---

①　Décret impérial concernant le costume des membres de l'Université signé à Schönbrunn le 31 juillet 1809, article 6.

②　Patrick Gérard, "Le Recteur et son académie," p. 359. http://www.sorbonne.fr/wp-content/uploads/G%C3%A9rard_M%C3%A9langes_Gr%C3%A9gory.pdf (2021-09-03).

部长安德烈·洪诺拉特（André Honnorat）通过 3 月 23 日的法令，决定"巴黎学区长的职能从此由一位学区长行使"，同时任命巴黎理学院长保罗·阿佩尔（Paul Appell）[1]教授为首任巴黎学区长。自 1958 年开始的第五共和国，巴黎学区长总是由共和国总统亲自任命，并在具有博士学位和研究指导资格的人员中选任。巴黎学区长实际上是首席学区长，为法国学区长联席会荣誉主席，并在国家礼宾目录中列为国民教育与高等教育系列中的最高级别官员。新任巴黎学区长应先拜见法国总统、总理、议会议长等国家最高领导人。在公共典礼中，巴黎学区长位列各部委秘书长和司局长之前。巴黎学区长有时被称为"索邦学区长"，教育部长在筹划改革时总是首先听取巴黎学区长的政策建议。作为特例，1966 年政府为巴黎学区长设置副学区长职位，协助其工作。2012 年开始，巴黎学区设两个副学区长职位。

学区长虽然身居高位，且与地方长官无隶属关系，但也需要与他们联系沟通，必要时需要他们的支持。既然需要联系，难免有些磕磕碰碰。

拿破仑统治时期，学区长的数量达到最高，为 39 人，1815—1848 年为 26 人，1854—1930 年为 17 人。学区长管辖本学区内的由初等教育至高等教育的全部教育。斯特拉斯堡的学区长在 1854 年履新便有一些不愉快。他去拜访地区长官，遭遇冷落，而当地主教更是避而不见。他的车夫是阿尔萨斯人，听不懂法语，他在学区的官邸未能腾空，还需住十几天旅馆。

每个学区长辅配若干学区督学（inspecteurs d'académie），每个学区督学实际为省级教育行政主管，负责管理本省的全部教育工作。1854—1914 年，学区督学的数量至少为 88 人。

三、建立督导制度

教育督学（Inspection de l'Éducation）最早由 1802 年 5 月 1 日关于

---

[1]　保罗·阿佩尔（Paul Appell，1855 年 9 月 27 日—1930 年 10 月 24 日），法国数学家和巴黎大学校长。

公共教育的法设置，1808 年改称帝国大学总督学（Inspection générale）。最初的教育督学负责所有层次的教育督导，1850 年之后划分为负责学前教育、初等教育、中等教育、高等教育的专业督导。

创建总督学的国民公会议员富尔克瓦（Fourcroy）[①] 在 1802 年 5 月 20 日的立法会上讲道，"还需要一个督导来不间断地监督学校和学习状况。第一执政官任命了三位总督学，他们负有重大使命的必要权力与威严，审慎地巡视国立中学并指明其管理方向。他们在某种意义上对于学校是张开的眼睛，观察他们的状况、成功和不足。这一新的职能将由富有活力的勤勉行政机构在所有方面发挥关键作用，无此将会变得慵懒与毁坏。"[②] 1810 年 2 月 1 日，帝国大学首任大总管丰塔纳的路易（Louis de Fontanes）[③] 签署一份关于学区督学权责的文件，强调督学的使命是广泛地巡查学校涉及"道德习俗、纪律、学习进展、教师与学生、管理与财务"等问题。[④] 由此，教育督学也被称为国家监督学校的"部长之眼"。

总督学的数量由 1802 年的 3 人，增长至 1808 年的 18 人，1815 年又降至 12 人。1852 年之后又达到 16 人，1914 年达到 31 人。

总督学每年须巡视国立中学至少一次，以决定其财务，审查其教学，管理与监控其教师。他们要约见教师、校长和当地名人，了解每所学校的具体情况，然后为教育部长撰写报告。回到巴黎之后，他们还要处理日常办公事务，撰写特别公文，参加总部会议，主持评审等工作。

对于学校管理，长期由乡镇政府、本堂神甫和家长共同负责，但国家越来越不放心这种放任。1816 年 2 月 29 日的规定要求每个乡镇设置由主堂神甫、牧师、乡镇长等人担任的特别监理和乡镇监理委员会，同

---

① 安托万 - 弗朗索瓦·富尔克瓦（Antoine-François Fourcroy，1755 年 6 月 15 日—1809 年 12 月 16 日，法国化学家、政治人物，国民公会时期议员。

② A. de. Beauchamp, *Recueil des lois et règlements sur l'enseignement supérieur, Tome 1*, Paris : Delalain frères, p. 67.

③ 丰塔纳的路易（Louis de Fontanes，1757 年 3 月 6 日—1821 年 3 月 17 日），本名让 - 皮埃尔·路易（Jean-Pierre Louis），丰塔纳侯爵，诗人，法国政治人物。

④ Inspection générale de l'Éducation nationale, *La place et le rôle des inspecteurs d'académie et des services départementaux dans l'administration, le pilotage et l'animation de l'Education nationale*, Rappont-n° 2006-54，Juillet 2006.

时省长、学区督学、主教主导教师的录用和解聘。1828 年 4 月 21 日的规定又要求组建由主教领导的行政区委员会，负责对小学实施监管，乡镇长和本堂神甫都成为特别的监管人员，并被称为"不拿钱的督学"。

1833 年的《基佐法》创建一个由乡镇长、本堂神甫或乡村名人主持的乡镇委员会，一个由省长或副省长主持的行政区委员会，共同负责对初等教育的监管。

1835 年 2 月 26 日的规定要求每个省创建"初等教育特别督学"（inspecteur spécial de l'instruction primaire）。初等教育督学是介于地方基层权力机构和中央权力机构的中间环节。初等教育督学每年应当视察本省所有小学至少一次，还要视察本省的师范学校，保证考试委员会秘书处的良好运行，提出对所辖教师的晋级、奖赏和惩罚的意见，撰写向省长的工作报告。基佐还设置了副督学，这样督学就成为后来学区督学的最初形式，而自 1854 年，学区督学的职位便成为各省初等教育的实际主管。

初等教育督学的数量呈不断增长趋势，在 1835 年为 85 人，1842 年加上增设的副督学总数为 201 人，1850 年为 223 人，1865 年为 297 人，1882—1913 年达到稳定的 467 人。

教育督学的基本任务便是监督教师。他们来学校视察，考察教师在课堂上的表现，不仅评估教师的穿着打扮，还评判教师的个性、道德品质、政治态度，甚至还询问其在当地的根基。当然，他们还要考察教学内容和教学方法是否符合官方课程大纲的要求，随机性地对一些学生提问或检查学生的笔记本，以便了解学生的学习状况。

教育督学的工作并不轻松，他们每年要视察 400 余所学校，有时一天要考察 4—5 所学校。特别是一些学校不通火车，需要骑马或步行。视察归来，督学要对每个考察过的教师撰写评语。1885 年，总督学丰山（Foncin）对地理与历史教师这样评述：

　　"宫先生对其工作极为热忱、忠诚……他具有超凡的记忆力。但他不善于组织与实施课程。他讲话语调始终如一，眼睛总是盯在墙上的地图，一口气说出一堆地理名称和细节，没有停顿，没有解释，也没有离题。宫先生更适合于教授历史。"[1]

教育督学还负责对教师的奖赏和惩罚，同时对某些可能受到不公正待遇的教师也会实施保护。

长期以来，总督学均为男性，直至 1881 年才有了第一位女性总督学，即著名的幼儿教育学家波利娜·凯果玛（Pauline Kergomard）[2]。1882 年 12 月 23 日的法令允许妇女参加初等教育督学的竞考，但最初的女性督学遭遇不少讥讽。她们被称为"穿裙子、戴羽帽的督学"，"热衷于细节，爱找小动物，喜欢吹毛求疵，爱炫耀自己的学识，极度的神经质。所有这些毛病都隐藏在女督学身上。"[3] 可以想见女督学的工作难度之大。其实，直至 1970 年法国女性督学的比例不到 10%。而直至 1914 年，学区长和学区督学均为男性。1973 年才任命了第一位女性学区长艾丽斯·索尼耶-塞伊泰（Alice Saunier-Seïté）[4]。

法国自帝国时期建立督学制度，历经不同政治制度变革，从未受到真正的威胁，而是被政权牢牢地用来监控学校和教育。

---

①　Archives nationales, F17 25741, Rapport de l'inspecteur général Foncin, 1885.

②　波利娜·凯果玛（Pauline Kergomard，1838 年 4 月 24 日—1925 年 2 月 13 日），法国幼儿教育学家。

③　Édouard Petit, *L'Ecole moderne*, Paris : Librairie classique Paul Delaplane, 1892, p. 256.

④　艾丽斯·索尼耶-塞伊泰（Alice Saunier-Seïté，1925 年 4 月 26 日—2003 年 8 月 8 日），法国政治人物，1976 年 1 月 12 日—1981 年 3 月 4 日任大学部国务秘书、部长。

第三章　儿童养育和幼儿教育

一、育儿法的萌发

　　直至第二帝国①末期，法国的儿童死亡率都非常高。在1830—1835年间，儿童死亡率高达180‰，在1840—1845年间，降至156‰，至第二帝国末期又升至175‰，而在1870—1871年间，高达217‰。甚至在20世纪初，法国婴儿死亡率还高达约16%，20世纪30年代为7%—8%。

　　儿童高死亡率的重要原因是儿童养育的方法不当。

　　19世纪末，在法国科西嘉接生婆仍然用两块薄板夹住新生儿的头颅，再用布带捆绑，目的是重塑头型。紧裹的襁褓也普遍使用，除了塑造婴儿体型的作用和防止髋骨脱臼之外，在冬季取暖不足，或没有取暖设备时，襁褓可以保证婴儿不受冻。

　　在法国民间，一些家长相信长虱子是身体健康的表现，他们不怕儿童有虱子，反而为孩子没有虱子而担心，因此要从其他孩子身上捉来虱子，放到没长虱子的孩子身上。

　　关于是否应当让婴儿睡在父母床上，不同年代有不同的反对理由。1890年之前的普遍理由是担心婴儿被熟睡的父母压迫而窒息，1890—1940年的理由是防止父母身上的细菌传染给婴儿。1945年之后的理由

────────────

①　法兰西第二帝国（Second Empire），为拿破仑三世（Napoléon III，1808年4月20日—1873年1月9日），即夏尔－路易－拿破仑·波拿巴（Charles–Louis–Napoléon Bonaparte）在法国建立的君主制政权（1852—1870年）。

则在于心理学方面。在平民家庭，儿童通常没有自己的房间和床铺，因为他们既没有能力也认为没有必要添置很快就没用的童床。

直至 1880 年的法国辞典中尚未出现"灭菌"（antisepsie）的概念，而只有"防腐"（antiseptique）一词。幸运的是，法国微生物学家路易·巴斯德（Louis Pasteur）[1]在此时期开始微生物学研究，发现了细菌，研制成狂犬病和炭疽病疫苗，并于 1888 年成立巴斯德研究所。巴斯德的研究使人们认识到细菌才是健康的敌人，需要避免细菌对身体、衣物的污染。特别是对于儿童，应当勤换衣物，经常洗澡。著名医生阿德里安·普鲁斯特（Adrien Proust）[2]特别要求摘去民间认为保护儿童头脑，实为头上污垢积聚形成的"头壳"（croûte）。

1865 年，法国医生阿尔弗雷德·卡隆（Alfred Caron）出版了《育儿法或符合卫生学与心理学的儿童养育科学》（*La puériculture ou la science d'élever hygiéniquement et physiologiquement les enfants*）一书，"育儿法"（puériculture）一词首次出现，由"puer"和"culture"组成，分别表示"儿童"和"养育"。在 1900 年前后，在法国著名医生阿道夫·皮纳德（Adolphe Pinard）[3]的倡导下，育儿法得以流行。

1903 年，皮纳德教授在巴黎的一所女子学校讲授了整整一年的育儿法课程。这一课程内容后被编写成教材，成为女子学校"道德教育与实践"学科的重要内容。1905 年，育儿法成为女子师范学校的三年级课程。

鉴于当时婴儿死亡的主要原因是腹泻（diarrhée）和肠炎（entérite），医生特别提倡母乳喂养，因为母乳既卫生又适应婴儿的消化。

对于医生制定的母亲哺乳规则，平民通常比较容易接受，认为既简单又方便。但资产阶级妇女则强烈反对。她们认为，对于工人和农民来说，身体是劳动的工具，而要保持身体的强壮，需要大量的饮食。相

---

① 路易·巴斯德（Louis Pasteur，1822年12月27日—1895年9月28日），法国微生物学家、化学家，微生物学的奠基人之一。

② 阿德里安·普鲁斯特（Adrien Proust，1834年3月18日—1903年11月26日），法国医生。

③ 阿道夫·皮纳德（Adolphe Pinard，1844年2月4日—1934年3月1日），法国医生，育儿法的主要创建者。

反，资产阶级妇女的身体则具有美学的意义，要保持形象和"线条"，需要清淡的饮食，既能获取必要的卡路里又不会增加多余的脂肪。而母乳喂养婴儿会带来乳房变形，刺激食欲而变得肥胖。当然，医生也不过分坚持，因为他们相信，资产阶级家庭的卫生条件和习惯不至于带来人工哺育的卫生问题。

与此同时，人们对婴幼儿的饮食也开始注意。奶瓶是哺育婴儿长期使用的器具，但最初的奶瓶不是玻璃或陶瓷制成，而经常是采用动物的头角，在尖嘴处缠上一块布料，便于婴儿吮吸。橡胶奶嘴是 19 世纪才出现的创新。卫生学家要求用开水烫煮奶瓶和奶嘴，但实际上许多母亲都认为烫煮一次可以用许多回，或把奶瓶和奶嘴在煮沸过的水中涮一下即可。其实，这样并未能有效防止细菌污染。

那时还没有奶粉，牛奶也不适用所有儿童。在乡村，人们还过分地提取牛奶中的油脂，高价卖给富人，穷人买到的奶不仅营养成分不足并且因存期较长而滋生细菌。1891 年，巴黎地区 79% 的不足一岁儿童因饮用这种奶而患肠胃炎死亡。而巴斯德消毒法，要求将奶瓶和奶嘴在沸水煮 10 分钟，为儿童养育提供了规范。医生还建议经常称儿童体重，以发现儿童的身体变化，及时预防疾病。后来有了工业生产的奶粉，终于可以适应不同年龄儿童的成长需要。

城市的发展使妇女习惯于将新生儿交给奶妈哺育，而农村的妇女也乐于多一些收入而担当奶妈，只是不得不放弃给自己的孩子喂奶。对于奶妈的选择，一位医生这样建议：好的奶妈不得小于 20 岁，也不得超过 35 岁。体态应当丰满，中等身材，棕色头发，面色红润，牙齿整齐，牙龈呈玫瑰色，乳房隆起且血管可见呈大理石纹理感，乳头坚挺……[①]

19 世纪，有关健康的书籍开始流行，一些养育儿童的知识也广泛传播，例如不能给太小的婴儿吃卷心菜、肥肉、豆角等食品，但是在民间，家长们却得意地认为，孩子可以和他们一样吃东西。一些孩子妈妈为了让孩子安静，不打扰自己，给孩子一种类似棒棒糖的东西，实际是

---

① 　Françoise Mayeur, *Histoire générale de l'enseignement et de l'éducation en France, tome III, De la Révolution à l'École républicaine,(1789-1930)*, Paris: Perrin, 2004, p.177.

把浸白酒的糖装在小布袋里给孩子吮吸。

当孩子临近 1 岁时开始学习走路。传统上反对过于自由的走路练习，特别是应避免在冰凉、肮脏的地面上学习走路。儿童经常被拴上布带便于大人牵引，儿童还经常戴着厚衬边的帽子，以防止头部跌伤。

1880 年前后，一种自由运动的理论开始影响人们的习惯，襁褓和婴儿床的坚实围栏都被认为是对儿童的束缚。普鲁斯特医生建议，儿童从 5—6 个月起，便可以在毯子或被子上自由运动，以利于发现外部世界。新的育儿法开始注意儿童的个别差异，由预防死亡为主转向关注儿童心理发展。

在 19 世纪，人的寿命还相对较短，极少有儿童在祖父母身边长大。平民的孩子基本上是在无人看管下长大。雨果在撰写《悲惨世界》时曾经注意到，巴黎的巡警每年平均收容 260 个在桥拱下、空地或建筑工地居留的孩子，但他们并不都是孤儿，而主要是由于家庭境况窘迫而离家出走。在里尔的工厂里，厂主还雇用 6—7 岁儿童，其生活相当悲惨。

儿童的节日莫过于圣诞节。但在圣诞节给儿童送礼物的习俗最初源于世俗的节日。在法国北部及洛林地区，流行"圣尼古拉节"，尼古拉是古罗马时一位基督徒。每年 12 月 6 日，传说中的小耶稣即后来的圣诞老人会从烟囱中下来，给聪明、乖巧的儿童分发礼物。随小耶稣同来的还有"鞭鞑老爹"（Père Fouettard），专门鞭挞与教训调皮的孩子。

与其他国家不同，法国贵族和资产阶级比较讨厌对儿童施加体罚。俄裔法国女作家索菲·罗斯多琴娜（Sophie Rostopchine）[①]小说《模范小女孩》（*Les Petites Filles modèles*）便透露这样的思想，认为惩罚是一种不好的方式，因为这样会使儿童变得顽固和逆反，相反要使儿童认识其错误而悔过。尤其不要在生气时惩罚孩子，这样他会以为，你打他是因为你在生气，而不是因为他的问题。即使不生气，打孩子也是权宜之计。

法国人处罚孩子的方式经常是不许吃饭，或关在屋里。19 世纪末，

---

① 索菲·罗斯多琴娜（Sophie Rostopchine，1799 年 8 月 1 日—1874 年 2 月 9 日），即塞古伯爵夫人（Comtesse de ségur），俄裔法国女作家。

法国曾流行"小黑屋"惩罚孩子的方式。美国的一本杂志曾经刊载这样一个趣闻：一个法国资产阶级阔太太在美国租房子，当太太看中一套房子时，她的小女儿反对说："妈妈，这里没有小黑屋！当我不乖的时候，把我放在哪里呢？"无论这个故事是真是假，的确反映法国当时的一种现实。这种惩罚方式在学校则演变成"站墙角"（piquet）。

在法国传统家庭，重要的特征就是家长权威。父母作为家长，具有特别的权威，孩子必须无条件地服从。家长权威通常表现为三种基本强迫方式：惩罚、恐吓、气恼。父亲尤其经常习惯于行使权威。如果孩子问起服从的理由，便会被认为是反抗的起始。偶尔会有一些宽容，但宽容度仅限于家庭的范围之内。家庭中，家长往往会有两种不同意见，父亲更经常习惯于行使权威，而母亲则温柔一些。

家庭中情感的表露都很平淡。19世纪初，艾米莉回忆，父亲与她的亲吻每年只有两次，一次在她的生日，一次是新年。社会道德告诉人们，爱孩子，并表现出来，太过于危险，人活在世上，不是为了享乐，而是要吃苦，要劳动，要节俭。对孩子保持冷淡，是一种为他们面对生活的艰难困苦做的准备。当一个孩子死了，男人们几乎无动于衷，甚至对女人说："你为什么哭呢？这个孩子没有让哪个人缺少什么，相反，少了一张吃饭的嘴。这个小魔鬼，还不是干活的人。因此，不要哭了。"①

传统家庭都会禁止孩子与陌生人玩耍，只允许与自己的表、堂兄弟姐妹玩耍，而不许与其他家庭的孩子玩耍。

但不知从何时起，也许是从20世纪初，法国家庭圈子变得开放起来，父母与子女的新态度不是教育而是情感。他们开始允许与其他孩子玩耍。剥夺甜食、吃干面包、蹲黑屋替代了打屁股、揪耳朵，现实中的惩罚变成了想象中的训诫、童话中坏蛋或大灰狼的恐吓。

家长开始要求儿童学会自爱与愧疚。教育学家告知家长，父母对于子女应当重视情感。对儿童表示不信任是比较有效的惩罚，过分气恼迫

① Antoine Prost, *Histoire de l'enseignement et de l'éducation en France, tome IV : L'Ecole et la Famille dans une société en mutation, depuis 1930*, Paris: Perrin, 2004, p. 144.

使儿童服从会使儿童记恨、阴郁，恫吓会使儿童惶恐、胆怯。

二、幼儿园的诞生

1771 年，新教牧师让 - 弗雷德里克·奥贝兰（Jean-Frédéric Oberlin）[1] 创建了一所"编织学校"，儿童在那里学习祈祷、阅读、唱歌、绘画和计算，还学习编织、缝纫等手工劳动。

1801 年，帕斯托雷夫人（Mme de Pastoret）[2] 开设一个住院室（Salle d'hospitalisé），接收贫苦家庭的孩子以及被家长遗弃的孩子。这个住院室由一个修女和一个清洁妇管理，一个大房间既是教室，又是厨房，还是寝室，三十几个孩子吵吵闹闹，或是哭喊，或是睡觉，还被形容为阴暗、肮脏、弥漫着难闻的气味的避难所。因为管理不善，更因为不合传统，这个具有托儿所雏形的机构未能持续。然而，帕斯托雷夫人的经验却影响了英国，特别是促使罗伯特·欧文（Robert Owen）[3] 不仅仅操持他在新拉纳克（New Lanark）的工厂，还于 1808 年在其工厂附近开办了一所学校，接收 2—6 岁的儿童。他的办学经验体现在其 1825 年出版的著作《新拉纳克学校的教育系统概述》（*Esquisse du système d'éducation suivi dans les écoles de New-Lanark*），而这部著作随即被翻译成法文并在法国出版，由此在法国产生了影响。

帕斯托雷夫人受此影响决定重新开设幼儿园，她在玛莱夫人（Mme Mallet）[4] 的支持下，先组建了一个妇女协会，于 1826 年 4 月在巴黎开设了一家收容室（asile），接收了 80 名 2—6 岁的儿童。

---

① 让 - 弗雷德里克·奥贝兰（Jean-Frédéric Oberlin，1740 年 8 月 31 日—1826 年 6 月 1 日），法国新教牧师。

② 帕斯托雷夫人（Adélaïde Piscatory, Mme de Pastoret，1766—1843 年），法国托儿所创始人之一。

③ 罗伯特·欧文（Robert Owen，1771 年 5 月 14 日—1858 年 11 月 17 日），英国乌托邦社会主义者、企业家、慈善家。

④ 玛莱夫人（Mme Mallet，Émilie Laure Oberkampf，1794 年 5 月 28 日—1856 年 9 月 11 日），法国慈善家，其丈夫为银行家儒尔·玛莱（Jules Mallet），因此她被称为"玛莱夫人"。

　　巴黎第二区的区长让－德尼·科尚（Jean–Denis Cochin）[1] 体谅贫苦家庭的孩子，于1828年也建立了一家收容室，并开设抚育人员的培训课程。在短短的15个月，收容室接收的儿童从最初的420名增长到千名。办学的成功，促使科尚于1833年完成并出版了著作《收容室工作手册》（*Manuel des salles d'asile*）。这部书吸收了德国教育学家福禄贝尔（Fröbel）[2] 的幼儿教育思想，也体现了卢梭的精神，"感觉是我们认识的首要工具。在教儿童阅读之前，需要教他们观看。"科尚强调尊重儿童的个性，注重儿童的手工操作。

　　住院室或收容室，其基本目的都是接收贫困儿童，使他们免受流浪饥馑之苦。收容室的成功，使得官方予以确认。在一份关于1833年《基佐法》的解释文件中，第一次确定以"收容室"（salles d'asile）为名的教育机构，可以接收2岁至6岁或7岁的幼小儿童，因为他们太小还不能进入小学，而他们的父母既贫穷又繁忙，还不懂得如何看管孩子。科尚继续努力，促使将收容室的预算管理从医疗卫生领域转至巴黎市政府。

　　让·巴普蒂斯特·马尔布（Jean Baptiste Marbeau）[3] 于1844年11月在巴黎创建一个托儿所，接收15天至2岁的儿童，开所时间从早上5点半至晚上8点半，大体上与当时工厂的工作时间相当。孩子妈妈可以在午餐时间来给孩子喂奶，并带来干净的衣物。一些贫困妇女被雇来作为"摇篮女"（berceuse），负责儿童的保洁。孩子妈妈需支付少量的费用，以支撑托儿所的运行。1880年前后，母亲给一个孩子喂奶每次需支付0.2法郎。1879年底，法国有172个托儿所，其中巴黎有30个，郊区有12个。[4]

---

　　[1]　让·德尼·科尚（Jean Denis Cochin，1789年7月14日—1841年8月18日），法国慈善家。

　　[2]　弗里德里希·威廉·奥古斯特·福禄贝尔（Friedrich Wilhelm August Fröbel，1782年4月21日—1852年6月2日），德国教育家。

　　[3]　让·巴普蒂斯特·费曼·马尔布（Jean Baptiste Firmin Marbeau，1798年5月18日—1875年10月10日），法国慈善家。

　　[4]　Françoise Mayeur, *Histoire générale de l'enseignement et de l'éducation en France, tome III, De la Révolution à l'École républicaine (1789-1930)*, Paris: Perrin, 2004, p. 199.

收容室这种幼儿教育机构发展缓慢。1830 年仅有 4 所，接收 900 名儿童，1836 年达到 24 所，接收儿童达到 3600 人。1855 年 3 月 21 日的法令规范了这种教育的基本特点："收容室的教育包括宗教教育、阅读、书写、口算和线条画等基础知识，以及学习关于儿童的日常知识，学习符合其年龄的书籍、宗教歌曲，进行道德与身体训练。"[1] 然而，收容室或托儿所无论是私人开设还是政府参与的，都属于慈善性质。直至 1886 年，法律文件才把收容室列入初等教育范畴。

为了适应幼儿教育的发展，萨尔万迪（Salvandy）伯爵[2] 于 1847 年创办"临时学习之家"（maison provisoire d'études），培养收容室的管理人员。收容室的主管最初为男性，1837 年的政令允许配备一名女性助手，而 1855 年则要求收容室的主管人员必须为女性。帕普－卡庞蒂埃（Marie Pape-Carpantier）夫人[3] 作为任职 27 年的法国第一位收容室主管，提议将收容室的名称改为"母育学校"（école maternelle），为此 1848 年名称便这样改动，但 1855 年又改回原名，直至 1881 年才最后确认。从"收容室"到"母育学校"，更体现着母爱。帕普－卡庞蒂埃夫人倡导母爱与自然方法，主张儿童自由与运动，还在索邦大学举办讲座，向幼儿教师宣讲其教育思想，并出版其著作《学校的动物学》（ Zoologie des écoles）。

母育学校的发展也遇到问题。一方面，学生数量增大，一些学校的儿童已经达到 250 至 400 人，教学与看管人员明显不足。另一方面，所有年龄的儿童混杂在一起，认知水平不一，难于管理。有人这样描述：孩子们坐在长凳上，一个紧挨一个，双手贴在背后，头脑前倾而无倚靠。当写字时，需要有人把写字板拿来，儿童只能把写字板放在膝盖上写字。

---

① Françoise Mayeur, *Histoire générale de l'enseignement et de l'éducation en France, tome III, De la Révolution à l'École républicaine (1789-1930),* Paris: Perrin, 2004, p. 220.

② 萨尔万迪伯爵，纳尔西斯·阿希尔（Narcisse–Achille de Salvandy，1795 年 6 月 11 日—1856 年 12 月 16 日），法国政治家、作家，曾任七月王朝时期的教育大臣。

③ 玛丽·帕普－卡庞蒂埃（Marie Pape-Carpantier，1815 年 9 月 10 日—1878 年 7 月 31 日），法国教育学家和女权主义者。

作为塞纳省教育主管和教育部初等教育负责人的奥克塔夫·格雷亚尔发现了这些问题，极力主张学习德国幼儿教育家福禄贝尔的思想，尽管在普法战争的背景下，任何来自德国的东西都可能受到法国人的鄙视。经过格雷阿尔的努力，幼儿学校得以改善。每所学校的学生数量限制在 100—150 人，并按儿童年龄划分成两个班，5 岁以下儿童在小班，5 岁以上儿童在大班。教室里添置了小书桌，便于书写练习。

1837 年，时任教育大臣的萨尔万迪主张幼儿学校应当负有照看（soins）的责任，保证场所的整洁、饮用水的清洁、儿童身体的干净。1881 年的法令进一步确定幼儿教育的目的在于促进儿童"身体、智力和道德的发展"。1890 年的法令规定，幼儿学校必须配备玩具、图片以及小棍棒、板条、方块等练习器具，还要进行一些简单的手工劳动。儿童还可以有布娃娃、积木、沙盆等玩具，进行猫捉老鼠的游戏，"阿维尼翁断桥"的儿歌开始流行。

不仅在幼儿学校配置一些玩具，在农村，也有一些供儿童玩耍的器具，或者说只要能够制造一些乐趣的东西就都可以成为玩具，比如柳枝哨、小木笛、刻花棍、草编物、树皮船、陀螺、弹弓等。

工业的发展促进了玩具的商业化，1860 年法国玩具的商业额达到 3 534 990 法郎，1867 年达到 1050 万法郎，1878 年达到 1800 万法郎。

玩具的指向呈现明显的性别特征。女孩喜欢娃娃、家庭用品，男孩偏爱纸质、木质或铅制的马、炮和士兵。玩具不仅是娱乐，也有教育意义。1900 年，玩具也开始进入课堂。

《费里法》以来，法国对幼儿学校没有强制性规定，开办学校完全随地方政府所愿，送子女入校也完全随家长所愿。法律限制的仅仅是开办幼儿学校的乡镇需要至少 2000 名居民，不足者只能设幼儿班。

1887 年的法令确定，幼儿学校为"最初的教育机构，男女儿童在那里共同接受照管，使他们的身体、道德和智力得以发展。"自 1887 年至 1927 年的教学大纲，幼儿学校没有课程，只有练习。身体与感知的练习、语言和观察的练习，形成最初道德行为习惯的练习。

1940 年以前，儿童通常在母亲身边长大，到 6 岁时直接进入小学，初级学校就是第一个学校。1901—1902 年，法国有学龄前儿童约 140 万人，其中 60 万人进入幼儿学校。1930—1940 年间，法国幼儿学校的学生约为 40 万人，"二战"之后，幼儿学校蓬勃发展，1958 年达到 80 万所，1968 年达到 134.4 万所，1978 年达到 186 万所。

三、儿童心理学的发展

幼儿教育的兴起促进了儿童心理学的诞生，也可以说儿童心理学的出现推动了幼儿教育的发展。一般认为，心理学家威廉·蒂埃里·普莱尔（William Thierry Preyer）[1]1882 年出版的著作《儿童的灵魂》（*L'âme de l'enfant*）为儿童心理学发展的重要里程碑。

波利娜·凯果玛从事幼儿教育长达 35 年，创建了新的教育方法，以治愈儿童的"身体关节僵硬（ankylose）和智慧的僵硬。"她于 1887 年编写的课程，将游戏以及身体练习作为幼儿教育的首要活动。

法国医生伊塔尔（Itard）[2] 对在阿韦龙省（Aveyron）收养的野男孩维克多（Victor de l'Aveyron）[3] 的教育训练与研究，说明早期教育和社会环境影响的重要性。

法国医生和教育家爱德华·塞甘（Édouard Séguin）[4] 对智障儿童的研究，丰富了人们对儿童教育的认识，并对意大利特殊教育先驱玛丽亚·蒙台梭利（Maria Montessori）[5] 具有启发意义。

---

[1]　威廉·蒂埃里·普莱尔（William Thierry Preyer，1841 年 7 月 4 日—1897 年 7 月 15 日），在德国工作的英国生理学家、心理学家。

[2]　让·马克·加斯帕尔·伊塔尔（Jean Marc Gaspard Itard，1774 年 4 月 24 日—1838 年 7 月 5 日），法国医生。

[3]　阿韦龙的维克多（Victor de l'Aveyron），1797 年在法国南方阿韦龙省发现的一个野孩子，1828 年死于巴黎。

[4]　爱德华·塞甘（Édouard Séguin，1812 年 1 月 20 日—1880 年 10 月 28 日），法国医生和教育家。

[5]　玛丽亚·蒙台梭利（Maria Montessori，1870 年 8 月 31 日—1952 年 5 月 6 日），意大利医生和教育家，蒙台梭利教育法的始创人。

　　塞甘的工作在法国并不受关注，1852 年便移民去美国，智障儿童的研究基本停滞。直至 1879 年布尔纳维尔（Bourneville）① 担任比塞特尔（Bicêtre）医院院长时，情况有所转机。他继续塞甘的方法，并于1883 年担任巴黎议员之后向议会提交了关于为非正常儿童设置专门学校的法律草案。只是由于法国传统上认为非正常儿童的照顾属于医院的职责，同时也认为布尔纳维尔的提案没有考虑特殊教育的成本，法案未能通过。所幸的是，玛丽亚·蒙台梭利亲自参观了布尔纳维尔的医院，发现由医院再版的伊塔尔和塞甘的著作，特殊教育的意义终于在法国被认可。

　　1900 年，教育联盟大会提出设置特殊教育学校或班级，但须由教师和督学负责教学和管理。然而，当时法国并无胜任此项工作的教师。甚至更早时由爱贝神父（L'abbé de l'Épée）② 在 1760 年就创建的法国第一所盲哑学校，也并不被官方承认。

　　其实，思想与理论的交流在欧洲没有明显的国界，在法国及其周边的讲法语国家之间的交流更为频繁。法国心理学家阿尔弗雷德·比奈（Alfred Binet）③ 制定了智力量表。1899 年比松和比奈共同创建"儿童心理研究自由协会"（Société libre pour l'étude psychologique de l'enfant）。1912 年 10 月，瑞士儿童心理学家爱德华·克拉巴莱德（Édouard Claparède）④ 在日内瓦创建"教育科学研究院"（l'école des sciences de l'éducation），即"让 - 雅克·卢梭学院"（Institut Jean-Jacques Rousseau）。瑞士发展心理学家让·皮亚杰（Jean Piaget）⑤ 于 1936 年发

---

① 德赛尔－玛格卢瓦尔·布尔纳维尔（Désiré-Magloire Bourneville，1840 年 10 月 20 日—1909 年 5 月 28 日），法国神经病学家。

② 爱贝神父（L'abbé de l'Épée，1712 年 11 月 24 日—1789 年 12 月 23 日），原名查理－米歇尔·雷贝（Charles-Michel Lespée），法国天主教神父。

③ 阿尔弗雷德·比奈（Alfred Binet，1857 年 7 月 8 日—1911 年 10 月 18 日），法国心理学家，智力测验的发明者。

④ 爱德华·克拉巴莱德（Édouard Claparède，1873 年 3 月 24 日—1940 年 9 月 28 日），瑞士儿童心理学家。

⑤ 让·皮亚杰（Jean Piaget，1896 年 8 月 9 日—1980 年 9 月 16 日），瑞士发展心理学家、哲学家。

表了《儿童智慧的起源》(*La naissance de l'intelligence chez l'Enfant*)，提出了著名儿童认知发展阶段论。法国心理学家亨利·瓦隆（Henri Wallon）[1] 把儿童心理发展同社会环境联系起来，注重学校教育与社会环境的关系。

---

[1] 亨利·瓦隆（Henri Wallon，1879年6月15日—1962年12月1日），法国心理学家和精神病学家。

第四章　文化普及与初等教育

初等教育在旧制度时期基本上被看作一种慈善，而不是公共服务。大革命开始提出义务教育、免费教育、公共教育等概念，但由于政府的投入较少和民众对教育的轻视，初等教育的发展在 19 世纪初期仍很缓慢。

一、初等教育的困境

自中世纪以来，初等教育基本上由教会承办，国家并未承担其经费。1802 年的法规定，教师工资和校舍的租金与维修费用均须乡镇负担。帝国政府每年开始拨出一定经费支持初等教育。1808 年至 1836 年，帝国法令准许提取大学收入的二十分之一用于支持初等教育。

1816 年 2 月 29 日的一项规定，区分了两种学校，一是由乡镇建立和维修的学校，另一是由团体或个人赞助的学校，但对于后一种学校并未明确指出乡镇的义务。国家对教育的支持也微乎其微，直至 1827 年，国家每年用于初等教育的经费仅为 5 万法郎。为了弥补学校经费的不足，乡镇需要特别征收 3 生丁的附加税。对于特别贫困的乡镇，还需省级政府甚至皇家征收特别税来补贴，但须由每年的财政法准许。只有在学校经费仍然不足的情况下，教育部才从其预算中予以补贴。

1830 年 2 月 14 日的规定，要求为初等教育提供支持。学校为此须提供有关需求的年度报表，然后由乡镇议会认定其必需的项目。如果资源不足，可以通过投票加征特别税。但所有这些决定须由学区长或省长批准。

　　七月王朝①时期，法国初等教育经费预算增长比较迅速。1829 年，初等教育经费预算为 10 万法郎，1830 年为 30 万法郎，1831 年为 70 万法郎，1832 年为 100 万法郎，1833 年为 150 万法郎。②1848 年，卡诺计划将初等教育经费预算增长到 4700 万法郎，但这一计划由于过于庞大而未能实现，到 1866 年，公共教育费用也不过 700 万法郎。

　　法律准许对部分贫困儿童减免学费，教师还可以按照接受免费学生的数量，可以从乡镇得到一定比例的月薪。按照法律，乡村教师应当享有"体面的住宅"。但事实并非总是如此。一位出生于 1872 年的小学教师回忆道，他被安置在一间租来的房子，炉子不热，光线不足，卫生不洁，厕所还远。另一位教师这样描述：在冬季，每天早晨 50—60 个孩子跑来劈柴取暖。每一刻钟，10 个孩子轮流坐在长凳上、背向教室烤火。

　　教室和教师居室经常为同一房间。一位督学看到的学校场景是这样的：书籍和笔记本与家用器具零散地放在桌子上，上方有麻绳悬挂着腌肉和火腿。许多学校都是污浊不堪，甚至是危房。在法国西北部的莫尔比昂省（Morbihan），559 所学校中 110 所须重建，或是由于地面阴暗、湿滑，或是屋顶风雨飘摇。

　　学校处于如此困境的原因，主要是教会担心其社会影响下降，地主担心受教育的农民进城而缺少廉价和顺从的劳动力。乡镇政府拒绝对学校投入不仅因为还有其他花销，还因为对教育不够重视。

　　直至《基佐法》颁布 30 年后，10 744 个乡镇才不得不租借一个地方或建造校舍供教师和学生教学之用，总共费用不足 1 亿法郎，国家另外投入 5 千法郎，用于校舍建设。

　　其实，修建校舍并非乡镇政府所愿，他们经常是拖拖拉拉，敷衍了事。比如，在法国西部叫玛兹耶尔 – 伽地纳（Mazières-en-Gâtine）的

---

①　七月王朝（Monarchie de Juillet），法兰西王国在 1830 年至 1848 年之间的政体。1830 年 7 月 27 日，法国爆发七月革命，革命持续了三天，波旁复辟期结束，8 月 9 日，七月王朝宣布成立，1848 年因二月革命而终止。

②　Françoise Mayeur, *Histoire générale de l'enseignement et de l'éducation en France, tome III, De la Révolution à l'École républicaine (1789-1930)*, Paris: Perrin, 2004, p. 378.

乡镇，政府先是准备租借一个烘皮子的暖房作学校，后来选定了一个房舍，本来 2400 法郎即可买下，却不愿多花钱，而只是租借。更加不可思议的是，购置课桌椅的费用，以及当时教室必备的国王半身像和十字架的费用乡镇都不肯出，因为法律无此明确规定。

19 世纪上半叶，法国农村还处于农耕文明之中，农民基本自给自足，少有剩余现金。农民交纳的"学费"经常是一袋土豆、家禽、血肠。乡镇支付给教师的薪酬也不尽一致，不仅根据学生的数量、年龄、性别，还因不同的教学内容而异，例如阅读课的工资就少于书写课的工资。1863 年，在旺代省（Vendée），教授 7 岁以下儿童的月薪为 1.25 法郎，7—13 岁的儿童为 2.5 法郎，14 岁以上儿童为 3 法郎。

第二帝国末期，几乎所有乡镇都设置了学校。1863 年，法国小学数量为 13 368 所，1891 年为 16 926 所，1906 年为 17 760 所。学校的发展主要与城市化进程相关，同时也与小村庄学校和女校数量的增长相关。1867 年 4 月 10 日的教育法确认了"小村庄学校"（écoles de hameaux）存在的合法性。这些小村庄学校通常设在远离乡镇中心区域的地方，由无教师资格、无固定工资的所谓"助理教师"（adjoint）负责教学与管理。1875 年，才有法律规定这些助理教师享有固定的最低工资，也可享有普通教师应有的体面住宅。1881 年之后，只要助理教师接收至少 20 个学龄儿童，便可以转正为普通教师。

在一些偏僻山村，由于交通不便，儿童入学年龄可能推迟至 9 岁。也有一些因居住较远而不能每天回家的学生，他们临时住在学校，伙食则是由家长送来。他们被称作住校生（chambrière），而不是寄宿生（pensionnaire），因为后者常为富家子弟。

1850 年，特别是 1867 年之后，女校数量有明显发展。《法鲁法》规定，800 名居民以上的乡镇必须开设一所女校，同时允许教会开办女校及聘用修女教师。1847 年，女校接收了 1 354 000 个学生，1881 年则达到 2 632 000 个学生，而同期男校学生数量仅增长了 30 万。在 15 059 所公立女校中，8061 所由教会管辖，5998 所为世俗学校。13 208 所私立女校中，教会学校虽不足半数，但在公立学校与自由学校的

1 728 493 个学生中，13 208 个学生为教会学校的学生。

仅有校舍并不够，还需要相应的教学设备以及对校舍的维修。教学设备又与教学法相关。在导生制教学中，需要一个高讲台给教师，一条靠在墙边长凳给学生即可。而在课堂教学中，需要一张黑板、数套课桌椅，为了防止相互干扰，课桌椅通常设两个位置，书桌还应设置书本箱。经过一段时间的实践探索，法国学校的课桌椅基本定型——连桌椅。这是一种新的课堂设备，由两块长木条将课桌和座椅固定在一起，材质多为硬木，非常结实耐用。桌面有轻微斜坡，桌面可以翻开，下面有一箱格，可以放置书包、书本。每个连桌椅有两个座位，替代过去 4 至 6 个座位的长条凳和长条桌，更有利于学生身体健康和舒适学习，也方便学生走动，还方便教师巡视。

新式桌椅也有弊端。当时学校普遍使用蘸水鹅毛笔，笔、橡皮、墨水瓶放在斜面上容易滑落，因此不得已搁置一种长木条防止文具下滑，或刻一浅槽放置墨水瓶。而木质桌面时不时被学生弄脏，甚至用小刀划坏，或被刻字刻图。因此，1880 年的一项学校卫生规定，要求更换被刻坏的桌面，费用由肇事学生家长承担。

乡镇政府并不主动添置课桌椅，在一些学校，学生们坐在木墩上，没有书桌，只能在膝盖上写字。一些过于贫困的学校，必备的法国地图也无钱购置。那时的学校都没有食堂，离家远的学生或是在亲友家吃午饭，或是从家里带饭篮。学校的教室里经常配置一、两件大橱柜，除了放置教学用的书籍课本，主要用于放置学生的饭篮。

旷课与逃学的现象屡见不鲜，特别是在采摘葡萄、收获庄稼的季节，学生更是成批地旷课。教师们认为，学校不是他们的必需，而家庭劳动往往离不开儿童的参与。

教师时不时地会收到这样的书写不工整的请假条：

　　"老师先生：

　　　我给您写上几个字，是要说我把小莱昂（Léon）留在家里，让他照看牲畜。"①

　　实际上，在 19 世纪中期，学生主要在冬季的 3—4 个月期间来学校。对于农民来说，通常习惯于天亮前起身、干活，而工作的频率因不同季节和不同任务而异，或者说，每天的工作并无规律。学校的节奏则与农民的工作节律不同。自 1834 年，学校的作息时间为早晨 8 点至 11 点，下午 1 点至 4 点。这样的作息时间与农民的工作节律截然不同，学生放学之后难以继续家中的劳动，而要保证完成家中的农活，就不能规律性地上学。即使有星期天和节假日，也不足以弥补必需的农村家庭劳动。

　　其实，不仅是因为农民家庭需要儿童劳动力而影响儿童入学，19世纪的法国民众对教育的认识都相当冷漠。在许多市镇里，连参议员（conseiller municipal）都是文盲，他们说，"我们的孩子需要的是面包，不是书籍"。一位神父给家长钱，让他送孩子上学，家长都不乐意。因为家中有鹅鸭要看管，田间有麦穗要捡拾，有果子要采摘。而如果附近有作坊需要人，6—7 岁的孩子都会蜂拥而至。有位市议员公然宣称，没有地方建学校，而且学校没用，"我们不会读，不会写，我们有面包吃，我们的孩子也照样。"②

　　在 19 世纪上半叶，不仅多数家庭对教育还不够重视，更认为女子教育无用，女童上学经常是断断续续，家里需要她们看管牲畜、做家务，还有田间劳动，她们随时可能中止学业。一些家庭实行一种"分担制"（Perdiguier），父亲负责男孩，母亲负责女孩的教育费用，这样女孩正常上学的机会便更少。

　　有时，母亲的教育可能带来意外的收获。法国历史学家、诗人、哲学家埃德加·基内（Edgar Quinet）③出身于议员家庭，但其童年在那个

①　Françoise Mayeur, *Histoire générale de l'enseignement et de l'éducation en France, tome III, De la Révolution à l'École républicaine (1789-1930)*, Paris: Perrin, 2004, p. 398.

②　同上书，第 90 页。

③　埃德加·基内（Edgar Quinet，1803 年 2 月 17 日—1875 年 3 月 27 日），法国历史学家、诗人、哲学家。

年代也无法接受正常的学校教育。他的学校设在仓库里，一旦仓库货满，学校便停课。他母亲给他找来一个家庭教师，有些结巴，又有些聋。令他惊奇的是，从家庭教师学来的拉丁语竟然可以为入侵的匈牙利骑兵当翻译。而真正的传统文化教育，只得益于他的母亲，使他学习了莎士比亚、伏尔泰和卢梭等人的著作。

只是随着法国经济的深度发展、铁路的开通、征兵的广泛实施、农村的人口外流，农民逐渐转变了轻视教育的观念。

二、可怜的童工

不是所有儿童都能享受教育的温暖，许多贫苦家庭的儿童从小就要从事家庭和生产劳动。在农村，刚刚有一点劳动能力的儿童就开始学着干活。拾粪、积肥、拔草、翻地、看管牲畜。有人回忆："不到 5 点，母亲便把我从床上拉起，我睡眼朦胧地出去干活，""我揣在兜里一块硬面包和一小块奶酪，一边照看羊群，一边坐在黑石头上吃，有时还给饥饿的牧羊狗一点面包。"[1]

家庭教育并不温柔，拳打脚踢是家常便饭，有时还有鞭挞与棍棒。工厂和矿区的儿童境遇更差。有人描述法国东部工业城市牟罗兹（Mulhouse）的童工，"见到那些瘦弱、脸色苍白孩子，衣衫褴褛，光脚在雨中和泥泞中行走。"[2]

纺织厂的童工要工作 15 至 15 个半小时。据法国北部的一个省的报告，纺织厂雇用了 90 万名不足 12 岁的童工。童工的悲惨不仅在于劳累，还有道德考验。他们耳濡目染的是工人阶级的混乱、淫邪、丑恶，极易沾染酗酒、淫荡、浑浑噩噩的恶习。[3]

在洗衣店的童工，大部分不足 16 岁，从早上 6 点工作到晚上 10 点。

---

①　Françoise Mayeur, *Histoire générale de l'enseignement et de l'éducation en France, tome III, De la Révolution à l'École républicaine (1789-1930)*, Paris: Perrin, 2004, p. 249.

②　同上书，第 253 页。

③　同上书，第 254 页。

工作的困苦使得不少女工在成年之前变得放荡、粗鲁、厚颜无耻，里尔这座早期工业发达的城市，成为妓女集中的地方。

鉴于诸多童工问题，有人提议限制童工年龄，也有人提议在工厂实施教育。多数人同意把童工年龄限定为最小 9 岁。当然，对于许多贫困家庭，儿童的收入也是不可或缺的，限制童工年龄并不容易。1841 年 3 月 22 日的限制童工年龄的法同教育法显现出矛盾：不允许低于 8 岁儿童工作，12 岁以下儿童每天工作时间不得超过 8 小时，13 岁以下儿童不得从事夜间工作，但义务教育必须实施至 12 岁。该法实施以后，许多工厂依然雇用低龄儿童，在里尔的工厂里，无论哪个年龄的童工，夏季 5 点半、冬季 6 点须上工，午饭或在车间或在工作岗位，12 点去工厂学校学习，13 点半回来工作。工厂通常有晚饭，20 点或 21 点下班。长时间的劳动，使工厂的教育也形同虚设。

法国历史学家米什莱（Michelet）[1] 在其著作《人民》（Le Peuple）中指出，"为烦恼而建的学校，几乎就是在疲劳之上再加疲劳。夜校，对多数人来说，就是一个嘲弄。想见一个可怜的小家伙，天不亮就出发，回来时疲惫不堪，还要提着灯，踉踉跄跄地走一二里[2] 路，这样如何进学校，如何学习！"[3] 尽管政府后来要求将夜校改为午校，情况也没有多大改善。

三、昙花一现的导生制

1815 年，法国社会重新恢复和平，大革命普及教育的思想又被提起。但学校通行的教学方法是自 1684 年教士若翰·喇沙所开创的"同期教学法"（enseignement simultané），即一个教师同时教授所有学生，近似十坝在普遍命名的班级授课制。此外，教会学校还具有这些特点：按教学水

[1] 儒勒·米什莱（Jules Michelet，1798 年 8 月 21 日—1874 年 2 月 9 日），法国历史学家。
[2] 法国古里（lieue），约合 4 公里。
[3] Françoise Mayeur, Histoire générale de l'enseignement et de l'éducation en France, tome III, De la Révolution à l'École républicaine (1789-1930), Paris: Perrin, 2004, p. 257.

平编班，学生位置固定，纪律严格，重复学习，教师监控。然而，由于师范教育的滞后，19世纪初的法国学校普遍存在教师不足的问题。

　　而英国传来的导生制，恰好是解决教师不足的灵丹妙药。导生制的思路是：教师先教会年长或成绩较好的学生，然后由他们担任教师的助手，将刚学会的知识内容再教给其他学生。这一新的教学方法，由两位英国教育家安德鲁·贝尔博士（Andrew Bell）和约瑟夫·兰开斯特（Joseph Lancaster）分别独立创行，又名贝尔 – 兰开斯特制（Bell–Lancaster method），并于19世纪初在欧洲开始流行。

　　导生制作为一种教学方法，1774年，法国曼特农夫人在圣西尔女子学校就曾尝试过。但其流行，的确得益于贝尔 – 兰开斯特在英国创办的学校经验。1814年，法国政府派出两位专家去英国考察兰开斯特学校，他们是埃德蒙 – 弗朗索瓦·若马尔（Edme François Jomard）[1]和经济学家让–巴蒂斯特·萨伊（Jean–Baptiste Say）[2]。他们的友人亚历山大·德·拉波尔德（Alexandre de Laborde）[3]随后提出一份模仿英国学校制度的教育计划。而拉波尔德又是积极倡导学习导生制的法国"初等教育联盟"的主要发起人。1815年6月13日，联盟在巴黎开设了导生培训班，然后于当年9月1日正式开办导生制学校，招收了41名学生。导生制学校同时得到塞纳省长的支持，并由此开始蓬勃发展。联盟还鼓励教育学研究和图书出版。罗朗 – 皮耶尔·德·朱西厄（Laurent–Pierre de Jussieu）[4]为此于1818年发表了描写初等教育的小说《楠蒂阿的西蒙》（Simon de Nantua）。小说的主人公小商贩西蒙，周游法国不在于兜售其商品，更主要的是通过逸闻趣事宣扬其教育理念，因而小说获得极大成功。

　　导生制的英文为"Monitorial System"，其中"Monitorial"具有监

---

① 埃德蒙–弗朗索瓦·若马尔（Edme François Jomard，1777年11月17日—1862年9月23日），法国地质工程师、考古学家。

② 让–巴蒂斯特·萨伊（Jean–Baptiste Say，1767年1月5日—1832年11月14日），法国经济学家。

③ 亚历山大·德·拉波尔德（Alexandre de Laborde，1773年9月17日—1842年10月20日），法国政治家。

④ 罗朗–皮耶尔·德·朱西厄（Laurent–Pierre de Jussieu，1792年2月7日—1866年2月23日），法国作家。

控的含义。而导生制的法语为"enseignement mutuel"，其中"mutuel"意为"互助"，其直译应为"互助教学法"。法国实施的导生制，并非完全模仿英国的兰开斯特制。贝尔利用沙子教授写字，而法国通常采用石板，教授计算的过程则更接近于瑞士裴斯塔罗奇的注重思考的方法。

在导生制实践中，法国学校还注重寓道于教，培养儿童相互尊重、平等公正的品质。

1815 年秋季，成立了一个以初等教育联盟的主要创始人为主体的委员会，负责监督法国导生制的实施。实际情况并非其倡导者所愿，即由于所需较少的设备和较少的教师，因此比同期教学更为经济。督学们发现，缺乏培训的教师难以施行这一教学法，而只有当学生超过百人，并具备足够大的场所，导生制才方便实施。导生制学校通常设在先前的教堂或修道院，有较大平整的地面，以避免桌椅和讲坛相互碰撞，也防止不同群组学生的相互干扰。

1828 年，法国创建了公共教育部，基佐曾经是初等教育联盟的成员，但任教育部长之后开始表现出对导生制的不满。而初等教育联盟的成员由 1828 年的 2200 多个缩减至 1833 年的千余个。这些情况都预示着导生制的衰退。人们发现，巴黎的导生制学校在塞纳省长的推动下，曾经从 1830 年的 25 所发展到 1835 年的 52 所，学生达到 21 000 人，但是这些学校的教师往往缺乏充分的培训，教学目标也不甚明确，教学效果不如喇沙兄弟会推崇的同期教学法。而在农村，由于学生数量远远不及城市，导生制学校更难推行。特别是令初等教育联盟惊奇的是，在德国、在荷兰，竟无模仿英国的导生制学校，在英国本土，导生制更在发生变化，班级中的导生组演变成独立的小班，所谓"导生"（pupil teachers）也成为实习教师。1853 年，导生制在法国被正式取消。

导生制在法国存在短短的几十年，或多或少适应了拿破仑帝国覆灭之后教师短缺的现实，甚至还提供了按年龄和学习水平分组的经验，但最终未能融入法国教育。其中一个原因是保守势力的反对。巴黎的一位主教抨击道："非常容易地感觉到这样的方法是多么恶毒，因为它向儿童展示，每个人都可以轻松地轮流成为领导，成为同伴们的上级，这明显是共和制的一个原则"。[①]而导生制被取消的另一原因，也在于民间团体的高度热忱没有被官方认可，法国政府的强势决定了导生制衰退的命运。

四、《基佐法》：初等教育的普及

1832 年，弗朗索瓦·基佐（François Guizot）[②]在担任教育大臣之初便着手构建大众教育。他看到，"家庭的义务感在减弱，天然和道德的联结变得特别牢靠……一个思想将与这些感受相连接，为他们准备一个新的权威，这就是个人才能（mérite）的思想，这一思想在今天是首要力量，是生活中取得成功的不可或缺的首要条件。"基佐在这里提到的才能，或者指价值，或者指优点，是教育的结果，只有通过教育，人才能获得这些才能。基佐同时认识到，"现代社会的重大问题是掌控思想。"[③]因此，普及教育是教化民众的重要途径，当时便有人说，开设一所学校，就是关闭一所监狱。

1833 年 6 月 28 日，法国颁布《基佐法》，不仅规定"所有市镇，或单独，或与邻近市镇共同建立初等学校"，同时还要求各省建立一所师范学校，以培养小学所需的师资。这一法律开创了法国公共教育的新格局：遍布全国的乡镇普遍建立了小学，这些小学通常与乡镇政府比邻而居，或者小学就与乡镇政府共用一座楼房，一半是学校，一半是政府。就是在今天，这种古老的建筑依然屡见不鲜。

《基佐法》将初等教育划分为两个阶段：基础初等教育和高级初等教育。基础初等教育内容主要包括道德与宗教教育、阅读、书写、法语

---

① Vincent Troger, Jean-Claude Ruano-Borbalan, *Histoire du système éducatif*, Paris: PUF, 2017, p. 19.

② 弗朗索瓦·基佐（François Guizot，1787 年 10 月 4 日—1874 年 9 月 12 日），法国政治家和历史学家，1830 年 8—11 月任内政大臣，1832 年 10 月—1836 年 2 月和 1836 年 9 月—1837 年 4 月国民教育大臣，后于 1847 年—1848 年间任法国首相。

③ Françoise Mayeur, *Histoire générale de l'enseignement et de l'éducation en France, tome III, De la Révolution à l'École républicaine (1789-1930)*, Paris: Perrin, 2004, p. 334–335.

和计算以及度量衡系统的基础。基佐特别强调，"道德与宗教教育与整个教育相关，与学校教师和儿童的全部行为相关。……将智力发展同道德与宗教发展相分离便是傲慢、违抗、自私的起源，因此对于社会是危险的。"① 因此，道德与宗教教育在初等教育中具有特别的位置。另外，当时法国境内并行多种方言，度量衡标准也不统一，学习法语和官方度量衡系统有助于国家的统一。

1793 年法国大革命时期的国民公会推行米制（Système métrique）②、度量衡系统，取代旧制度的各种度量衡单位，但却在 1837 年才被强制应用。在实施米制过程中，学校发挥了重要作用。为使学生掌握新系统，学校将相当大部分的算术课用于学习新旧单位的换算。

至于义务教育，尽管当时普鲁士等国已经实施，但基佐的哲学主张是自由，对教育也不必强制，由"理性"可以达到同样效果。而至于免费教育，无能力支付学费的家庭在大革命之后都得以豁免，实际上已不是问题。普及教育的最大障碍是学校不足，因此有钱人理应交纳学费。基佐采取诸多措施来争取资金和国家参与，其中包括争取教会对教育的参与，对世俗教师或教士教师的录用也不加严格区别，道德与宗教并列为学校的首要教育内容。

对于学校管理，复辟王朝已经在乡镇设置由主堂神甫、牧师、乡镇长等人担任的"特别监理"和乡镇监理委员会，但是在 1833 年之前，多数监理委员会形同虚设，经常一年都不开会。《基佐法》则设置地方委员会，由乡镇长、主堂神甫以及由行政区政府任命的成员组成，从而成为监管初等教育的重要机构。法律规定，乡镇监理委员会每月至少召开会议一次，特殊情况可以增加开会次数。委员会负责监督学校的卫生与秩序，监督贫困儿童是否接受了免费教育，是否有儿童逃避教育。

基佐似乎并不放心这些监理委员会的工作，又派出帝国大学

---

① Françoise Mayeur, *Histoire générale de l'enseignement et de l'éducation en France, tome III, De la Révolution à l'École républicaine (1789-1930)*, Paris: Perrin, 2004, p. 340.

② 米制（Système métrique），或称公制，是一个国际化十进制量度系统。法国在 1799 年开始使用米制，是第一个使用米制的国家。

的公职人员视察学校。他在其回忆录中写道："督学切实视察了三万三千四百五十六所学校，并在给我的报告中严肃地叙述了视察状况。"[1] 1835 年 2 月 26 日的通令为此在每个省设置一个专职的督学，负责常规的学校视察工作。当年秋季，基佐给每一位督学发出通知，告知他们可以视察本省的所有学校，但是这一视察不应是走形式，不能草率和徒劳无效。

但是《基佐法》未涉及女童教育，直接的原因是缺少经费。其实，法国传统社会轻视女子教育，因为妇女不去外面工作，教育便没有意义。另外还有道德原因，男女学生同坐在一条板凳上有损道德。直至七月王朝，男女混校在法律上都被禁止。

由于《基佐法》要求每个乡镇必须开设一所小学，学校也开始接收女生，男女学生分离的限制已不那么严格。在同一间教室里，左右分设讲台，中间由一面绿布帘隔开男女学生。而独立的女子学校还很少，特别是没有能够培养女教师的女子师范学校。

19 世纪有两种教育机构承担女子教育，一个是寄宿学校，一个是公立学校，前者接收资产阶级女孩，后者接收平民女孩。在当时 14 096 所公立学校中，8061 所受宗教人士管理，据统计，半数以上女学生接受宗教教育。因为世俗教师需要有资格证书，而对于教会学校凭"传教许可证书"（lettre d'obédience）便允许无教师资格证书的人教学。复辟王朝开始实施这项措施，1833 年废止，1850 年的教育法将其普遍化。该法实施 10 年左右，超过 17 000 个教会主管的公立学校女教师中只有 800 人具备教师资格证书。世俗的女子寄宿学校和普通女子学校也相应大大减少。一些非宗教信仰者因此不得不将女儿送进教会学校。

当时有三种类型的妇女：完全不工作的妇女，主持家庭内部事务的中产阶级妇女，工薪阶层的妇女。妇女的经济作用开始显现，一方面需要掌握一定的财务知识，另一方面在许多家庭，特别是两个孩子的家庭，男人的收入已不足以支撑家庭的开销，妇女的工资也是家庭经济来

---

① Françoise Mayeur, *Histoire générale de l'enseignement et de l'éducation en France, tome III, De la Révolution à l'École républicaine (1789-1930)*, Paris: Perrin, 2004, p. 343.

源的重要补充。1864 年，在巴黎的 10 万多名女工中，3 万余人在家中工作，7 万余人在工厂工作。[①]

女童也有另一种幸运，女童教育或女子教育一旦开禁，比传统的只接收男子的教育更为开放，更为自由。应用型教学比较广泛，女学生较少担心考试的惩罚。1836 年的一项规定，要求把缝纫工作作为初等女子教育的一项内容，由此体力劳动进入教育领域，而之前的男子教育并不存在任何体力劳动教育。

《基佐法》未提及完全的免费教育，只是说到普及教育。即使这样，1833 年的教育法仍然是法国第一部全面详细地规范初等教育的法律。由于基佐的努力和《基佐法》的颁布，法国小学在之后 15 年间由万余所增长到 2.3 万所，初等教育基本普及，而女子初等教育至 19 世纪末才基本普及。

五、《法鲁法》：宗教教育的回潮

大革命以来，教会对教育控制的持续式微总是令教会人士耿耿于怀，他们担心启蒙思想和社会主义思想在学校中扩散。复辟王朝[②]对教会参与教育有所松动，基佐法也允许教会人士开办小学。

1848 年 6 月 30 日，时任公共教育部长的依波利特·卡诺（Hippolyte Carnot）[③] 在一部教育法案中提出义务教育和免费初等教育，但是未能在议会中获得通过，卡诺为此而辞职。继任公共教育部长阿尔弗雷德·法鲁（Alfred Falloux）[④]，则是热烈地支持教会干预学校，他在其著作《保皇派回忆录》（*Mémoire d'un Royaliste*）这样表达其政治信

[①]　Françoise Mayeur, *Histoire générale de l'enseignement et de l'éducation en France, tome III, De la Révolution à l'École républicaine (1789-1930)*, Paris: Perrin, 2004, p.129.

[②]　复辟王朝（Restauration），法国从 1814 年 4 月 6 日拿破仑·波拿巴退位到 1830 年 7 月 29 日七月革命的君主制度复辟的历史时期。

[③]　依波利特·卡诺（Hippolyte Carnot，1801 年 4 月 6 日—1888 年 3 月 16 日），法国政治人物，1848 年 2 月 24 日至 7 月 5 日任法国公共教育部长。

[④]　阿尔弗雷德·法鲁（Alfred Falloux，1811 年 5 月 8 日—1886 年 1 月 6 日），法国历史学者、政治人物，1848 年 12 月 20 日—1849 年 10 月 31 日任法国公共教育部长。

仰:"上帝在教育之中,教皇为教会之首,教会为文明之首。"[1]

他一上任,便组建大部分成员为天主教士的初等教育和中等教育两个委员会,责成其起草新的教育法。法案于1849年6月18日提交给国民议会。尽管法案有不同党派关于教会在教育中的地位与作用的问题上进行了长时间的激烈争论,甚至还有维克多·雨果的强烈反对,新法还是于1850年3月15日获得通过。虽然法鲁此时已经辞职,但此法仍以其名字命名。

这一教育法虽然被后来的教育法取代,但对于立法当时被德国占领的阿尔萨斯和摩泽尔(Moselle)地区至今仍然有效,即允许学校开设宗教教育课。

《法鲁法》将初等教育和中等教育机构划分为两类,一类是由乡镇、省和国家创建和管理公立学校,另一类是"由个体或团体创建和维持的学校"的私立学校,并将后者称为"自由学校"(école libre)。自由学校可以接收各级政府的资助,允许具备大学初级文凭的教士担任教师。

关于宗教教育,《法鲁法》认为,不能把宗教强加给任何人,但必须讲授给所有人。新法给予教会,特别是天主教会对教育监管的权力,主教有权力参加学区会议,本堂神甫可以和乡镇长共同管理学校。主教可以随意调动教师,省长可以解聘教师。

关于教育费用,法律认为,没有完全的免费,也不是允许一些人不交费,而是所有人都得交费,这就是缴税。而关于教育费用的承担序列,法律认为的原则首先是家庭或个人,然后是乡镇,再次是省,最后是国家。

关于教育义务,该法认为"不可行"。要求多了,被认为太过严苛;要求少了,会降低整体教育水平。而惩罚又会伤害人的独立精神,普及教育的另外途径是鼓励奉献、捐赠、奖励教育。

法律将小学课程划分为必修课和选修课两类。必修课为阅读、书写、计算、道德与宗教教育,女生还须学习缝纫。选修课为历史、自然科学、唱歌、体操、绘画。

---

[1] Alfred de Falloux, *Mémoires d'un Royaliste*, Paris: Perrin, 1888, p. 221.

1850 年的立法者对女子学校保持了沉默，他们认为，女子教育与男童教育的一个区别是应当包含家政教育，特别是缝纫工作应当是必要的教育内容。女子教育不应是国家的责任，而应属于家庭，属于私人教育。因此，《法鲁法》拒绝要求不足 800 人的乡镇并行开设女子学校，女教师也不具有法律权利，其工薪完全取决于乡镇政府的决定。女教师的工资均低于男教师，因为人们认为，妇女的需求不如作为一家之主的男人那样大。《法鲁法》放松教师任职条件，事实上降低了教学水平。那时，女孩子的理想也就是通过教师资格考试，或者读完高级小学课程，就算完成完整的教育了。奥尔良主教迪庞鲁（Dupanloup）[1]在 1867 年曾一针见血地指出，无论贫穷还是富裕家庭的女孩，教育给予她们几乎没有任何关于工作的志趣。[2] 在 1860 年代初期，法国只有 14 059 所女子学校，而男子学校为 38 386 所，另有混合型学校 17 683 所。[3]

迪律依（Duruy）[4]任教育部长之后，于 1867 年 4 月 10 日颁布了新的初等教育法，补充了《法鲁法》对女童教育的遗漏，要求 500 个以上居民的乡镇，至少设置一所女子学校。

迪律依极力主张免费教育，他在 1865 年 2 月 6 日致皇帝的信中呼吁为教育寻求必不可少的经费，他同时主张，"反对生活在黑暗中的教士，施之以光明；反对共和主义者，剥夺他们手中的武器。"[5]迪律依还设想大、中、小三个教育计划。大型计划是实施主要由国家承担的免费义务初等教育，中型计划是由乡镇、省和国家共同分担的免费教育，小型计划是维持现状的部分免费教育。他最推崇的是中型计划，国家基本没有增加额外负担，只是将预算另行分配。实施这一计划，可以"实现

---

　　① 费利克斯·迪庞鲁（Félix Dupanloup，1802 年 1 月 3 日—1878 年 10 月 11 日），法国天主教神父，1849 年起任奥尔良主教。

　　② Félix Dupanloup, *Femmes savantes et femmes studieuses*, Paris: Hachette, 2017, p. 29.

　　③ Françoise Mayeur, *Histoire générale de l'enseignement et de l'éducation en France, tome III, De la Révolution à l'École républicaine (1789-1930)*, Paris: Perrin, 2004, p. 121.

　　④ 维克多·迪律依（Victor Duruy，1811 年 9 月 10 日—1894 年 11 月 25 日），法国政治家，1863—1869 年任法国第二帝国教育部长。

　　⑤ Françoise Mayeur, *Histoire générale de l'enseignement et de l'éducation en France, tome III, De la Révolution à l'École républicaine (1789-1930)*, p. 362.

全民普选，而不必忧虑广大民众中形成的不满情绪。还可以减少大多数贫穷和不富裕人口的税赋……而对于富人来说，他们的负担可以忽略不计。"[1] 但遗憾的是，这一计划未能得以实施，完全免费的教育需要等待至少 20 年。

六、《费里法》：基本原则的确立

1848 年革命[2] 年代的一批著名学者，如埃德加·基内、维克多·雨果等人，以及共济会[3] 的大部分人，都主张国家教育的中立化，拒绝教授任何教义，而他们其实还是宗教人士。但第二帝国中的共和派却相信正在兴起的实证主义。这一思潮并不否定上帝，只是说上帝不可知，因此提出不靠上帝来组织社会。实证主义共和派的目标就是建设一个无上帝、无国王的人文社会。而美国哲学家约翰·杜威（John Dewey）[4] 的著作被译成法文，法国学者欧内斯特·勒南（Ernest Renan）[5] 的著作《耶稣的一生》(La Vie de Jésus) 的出版正逢其时，依波利特·丹纳主张的"科学唯物主义"得以流行。

1869 年，正值法国立法选举之际，法国共和派莱昂·甘必大（Léon Gambetta）[6] 等人提出"美丽城计划"（Programme de Belleville）[7]，要求

---

① Françoise Mayeur, *Histoire générale de l'enseignement et de l'éducation en France, tome III, De la Révolution à l'École républicaine (1789-1930)*, Paris: Perrin, 2004, p. 362.

② 1848 年革命（Révolution française de 1848），亦称"二月革命"（révolution de Février），发生于 1848 年 2 月 22—25 日，是 1848 年欧洲的革命浪潮的重要部分之一，法国人民面对七月王朝的失政，成功推翻当时的法国国王路易·菲利普一世，鼓舞了欧洲其他地区的革命运动。

③ 共济会（Franc-maçonnerie；英语：Freemasonry），1717 在成立英格兰第一个总会所，早期为石匠工会，有独特仪式和标志，后来发展成世界组织。共济会是一种非宗教性质的兄弟会，基本宗旨为倡导博爱、自由、慈善，追求提升个人精神内在美德以促进人类社会完善。

④ 约翰·杜威（John Dewey，1859 年 10 月 20 日—1952 年 6 月 1 日），美国哲学家和教育家。

⑤ 欧内斯特·勒南（Ernest Renan，1823 年 2 月 28 日—1892 年 10 月 2 日），法国研究中东古代语言文明的专家、哲学家、作家。

⑥ 莱昂·甘必大（Léon Gambetta，1838 年 4 月 2 日—1882 年 12 月 31 日），法国共和派政治家。

⑦ "美丽城计划"（Programme de Belleville），由莱昂·甘必大（Léon Gambetta）在巴黎城区美丽城（Belleville）首先发表演讲，1869 年刊登于《民族未来》(Avenir national)。

国家取消宗教团体经费预算，教会与国家分离，实施世俗的、免费的、义务的初等教育。

儒尔·费里（Jules Ferry）[1] 不仅是"美丽城计划"的主要支持者，更是共和派教育主张的代言人，他在 1870 年 4 月 10 日的演讲中提出，"消除最后的，自出生就有的，最严重的不平等——教育不平等"。他甚至发誓，如果其竞争议员失败，他将以其全部智慧、全部身心投入到解决民众教育的问题。[2]

说到做到，费里一生都在履行其誓言。1832 年，费里出生在洛林的资产阶级家庭，在斯特拉斯堡的帝国中学接受了良好的基础教育，又在巴黎的法学院完成高等教育。青年费里在其好友的影响下，逐步成为实证主义的信仰者。埃德加·基内的著作《民众教育》和孔多塞的全民教育思想更使费里坚定了改革教育的信念。

普法战争之后，共和派未能在议会中获取多数，不仅免费教育的计划无法推行，自由教育的势力反而有所扩大。1877 年 5 月，作为反对派领袖的甘必大针对一次宗教事件，对教皇绝对权利主义（ultramontanisme）进行猛烈抨击，并留下名言："何谓教权主义？这就是敌人"（Le cléricalisme? Voilà l'ennemi），进而开启了关于世俗学校的论争。

1878 年，共和派议员保罗·贝尔特（Paul Bert）[3] 主持起草了关于初等教育的法律议案，但法案文本过于冗长，有 109 个条款和近 120 页的说明。这一提案涉及的教育目标和途径在共和派内部引起相当大的争议。时任教育部长的费里敏锐地看到更深刻的问题，尤其是当时还十分敏感教育世俗化问题，可能导致参议院对整个法案的否决。为此，原来

---

[1]　儒尔·费里（Jules Ferry，1832 年 4 月 5 日—1893 年 3 月 17 日），法国共和派政治家，1879 年 2 月 4 日—1881 年 11 月 10 日、1882 年 1 月 30 日—7 月 29 日、1883 年 2 月 21 日—11 月 20 日三度担任公共教育部长。

[2]　Françoise Mayeur, *Histoire générale de l'enseignement et de l'éducation en France, tome III, De la Révolution à l'École républicaine, 1789-1930)*, Paris: Perrin, 2004, p. 585.

[3]　保罗·贝尔特（Paul Bert，1833 年 10 月 19 日—1886 年 11 月 11 日），法国医生、心理学家、政治人物。1881—1882 年任法国公共教育与宗教信仰部部长。

的一揽子法案被拆解成几个部分，而提交表决的是比较容易通过的部分。尽管保罗·贝尔特不同意"立法的碎片化"，但费里的意见还是得到法律起草委员会的赞同。

1881 年 6 月 16 日，关于教师能力称号的法案顺利通过，关于免费初等教育的法案也未费大周折。然而，关于义务教育的法案却遇到阻力，原因是保罗·贝尔特坚持将义务教育和世俗教育的内容捆绑在一起，引起议会的强烈反弹，1881 年 7 月众议院二审否决了参议院的修正案。1881 年秋季新一届立法选举虽然使共和派成为多数派，甘必大组建新内阁，保罗·贝尔特成为教育部长，但也未能通过新教育法案。直至后来政府再次更迭，费里又成为教育部长，关于初等义务和世俗教育的法案最终于 1882 年 3 月 23 日在参议院获得通过，并于 1882 年 3 月 28 日正式颁布。1881 年 6 月 16 日的免费初等教育法和 1882 年 3 月 28 日的义务与世俗初等教育法统称为《费里法》，由此构建了完整的公共初等教育体系，由国家和公民社会行使教育的权力，从而有利于保证国家和民族的统一。

《费里法》确立了这样三条原则：

（1）免费原则。1881 年的法律第二条规定："公立小学和幼儿园免征教育费"。1833 年的《基佐法》允许三分之一的学生免交学费。随着经济的发展，免交学费学生的比例增长很快：1866 年为 41%，1872 年为 54%，1876 年为 57%。1881 年的法律实现了全部公立小学的免费。其新的意义还在于：一方面儿童过去属于家庭，家长完全有权决定其是否接受教育，而现在接受教育是儿童不可剥夺的权利；另一方面，社会成为儿童权利的担保者，学校是公共服务设施，并属于国家，教师成为国家公职人员。

（2）义务原则。1882 年的初等义务教育法的第四条规定了 6—13 岁所有儿童必须接受 7 年的义务教育，目的在于使儿童就学时间更长，更常规化。因为当时儿童的学习时间并没有保证，不仅随季节变化学生数量有增有减，而且旷课现象也十分严重。例如在 1876—1877 年间，公立学校在 1 月份就比 11 月份和 5 月份多容纳 20 万男学生。另据某地统计，1880—1881 年度有 40% 以上学生月旷课超过 4 天。为此，法律要求家长有义务送子女入公立或私立学校学习，或申报进行家庭教育，并进行有效的监督。对于儿童，则要求他们在学校活动中严肃认真，坚持不懈。

（3）世俗原则。所谓世俗，即非宗教化，国家不允许在公立学校内进行宗教教育，但可以依家长愿望在每周除周日外的一天中在校园外进行宗教教育。法国是宗教传统根深蒂固的国家，而教会又是封建主义的有力支持者。禁止在公立学校进行宗教教育，就从根本上铲除了封建主义滋生的土壤，取而代之的世俗化教育则成为共和国制度的思想武器。

然而，初等教育的三项原则，并非没有争议。

完全免费，实现所有人教育平等是共和派的基本政治主张。1880年，已经有 60% 的学生享受免费初等教育，新的教育法只是将免费范围推进一步。但保守派仍然抵制对所有人免费，他们认为教育是一种慈善事业，而不是公共服务。抵制免费教育的理由还有：应当保证学校的社会和道德效益，避免教育经费的损失，担心免费学校同天主教会学校的竞争。有人甚至断言，免费教育"会伤及家庭的权威。如果说对于父亲和母亲有一个首要义务，这就是抚育其子女。而免费教育使他们逃避了最主要的慈爱与关心。自私将占据感恩的位置。"[1]

强制的宗教教育侵犯了教师的信仰自由，而统一的宗教教育又侵犯了少数宗教信仰的家长的自由，因此走出这种两难境地的出路，就是取消学校宗教教育。但世俗化的学校教育并不能根本解决法国社会的宗教问题，以后将会以不同方式呈现。

实施世俗化教育也并不能做到道德的中立化。其实，共和国学校在以世俗化的名义推行资产阶级的道德。在 1895 年的教科书中，一道数学题这样表述："一个懒惰的工人半月的工资为 62 法郎，如果按计件工资计算，他只能挣得 46 法郎。这样，他的收入会减少多少？"[2] 如此可

---

[1]　Françoise Mayeur, *Histoire générale de l'enseignement et de l'éducation en France, tome III, De la Révolution à l'École républicaine, 1789-1930)*, Paris: Perrin, 2004, p. 596.

[2]　Pierre Leyssenne, *Première Année d'arithmétiques*, Paris: Armand Colin, 1895.

见，理科课程尚且蕴含着阶级歧视，文科课程的政治因素分量会更重。

　　义务教育似乎是工业时代的产物，是提高人民文化素养的必然要求。其实，最早的义务教育诞生在奥地利，义务教育的最初目的不是给人民以知识，而是控制人民。资产阶级认为，学校的首要目的就是教育人民，就是通过非宗教化的道德教育教化人民。当时一位督学声称，"应当管住我们的孩子，工人的儿子，抵制经常鼓动造反的平等理论……尊重个人、尊重所有权、尊重法律，便是应当铭刻在我们学生意识和心中不可磨灭的三个原则。"[1]

　　尽管如此，不可否认的是，以三项原则为基本内容的《费里法《的确大大地推动了法国初等义务教育普及的进程。1887 年，法国有小学80 209 所，小学生人数 550 万，而 1866 年只有 70 061 所小学和 440 万名小学生。1870 年的扫盲率为 70%，而 1890 年的扫盲率达到 90%。[2]这一结果将标识法国文盲率分布状况的著名"马乔洛直线"[3]，逐渐压缩为"布列塔尼—中央高原—朗德"三角区域。

　　实践证明，费里的策略的确明智，最终实现了共和派的教育主张，避免了整体立法改革可能的失败，因此儒尔·费里被认为共和国统一的"奠基者"。当然，费里并非完美之人，他曾两度担任法国总理（Président du Conseil des ministres），极力在国外进行殖民扩张，特别是发动了侵犯中国属国越南的中法战争，为其人生留下了不光彩的记录。

　　不仅是《费里法》，第三共和国[4]的另外一些法律对于初等教育的发展也具有重要影响。

　　1882 年 3 月 28 日的义务与世俗初等教育法还要求每个乡镇都须

---

　　[1]　Bernard Charlot, *L'École en mutation*, Paris: Payot, 1987, p. 66.

　　[2]　Jean-Claude Yon, *Histoire culturelle de la France au XIXe siècle*, Paris: Armand Colin, 2010, p. 98.

　　[3]　马乔洛直线，1877 年，在路易·马乔洛担任南锡学区长期间主持一项法国文盲率调查，根据调查结果形成一条自圣马洛至日内瓦斜跨法国的直线，将法国分割为两部分，东北部为文盲率较低地区，而西南部为较高地区。

　　[4]　法兰西第三共和国（La Troisième République），法国在 1870 年至 1940 年统治的政权，是首个稳固建立的共和政府。第三共和虽然从未被认为能长期执政，但它正是法国经历八十多年的政权更替及动乱后，第一个长久而稳定的共和政权，并赢得法国人对共和政体的支持。

设置学校基金会（Caisse des écoles），大大地推进了学校校园的建设。该法颁布4年之后，新建或划归共有2万所小学，更新了1.4万件教学设备。

　　1881年6月16日关于教师能力称号的法，取消了宗教人士凭"传教许可证书"便可教学的特权，要求所有初等学校的男、女教师须具备能力证书。而当时37 000名修会女教师中只有15%具有能力证书，关于教师能力称号的法不仅有利于提高教师水平，还更大程度地限制宗教势力干预教育。

　　1886年10月30日的法，以时任教育部长勒内·戈贝莱（René Goblet）[①]命名，即《戈贝莱法》。该法实际是《费里法》的后续法律，规定公共教育的教师只能由非宗教人士担任，进一步强化了国家对初等教育的管理。该法同时还规范初等教育，将收容室（salles d'asile）改称"幼儿学校"，或译成"母育学校"（écoles maternelles），接收2—6岁儿童。还规定初级初等学校（écoles primaires élémentaires）接收6—13岁儿童，相当于义务教育阶段的年龄儿童。义务教育之后，儿童可以在高级初等学校（écoles primaires supérieures）或附设在初等学校的补充班（cours complémentaires）继续学习。

　　1887年的法令规定，高级小学的课程通常为3年，补充班的课程最多为2年。如果增设技术课，男生须学习木工或铁匠，而女生须学习缝纫、裁剪和装饰。每所高级小学须设置一座车间，供体力劳动教学。学校应开设适应地方工业特点的课程。

　　1881—1901年，高级小学的学生增长了一倍，从24 200人到55 900人。学生的家庭出身通常为农民和小资产者，1896年基本在工业（29%）、商业（23%）、农业和行政领域的中、下阶层岗位就业。

　　初等教育与中等教育有所不同，主要是为省级师范学校和两所高等师范学校提供生源。但师范学校的教学受到批评，课程枯燥、繁重，不适合未来教师，功利主义，缺少实践环节，更无世俗化的培训。

---

　　① 　勒内·戈贝莱（René Goblet，1828年9月26日—1905年9月13日），法国政治人物，1885年4月6日—1886年12月11日任公共教育部长。

1923 年 2 月 23 日的政令，提出一种近乎全面教育的教育方案，强调培养具有实践知识、智慧和道德，对社会有用的劳动者与公民。在课程方面，强调知识的巩固，要求每年的课程要复习前一年的知识，同时增加新的教学内容。在教学法上，强调直觉与感性，注重儿童的兴趣与主动性。课时安排为每周 30 课时，每周 5 天，每天 6 小时，其中周四为休息日，周六上课。课堂练习占据教学的较大比重，如做课文概述、回答问题、语法练习、背诵等。

在 1930 年前后，大部分儿童都是仅仅在小学学习，小学可称为民众的学校。义务教育的年限为 6—13 岁，儿童可以早一些入学，如果 12 岁时获得小学毕业证书，也可以提早离开学校。学生在小学时间通常为 7 年，有时还更长。只有约半数学生可以获得小学毕业证书，因此这一证书在当时还有较高价值。1940 年战争之前，小学生的数量约为 500 万。

战后至 1952 年，小学生的数量在 440—460 万之间。1946 年的新生儿为 84 万，大大高于 1945 年的 64.3 万，增长约 20 万，也意味着在 1952—1953 年期间，学校要接收同样数量的儿童。

法国初等教育的发展，必然要延伸到中等教育。而法国中等教育长期是精英教育，是法国中上层阶级的领地。初等教育与中等教育的连接，平民教育与精英教育的融合，必将是法国以后教育改革的难题。

七、图书出版的兴盛

欧洲人古登堡（Johannes Gutenberg）[①] 在 1450 年前后独自发明了活字印刷术，但至少比德国和意大利晚 20 年才传至法国。1470 年，第一部活字印刷书在索邦学院的印刷所由德国印刷工人印制而成。1473 年，里昂开设了另一家印刷所。1500 年，法国约有 40 余家印刷所。1520 年，印刷书籍成为人们普通的日常生活用品。

[①] 约翰·古登堡（Johannes Gutenberg，1400年—1468年2月3日），独自发明活字印刷术的欧洲人，其主要成就——《古登堡圣经》，享有极高的美学及技术价值。

印刷书首先用于宗教祈祷，但也应用于教学领域。其实，法国第一部印刷书便是由意大利人文主义学者加斯帕里诺·德贝加莫（Gasparin de Bergame）①编纂的拉丁语书信集，供巴黎大学的学生使用。

19世纪，随着印刷与出版业的发展，图书和报纸也开始渗透到教育，特别是文学与科普读物对学校及青少年具有较大影响。例如，阿尔封斯·都德（Alphonse Daudet）②的讽刺了一个自以为英雄盖世人物的小说《达拉斯贡的戴达伦》（*Tartarin de Tarascon*）在1872—1912年间出版了21.2万册。

由路易·阿歇特（Louis Hachette）③创立于1826年阿歇特出版社（Hachette）最初的创意是出版教科书，以适应《基佐法》的颁布和新教学法的实施，因而取得巨大成功。之后，又出版了《初等教育普通手册》用以指导小学教师工作。1857年，阿歇特出版社发行了专为儿童阅读的报纸《儿童周》，主要刊登童话、故事和科学知识，并最早出版专为3—6岁儿童阅读的画报。

皮耶尔－朱尔斯·赫泽尔（Pierre-Jules Hetzel）④开创了新的出版方式，他与夏尔·诺迪埃（Charles Nodier）⑤、乔治·桑（Georges Sand）⑥、保罗·缪塞（Paul de Musset）⑦、大仲马（Alexandre Dumas）⑧等同代著名作家合作编写与出版儿童故事集。1864年，赫泽尔创建《教育与娱乐画刊》（*Le Magasin d'éducation et de récréation*），其宗旨是向儿童普及科学知识，每月二期，每期32页，资费50生丁。正是

---

①　加斯帕里诺·德贝加莫（Gasparin de Bergame，意大利语：Gasparino Barzizza，1360—1431年），文艺复兴时期欧洲人文主义者。

②　阿尔封斯·都德（Alphonse Daudet，1840年3月13日—1897年12月17日），法国作家。

③　路易·阿歇特（Louis Hachette，1800年5月5日—1864年7月31日），法国出版商。

④　皮耶尔－朱尔斯·赫泽尔（Pierre-Jules Hetzel，1814年1月15日—1886年3月17日），法国出版商。

⑤　夏尔·诺迪埃（Charles Nodier，1780年4月29日—1844年1月27日），法国小说家、诗人。

⑥　乔治·桑（Georges Sand，1804年7月1日—1876年6月8日），法国作家。

⑦　保罗·缪塞（Paul de Musset，1804年11月7日—1880年5月14日），法国作家。

⑧　亚历山大·仲马（Alexandre Dumas，1802年7月24日—1870年12月5日），19世纪法国浪漫主义文豪，世界文学名著《基督山伯爵》的作者。

这本杂志刊登了儒勒·凡尔纳（Jules Verne）[1]的科幻小说《气球上的五星期》（*Cinq semaines en ballon*）、《哈特拉斯船长历险记》（*Voyages et Aventures du capitaine Hatteras*）。凡尔纳因此声名大震，之后又发表科幻小说《海底两万里》（*Vingt mille lieues sous les mers*，1870年）、《地心游记》（*Voyage au centre de la Terre*，1864年）、《环游世界八十天》（*Le tour du monde en quatre-vingts jours*，1873年），被誉为"科幻小说之父"。

1852年，皮埃尔·拉鲁斯（Pierre Larousse）[2]同好友布瓦耶创办了书店和出版社，并在1866年至1872年间编纂出版了15卷本的《19世纪百科大词典》（*Grand dictionnaire universel du XIXe siècle*）。这部著作不仅是当时知识的总汇，还宣扬了共和思想和抵制教会的主张。

19世纪法国著名版画家、雕刻家和插图作家古斯塔夫·多雷（Gustave Doré）[3]为《拉封丹寓言》（*Fables de La Fontaine*）[4]插图，为儿童所爱。

第二帝国至第三共和国初期，为法国儿童文学的一个黄金时期，诸多著名作家、画家参与其中，读者也广泛稳定，但在1905年凡尔纳逝世之后，儿童文学的天才创作越来越变得如同技巧性甚至平庸的工作，出版量虽有增无减，但质量已大大降低。

所幸的是，在1905年，法国出版了周刊《苏泽特的一周》（*La Semaine de Suzette*），主要面向女孩和女青年，其连环画塑造的女英雄人物贝卡西娜（Bécassine），深刻地影响了那个时代的儿童与青年。其实，这些出版物也都是一种道德的宣示，对青少年的思想形成具有重要影响。

---

① 儒勒·凡尔纳（Jules Verne，1828年2月8日—1905年3月24日），法国小说家、剧作家、诗人，现代科幻小说的重要开创者之一。

② 皮埃尔·拉鲁斯（Pierre Larousse，1817年10月23日—1875年1月3日），法国百科全书编纂家。

③ 古斯塔夫·多雷（Gustave Doré，1832年1月6日—1883年1月23日），法国雕刻家。

④ 让·德·拉封丹（Jean de La Fontaine，1621年7月8日—1695年4月13日），法国诗人，以《拉封丹寓言》（*Fables choisies mises en vers*）留名后世。

1929 年开始出版的比利时漫画家乔治·勒米（Georges Prosper Remi）[①] 以埃尔热（Hergé）为笔名所创作的系列漫画《丁丁历险记》（*Les Aventures de Tintin*），成为儿童普遍热爱的作品。

出版业的发展，带动了图书馆的建设。自 1860 年，法国出现了一批大众型的图书馆，其中创建于 1862 年的弗朗克兰公司（Société Franklin）发挥了重要作用，其麾下掌管约 5000 个大众图书馆。

1880 年，时任塞纳省长费迪南·埃罗尔德（Ferdinand Hérold）[②] 在巴黎推行市属图书馆出借图书的措施，有效地发挥了图书馆的作用。其实，法国当时图书馆的效益并不好，1902 年法国的市属图书馆有 1884 座，但普遍规模较小，资金不足，甚至开放时间也不充分。

学校图书馆在同期也有所发展，特别是在公共教育大臣古斯塔夫·鲁朗（Gustave Rouland）[③] 的促进下，1869 年已达 14 000 座，1878 年达 20 781 座，1888 年达 36 326 座。[④]

---

① 乔治·勒米（Georges Prosper Remi，1907 年 5 月 22 日—1983 年 3 月 3 日），比利时漫画家。

② 费迪南·埃罗尔德（Ferdinand Hérold，1828 年 10 月 16 日—1882 年 1 月 1 日），法国政治人物。

③ 古斯塔夫·鲁朗（Gustave Rouland，1806 年 2 月 3 日—1878 年 12 月 12 日），法国政治人物，1856 年 8 月 13 日—1863 年 6 月 24 日，任法国公共教育与宗教大臣。

④ Françoise Mayeur, *Histoire générale de l'enseignement et de l'éducation en France, tome III, De la Révolution à l'École républicaine (1789-1930)*, Paris: Perrin, 2004, p. 309.

第五章 精英培养与中等教育

自 1802 年拿破仑建立国立高中直至 1850 年通过的《法鲁法》，法国的中等教育基本上由国家管控。中等教育的理念是通过智能训练培养思维能力，而不是实用技能，因此中学与民众学校相互隔离。

一、中心学校

1793 年春季，原先的学校受到大革命的冲击，已经基本荒废，只剩校舍可供教学。中等教育几乎在整整两年间完全停顿。大革命关心民众教育，试图将旧制度的人文学校（collèges d'humanités）改造成新型学校。诸多设想纷纷出笼，如塔列朗的县级学校，孔多塞的学院，勒佩雷提的公共学校，罗默的中等学校。而最终成型的是拉卡纳尔和多努提出的中心学校（École centrale）。根据拉卡纳尔的提议，国民公会 1795 年 2 月 25 日的法令决定设置中心学校，然后由 1795 年 10 月 25 日的《多努法》予以确认。

中心学校应当说是大革命的真正产物，它从教学内容和教学方法上彻底地改变了法国旧制度中等教育的模式。中心学校采用走读方式，完全世俗化。新法律要求每 30 万居民须建立一所中心学校。而教学的重点转向关于事物与自然的学科，而不是长时间浪费在死语言上。语法替代逻辑，目的是训练思维，学习推理。历史教学也不是编年表的记忆，而注重实例和道德。现代语言、数学、物理学、化学、自然科学成为学校的新学科。

中心学校打破了过去学校划分年级与水平的制度，采用独立课程和选修课程，学生可以任意选择课程。

　　然而中心学校实际运行情况不佳，存在仅仅 6 年。主要原因是学生数量参差不齐，多者超过四百，少者不足二百。一方面是招生过于严格，另一方面也由于校舍条件不好，许多学校不具备住宿条件。1797年，中心学校约百所，只有 68 所正常运行。教师的选聘由所谓的"教育评审团"负责。一些不满中心学校的人抨击评审团的成员只有政治热情而无专业能力。这样批评有些过分，也不完全符合现实。至少在一些地方由政府委派的评审团成员不是"狂热分子"，而主要是公证员、过去的教师、法官、医生等公民。然而，由于没有竞争考试，没有师范专业培训，很难选拔出优秀人才来担任教师，因此中心学校的教师多数来自于原来教会学校的教士教师和世俗教师。对于传统学科，这些人基本能够胜任，但是对于新学科，能胜任的人寥寥无几。每所学校应当有 9 名教师，但许多学校教师职位空缺，只有 3—4 名教师艰难维持。

　　在巴黎的三所中心学校里，有一些著名任教教师，其教学水平堪比同期创建的综合技术学校教师。然而，中心学校的教师整体上水平不高，特别是教师待遇较差，一些教师甚至靠借贷度日。许多学校校舍破旧，或者暂借教堂勉强维持教学，有的学校还无桌椅、无窗户。

　　更大的困难是来自学校内部的阻力。在昂热，中心学校的开幕典礼选择在共和国不计其数的节日之一的共和四年芽月的第一天（1796 年 3 月 21 日）。在由国民卫队、鼓乐手组成的长长的庆祝队伍之后，地方长官宣读教师任命令。一位教师发言表达被任命教师的荣幸，然后却叙述革命政府的不幸，另一位教师则直接抨击卢梭的主张。可见，中心学校弥漫着一种恢复到旧秩序、旧传统的情绪。

　　中心学校的设置还缺乏系统的合理性。作为中等教育的机构，应当与之前的教育机构有所衔接，但中心学校并无此条件，招收的学生达不到应有的知识基础。而在拿破仑执政后，充满革命色彩的中心学校已不合时宜，号称"国民公会之女"的中心学校，将由国立高中和市立高中取而代之。后来，法国著名心理学家亨利·瓦隆不无遗憾地说，中心学校曾经影响几代人，给了他们更多的技术和科学教育，并推动 20—30 年后新一代学者、新一代物理学家的出现。①

二、公立中学

富尔克瓦起草的共和十年花月 11 日（1802 年 5 月 1 日）的法（*Loi du 11 floréal an X*）取消了中心学校，取而代之的是中等学校（écoles secondaires）。中等学校包含两类学校：市立中学（collèges）和国立中学（lycées）。"lycées"首次在法国表示正式教育机构，同时排斥高等教育机构使用此名。

国立中学（Lycée）一词起源于古希腊语"Lukeion"，是一种以恫吓狼群为目的而建造的木房子的名称，后演变成娱乐场所。亚里士多德曾在里面讲授哲学课。1786 年，法国思想家拉·阿尔普将自己的文学课命名为"Lycée"。

市立中学之所以采用这样的名称，就是因为它带有旧制度的色彩，而不能具有与国立中学同等的地位。它由市镇政府管辖，大体介于初等学校和中心学校的水平，主要教授拉丁语和法语，以及地理、历史和数学的基础知识。国家对市立学校的管理很少介入，更不负责其经费，只是偶尔给予某个场所，分发几个进入国立中学的免费生名额给优秀学生，或奖励优秀教师。市立中学在水平上和学制上都低于国立中学，主要目标是培养商业领域的中级人才和小公务员。

而对于国立中学，国家实施严格管理，制定严密的内部规则，配置寄宿学校。国立中学的设置更多参照了国家军事学校的管理模式。国家军事学校（Prytanée National Militaire），由法国国王亨利四世 1603 年创立于法国西部的拉弗莱什（La Flèche）。1800 年 3 月，这所学校划分为四所学校，分别设在凡尔赛、枫丹白露和巴黎（两处）。其中设在巴黎圣雅克的学校 1803 年称为"巴黎中学"，1805 年又改名为"帝国中学"，

① Henri Wallon, "La réforme de l'Université," *Enfance*, tome 12, n° 3–4, 1959, p. 433–449.

即后来的路易大帝中学（Lycée Louis le Grand）。学校的领导者为三名公务员：校长（proviseur）、教务长（censeur）、总务长（économe）。

在帝国期间，具有国立高中教席职位的教师为教授，中学的教授与文学院和理学院的教授实际上混同在一起。直至第三共和国，高等教育的教师才与中学完全脱离。1800年，路易大帝中学有教授17名，1806年有19名。1804年，路易大帝中学校长创设"中学高级教师"（agrégés）职位，作为教授的助手，1808年由法律正式确认，通过竞考的方式录取，其职能与教授类似，但工资略低。

国立中学为寄宿制学校，根据拿破仑的思想，学校生活具有明显的军事化特点，就是"培养社会的和民族的纪律，如同军事纪律"[1]。每25个学生编为一个连，课前课后都敲军鼓行进。学生穿制服：绿色上衣加标有"Lycée"字样的黄铜纽扣、蓝色短裤、天蓝色领结、圆顶帽，外出均须两人并行列队。中学教师作为公务员，也穿着制服：黑色上衣加丝边领口、亚麻领带、法式帽子。穿着制服，有助于形成团体精神，也是教育学生的一种方法。惩罚学生的一种方式，就是强行脱去某个学生制服，换上一种怪模怪样的衣服，以区别于其他人。

在战争期间，中学每天要在餐厅宣读"帝国军队战报"，所有学生都要进行军事训练，并在课间休息时轮流值岗。即使不是所有学生都将服役，但要培养他们守序、服从、守纪的品质。在寄宿制中学，更像军营，更像修道院，学生们基本上被禁止外出。学生就餐的同时伴有朗读，必须保持肃静。尽管帝国学校已经取消宗教教育，但是拿破仑仍然要求国立中学配置一位指导神甫（aumônier），带领学生每日早和晚作祈祷，其目的主要是训练学生的服从精神。

寄宿生的学校生活相当严峻。拿破仑统治期间，钟声替代了国王的命令，鼓声伴随着学生的行进。学生们5点或6点起床，随后是一定的身体锻炼。然后经过简单的洗漱和晨祷，就必须在桌椅之间安静地学习约两小时。7点半至8点是早餐时间，从8点至中午12点为不间断的

---

[1]　Jean-Jacques Chevallier, *Histoire des institutions et des régimes politiques de 1789 à nos jours*, Paris: Dalloz, 1977, p. 142.

学习时间，只有转换教室时允许学生有短暂的喘息，但必须列队并保持肃静。中午 12 点午餐，半小时休息时间之后，方可在院子里随意活动，但学校院子通常都阴暗窄小。中午课间休息顶多一个小时，经常还被"额外作业"（pensum）或"留扣教室"（retenue）的惩罚所占用。下午 3 点的小吃以后，又有一次课间休息。学生们经常不动位置地从早坐到晚 10 点，除了 2 小时的课间休息，每天最长要坐 15 小时。如果在座位上乱动，会被惩罚在休息时做"额外作业"。晚自习、晚餐、晚祷之后才是一天的终结。

学校的秩序和安静需要纪律来维持。法国学校的惩罚可谓多种多样，除了司空见惯的用戒尺（férule）打学生手心，最经常的惩罚就是"禁行"（即剥夺，privation），包括禁止饮食、禁止娱乐、禁止散步、禁止自由。还有一种惩罚的方式，即羞辱，迫使被惩罚的学生穿上一种棕色衣服，在操场的角落里的忏悔桌上吃饭。惩罚有轻重之分，轻罚可以由任何教师作出，重罚则需要校长批准。惩罚还区分时间场合，在课堂上，处罚由任课教师执行，在课后，处罚则是学监（maîtres d'étude）的权力。

1803 年 6 月 10 日的规定，允许教师在课堂上行使其权威。"额外作业"可以是抄写 200 页的希腊语法，一个学生可以十几天被赶出课堂。中学还通行实施禁闭学生的处罚，因为校长们认为仅仅罚抄作业、禁止娱乐、扣留教室不足以惩治特别顽皮的学生。在路易大帝中学，曾经有 13 个禁闭室，设在学校顶层阁楼的一条长廊中，窗户外有铁栅栏，门上有监视学生的小方孔。只有其中 4 个禁闭室有火炉管道通过，其他禁闭室在冬季极其寒冷，在夏季又极其炎热。在罗兰中学，禁闭室不过是铁条封闭的笼子，学生只能坐在小桌前而不得直立。这种禁闭室与监狱无异。在波旁中学和查理曼中学则不设禁闭室，因为只接收走读生，惩罚学生的主要方式是额外作业、临时开除或彻底开除。

哪里有压制，哪里就有反抗。中学生抵制教师随意处罚学生的造反行为在 19 世纪时常发生。1848 年 2 月 25 日，在路易大帝中学，学生们将门房强行按住，把几个学监打倒在地，然后逃之夭夭。在波旁中学，学生们打碎玻璃，砸坏大门，掀翻桌椅，打跑学监，然后敲鼓打旗，高唱马赛曲，要求教育部长解除其学校校长职务。[①]

1809 年之后，禁食处罚被取消，特别不允许由同学对同学实施处罚。比较有效的处罚方式是临时开除，因为它可能导致彻底开除，开除出学校应当是最严重的处罚。而准许出校，通常作为对优良行为或进步的奖赏。还有一种处罚有关亲情，被处罚的学生不准去见家长，包括禁止家长来学校探望、部分或全部禁止学生休假。

第二帝国期间，巴黎的中学虽然超过两千名学生，但从未达到三千名学生。校园的窄小限制了招生，但也使校长容易认识每一个学生，便于同家长交流，平添了一种家庭式的教育氛围。一些中学的校舍破旧不堪。1867 年对 77 所国立中学进行调查，只有 13 所还算不错，而 22 所需要重大维修或扩建。

1879 年，法国全部国立高中接收了 44 192 名学生，其中 6912 名，即 15.3% 的学生集中在首都巴黎的 7 所学校。根据规定中学语法班人数不得超过 30—35 人，由于校舍场地不足，经常达到 60 人。而教室中学生相拥而坐，逼迫教师不得不贴墙授课。

市立中学更多设在农村地区，家长可以给孩子提供食品。在学习室里，经常配置一种敞格橱柜，学生可以放置肉酱、香肠、黄油、果酱等食品。在好一点的学校，较富裕的学生可以从门房那里购买小面包、牛角包。

学生们起床后，进行简单的洗漱。通常没有自来水，学生们只能用水罐和脸盆洗脸。有的学校设置流水槽，更方便洗漱，但没有办法洗脚，学生偶尔被带出到专门的浴池洗澡。

大部分学校会做一些装饰，如典雅的大门、回廊、彩漆的墙围和天花板。

学校食堂也只有少数状况良好，通常都无优雅可言，经常弥漫着不

---

① Francisque Sarcey, recueilli et annoté par Adolphe Brisson, *Journal de Jeunesse de Francisque Sarcey (1839-1857)*, https://gallica.bnf.fr/ark:/12148/bpt6k37044w/f60.item (2021–09–03).

甜不咸、不可言状的浓汤味道。厨房难闻的味道一直蔓延到教室，甚至在外面都会知道里面是学校。当共和国开始大力兴建小学的时候，"宫殿式学校"才使中学感到了"校舍危机"。

维克多·德·拉普拉德（Victor de Laprade，1812—1883 年）于 1868 年发表了一部描述当时学校教育的著作《杀人的教育：为童年辩护》（L'Éducation Homicide: Plaidoyer Pour l'Enfance），反映了学校到处都是训斥儿童的吼声："你们知道吗？这里是学校，噢，自由的思想者！这是修道院，你们知道吗？没有家中慈善的母亲！这里是军营，你们知道得太多了，可怜的孩子，这里是监狱！"[①] 德拉普拉德解释说，这种状况是不得已而为之，因为要让学生通过考试，特别是大学初级文凭的考试。因为家长都渴求文凭，梦想自己的孩子能够进入综合技术学校，为此可以牺牲孩子的健康，不惜把读书作为孩子们"童年的苦役"。

教育管理者也发现问题的严重性。教育部长迪律依在 1866 年 8 月 18 日的政令中，要求滨海城市勒阿弗尔（Le Havre）的高中校长接收来自巴黎和凡尔赛高中的学生，让他们体会大西洋的风光，以缓解学习的压力。也有人主张，把学校设在城市以外的地方，但其理由更多是为了保存传统道德。

建于 1880 年代的拉卡那尔中学（Lycée Lakanal）开创了新的建筑风格。这所学校建在上塞纳省的索镇（Sceaux），教室由拱廊相连，开放的操场由周边的绿地围护，蔓延的通道由长廊衔接。

当然，随着时间的推移，人们对寄宿学校的期待也起变化，导致寄宿生数量的下降。1809 年，63.7% 的学生为寄宿生，而至 19 世纪末，寄宿生的比例不足三分之一。1860 年之后，许多寄宿制学校改行走读制，学生晚上可以回家，既能体验学校生活的紧张，又能感受家庭生活的乐趣。

迪律依在 1867 年 10 月 30 日的通令中设置"女子中等教育课程"（cours d'enseignement secondaire pour les jeunes filles）。这类课程由市政

[①]　Françoise Mayeur, *Histoire générale de l'enseignement et de l'éducation en France, tome III, De la Révolution à l'École républicaine (1789-1930)*, Paris: Perrin, 2004, p. 539.

府管辖，为青年女子提供不同于男子的教育。首先，这种教育适应女孩的家庭生活规律，距离家庭较近，不必住校。其次，这些学校不要求政府经费，因为主要接收富裕家庭的女孩，费用完全由其家庭支付。迪律依的深层思想是打破教会对女子教育的垄断，"年轻女子曾经在教会的膝下长大，要让她们以低廉费用在大学的怀抱中成长。"①

女子不能学习拉丁语和哲学，因为这些学科被认为有损妇女的简朴品质。女子中等课程主要是法语和至少一门外语、古典与现代文学、民族史、卫生学、缝纫、绘画、音乐和体操。宗教课被禁止，也不开设传统的哲学课，只是把哲学的分支——道德作为重要教育内容。关于道德，一部分人主张世俗化的内容：良心、责任、义务。另一部分坚持宗教化的道德，服从上帝的义务。

然而，刚刚兴起的中等女子教育遇到了教会的激烈反对。贝臧松的一位神父要求母亲协会的成员联合起来抵制这种教育，一位主教甚至以此理由拒绝前去主持中学的坚信礼②。1870年10月爆发的普法战争，更给予这种教育以致命一击，只有极少数学校零零散散地开课。

1870年4月，费里严肃地宣称，"在女人和男人、妻子和丈夫之间存在一种障碍，使得表面和谐的婚姻，掩盖着更深刻的观点、兴趣和感受的差异。"因此他主张有必要掌控妇女教育，"因为妇女教育掌握着妇女，而妇女掌握着一切，首先掌握着儿童，其次也掌握着丈夫。"③然而，女子中等教育还是不能同并行的男子教育相比，不仅教学内容和教学时间不同，女教师的选拔录用也与男教师分开实施。甚至同是高等师范学校的女校，都被归类为中等教育，而不是高等教育。

1880年12月21日《卡米耶·塞法》（*Loi Camille Sée*）④ 正式创建

---

① Félix Dupanloup, *M. Duruy et l'éducation des filles, lettre de Mgr. l'Évêque d'Orléans à un de ses collègues*, Paris: CHARLES DOUNIOL, 1867, p. 27. https://gallica.bnf.fr/ark:/12148/bpt6k5818930x/f28.item.texteImage (2021-09-04).

② 坚信礼（Confirmation），一种基督教仪式。根据基督教教义，孩子在一个月时受洗礼，13岁时受坚信礼。孩子只有被施坚信礼后，才能成为教会正式教徒。

③ Françoise Mayeur, *Histoire générale de l'enseignement et de l'éducation en France, tome III, De la Révolution à l'École républicaine (1789-1930)*, Paris: Perrin, 2004, p. 145.

④ 卡米耶·塞（Camille Sée，1847年3月10日—1919年1月20日），法国政治家。

女子中学。对于女孩来说，能够接受中等教育的还是少数。1914 年的战争前夜，接受中等教育的女孩近 35 000 人，而男孩有 69 200 人。1930 年，中学的男生已超过 10 万人，而女生只有 5 万。[1] 女子教育的职业性不强，基本上是普通教育，小资产阶级家庭的女孩的毕业去向主要是教师、文秘、商店职员、行政职员。社会地位较高的职业培训的工商业专业学校接收的基本上为男生。

三、中学课程

中学课程不同于传授简单文化知识的初等教育课程，其复杂性在于其目标既要有职业性，又要为进入高等教育做准备，甚至仅仅为上层阶级子女培养文化气质。

1808 年 3 月 17 日，拿破仑·波拿巴关于帝国大学的一项法令创设了法国 "中学毕业会考文凭"（Baccalauréat），并划分文学、科学、医学、法学、神学五种。这一文凭虽仍是高等教育的第一级文凭，由各学院颁发，但已是国家文凭。由于其文学和科学文凭须在高中准备，我们称之为 "中学毕业会考文凭"[2]，以区别于中世纪大学的文凭。

"Baccalauréat" 一词，源于古法语 "bacheler" 和中世纪拉丁语 "baccalarius"，最初的含义为 "小农场主"，中世纪演变成 "具有一定资产的年轻人"，其地位相当于骑士的侍从。然后又演变成 "未婚的、头上戴着'桂冠'的、向往成为骑士的年轻人"。中世纪巴黎大学首先用此词表示艺学部、医学部、法学部和神学部的毕业文凭，即大学的第一级学位。

法律规定，中学毕业会考文凭考试的申请者至少 16 岁。中学毕业会考文凭考试于 1809 年开始实施，申请者 39 人，实际录取 31 人，都是来自于资产阶级上层家庭。考试只有口试，没有笔试，几乎等于奉送

① Françoise Mayeur, *Histoire générale de l'enseignement et de l'éducation en France, tome III, De la Révolution à l'École républicaine (1789-1930)*, Paris: Perrin, 2004, p. 158.

② 有人将其译为 "业士"，但考虑到此名词既非汉语固有词汇，也无确切含义，故不采纳。

文凭。1812 年，获得文凭者刚过千人，1816 年超过两千。在 19 世纪后半叶，考试变得越来越难，每年通过考试者不足万人。1880 年，中学毕业会考文凭获得者的比例仅占同龄人口的 1%。[①]

自从 1808 年中学毕业会考设置以来，它便是中学课程的指挥棒。有学者指出，"不仅要从其打开职业之路的方面看，还要从其决定中学的教学并为中学教学提供样板的方面看会考文凭的重要性。"[②] 而中学毕业会考面貌的不断变化，导致中学课程变化不定，导致国立中学的教育内容在人文主义教育和科学教育两端之间来回摇摆。人文学科经常被认为是培养道德之人的重要学科，因此被置于科学学习之上。科学学科有时被压缩到仅在毕业年级开设，或者作为辅助学科，有时又膨胀到贯穿整个中学时期。

在帝国时期，中学的文学和数学教师与大学教师处于同等地位，只是级别不同。中学的五年课程设置恢复到的旧制度时期的状况：两年语法课程、两年人文课程、一年修辞课程。人文教育占据首位，目的是培养道德之人。只是在人文课程完成之后才考虑科学课程。除非是准备中学毕业会考或大学校的竞考，否则科学课程没有必要。为了避免学生的流失，第三年级的学生可以跳级到毕业年级。只为参加大学校的竞考的学生，也可以提前结束人文课程。

自 1846 年，教育部长萨尔万迪（Salvandy）和科学学院的校长让－巴蒂斯特·安德烈·杜马（Jean-Baptiste André Dumas）[③] 决定调整中等教育课程设置，增设具有实践性和职业性特点的专业课程，数学课逐渐扩展到全部年级。

1852 年 4 月 10 日的法令开始有了"课程分流"（bifurcation）的概念，

---

① Direction de l'évaluation, de la prospective et de la performance, *Le bac a 200 ans*, Juin 2008.

② Edmond Dreyfus-Brisac, *L'Education nouvelle. Etudes de pédagogie comparée*, Paris: Masson éditeur, 1882, p. 154, cité par Philippe Marchand, "L'interrogation d'histoire au baccalauréat (1880-1914)," in *Lycées, lycéens, lycéennes, deux siècles d'histoire*, Paris: Institut national de recherche pédagogique, 2005, p. 212.

③ 让－巴蒂斯特·安德烈·杜马（Jean-Baptiste André Dumas，1800 年 7 月 14 日—1884 年 4 月 10 日），法国化学家、政治人物。

中学生从第四年开始划分两种分科：拉丁语—希腊语、拉丁语—科学。

　　随着科学课程的增强，历史课和外语课也被引入中学课堂。复辟王朝开始设置历史教师职位，历史课程首先从修辞年级开始讲授。地理知识最初融合在历史课程中讲授，直至1870—1885年才单独设置。

　　外语，在法国习惯称"活语言"，相对于古希腊语和拉丁语等"死语言"。外语在1870年前后还被认为是一种娱乐的艺术，在中学并不被重视。外语教师中半数为外国人，教学水平也不高。主要外语有：英语、德语、意大利语、西班牙语。

表3-1　1880年8月2日政令规定的中学周课时

学科	第六年级	第五年级	第四年级	第三年级	第二年级	修辞年级	哲学年级	合计
法语	3	3	3	3	4	5	—	21
拉丁语	10	10	6	5	4	4	—	39
希腊语	—	—	6	5	5	4	—	20
外语	3	3	2	3	3	3	1	18
科学	3	4	3	3	3	3	9	28
历史与地理	3	3	3	4	4	4	3	24
绘画	2	2	2	2	2	2	2	14
哲学	—	—	—	—	—	—	8	8
合计	24	25	25	25	25	25	23	172

　　另外，值得一提的是法国学校的体育课开设较晚。被称为"体操之父"的雅恩（Jahn）[1]于1810年在普鲁士开设了第一所体操学校（gymnase），但一向对外来事物有所抵触的法国人对此不屑一顾。在1880年关于创建女子中等教育法案的辩论中，有人对设置体操课嗤之以鼻。虽然法国也有一些青年人进行击剑和马术训练，但均为富家子弟。

　　1818年，曾经的西班牙军官、1816年获得法国国籍的弗朗西斯

———————
　　[1]　弗里德里希·路德维希·雅恩（Friedrich Ludwig Jahn，1778年8月11日—1852年10月15日），德国体操教育家。

科·阿莫罗斯（Francisco Amorós）^①在巴黎开设了一所体操学校，于 1819 年又开设一所体操师范学校，培训法国第一批体育教师。体操课首先在中学开设，但其军事特点引起家长们的反感。

然而，法国的战败和托马斯·阿诺德（Thomas Arnold）^②关于体育在英国公学中地位的思想又促使法国的共和派决心强化"法国人种"，法国爱国者联盟成立了射击与体操协会，推行公民与道德教育、军事教育。

1880 年代，体育课开始在巴黎男子中学中开设，但女子中学不设此课，主要原因是卫生条件不具备，生活习惯也不允许，例如直至第一次世界大战前，法国女子普遍穿着紧身胸衣（corset），不利于运动。1887 年，体育课实施改革，引入了竞赛。

被称为"法国现代体操之父"的乔治·德梅尼（Georges Demény）^③于 1903 年在巴黎开设一所体育学校，授"高级体育课"（Cours supérieur d'éducation physique）。

1907 年，法国中学设置"体操教学能力证书"，专门培养中学体育教师，体育课逐渐褪去军事色彩。1933 年，法国成立了体育与竞技师范学校。

四、中等教育的转折

19 世纪后期，中等教育呈现一种危机。初等教育在费里法实施之后发生重大变革，高等教育在 1896 年改组之后也有重大发展，只有中等教育毫无生机：学生人数增长停滞不前、教学内容和教学方法更是落后。1896 年，法国人口为 3850 万，而中学生只有 18.3 万，约为人口总

---

① 弗朗西斯科·阿莫罗斯（Francisco Amorós，1770 年 2 月 19 日—1848 年 8 月 8 日），西班牙裔法国体操运动创建人。

② 托马斯·阿诺德（Thomas Arnold，1795 年 6 月 13 日—1842 年 6 月 12 日），英国近代教育家、历史学家。曾于 1828 年至 1841 年间任拉格比公学校长，对公学进行了多项改革。

③ 乔治·德梅尼（Georges Demény，1850 年 6 月 12 日—1917 年 10 月 26 日），匈牙利裔法国摄影师，体育运动学家。

量的 0.48%。公立中学学生的数量只占 45%，其余学生多数在私立教会学校，而教会学校的教育内容仍以传统学科为主，现代学科的比例极小。[1]

这些问题实际上反映法国制度的保守。中学每年培养几千个毕业生，相当于同龄人口的 3%，学生主要来源于社会上层，毕业后从事的职业基本是国家官员、军官、法官、教授等。不仅排斥普通民众，甚至中等资产阶级的子女也被排除在外。在教学内容方面，以传统文化为主，"教育与生活越来越分离"。[2]

1900 年，中等教育大体上可以划分为两类：古典型与现代型。传统中学的教学主要是拉丁语和希腊语，传授的基本是古希腊、罗马时期的思想和价值，即所谓人文主义。教学方法基本是背诵和记忆，有人称之为"鹦鹉学舌"（psittacisme）。

随着社会的发展，在精英阶层与平民阶层出现了中间阶级，主要是富裕的农民、工商业和手工业者、低层的公务员。对于他们来说，小学太过短暂，太过肤浅，而只学拉丁语、只为文凭的中学又不能满足其所需。

自 1865 年，维克多·迪律依（Victor Duruy）引入现代教育，以适应部分既反感中等教育，又瞧不起初等教育的中小资产阶级的需要。现代中等教育免除了拉丁语教学，以实用为特点，通过 4 年学习可以在工业、商业、农业等领域就业。1882 年，还允许经过延长 1—2 年学习，通过中学毕业会考。现代型中等教育沿袭专业学校模式，虽然在 19 世纪末已经吸收了约 4 万学生，但却无法与古典中学相比。

1833 年《基佐法》创立的高级初等学校（écoles primaires supérieures），曾被 1850 年的《法鲁法》取消，又被 1886 年的《戈贝莱法》恢复。高级初等学校以及新设置的初等学校"补充班"（cours complémentaires）

---

① Antoine Prost, "De l'enquête à la réforme. L'enseignement secondaire des garçons de 1898 à 1902," *Histoire de l'éducation*, n° 119, 2008.

② Belhoste Bruno. "L'enseignement secondaire français et les sciences au début du XXᵉ siècle. La réforme de 1902 des plans d'études et des programmes," *Revue d'histoire des sciences*, Tome 43, n° 4, 1990, p. 371–400.

得益于共和派的功劳，这些免费的相当于中等教育的初等教育进一步推进了民主化的进程。而现代中等教育不仅顺应了新兴中产阶级的需要，也是中学校长们所愿——学生数量的增加等于学校收入的增加。

新类型的中等教育机构的出现，必然会引发中等教育改革。众议院（la Chambre des députés）于 1898 年组建了一个调查委员会，由亚历山大·里博（Alexandre Ribot）[1]主持。1899 年 1 月 17 日—3 月 27 日，委员会召集了大学学者、知识分子、政治人物、宗教人士等 200 余人参加的听证会。之后。委员会提出了中等教育改革的一揽子计划，核心是将中等教育划分为各为三年的两个阶段，每个阶段区分古典教育和现代教育，取消大学初级文凭，设高级中等教育毕业文凭。

1898 年 11 月，乔治·莱格（Georges Leygues）[2]担任教育部长，他不同意将古典教育和现代教育并列，然后由教育部提出了"三分流"计划，即在中学第三年级之后划分为"古希腊–拉丁语""语言""科学"三个专业系列。其核心思想是现代学科不能与古典学科平起平坐，即使设置现代学科的大学初级文凭，也要比古典学科文凭低人一等。

这样，教育部与议会的改革分歧便明确显现：前者将现代学科教育作为专业教育而存在，后者试图将古典教育和现代教育相提并论。1901 年 10 月，里博致信莱格，呼吁不能使改革半途而废。里博还数次举办讲座，特别倡导现代教育，"科学引入了世界的新概念，观察自然、人自身和重大社会事件的新的方法，总之，是人类发展的新哲学。这一精神应当成为现代教育的灵魂。"最终双方达成妥协：教育部长使得会考文凭（baccalauréat）得以延续，古典学科的 7 年学制得以保留，议会坚持的古典教育和现代教育相统一的原则得以确认。

1902 年改革后的中等教育，取消了原来"古典"与"现代"之分，代之以"A"和"B"两个专业系列。第一阶段的学制为 4 年，从第六

---

[1]　亚历山大·里博（Alexandre Ribot，1842 年 2 月 7 日—1923 年 1 月 13 日），法国第三共和国的政治家，曾四度出任法国总理。

[2]　乔治·莱格（Georges Leygues，1857 年 10 月 26 日—1933 年 9 月 2 日），法国第三共和国政治家。

年级至第三年级^①。在 A 系列，希腊语成为选修课，在 B 系列取消了古语言。第二阶段的学制为 3 年，从第二年级至毕业年级，划分为四个系列，分别是：希腊语－拉丁语（A）、拉丁语－外语（B）、拉丁语－科学（C）、科学－外语（D）（见图 3-1）。

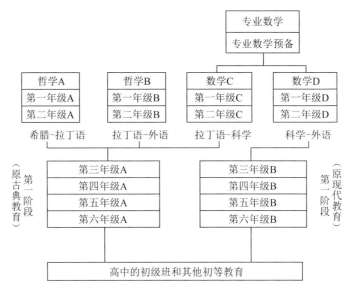

图 3-1　法国 1902 年中等教育改革的中学系统图示

转引自：Belheste Bruno, "L'enseignement secondaire français et les sciences au début du xxe siècle: La réforne de 1902 des plans d'études et des programmes," p. 387, fig. 5.

　　1902 年中等教育改革的最重要一点是将科学学科置于与古典学科同等的地位，将"科学人文"与"文学人文"相提并论。科学学科在中等教育的确立，实际是受到法国实证主义注重实践的影响。路易·里亚尔（Louis Liard）^② 写到，"通过采用更加适当的方式工作，在适应文化的精神之中，通过观察、比较、分类、实验、归纳、演绎、类比，去发现和理解实证真理，唤醒与开发并不比理想精神次要的现实的意义与可能性，最终习惯于不把智慧放在零碎的思想上，而是把所有碎片理解为

---

　　① 法国基础教育的年级序列由大至小，第六年级相当于初中一年级。

　　② 路易·里亚尔（Louis Liard，1846 年 8 月 22 日—1917 年 9 月 21 日），法国哲学家、行政官员。

整体的部分。"[1]

在 19 世纪，大学被取消，高等教育由大学校和各学院提供，公共初等教育体系在 80 年代初才完成构建，因此凸显了中等教育的显赫地位。因其强大且保守，有人称之为 "中庸帝国"（Empire du Milieu）。[2] 而 1902 年的中等教育改革的重大意义在于实现了传统教育向现代教育的华丽转身，科学教育和外语教学正式登上公共教育的舞台，以适应现代社会发展的需求。

---

[1] L. Liard, "Les sciences dans l'enseignement secondaire, dans L'enseignement dessciences mathématiques et des sciences physiques, " Conférences du Musée pédagogique, Paris, 1904.

[2] Lucien Febvre, "Vue d'ensemble. Cinquante ans d'enseignement français," dans Célestin Bouglé (dir.), Encyclopédie française, t. XV : Éducation et instruction, Paris: Société de gestion de l'Encyclopédie française, 1939.

第六章　职业教育与成人教育

法国在中世纪和旧制度时期，并没有真正意义上的学校职业教育。手工艺培训主要通过师徒传承，通过模仿与练习实现。而商业领域的职业培训，也主要靠实践摸索学习。只是受意大利、德国自16世纪兴起的会计学校、图书装订学校的影响，法国于17世纪开始建立职业学校。

法国职业技术教育发展滞后，也与其文化传统相关。法国公共教育部长迪律依在1863年颁布职业教育法时尖锐指出："拉丁文化如此深刻地渗透到我们的法国，乃至存在对实用教育偏见。这种偏见不但未能促进经典文化的学习，反而限制了实用技术的学习"。[①]

一、职业技术教育

从古代至中世纪，法国仍然是农业国家，直至大革命前夕，农村人口还占85%，农业生产技术几乎无变革，基本是在家庭范围内世代传承。在城市，尽管出现了各种各样的职业及其职业行会，但基本上是以师徒传承的方式实现职业教育，而无专门的学校职业教育。

法国早期的工厂也无职业培训，巴黎每年招收3万多名工人，但并未曾接受职业培训。1861年，巴黎工厂的工人数量超过40万，但徒工仅有14 161人，占3.2%。[②] 那时也没有儿童保护法，没有童工年龄的

---

①　Vincent Troger, Jean-Claude Ruano-Borbalan, *Histoire du système éducatif*, Paris: PUF, 2017, p. 74.

②　Jules Simon, *L'ouvrier de huit ans*, Paris: Librairie internationale, 1867.

限制，1841 年的法只对儿童在工厂劳动的时间限定为每天 6 小时，但未能有效执行。七月王朝将童工的年龄限定为 11 岁，1851 年 2 月 22 日的法对进入职业的年龄限制为 12 岁，第三共和国又将这一年龄先限定至 13 岁，后又延至 14 岁。但这些法律并未得以严格执行。

工厂主都不愿为徒工提供起码的培训，只有一些个人和教会机构为童工提供一些慈善性的救助，如衣物和住宿，或道德上的帮助，使他们离开条件差的工厂，为他们寻找"好老板"，或实施一定的监护。

徒工还经常不受老工人待见，他们认为徒工是未来的竞争对手，挤占了他们的待遇。纳多德（Nadaude）回忆道，他不到 14 岁便离开家到了巴黎，成为瓦工学徒。在修建一座城堡的工程中，白天人们让他用手推车运送沙子和碎石，晚上还要用本子记录每个工人的工作量。有一次，他在几个老工人身边干活，其中一个人对他嚷道："哎，小野鬼，你嘴里没有栗子吃，跑来吃我们的面包吗？"[1]

少数工厂设置了徒工学校，徒工可以领取少量工资，同时接受基础教育和职业培训。法国最早的职业学校可以追溯到 1803 年建于贡比涅（Compiègne）的工艺与职业学校（École d'arts et métiers）[2]。1826 年，曾任法国东印度公司的少将克劳德·马丹（Claude Martin）[3]在里昂创办了一所职业学校（La Martinière），免费接收平民子弟，开设某些职业需要的专门培训。

1830 年，一些教会机构在巴黎郊区开办了 30 余所女子职业学校，大部分学生免收学费，主要学习缝纫和编织。[4]

1848 年的危机，促使爱丽莎·勒莫尼耶（Élisa Lemonnier）[5]产生了创建女子职业学校的想法。她的第一所学校只招收了 6 名贫苦学生，

---

[1]　Françoise Mayeur, *Histoire générale de l'enseignement et de l'éducation en France, tome III, De la Révolution à l'École républicaine (1789-1930)*, Paris: Perrin, 2004, p. 263.

[2]　Décret du 6 ventôse an XI (25 février 1803).

[3]　克劳德·马丹（Claude Martin，1735 年 1 月 4 日—1800 年 9 月 13 日），法国企业家。

[4]　Claude Langlois, *Le diocèse de Vannes au XIXe siècle : 1800-1830*, Paris, Klincksieck, 1974. p. 398.

[5]　爱丽莎·勒莫尼耶（Élisa Lemonnier，1805 年 3 月 24 日—1865 年 6 月 5 日），法国妇女职业教育的开创者。

后来不断有人参与这一事业并由此诞生了"母亲保护协会"，后于1862年演变为"妇女职业教育协会"。

1853年创建的德希尔①学校（Cours Desir），教授女学生礼仪，模仿为主教、总统奉茶。学生们还学习绘画、针织，但学校纪律非常严格，新生和老生都由不同位置的饰带标识出来。由于这类学校不住校，通常距离家庭较近，费用也较低，因此比较受欢迎。

职业学校刚刚兴起，便出现了对这类学校目标的争议。一些人主张设置专业目标严格限定的专门学校，另一些人坚持傅立叶②"全面教育"的观点，强调职业的通用性。

1850年的《法鲁法》已经提及职业教育："职业教育应当是自由的自然结果，而不是特殊建设的目标。"③1865年，教育部长迪律依还在中等教育中设置技术专业。但直至1880年，法国都无任何关于职业教育的计划。主要原因是法律禁止在工人劳动过程中同时实施培训。另外，那时工人的文化素质实在太低，首先的教育不是职业教育，而是扫盲教育。其实，法国企业更相信在工作实践中的培训。甚至工运领袖保罗·德勒萨尔（Paul Delesalle）④都宣称："在车间，在工地，在工厂，未来的工人可以掌握其手艺。"⑤工人运动领袖对职业教育还有一种担心，就是害怕出现资产阶级化的"上层工人""工人贵族"，因此也要掌握职业培训，将职业教育作为义务教育的延伸，把职业实践教育作为普通教育的补充。

1880年12月11日的法，决定建立体力学徒学校（Écoles manuelles d'apprentissage），由市镇和省政府管辖，并在高级初等学校设置职业课

---

① 阿德琳娜·德希尔（Adeline Desir，1819—1875年），法国德希尔学校的创建者。

② 夏尔·傅立叶（Charles Fourier，1772年4月7日—1837年10月10日）。法国哲学家、思想家、经济学家、空想社会主义者。

③ Françoise Mayeur, *Histoire générale de l'enseignement et de l'éducation en France, tome III, De la Révolution à l'École républicaine (1789-1930)*, Paris: Perrin, p. 261.

④ 保罗·德勒萨尔（Paul Delesalle，1870年7月29日—1948年4月8日），法国无政府主义者，工运革命者。

⑤ Françoise Mayeur, *Histoire générale de l'enseignement et de l'éducation en France, tome III, De la Révolution à l'École républicaine (1789-1930)*, p. 268.

程。学徒学校的特点是注重实际教育。此时的学徒学校受教育部和商业部双重领导。

面对德国的崛起，第三共和国的教育部长费里更加关心法国的工业发展，他在 1883 年强调，"在工业战场以及其他领域，国家面临危险……为了避免这一重大危险，我们的国家应当调整职业教育"。[①]

1884—1885 年，巴黎市开设了一些职业补充课程，招收一些具有初级学习证书的儿童。他们上午学习普通课，下午学习职业课，最多学习二年，直至 14—15 岁时结束课程。对于女童，特别开设一些手工课和家政课。同时也有一些职业夜课，在晚上 8 点 30 分至 10 点授课，同时允许儿童与成人参加，但听课的人数始终不多。直至 1914 年前夕，参加听课的徒工仅有 1300 人。还有一种时间更为灵活的前学徒课程或"半工半读课程"。一些 13—14 岁的手工艺学徒，在常规学校课时学习普通教育课程，同时学习职业课程。当他们在 15—18 岁时，可以提前离开作坊去学校学习。

19 世纪末，巴黎出现了一批职业学校，如狄德罗学校（École Diderot）、物理与化学学校、艾斯蒂安学校（École Estienne）、布勒学校（École Boulle）、园艺学校、钟表学校。这些学校后来基本都演变成高等工艺学校，至今享有盛誉。

1892 年 1 月 26 日的法创建工商业应用学校（Les écoles pratiques de commerce et d'industrie），职业技术教育最初都归工商业部管理，直至 1920 年之后由独立的国务秘书处的下属机构管理，1926 年才归属公共教育部。1941 年成为技术中学。

1902 年成立的法国技术教育发展协会（Association française pour le développement de l'enseignement technique, AFDET）在促进法国职业技术教育方面发挥了重要作用，这一协会至今仍然工作。

1919 年 7 月 25 日，法兰西第三共和国颁布《阿斯蒂耶法》（*Loi*

[①] Vincent Troger, Jean-Claude Ruano-Borbalan, *Histoire du système éducatif*, Paris: PUF, 2017, p. 83.

Astier）。该法由阿登省议员普拉希德·阿斯蒂耶（Placide Astier）[①]提出，并以其名字命名。该法要求雇主为徒工提供免费的基础职业教育。该法认为，在工业新需求的时代，国家应当取代私人来关注工人子女的职业教育。职业教育改革的一半费用应当由国家承担。该法在其第一条明确指出，技术教育、工商业教育的目的是"工业或商业领域中的科学与技能或手艺的理论与实践学习，但不排斥补充普通教育。"对于不足 18 岁的劳动者，无论其是否具有学徒合同，都必须接受职业教育，并且规定每周工作时间中的 4 小时、每年至少 100 小时用于免费职业教育，持续三年直至获得"职业能力证书"（Certificat d'aptitude professionnelle，CAP）。这些教育依然由工商业部负责，但该法未能顾及农业职业教育。

《阿斯蒂耶法》的重要之处是承认国家对职业教育负有责任，而不是过去那样仅仅是私人机构的责任，同时该法对私立职业技术教育也做出规定。该法创建的"职业能力证书"[②]直至今日仍然有效，主要由职业高中负责颁发。

尽管《阿斯蒂耶法》对法国职业技术教育发展具有较大作用，但是直至第二次世界大战前，法国职业技术教育都未能形成公共教育网络。1939 年，法国在被德国占领期间开始设置职业培训中心。1944 年这些中心更名为"学徒中心"，数量达到 860 个，接收学生约 5 万人。1942 年，维希政府[③]进一步规范职业能力证书的培训，使这一文凭成为衡量法国工人水平的参照标准。

---

① 普拉希德·阿斯蒂耶（Placide Astier，1856 年 2 月 23 日—1918 年 3 月 6 日），法国科学家、政治人物。

② 1911 年 10 月 24 日法令创建"职业能力证书"（Certificat de capacité professionnelle，CCP），后被《阿斯蒂耶法》确认，其法文名称略有不同。

③ 维希政府（Régime de Vichy），为第二次世界大战期间纳粹德国控制下的法国政府，正式国名为法兰西国（État français），也被称为维希政权。1940 年 6 月德国占领巴黎后，以贝当为首的法国政府向德国投降，1940 年 7 月政府所在地迁至法国中部的维希，故名。维希政府在被德国国防军占领的法国北部领土（即占领区）还保有一些权力；但是它主要统治包括维希在内的非占领区，也就是自由区，约占法国本土领土面积的 40%。维希政府于 1944 年 6 月盟军诺曼底登陆解放法国后覆灭。

二、成人教育

关于成人教育，法国大革命领袖人物孔多塞的教育计划已经有所提及，他曾经指出，"我们首先要注意使教育成为平等和普及的。……教育应当涵盖所有年龄。……教育应当普及，就是说扩展到所有公民。"[1]然而，法国成人教育的进展缓慢，主要原因是工人劳动时间没有限制，直至 1830 年，每周工作时间为 75 小时，除去已经不足的睡眠时间，根本没有闲暇时间再去学习。

天主教主教亨利·格雷古瓦（Henri Grégoire）[2]于 1794 年创建的"法国工艺学院"（Conservatoire des arts et métiers），为法国大革命期间创建的三所著名高等学校之一（另两所为综合技术学校、高等师范学校）。1819 年，学院转型为培养工商业科学技术人才的高等学校，教学是免费的，并向所有人开放。课程在晚间 19 点之后以及周日开设，便于工作的成年人学习。但这一学校属于高等教育层次，还无法满足高等以下层次的教育需求。

1815 年，在英国教育机构的影响下，法国成立了"初等教育联盟"（Société pour l'instruction élémentaire），并借鉴英国的经验开展成人教育。在其建议下，塞纳省长于 1821 年开设了两所工人成人学校。1828年这类学校达到 6 所，学生 238 人，五年之后，学生超过 900 人。这些学校的教学法或采用导生制，或采用雅克托[3]的"普遍教育"的方法。

1833 年的《基佐法》并未提及成人教育，只是将这种教育称为附属教育（instruction accompagnement），1836 年的法令才承认进修教育（postscolaire）的必要性。成人教育的内容主要是初等教育加上一些技术教育，其目的是提高工人的职业能力，同时也为了维护社会稳定。但是，在统治者看来，对工人的教育不能没有限制，一旦生产者掌握知

---

① Martine Allaire et Marie–Thérèse Frank, *Les politiques de l'éducation en France de la mateneue*, Paris: La documentation Française, 1995, p. 26.

② 亨利·格雷古瓦（Henri Grégoire，1750 年 12 月 4 日—1831 年 5 月 28 日），法国天主教主教。

③ 约瑟夫·雅克托（Jean Joseph Jacotot，1770 年 3 月 4 日—1840 年 7 月 30 日），法国教育家。

识，便有可能不劳动。基佐 1847 年说，"受教育的贫困阶级的涌进，便是引爆社会基础的一个因素。"[①]

当然，代表统治阶级的基佐的思想，与孔多塞的理想和工人阶级的目标迥异。法国 1830 年的七月革命，彻底结束了旧制度，取消了封建特权，工人阶级的地位有所提高。巴黎综合技术学校的校友先是在梅斯（Metz）专为工人开设了课程，然后又建立了"综合技术协会"（Association polytechnique），宗旨是通过科学教育和职业教育，使工人"更熟练、更安逸、更聪明。"[②] 协会的核心人物奥古斯特·普多内（Auguste Perdonnet）[③] 曾担任七月王朝和第二帝国时期的铁路总管，并曾担任实业家阿尔封斯·拉瓦雷（Alphonse Lavallée）[④] 于 1829 年创建的中央工艺制造学校（École centrale des arts et manufactures）校长。协会会员们也参与中央工艺制造学校的授课。1835 年，协会在巴黎创建了法国第一座平民图书馆。据普多内 1867 年统计，自复辟王朝以来，巴黎开设了 200 多次成人教育课。

普多内这样告诫其同胞："如果你们不学习德国和英国的兄弟们，总有一天你们将被他们优势的知识武器打败。"[⑤]1862 年，拿破仑三世派一批工人参加英国博览会，法国工人通过与英国工人接触发现自由与组织的重要意义。1864 年法国工人创建自己的工会，开设工人自己的课程。1865 年，听课人数达到 20 万，1869 年更达到 80 万。妇女也参加听课，但人数不足男人的十分之一。

民众教育的发展得益于相对宽松的政治环境。在 1863—1869 年

---

① Françoise Mayeur, *Histoire générale de l'enseignement et de l'éducation en France, tome III, De la Révolution à l'École républicaine (1789-1930),* Paris: Perrin, 2004, p. 276.

② Alphonse Malétras, "Association Polytechnique," in Ferdinand Buisson dir., *Nouveau Dictionnaire de Pédagogie et d'Instruction primaire*, édition de 1911. http://www.inrp.fr/edition-electronique/lodel/dictionnaire-ferdinand-buisson/document.php?id=2109 (2021-03-29).

③ 奥古斯特·普多内（Auguste Perdonnet，1801 年 3 月 12 日—1867 年 9 月 27 日），法国工程师。

④ 阿尔封斯·拉瓦雷（Alphonse Lavallée，1797 年—1873 年 5 月 15 日），法国实业家。

⑤ Françoise Mayeur, *Histoire générale de l'enseignement et de l'éducation en France, tome III, De la Révolution à l'École républicaine (1789-1930)*, p. 277.

迪律依任法国第二帝国教育部长时期，对民众教育给予了比较温和的政策。

随着民众教育的兴起，1866年法国成立了教育联盟（Ligue de l'enseignement）。联盟的创建者让·马塞（Jean Macé）[1]，是工人的儿子，学习特别优秀，后在阿尔萨斯的一所女子学校担任教师。1864年，马塞与他人共创了供儿童阅读的《教育与娱乐杂志》（*Magasin d'éducation et de récréation*）。1866年，马塞领导的法国教育联盟积极推动初等教育的免费、义务和世俗化。1914年，联盟开设了27 000个成人课程班，授课人主要是小学教师。

工人们开始向往一种"思想生活"，正如饶勒斯[2]所预言的，受教育的工人，通常也是民主主义者，也是社会主义者。1848年，数学家欧仁·利奥奈（Eugène Lionnet）[3]创立了科学艺术普及协会（Association philotechnique），目的是"给成人以满足其需求的教育"。拿破仑一世的幼弟、法国元帅杰罗姆·波拿巴（Jérôme Bonaparte）[4]，教育部长费里，大文学家维克多·雨果（Victor Hugo）[5]等名人先后在协会担任主席。

1881—1882年《费里法》颁布之后，人们看到免费教育并未涉及成人，有必要填补这一空缺。德雷福斯事件（Affaire Dreyfus）[6]之后，人们认识到，小学已不足，共和国媒体可以是说谎者。而第一国际[7]的

---

① 让·马塞（Jean Macé，1815年8月22日—1894年12月13日），法国教育家、政治人物。

② 让·饶勒斯（Jean Jaurès，1859年9月3日—1914年7月31日），法国著名的历史学家、哲学家和经济学家，法国社会主义运动中最有影响力的领导人之一。

③ 欧仁·利奥奈（Eugène Lionnet，1805–1884年），法国数学家。

④ 杰罗姆·波拿巴（Jérôme Bonaparte，1784年11月15日—1860年6月24日），法兰西第一帝国及百日皇朝皇帝拿破仑一世的幼弟，法国元帅及威斯特法伦王国国王（1807–1813）。

⑤ 维克多·雨果（Victor Hugo，1802年2月26日—1885年5月22日），法国浪漫主义作家。

⑥ 德雷福斯事件（Affaire Dreyfus），是19世纪末发生在法国的一起政治事件，事件起因于法国犹太裔军官阿尔弗雷德·德雷福斯（Alfred Dreyfus）被误判为叛国，法国社会因此爆发严重的冲突和争议。此后经过重审以及政治环境的变化，事件终于1906年7月12日获得平反，德雷福斯也成为国家的英雄。

⑦ 第一国际，即国际工人协会（Association internationale des travailleurs），是1864年建立的国际工人联合组织。马克思是创始人之一、实际上的领袖。由于会名太长，人们取其单词"国际"（international）"，第二国际成立后，始称"第一国际"。

影响、普法战争的失败、巴黎公社的革命，以及英国和德国工人阶级的榜样，促使法国新一代的工人阶级认识到，无产阶级的解放只能依赖符合自身利益的自己的教育。于是，民众大学（Université populaire）得以诞生。当然，所谓"民众大学"并不是真正的大学，按今天的说法，应当是一种协会。例如，1882 年由维克多·博诺迈（Victor Bonhommet）[1] 在勒芒（Le Mans）创建的民众教育民主社团（Cercle démocratique pour l'instruction et l'éducation du peuple），1898 年由法国木刻工人乔治·德埃尔姆（Georges Deherme）[2] 在巴黎创建的思想合作（La Coopération des Idées）等组织。

乔治·德埃尔姆还创办社会教育杂志《思想合作》（*Coopération des Idées*）。杂志的大部分文章由他亲自撰写，并在杂志中公开提出问题——"何为未来理想？"，著名作家左拉、社会学家迪尔凯姆都予以回答。1892 年，德埃尔姆与加布里埃尔·塞耶（Gabriel Séailles）[3] 创建了道德行动联盟（Union pour l'Action morale），倡导社会文明道德，反对酗酒等不文明行为。德埃尔姆还参与"科学艺术普及协会"的课程，认为协会的目的不是改善个人状况，而是"通过伟大精神的普及提高人的灵魂"。

1899 年，德埃尔姆倡议建立民众大学协会（Société des universités populaires），协会首任主席是加布里埃尔·塞耶。1902 年 3 月，巴黎已经存在 47 所民众大学，另外巴黎郊区和外省各有 48 所民众大学。[4]

1909 年，社会党创建一所社会主义学校，由该党党员负责教学。1930 年代，法国总工会（CGT）[5] 创建了完全属于自己的培训机构。

---

① 维克多·博诺迈（Victor Bonhommet，1830 年 5 月 9 日—1905 年 10 月 1 日），法国诗人、工人运动领袖。

② 乔治·德埃尔姆（Georges Deherme，1867 年 4 月 7 日—1937 年 1 月 25 日），法国工人运动领袖。

③ 加布里埃尔·塞耶（Gabriel Séailles，1852—1922 年），法国哲学史学家。

④ Françoise Mayeur, *Histoire générale de l'enseignement et de l'éducation en France, tome III, De la Révolution à l'École républicaine (1789-1930)*, Paris: Perrin, 2004, p. 291.

⑤ 总工会（La Confédération générale du travail, CGT），法国最大的工会组织，创立于 1985 年 9 月 23 日。

法国共产党（Le Parti communiste français，PCF）在"工人国际法国支部（La Section française de l'Internationale ouvrière，SFIO）的第 18 届大会即图尔会议上正式成立，随即便开设了共产主义青年团学校和共产党学校。

在由马克·桑格尼耶（Marc Sangnier）[①] 领导的"勒西永"（Le Sillon）[②] 的政治运动中，为了工人的利益，强调以人的尊严为名，占有劳动工具，他们认为"即使我们成为工厂的君主，我们在社会中也没有共和国。"勒西永运动曾经在团结工人方面发挥了一定作用，但是由于其过于强调天主教徒的作用，而对教皇和主教有所不敬，因此于 1910 年被教皇解体。

三、巴黎公社的教育

巴黎公社[③] 是无产阶级推翻资产阶级统治，建立无产阶级专政的一次伟大尝试。巴黎公社从 1871 年 3 月 18 日成立至 5 月 28 日失败，仅仅存在了 72 天，其教育改革政策固然仓促且无法延续，但其教育革命精神至今仍激荡在人们心中，一些可歌可泣的斗争事件将永垂不朽。

1. 教育革命领袖——瓦扬

爱德华·瓦扬（Édouard Vaillant），1840 年 1 月 29 日出生于法国中部城市维耶尔宗（Vierzon）的一个富裕家庭。1857 年，瓦扬获得中学毕业会考文凭，然后就读于巴黎中央学校，五年后获得工程师

---

① 马克·桑格尼耶（Marc Sangnier，1873 年 4 月 3 日—1950 年 5 月 28 日），法国记者和政治人物。

② 勒西永（Le Sillon），1894 年在法国兴起的一场政治运动，主张共和主义与天主教融合。

③ 巴黎公社（Commune de Paris），是一个在 1871 年 3 月 18 日（正式成立的日期为同年的 3 月 28 日）到 5 月 28 日期间短暂地统治巴黎的政府。巴黎公社是人类历史第一次无产阶级政权的伟大尝试。法国在普法战争失败后，资产阶级政府的阶级压迫和民族投降政策，激起广大群众的极度不满。1871 年 3 月 18 日，巴黎工人举行起义，推翻了资产阶级反动统治，建立了无产阶级革命政权。3 月 26 日进行公社选举，28 日巴黎公社宣告成立。5 月 27 日，5000 名政府军围攻退守在巴黎东北的拉雪兹神甫公墓的最后 200 名公社战士，最后这些战士在墓地的一堵墙边全部牺牲。5 月 28 日，公社失败。由于评价者意识形态的不同，对它的描述也存在很大分歧。马克思认为它是对他的共产主义理论的一个有力证明。

文凭。1865 年，瓦扬获得巴黎大学理学博士文凭，又去德国海德堡大学、图宾根大学、维也纳大学深造，并结识了著名哲学家路德维希·费尔巴哈（Ludwig Feuerbach）①。之后，瓦扬在德国和英国担任医生。

1870 年普法战争②之初，瓦扬回到巴黎。1870 年 9 月 4 日，瓦扬电报卡尔·马克思关于法兰西第二帝国垮台的消息。在普鲁士军队包围巴黎期间，瓦扬结识了布朗基（Auguste Blanqui）并参加了 1871 年 1 月 22 日的巴黎起义。他还是"红海报"（Affiche Rouge）的四个起草人之一，呼吁巴黎市民成立巴黎公社，抵抗普鲁士军队的攻城。巴黎公社成立后，瓦扬被选举为公社委员会成员，并主持教育委员会的工作。

爱德华·瓦扬被称为巴黎公社"最强思维的头脑"（la plus forte tête pensante），在主持巴黎公社教育委员会（Commission de l'Enseignement）期间，试图将初等教育和职业教育统一起来，并开设了分别为男生和女生设置的两所职业学校。委员会要求学校与教会分离，实行世俗教育，教室里不得设置任何宗教标志物。委员会还专门设置了完全由妇女组成的专门委员会，商讨女童教育问题。委员会要求地方政府负责学校经费，实施免费的世俗教育。教师工资由地方政府承担，教师的年工资为 1500 法郎，校长为 2000 法郎，并且男女待遇平等。

巴黎公社失败后，瓦扬流亡英国，与母亲一起住在伦敦郊区。在伦敦期间，瓦扬参加了第二国际③秘书处，但不久发现第二国际的成员并非真正的革命者，便与之脱离关系。1880 年 7 月 11 日的大赦法之后，

---

① 路德维希·安德列斯·费尔巴哈（Ludwig Andreas von Feuerbach，1804 年 7 月 28 日—1872 年 9 月 13 日），德国哲学家。

② 普法战争（Guerre franco-allemande de 1870），为普鲁士为了统一德国，并与法国争夺欧洲大陆霸权而爆发的战争。自 1870 年 7 月 19 日，战争由法国发动，至 1871 年 1 月 28 日，以普鲁士大获全胜，建立德意志帝国告终。

③ 第二国际（Deuxième Internationale），亦称工人国际（Internationale ouvrière）。1889 年 7 月在巴黎举行的欧洲代表大会上，欧洲工人社会党在弗里德里希·恩格斯（Friedrich Engels）的倡议下，成立了欧洲工人党。它是 1864 年 9 月 28 日在伦敦成立，1876 年解散的国际工人协会（Association internationale des travailleurs）即第一国际的延续。

瓦扬得以回到法国。1893 年和 1898 年，瓦扬两次被选为巴黎地区的议员，继续从事社会主义革命工作，直至 1915 年 12 月 18 日逝世，终年 75 岁。

在法国，多处城市的街道和小学以其名字命名。

2. 教育委员会的业绩

瓦扬作为公社代表，于 4 月 21 日开始主持教育委员会的工作。委员会的 4 个成员在市政府工作，所有管理人员则在公共教育部原址工作。瓦扬及其教育委员会成员吸取了新教育运动的思想，主张世俗的、义务的、免费的教育。4 月 22 日，瓦扬号召"所有研究全面教育和职业教育的人"对教育改革提出建议。5 月 5 日，瓦扬任命公民埃内斯特·莫雷（Ernest Mollé）为自然历史博物馆行政专员，组织博士与教授重新开设符合公共利益的课程。

但是，在初等教育方面，瓦扬未能得到多数教师的支持，因为他们在 1848 年革命之后纷纷加入了具有教会特点的组织，而不愿做违背组织的活动。

瓦扬及其领导的教育委员会成员首要的工作是改革初等教育。然而，教育委员会面临的工作困难重重。首先，教育委员会的 6 名成员中，几乎没有真正懂得教育的专家。虽然儒尔·瓦莱（Jules Vallès）曾当过学监，奥古斯丹·维尔杜尔（Augustin Verdure）和乌尔班（Urbain）当过小学教师，但都不足以胜任教育改革工作，因为他们不了解社会主义和共产国际的"全面教育"主张。不仅如此，公社给予瓦扬的教育经费极为有限，3 月 20 日—4 月 30 日法兰西银行拨出的 7 290 000 法郎中只有 1000 法郎划归教育。

4 月 28 日，教育委员会发布政令，要求"在最短的期限内，在巴黎各区按照统一的模式组织初等教育和职业教育"，并在尚未实现世俗化的学校普遍实施世俗化。要在第五区原耶稣会学校的旧址上建设一所职业学校，接收 12 岁以上的儿童。在另一处原制图学校设置接收女童的工业与工艺职业学校。5 月 11 日，瓦扬发布命令，要求巴黎各区政府清除学校中所有宗教的标志、符号，如十字架、圣母像等。如果此类物品的材质为贵重金属，应登记注册送至制币局。

5月13日，瓦扬将学校的督导权收至教育委员会及其委任的代表。瓦扬还要求区政府统计世俗教师和教士教师的数量，以便适当裁减教士教师，既维持教育的世俗化，又不至于影响正常教学。5月14日，瓦扬和公共安全委员会（Comité de salut public）共同签署了致各区政府的一份通告，要求粉碎一切反对学校世俗化的抵抗，逮捕不服从命令的宗教人士。5月18日，公社发布通令，宣布"未来48小时，将处置所有不服从公社命令，继续由宗教人士管理的所有学校"。然而，此时公社已岌岌可危，距离失败的时间只有6天。

实际上，在巴黎公社执政期间，学校的情况十分困难。第三区一所学校的教士教师已经逃离，区政府在空置学校临时办起孤儿院，接收了94名孤儿。在第四区，政府向家庭宣称，教育既是儿童绝对的权利，又是家庭不可推卸的义务，并保证教育的中立和世俗化。第八区利用分发肉票的方式统计儿童的入学数，实行学校课程开放，允许家长和教师旁听。第十区的一所小学在完成世俗化之后，于5月24日向6—15岁儿童开放，并且不限国籍。其校长每周四晚开设公开课"理性道德与政治权利"。

在第十二区，政府在4月25日才举办世俗教师的录用考试，以替补教会人士离职的空缺。第十七区的公社代表拉玛（Rama）提出新的教育思想，要求教师实施身体、道德、智慧全面发展的教学方法，道德教育不仅要脱离一切宗教与教条，同时远离"统治思想"和"奴婢思想"，清除一切反科学以及沙文主义的书籍。第十七区要按照新教育思想，创建新型的学校。在第二十区，政府还在极为困难的条件下为学生提供服装和伙食。

公社还注意大众教育。在其对外关系代表谈判工作失败之后，于4月底开始民众宣传。他们派出人员去外省，向农民散发宣传公社主张的传单。其中，由安德烈·雷昂（André Léon）撰写的传单散发了一万多份。对于劳动者的教育，公社虽然没有系统的安排，但也通过一些直接或间接的方式鼓舞工人阶级的斗志，提高工人的知识水平。

3 月 28 日，公社动员了 20 万巴黎市民集会，巴黎公社亲历者利萨加雷（Lissagaray）[1]描述道："大革命之后，巴黎的内脏从未如此震撼。"4 月 6 日，出席第一位被敌人杀害的巴黎公社战士葬礼的人数也高达 20 万。4 月 29 日，公社组织共济会 1 万余名成员进行大游行。这些活动都是宣传民众、教育民众的重要机会。

3. 公社儿童军的战斗

在巴黎公社兵临城下的危急时期，时常可见一些工人子女在街上举着小红旗游行，唱着"马赛曲"，喊着"公社万岁"的口号。他们偶尔也在路障前沿参加一些战斗。14 岁的蒂博（V. Thiebaut）穿梭于炮弹之间，为公社战士送水，还用卡宾枪击毙了一名敌军官，并保护了公社的军车。15 岁的查理·邦德里特（Charles Benderitter）作为小炮手参加了第七炮队，在 4 月 18 日的战斗中被敌人的炮弹击中腿部，一只脚几乎被炸断，还忍着剧痛高呼："共和国万岁！"

5 月 21—22 日，公社组建了儿童队伍，称为"公社儿童军"，被安排在水塔广场，即今天的共和国广场。这支队伍由 10—16 岁的男童构成，主体为 14—15 岁儿童，基本上出身于贫困工人家庭。他们承担构筑街垒和防卫的任务，既表现了勇敢，也显示出一些轻率。其中一个儿童军战士，挥舞红旗，冲出街垒，不幸被敌人射杀。

5 月 23 日，公共安全委员会通告，敌人已经攻入城内，发布著名的号召："所有人冲向街垒！"工人孩子们的响应最为热烈。据估计，约有 5000 名儿童在"血腥的一周"中高呼"公社万岁！""世界共和国万岁！""劳动万岁！"等口号，参加战斗或牺牲。最终街垒被攻破，所有公社战士被赶到墙下而惨遭枪杀。一个儿童向敌军官要求几分钟等待，他举起银质手表，说道，"永别了，母亲！"其悲壮，甚至令敌人动容。在 2 万名牺牲的公社战士中，包括一定数量的儿童。在公布被捕的名单中，有 651 名儿童，或被流放，或被监禁。

巴黎公社，曾经激荡中国人的伟大历史事件，似乎正在被淡忘，但

---

[1]　利萨加雷（Prosper-Olivier Lissagaray, 1838 年 11 月 24 日—1901 年 1 月 25 日），法国历史学者。

从未在记忆中消失。在西方，特别是在其诞生地法国，除在特定领域的历史书籍中，几乎见不到踪影。多数历史学家将其描绘成野蛮的造反与暴乱，只有少数历史学家能够比较理性地对待这一事件。而关于巴黎公社的教育状况，除了少量的教育法令、政策，历史记载近乎空白。经过我们努力挖掘与探寻，直接从法文资料中获得了一些稍微有价值的信息，经整理呈现于读者并以此缅怀巴黎公社的先烈。

第七章　教师选拔与师范教育

法语"normale"一词的基本含义是：正常的，正规的；师范的；规范的，标准的。大革命时期的重要人物拉卡纳尔（Lakanal）指出，"师范（Normale），源自拉丁语'规范（norma）'。这些学校实际上应当成为其他学校的典范与规范。"[①] 法国大革命之后，随着中央集权的建立，培养教师也成为国家的责任，师范学校普遍建立。法国教师也开始承担国家政治使命，其地位也逐渐发生变化。

一、小学教师：乡村文化人与黑色轻骑兵

旧制度的教师被称作"maître"（师傅）或"régent"（摄政），其基本含义是负责教学，掌管学校，并与教会相联系。而大革命颁布的法令将小学作为向全体公民传授必备知识的机构，而负责教学的人员称为"instituteur"，其深层的含义是向公民传授理性、维护政治秩序的人。

从旧制度到共和国，小学教师的地位开始发生变化。

安托南·拉弗涅（Antonin Lavergne）[②] 创作的小说《让·科斯特或乡村教师》（*Jean Coste ou l'instituteur du village*）生动地描写了 19 世纪法国小学教师的生活景象。年轻的小学教师让·科斯特，老婆生病，还有四个孩子，面临本来不足的薪水被扣押，迫使他企图自杀。

有人批评这一小说受当时充斥社会的悲惨主义（misérabilisme）影

---

① "L'école normale," http://www.le-temps-des-instituteurs.fr/doc-ecole-normale.html (2021-03-29).

② 安托南·拉弗涅（Antonin Lavergne，1863—1941 年），法国作家。

响，科斯特的形象令人不快。小说的出版人则认为，"人们希望他完美，但人们没有看到这是贫困的标志。其最可怕的结果，是心灵与道德的败坏。"比松则有另外的思考："让·科斯特所缺乏的，可能是一点点的帮助，救助他的贫困，甚至给他提供一个支点，使其振作起来。他应当有一种使命的伟大感，但让·科斯特没有。"当然，比松并不否认法国存在的"知识无产阶级"的问题。也许小说中的让·科斯特是一个极端的形象，但绝非完全虚拟，部分小学教师的贫困反映出法国政府对教师关心不够以及教师政策的缺陷。

然而，另一个现实是师范学校的招生从未出现困难。在农村地区和许多外省城市，多数小学教师来自于农村，因为这是农村青年提高社会地位的重要途径。1914年前夕，教师的待遇略有改善，退休前的工资可达到刚入职时的两倍。初任教师经常被分配到偏远地区，之后可以申请调动至中心城市，还有可能升任校长。一般来说，城市中的小学老师，地位相当于企业职员。农村的女教师，时常被认为是太过容易的职业，而不被重视，并且常有单身者。

农民的独生子布埃（Bouet）先生，出生于1858年，师范学校的毕业生，娶了一个小商人的独生女为妻。他不仅被人们看作好教师，还被认为是镇上最好的公务员：治安法官、税务官、路政官，他还是镇长的秘书，与镇上居民和蔼相处，受人尊敬。①

无论是文学描写还是个人叙事，都是现实的不完全反映，但可以肯定，19世纪的小学教师经历了较大变革，而《费里法》的颁布则是小学教师地位的重大转折点。

过去小学教师基本由教士担任，薪酬主要来自教会或家长。1881年之后公立学校的教师则是国家的公务员。法律规定，各省需建立师范学校，大量普通工人、农民、小业主的平民子女开始进入师范学校。而他们一旦毕业，即是国家公务员，成为国家精英队伍中的一员。地位的转变，使教师使命感增强，甚至心甘情愿地为国家服务。

---

① Françoise Mayeur, *Histoire générale de l'enseignement et de l'éducation en France, tome III, De la Révolution à l'École républicaine (1789-1930)*, Paris: Perrin, 2004, p. 621.

19 世纪中期以来，法国小学教师开始拥有比较体面的社会地位。在乡村中，几乎只有小学教师是"文化人"，掌管着全村文化活动，他（她）经常是镇长的秘书，撰写各类公告文书，主持地方选举等。许多乡镇还专门为教师配置了住房。据 1914 年的调查，小学教师中 15% 出身于小农家庭，17% 出身于小商业主，15% 出身于职员，18% 出身于小学教师家庭。直至 20 世纪 70 年代，能够成为小学教师，都是平民家庭子女改变社会地位的极好机遇。[①]

新一代教师的使命首先就是传授共和国的意识形态，传授以科学和理性为核心的精神，培养合格的公民。特别是在 1870 年普法战争中法国失去了阿尔萨斯和洛林地区的背景下，法国教师还肩负着培养学生保家卫国的公民意识的责任，使学生随时准备响应国家征兵的号召。

在普及法语的任务中，教师又是首当其冲。法国的语言政策是法国在民族国家的构建中形成的。最初表现为同拉丁语对抗，以减少教会的权力和强化君主与国家的权力。自 13 世纪以来，法国皇家公证人便以法文为书写工具，在 14—16 世纪时，法语开始成为法国的官方语言，拉丁语和其他方言受到压抑。1539 年，弗朗索瓦一世颁布法令，将法语确定为司法与行政的官方语言。1635 年，法兰西学术院（Académie française）创立，其使命便是制定法语规则，目的是使法语清晰、纯洁、合理，能为所有人理解。

但是，文艺复兴之后，只有文人和一些市民使用法语，多数农村人不会法语。法国大革命强调法兰西民族统一政策，革命者认为不懂法语便是民主和革命思想传播的障碍。1790 年，国民议会试图将所有法令翻译成各种方言，只因成本太高而放弃。1794 年 7 月 20 日法令规定，法语为法国行政的唯一语言。1830 年和 1848 年的革命之后，国家小学的法语教学得以发展，但尚未成为强制性教学语言。1881 年和 1882 年的《费里法》开始在全国义务教育中推行法语。正是利用教育这一锐利武器，法语很快成为遍及法国全境的通用语言，其他方言或民族语言都

---

① Philippe Tronquoy, "Le système éducatif," *Cahier français*, N°285, La documentation française, mars–avril, 1998, p. 17.

被强制性地排斥。其中小学教师的作用功不可没。

教师地位的提高，也有了新的称号。法国作家佩吉（Charles Péguy）[1] 在其作品中首次称呼师范学校学生为"黑色轻骑兵"。

"轻骑兵"（hussard）通常指创建于 15 世纪的匈牙利骁勇善战的骑兵队伍。因为当时师范生均着黑色制服，随着佩吉首创以后，人们便将《费里法》之后的教师称之为"共和国黑色轻骑兵"。

佩吉这样描写师范学校的学生：

> "我们年轻的教师像黑色轻骑兵那样帅气：身材修长，神情严肃，束紧腰身，态度认真。他们早熟得有些站立不稳，突然间变得全知全能。"[2]

当时的师范生身着黑色长裤、马甲、长大衣和扁平的帽子。佩吉指出，师范生制服是一种极为严肃的民用制服，且是一种比军用制服更为严肃的民用制服。佩吉认为，这些 17—20 岁的师范生才真正是共和国的儿童，严肃的黑色轻骑兵。

而将教师称为黑色轻骑兵主要不在于其制服的颜色，或制服的严肃性，而在于新的法律框架下的教师承担着法国所有 6—11 岁男女儿童的义务教育使命。特别是这一教育完全排除了宗教人士担任教师的可能性，教育成为世俗化的教育，教育的使命是培养共和国的公民。佩吉感觉到，这些年轻教师来到学校，似乎随时要喊"共和国万岁！国家万岁！"等口号。

法国有一谚语，"孩子的耳朵长在背上"，反映父母管教孩子十分严厉。法国传统学校基本上是家长式的管理，教师就像父亲或管家那样主宰着班级：宽厚的权威，时而粗暴但经常充满深情；尽管孩子众多，年龄和水平各异，甚至逃学缺课，也不厌其烦；要求学生之间互相帮

---

[1] 查理·佩吉（Charles Péguy，1873 年 1 月 7 日—1914 年 9 月 5 日），法国作家、诗人。

[2] Charles Péguy, "L'argent," 6ᵉ *Cahier de la Quinzaine de la 14e série*, 16 février 1913.

助。[1] 教师的严厉，使人联想到可怕的匈牙利轻骑兵，又因为当时教师的制服为黑色，为国家承担着教育民众的使命，又因此"黑色轻骑兵"（Hussard noir）成为法国第三共和国时期称呼小学教师的绰号。

好的教师，不仅是儿童的榜样，还是成人的口碑，是社会良好教化的重要因素。历史学家这样评价小学教师的作用：法国之所以在 1914 年战争中获胜，就在于法国坚强的民族团结，而这种民族团结很大程度上在于小学教师的功劳。

二、中学教师：竞考选拔的精英

1802 年拿破仑创建国立中学（Lycée），目的是培养国家精英。自 1806 年帝国大学创建以来至 20 世纪初，高等教育与中等教育并无严格区分，中学教师与大学教师具有同一个称号——"professeurs"。中学教师都有自己的学科，可以在高等教育的各学院授课，在社会中享有崇高的声誉。

从拿破仑帝国起，法国便盛行精英主义，中学教师的培养主要由大学，特别是由作为大学校的高等师范学校承担。学者德尔福（Albert Delfau）指出，"这些大学校，无论其目标，还是其特性，都博得了拿破仑的信任。不仅如此，波拿巴在实现其公共教育的进程中，任何时候都不允许有阻碍。他需要有力的助手：综合技术学校为其军队培养军官，高等师范学校为其中学培养教师。"[2] 但是四所高等师范学校中只有位于乌尔姆街和塞弗尔的高等师范学校培养中学教师，前者培养男教师，后者培养女教师。其他两所位于圣克鲁和丰特奈高等师范学校，则分别培养初等师范学校的男教师和女教师。

中学教师的录用通常采用竞争考试的方式。

中 等 教 育 竞 考（Agrégation de l'enseignement du second degré） 是

---

[1]　Antoine Prost, *Education, société et politiques, Une histoire de l'enseignement en France, de 1945 à nos jours*, Paris: Seuil 1992, p. 64.

[2]　Albert Delfau, *Napoléon Ier et l'instruction publique*, Paris: Edition Albert Fontemoing, 1902. Cité par Bruno Magliulo, *Les grandes écoles*, Paris: Presses universitaires de France, 1982, p. 11.

进入中学教师行列的基本途径，考试通过者被任命为中学竞考教师（Professeur agrégés）。"Agrégation"的本意为"集合""聚合""聚集"，在法国旧制度时期，动词"agréger"通常指"将某人纳入一个团体、协会，与组成团体的其他成员享有相同的特权与荣誉。"[①] 法国最早的国家竞考于 1679 年在法学部举行。而较大规模的竞考于 1766 年在巴黎大学的艺学部举行，以填补由于 1762 年驱逐耶稣会教师带来的教师空缺。1804年，路易大帝中学校长创设中学竞考教师职位，作为教授的助手。全国性的中等教育竞考教师的竞争考试由 1808 年 3 月 17 日的法令创建，最初设文学、语法、科学三个学科，1828 年增设哲学，1830 年增设历史，1841 年再设数学、物理和自然科学等学科的考试。考试的目的在于录取中学竞考教师（agrégés），其地位低于学部和中学的教授（professeurs），但高于中学的任课教师（régents）和学监（maîtres d'études）。

根据 1808 年 3 月 17 日的法令，帝国大学理事会确定中学教师竞考，现职的中学任课教师和学监考试通过后可以成为竞考教师。早期的考试有三项内容：论文、习题、讲课。1813 年 11 月 13 日的法令要求将师范学校作为进入公共教育职业的唯一途径，次年的法令进一步规定师范学校获得学士学位的所有毕业生均可成为竞考教师[②]。

但是，关于竞考的法令最初并没有严格执行，一些人可以未经考试被任命为竞考教师。直至 1821 年关于中学竞考教师地位的规定，确定竞考为录取竞考教师的唯一途径。但考试由学区长负责，优胜者按成绩顺序排名，也由学区长任命，因此这时的竞考教师也被称为学区竞考教师（agrégés académiques）。1821—1829 年，21 个学区共组织了 73 次竞考，录取了 204 个竞考教师。著名社会学家奥古斯特·孔德（Auguste Comte）[③] 于 1828 年参加竞考而未能被录取。

1830 年开始，教育部长在未更改规则的前提下，每年都断然决定

---

① *Dictionnaire de l'Académie française*, 4ᵉ édition, 1768.

② André Chervel, *Histoire de l'agrégation: contribution à l'histoire de la culture scolaire*, Paris: Institut national de recherche pédagogique, 1993, p. 58.

③ 奥古斯特·孔德（Auguste Comte，1798 年 1 月 19 日—1857 年 9 月 5 日），法国著名的哲学家、社会学家和实证主义的创始人。

"今年的竞考在巴黎学区举行"。所有外省的报考者须来到巴黎参加考试，巴黎的竞考演变成全国考试，后来部分笔试和口试被允许在外省进行。

1883 年在开设女子国立中学的同时设置文学与科学学科的女子教师竞考，12 名女性报考者被录取。新的问题是如何组织考试和排序。可能的情况是：第一，参加与男性相同的考试，由相同的评委评分，混合排序。第二，参加与男性相同的考试，也由相同的评委评分，但分别排序。第三，单独组织女性考试，单独排序。直至 1976 年，中学教师竞考才不区分男女，全部为单一考试。

当时，中等教育竞考的报名基本条件是具备硕士文凭（master），个别竞考甚至要求博士文凭。初试为一系列的匿名笔试，复试为口试。考试录取后即成为中等教育竞考教师，具有国家公务员身份，通常在高中或大学校预备班任课，极少去初中教学。

另一类中学教师可以成为"证书教师"。维希政府国民教育部的新任主管杰罗姆·卡科皮诺（Jérôme Carcopino）[1] 创设了新的类型的教师，即"中学教育能力证书"（Certificat d'aptitude à l'enseignement dans les collèges, CAEC）教师，学士学位获得者通过竞考可以成为这类中学教师。新的教师证书导致后来设立并通行至今的"中等教育教师能力证书"（certificat d'aptitude au professorat de l'enseignement du second degré, CAPES）。

无论是中等教育竞考，还是中等教育教师能力证书考试，都具有极强的竞争性，一个位置经常有 12 个以上的报考者。直至第二次世界大战前夕，法国中学教师的数量只有 15 000 人，而小学教师已达到 132 000 人。[2] 正是鉴于这些少而精的特点，可以说法国中学教师便是国家精英。

不过，国立中学教师的待遇最初并不完全相等，甚至差异较大。

---

[1]　杰罗姆·卡科皮诺（Jérôme Carcopino，1881 年 6 月 27 日—1970 年 3 月 17 日），法国历史学家和作家、政治人物。1941 年 2 月 24 日—1942 年 4 月 18 日，任维希政府的国民教育部国务秘书。

[2]　Emmanuel Fraisse, "Regards sur la formation des maîtres en France," *Revue internationale d'éducation de Sèvres*, n° 55, décembre 2010, p. 62.

直至 1853 年，教师的待遇取决于职位等级和所在学校，而大城市高收费、生源广的名校和小城市低收费、生源少的一般学校之间的差异更为明显。巴黎名校教师的工资可能是小城市低年级任课教师的三倍。如果考虑到来自学费和住宿费的额外收入，教师之间实际收入的差别可能更大。

低收入的教师为了维持基本生活，不得不在繁重的课程之外，寻找其他收入来源。1858 年 6 月 26 日，教育部长古斯塔夫·鲁朗这样向拿破仑三世报告："陛下，我不能隐瞒这些收入不足的人在从事繁重的教学之时，承受多么大的苦难！"[1]

然而，这种情况毕竟已经过去，总体上看，法国中学教师不仅本身是国家精英，同时又是国家精英的缔造者，其使命就是为大学校和国家公职岗位选拔人才。在帝国末期，国立中学的学生仅有万余人，基本上都是未来的国家精英。

三、学为人师：创建师范学校

世界上第一所师范学校于 1770 年在奥地利创建。法国也是较早建立师范学校的国家。

1794 年 1 月 27 日，共和二年雨月八日的法规定法语为强制性教学语言，但在通行方言的阿尔萨斯地区能够用法语教学的小学教师极少。1794 年 3 月 19 日让－弗雷德立克·西蒙（Jean-Frédéric Simon）[2]受命开办一所师范学校，专门培养法语教师。然而其学校遭到地方官员的反对，并且缺少经费与生源，开办不足一年便被迫关闭。

在法兰西第二帝国时期，1808 年 3 月 17 日关于帝国大学组织的法令规定，在中学设置"师范班"（classe normale），以培养初等学校教

---

[1]　Philippe Savoie, "La République des professeurs," *Histoire*, Septembre 2002. https://www.lhistoire.fr/la-r%C3%A9publique-des-professeurs (2021-03-29).

[2]　让－弗雷德立克·西蒙（Jean-Frédéric Simon，1751 年 5 月 23 日—1829 年），法国教育学家。

师。1810 年，下莱茵省省长阿德里安·德勒泽 – 马尔奈斯雅（Adrien de Lezay–Marnésia）^① 在法国东北部城市斯特拉斯堡创建师范学校。这所师范学校最初附属于国立中学，1820 年得以独立运行，应当是法国最早得以存续的初等师范学校。学校对学生的要求是年满 16 周岁，但不得超过 30 岁，能够正确阅读与书写德语，具备四则运算的数学能力，已经接种牛痘疫苗或患过轻度天花并痊愈，备有简单行装和体面穿着。此外，还需其原籍市镇长的介绍信。学习时间为三年，主要学习计算、法语和德语、书写、宗教教育、音乐、体育概念、农业与卫生科学、教学法。历史、地理、物理、化学融于数学课之中。

1816 年的一项规定，准备拨付一些款项支持临时模范学校（écoles-modèles temporaires），以解决教师不足的问题。问题是，这种学校的教学法采用导生制，因经验不足而难以推广。1828 年 8 月 19 日，在瓦蒂麦斯尼尔（Vatimesnil）^② 担任公共教育部长时期，发布通令，重新倡导初等师范班。

1833 年 1 月 2 日，公共教育部长基佐在关于初等教育法案的演讲中指出，"所有年满 18 岁的公民，只要具备良好生活习俗证明和经考试获得的能力证书，从此都可以在城市或乡村的所有乡镇里，创建、管理、领导或是初级的，或是高级的，或是师范的及其他的与初等教育相关的机构。……我们不惧怕教育的自由，相反是倡导这一自由。""但是，需要培养良好的人，为此初等师范学校必不可少。……我们提出每个省建立一所师范学校。"

1833 年 6 月 28 日，法国颁布《基佐法》，要求每个省设置一所师范学校。同时增加了对教师的规定——应当保证教师的最低收入。此法与之前 1830 年 2 月 14 日的通令的重大不同是将"模范学校"（écoles modèles）改变为"师范学校"（écoles normales）。

---

　　① 阿德里安·德勒泽 – 马尔奈斯雅（Adrien de Lezay–Marnésia 1769 年 8 月 9 日—1814 年 10 月 9 日，法国外交家、政治人物。

　　② 安托万·勒费弗尔·瓦蒂麦斯尼尔（Antoine Lefebvre de Vatimesnil，1789 年 12 月 19 日—1860 年 10 月 10 日），法国政治人物，1828—1829 年任公共教育部长。

但是《基佐法》创建的师范学校仅仅是男校。1833 年 6 月 2 日，大卫·莱维·阿尔瓦莱斯（David Lévi Alvarès）[1]在索邦学院、法兰西学院听课而不为了文凭，只是为了学习理论，然后开设幼儿教育课，又在巴黎市政厅开设女子师范班，每周日约有 500 名女教师来听课。这个师范班便是法国最早的女子师范教育机构，而正式的女子师范学校在五年之后的 1838 年创建。

1880 年的教育学会议要求其改革，师范学校的课程减少了程式化，学生生活也活跃起来，周四和周日被允许外出。但招生规则依旧，考生须通过小学毕业考试，获得学习证书，年龄在 15—18 岁之间。经过一年的学习，师范生获得初级证书，毕业时颁发高级证书。1887 年之后，要求师范生至少 16 周岁，并具有初级证书。1905 年，师范学校前两年的课程为普通教育，后一年课程为专业教育。所有初等教育教师都在一个模子中塑造，并具有社会主义思想和反军国主义的特点。

19 世纪末，女子初等教育基本普及。1879 年 8 月 9 日，由保罗·贝尔特提出的关于设置初等师范学校的法得以通过，要求每个省须设置一所女子师范学校，使之数量等同于男子师范学校。师范学校的建设与维修须列入常规预算，而日常经费由初等教育特别税支付，不足则由教育部补齐，从而使得随后几年男子师范学校增长了六所，女子师范学校增长了 67 所。

1880 年，丰特奈女子初等教育教师的高等师范学校（Écoles normales supérieures de l'enseignement primaire de Fontenay-aux-Roses pour les jeunes filles）建立，专门培养女子师范学校的教师。1881 年设置女子高等师范学校（Écoles normales supérieures de Sèvres），与 1794 年设置的高等师范学校相似，同样需要通过严格的竞考才能入校，但不同的是没有哲学和物理学专业课程，古典人文课程也有所减少。

---

[1] 大卫–莱维·阿尔瓦莱斯（David Lévi Alvarès，1794 年 10 月 7 日—1870 年 7 月 16 日），法国教育家。

也有少量的教会或私立女子师范学校，如达尼耶鲁（Daniélou）[1] 夫人于 1908 年创立的自由师范学校，其宗旨是让青年女子抵制世俗社会，保持其信仰与纯洁，同时掌握必要的知识与道德。

两所高等师范学校主要培养师范学校的教师和校长。出身于教师和农业生产者的学生占较大比例，也成为社会晋级的重要途径。由于这两所学校坐落在被战争毁坏的旧城堡，校长习惯于向学生们宣称："你们作为平民中的精英被选拔上来，被安置在我们的国王宫殿遗留的地方，接受王子公主般的教育。"[2]

高等师范学校的毕业生主要就业方向为师范学校或高级小学的教师。由于教师竞考的激烈，高等师范学校的课程由普通文化教育逐渐转化为应试教育。尽管批评之声不断，政府官员、师范学校校长、师范学校校友在社会的影响力总是在舆论中占据上风。1907 年，圣克鲁师范学校的校友宣称，师范学校扮演着"初等索邦学院的美妙角色。"

小学教师在法国社会中扮演着重要角色，成为普通民众的精神模范，"在农民中，他不再是农民；在工人中，他不再是工人。"小学教师的地位确实很特殊，工资不高，但费里却说他们"在法国的大学之中，享有资产阶级的权利。"[3]

女教师的待遇明显低于男教师。1865 年教育部公布的统计数据显示：世俗男教师的平均工资为 778 法郎，教士教师工资为 824 法郎，而女教师的工资仅为 481 法郎。女师范学校只有 11 所，而男师范学校为 76 所。女师范学校不足的原因是招不到学生。[4]

自 1889 年，法国小学教师由国家支付工资，完全独立于地方政府、教会、家庭，但须接受督学的检查。1904 年有人见证，如果没有家庭的支持，刚刚入职的小学教师的收入不足以维持正常生活。1905 年刚

---

[1]　玛德莲娜·达尼耶鲁（Madeleine Daniélou，1880 年 11 月 16 日—1956 年 10 月 13 日），法国私立女子师范学校的创建者。

[2]　Françoise Mayeur, *Histoire générale de l'enseignement et de l'éducation en France, tome III, De la Révolution à l'École républicaine (1789-1930)*, Paris: Perrin, 2004, p. 615.

[3]　同上书，第 617–618 页。

[4]　同上书，第 137 页。

入职小学教师的月工资为 75 法郎，因此形成一种常见现象，男教师娶女同事为妻，这样可以勉强维持家庭生活。

1920 年，法国有小学教师 12 万人，1930 年有 13.37 万，1938 年有 15.13 万，18 年增长了四分之一。

每年中等师范学校培养 2500—3000 个师范生，但满足不了教师需求，需要从高级小学毕业获得高级证书的学生中选拔 500 名女生替代教师。

20 世纪 50 年代教师紧缺的形势更为严峻，1952—1960 年，学生人数增加了 150 万，需要紧急扩大教师队伍。1952 年，教师有 16 万名，1961 年有 23.08 万名，1970 年有 30.95 万名。18 年增长了 90%。

小学教师通常在师范学校培训三年。高级小学或补充班的学生，到 15—16 岁时参加师范学校的入学竞考。

法国小学的发展，吸收了大量平民子弟，可以说，小学是真正的平民学校，甚至可以说，小学是一部分平民子弟接收另外的平民子弟的学校。

四、语重心长：部长致信小学教师

教育部长，教育领域中的最高长官；小学教师，则是教育领域中的最基层人员。最高长官和最基层人员的沟通交流的机会极为罕见。教育部长写信给小学教师，只能是涉及重大事件，也表明对其地位的重视。

七月王朝时期担任教育大臣的弗朗索瓦·基佐（François Guizot）在其《回忆录》中写道，"即使有最好的法律，最好的教育，最好的书籍，如果实施它们的人没有饱满的精神和敬业之心，没有热情与信仰支撑，它们就会显得微不足道"。[1] 正基于此，基佐于 1833 年 7 月 16 日，即教育法刚刚颁布之时，发表了致 39 300 名小学教师的公开信。他首先寄希望于承担普及教育任务的小学教师，他在信中阐述道，"此法关

---

[1]　Françoise Mayeur, *Histoire générale de l'enseignement et de l'éducation en France, tome III, De la Révolution à l'École républicaine (1789-1930)*, Paris: Perrin, 2004, p. 431.

系的不仅仅是乡镇和纯粹的地方利益，而是所有法国人都要尽可能地掌握社会生活所必需的知识，否则就会变得平庸、愚蠢。同时也关系到国家本身和公共利益，因为自由的保障与正轨依赖于有足够知识的人民，能够在任何情况中倾听真理的声音。普及初等教育从此是社会秩序与稳定的保证。正因为如此，我们政府的原则便是真实与合理的，开发智慧，传播文明，便是保证帝国与宪政的长治久安。"

他强调："先生，不要有错误认识：即使小学教师的职业生涯毫无辉煌，即使他们的工作和时间经常都消耗在乡镇里，他们的工作却关系到整个社会，他们的职业具有公共职能的重要意义。"

他还语重心长地说："你们不要忘记，每个家庭把孩子委托给你们，就是要求你们把孩子培养成诚实的人；国家把孩子委托给你们，就是要求你们把孩子培养成好公民。"①

无独有偶，第三帝国时期的法国公共教育部长儒尔·费里（Jules Ferry），在即将赴任外交部长前夕，于 1883 年 11 月 17 日也发表了后来十分著名的《致小学教师的信》（*Lettre aux instituteurs*）。由于在离任时刻，这封信后来被认为是"政治遗言"的告别信，十分中肯，也十分感人。

他在信中对教师说，"你们肩负的各项任务，你们最重要的任务，你们最沉重的任务，便是给你们的学生以道德及公民教育。"②

在谈到教师的作用时，费里说："你们并无任何新的东西要讲授，无非是你们熟悉的所有诚实的人的品质。当你们教儿童阅读和书写的时候，同时教授道德生活的基本规则。"

费里对教师说，社会赋予他们的崇高使命，便是"在儿童的灵魂中奠定简单道德的最初的和坚实的基础"。而师范学校的建立，改变了小学教师的命运，除了效忠于资产阶级的共和国，别无他途。

---

① Guizot, *Lettre aux instituteurs primaires*, Paris, 18 juillet 1833. http://frantan.elte.hu/devenyi/civ ea–2/Doc3_Guizot–Lettre–instituteurs.pdf (2021–03–29).

② Jules Ferry , *Lettre aux instituteurs*, le 17 Novembre 1883 à Paris. https://www.ac–paris.fr/portail/upload/docs/application/pdf/2015–06/lettre_ferry_instituteurs.pdf (2021–11–19).

不仅费里，第三共和国的其他教育部长也曾赞誉教师。斯梯格（Steeg）[1] 称教师是"民众的杠杆"，布尔热瓦（Bourgois）[2] 更直接对教师说，"老师，你是智慧宝库和道德宝库的占有者，有这些宝库才可以形成人类意识的统一……你是理性的代表，你是民族思想和社会意识的代表。在每个乡村，你不仅是共同思想的解释者，而且是唯一足以表达共同思想的人。你是在行使判定乡俗法官的职能。"[3]

教育部初等教育主管比松（Ferdinand Buisson）更是相信教师，他说："教师的政治作用变了，其社会地位也变了……甚至在没有一个共和党人的乡里，也会有一个共和国的支持者，他就是教师。他会大声说，他在这里就是为了不久会有其他的共和国的支持者。他以国家的名义撒下新的信仰种子：国家主权、世俗道德、社会公正、自由、平等、博爱。"[4]

当然，广大教师也没有辜负国家的厚望，甚至对国家赋予的职业地位充满感激之情。一位教师这样写道："作为曾经师范学校的学生，我认为，不同意、不接受和不服务于共和国祖国是极其困难的。我热爱共和国"。[5]

正是第三共和国的教师主动承担着教育学生，甚至教育民众的重任，"共和国轻骑兵"的称号是名副其实的。

---

[1]　提奥多·斯梯格（Théodore Steeg，1868年12月19日—1950年12月19日），法国政治人物，1911年3月2日—1912年1月14日任公共教育部长。

[2]　雷昂·布尔热瓦（Léon Bourgeois，1851年5月29日—1925年9月29日），法国政治人物，1898年6月28日—1898年11月1日任公共教育部长。

[3]　Maurice Crubellier, *L'enfance et la jeunesse dans la société française 1880-1950*, Paris: Colin, 1979, p. 235.

[4]　Edwy Plenel, *La République inachevée, l'état et l'école en France*, Paris: Payot, 1988, p. 171.

[5]　Jacques Ozouf, *Nous, les maîres d'école*, Paris: Gallimard, 1967, p. 195.

第八章　大学的废兴与大学校的突起

一、大学的废止

中世纪兴起的法国大学，经历了辉煌之后，至 18 世纪下半叶已失去活力。法国大革命期间，资产阶级的国民公会于 1793 年 9 月 15 日颁布一项法令①，宣布取消"共和国整个领土内"的大学，其理由是大学被贵族习气所玷污。

1802—1803 年，医学教育机构被称为医学校，大革命期间被称为卫生学校。医疗职业被重新定义，医学博士或外科医学博士，须经 4 年学习和取得 5 门考试合格，其中两门用拉丁语，并通过拉丁文或法文的论文答辩才可获得学位。卫生官员，只接受实践型培训，然后通过省级专门考试，但只能在参加考试的省份以外的地方任职。药学校同样培养两类人员，但附属于 1808 年设置的医学院。

第二帝国期间，法国仅有三所医学院，分别设在巴黎、斯特拉斯堡、蒙彼利埃。但是还有一些附属于医院的医学校，1803 年的法令将这些学校命名为预备校，学生们在这里接受最初的学业，不被授予学位。1865 年，法国有 22 所预备医学校，仅接收千余名学生。

医学精英不仅仅在医学校培养，大医院实际上具有大学校的功能，既能深入学习理论，又能获得实践经验。神学院毕业的学生通常也需要在主教开设的研习班学习之后，才能担任本堂神甫。

---

① *Décret de la Convention nationale,* du 15 septembre 1793, l'an second de la République française.

1804 年 3 月 13 日的法令创建了九所法学校。经过法学校的三年学习可获得学士文凭，然后基本可以担任律师、公证人、法官。学习可以延伸至第四年，用于准备博士论文。

拿破仑同样对过去的大学极为不满，决定彻底改组。1808 年 3 月 17 日的法令，将大学分解成五个学院：神学院、法学院、医学院、理学院、文学院。改组后的高等教育有两个特点：中央集权，所有学院为国家机构，并由国家直接管理，院长由国家任命；各学院独立，相互之间没有横向联系。

五个学院实际上具有不同的功能。法学院和医学院具有明显的职业职能，神学院也具有一定的职业职能，而文学院和理学院的基本职能就是颁发文凭。

然而，拿破仑占有的资源又十分有限，他的首要目标是培养国家所需的精英。他的权宜之计就是创建与上诉法院同等数量的大型中学，同时对帝国大学的文凭实施垄断，所有申报高等教育初级文凭者，须具备其最后二年在公立学校注册学习的证明。文学院和理学院实际上不是教学与研究的场所，而只是考试的地方。这里的教授的首要职能就是考核大学文凭申请者的资格，毫不奇怪的是文学院和理学院的修辞学、哲学、数学教授，同时是国立中学的教授。

1808 年 3 月 17 日的法令设置的文学院，虽然是过去的艺学部，但通常不能再吸引大量的青年入学，1815 年大部分文学院被迫关闭。因为由皇家学院教授组成的评审委员会同样可以授予大学初级文凭。而文学院课堂上的学生稀稀拉拉，水平参差不齐，教授往往也提不起精神，应付讲课而已。

高等教育结构不能适应科学发展。许多学院只有一位历史学教授，承担所有时期的历史课程。在某些理学院，动物学、植物学、地质学课程由同一教授开设。许多学院由于缺少教授讲席，缺少教学设备，无法开设一门完整的课程。

教育部长依波利特·福图尔（Hippolyte Fortoul）[①]试图改革高等教育体制，将学院经费从国家经费预算中独立出来，要求理学院的课程增加实践环节，要求法学院学生注册文学院的课程，提高考试费用，以及重建有些破旧不堪的索邦学院，但未能取得成功。

在巴黎，高等教育仍很兴旺，著名学者在一处不顺，可以到其他学校任教，可以从索邦学院到高等师范学校，再到法兰西学院。无论政策如何多变，都不能阻止教授授课。当时有人说，高等教育是一种永久职业，一个讲师有了些东西便讲，没什么东西也可以讲，只要身体允许。一批著名学者离世，几年后又有一批学者成名。

著名学者儒勒·米什莱于 1838 年至 1851 年在法兰西学院任教，埃德加·基内于 1843 至 1846 年也在此任教。波兰伟大诗人亚当·密茨凯维奇（Adam Mickiewicz）[②]与米什莱同期在法兰西学院开设讲座。著名学者维克多·库赞（Victor Cousin）[③]、安多万－弗里德里克·奥扎南（Antoine-Frédéric Ozanam）[④]在此期间均在索邦学院授课。

在此期间，大学文凭的作用显得不那么重要，博士文凭可以在几个月获得，个人的才华变得突出起来，因此也造就一些青年才俊。基佐 28 岁，阿贝尔－弗朗索瓦·维尔曼（Abel François Villemain）[⑤] 26 岁、奥扎南 27 岁便在索邦学院担任教授，米什莱、基内在 40 来岁就已经是学术权威了。

在外省，也有一些成功者。例如，仅有大学初级文凭的 28 岁的福图尔，用拉丁语和希腊语撰写两篇论文，1840 年 3 月在里昂获得了学

---

① 依波利特·福图尔（Hippolyte Fortoul，1811 年 8 月 13 日—1856 年 7 月 7 日）法国历史学家和政治家。1851 年 12 月 3 日—1856 年 7 月 7 日任教育部长。

② 亚当·密茨凯维奇（Adam Mickiewicz，1798 年 12 月 24 日—1855 年 11 月 26 日），波兰浪漫主义诗人。

③ 维克多·库赞（Victor Cousin，1792 年 11 月 28 日—1867 年 1 月 14 日），法国哲学家、政治家。

④ 安多万－弗里德里克·奥扎南（Antoine-Frédéric Ozanam，1813 年 4 月 23 日—1853 年 9 月 8 日），法国历史学家。

⑤ 阿贝尔－弗朗索瓦·维尔曼（Abel François Villemain，1790 年 6 月 9 日—1870 年 5 月 8 日），法国作家、政治家，1839—1845 年任公共教育部长。

士文凭，同年 5 月又通过了博士论文答辩。下一年去图卢兹大学担任文学院教授，他讲授的法国文学课经常爆满，有时多达 500 名听讲者。1846 年，福图尔便成为普罗旺斯文学院院长，也为其后来成为教育部长奠定了基础。

在里尔，年仅 32 岁的路易·巴斯德成为理学院院长。在其担任院长期间，他尝试改革大学教育，在实施传统教学的同时，增设应用课程，每一门课程之后都有工厂观摩。巴斯德关于发酵的研究成果，便是得益于参观工厂的蒸馏设备。

在高等教育方面，国家虽然对女子教育没有控制，但女学生获得高等教育文凭极为困难。朱丽·多比耶（Julie Daubié）[1]为法国大学初级文凭的第一位女性获得者。朱丽·多比耶出生于 1824 年，在 20 个月时便失去了父亲，由母亲在祖父的家庭中抚养。她虽然生活在小资产阶级家庭，但也能接触到乡村的贫苦人民生活，她的文章《19 世纪的贫困妇女》还获得里昂地区的一项文学奖及 800 法郎的奖金。1844 年，朱丽·多比耶考取了小学资格证书，然后跟随哥哥学习希腊语和拉丁语，因为当时还不允许女生学习这些课程。

1861 年，朱丽·多比耶在被巴黎文学院拒绝注册大学初级文凭之后，在一些开明人士的支持下终于考取了里昂文学院的大学初级文凭。在考试中，考官给了她 6 个红球、3 个白球和 1 个黑球。在当时，红球表示同意，白球表示弃权，黑球表示否定。她的这一成绩虽然属于中等，但毕竟已经成为法国大学初级文凭的第一位女性获得者。而这一结果实属不易，朱丽·多比耶为此曾向帝国大学申请了 10 年，得到答复是，"妇女不需要这些东西"，而想要这一文凭不仅是"自负"，还很"可笑"。甚至在考试通过之后，教育部长拒绝在其文凭上签字，直至欧仁妮皇后[2]点头才告完结。当时的惯例是，考试通过后 6 个月至

---

[1] 朱丽-维克托瓦尔·多比耶（Julie–Victoire Daubié，1824 年 3 月 26 日—1874 年 8 月 26 日），法国第一位会考文凭的女性获得者。

[2] 欧仁妮·德·蒙蒂霍（Eugénie de Montijo，1826 年 5 月 5 日—1920 年 7 月 11 日），法兰西第二帝国皇帝拿破仑三世的妻子。

1年，考生才能得到文凭证书。朱丽·多比耶后来还获得了大学学士文凭，并试图完成博士论文，只是至其50岁逝世时未能实现。无论如何，朱丽·多比耶还算幸运，19世纪法国获得大学文凭的妇女屈指可数。

直至19世纪末，法国大学才允许招收女大学生，而外国留学生，特别是俄罗斯的女学生促进了法国大学的这一改革。

从整体上看，第二帝国的高等教育处于停滞、倒退的状态，与同期德国大学的蓬勃发展形成明显的反差。

二、大学校的突起

1795年，大革命彻底关闭了大学，但不是不需要高等教育。其实，大革命时期的教育计划基本都包含高等教育。塔列朗的计划，提出建立大型教师学院，包含所有智力工作，图书馆、博物馆、实验室、科学、文学、艺术。孔多塞的学园，也是包罗万象，但摒弃大学名称。他设想的学园中，只有九所接收外国学生，"以在更广泛的空间传播平等与自由的原则。"

1792年10月13日，国民公会成立了一个公共工程委员会（Comité d'instruction publique），由雅克－埃里·朗布拉迪（Jacques-Élie Lamblardie）[1]、加斯帕尔·蒙日（Gaspard Monge）[2]、拉扎尔·卡诺（Lazare Carnot）[3]和科多尔的普里厄（Prieur de la Côte-d'Or）[4]等著名学者和工程师组成，负责制定培训科学技术人员的课程，以保证所有革命精神的传承。

拉卡纳尔于1793年建立的博物馆，便是利用过去的皇家植物园，在那里开设化学、外科学与解剖学。

---

[1]　雅克－埃里·朗布拉迪（Jacques-Élie Lamblardie，1747年11月2日—1797年12月26日），法国工程师，首任综合技术学校校长。

[2]　加斯帕尔·蒙日（Gaspard Monge，1746年5月10日—1818年7月28日），法国数学家。

[3]　拉扎尔·卡诺（Lazare Carnot，1753年5月13日—1823年8月2日），法国数学家。

[4]　科多尔的普里厄（Prieur de la Côte-d'Or，1763年12月22日—1832年8月11日），法国工程师、政治家。

1794 年 6 月 1 日，罗伯斯庇尔设立"战神学校"（École de Mars），准备接收出身于无套裤汉家庭的 800 名学生，以培养炮兵和工事构建、火药生产的技术人员。学校要求学生具有共和国道德——"友爱、守纪、简朴、热爱祖国、仇恨国王。"但对学生的知识要求甚低，可以完全不懂数学，只要不是彻底的文盲即可。然而，留给罗伯斯庇尔的时间实在短促，当年 10 月的热月政变关闭了学校，学生被遣散回家。

1794 年，三所卫生学校分别创建于巴黎、蒙彼利埃、斯特拉斯堡。

1795 年 7 月，皇家学院（Collège royal）变更为法兰西学院（Collège de France）。

1795 年 10 月，法国根据多努的报告，成立了国家科学与艺术院（Institut national des sciences et des arts）。这一机构的任务是替代过去的七个学园，进行科学研究，发布新的科学成果，与其他学术机构进行联系。国家科学与艺术院最初划分为三个部门：物理学与数学部、道德与政治科学部、文学与艺术部。1803 年，督政府认为道德与政治科学部缺少对制度的忠诚研究，决定予以调整，将整个机构变成四个部门：物理学与数学部、法国语言文学部、古语言与历史部、艺术部。

由皇家图书馆演变成的国家图书馆于 1795 年 3 月开设东方语言课程和考古学课程，前者演变为国立东方语言与文明学院（Institut national des langues et civilisations orientales，INALCO），后者演变为卢浮宫学校。

法国大革命的一个重要功绩，是创建了一批大学校。"大学校"（Grandes Écoles）是后来法国官方认可的高等专业学校的通俗称法，主要包括行政管理学校、工程师学校和高等商业学校等，是培养高级工程技术人员及其他各类专门人才的高等教育机构。

大革命时期创建的大学校，最著名的当属巴黎高等师范学校。1794 年，国民公会公共教育委员会已经注意到斯特拉斯堡开设师范学校的尝试，在其 1794 年 5 月 20 日的计划中提出，每县选派四名公民参加巴黎师范学校的学习两个月，毕业之后回其本省开办师范学校。雾月 9 日

（1794 年 10 月 30 日），根据委员会主席拉卡纳尔和伽拉①的报告，颁布法令成立巴黎师范学校。第一条规定："一所师范学校将在巴黎成立。从共和国各个阶层选出的已经接受过有益的教育的公民，将在这里跟随各个领域最有资历的老师学习授课的艺术。"

巴黎师范学校的第一堂课于 1795 年 1 月 20 日在自然史博物馆的阶梯教室开讲，授课者均为当时的著名学者。但这所师范学校未能持久，其最后一堂课终结于当年的 5 月 19 日。

然而，巴黎师范学校的模式为拿破仑所吸取。1808 年 3 月 17 日，拿破仑颁布法令，宣布建立一所寄宿制师范学校，接收 300 名学生，培养将来成为文学和艺术领域的教师。学生通过竞争考试的方式录取，然后去法兰西学院和综合技术学校或自然史博物馆听课。巴黎师范学校最初的学制为二年，学生在此期间需要到巴黎文学院或理学院申请学士文凭，并承诺担任至少十年的教师工作。获得学士学位的学生，第三年可以在本校担任辅导教师（répétiteur），1814 年还可以授予中学竞考教师职称（agrégé）。

1815 年，巴黎师范学校调整学制，第一年为共同课，第二年为专业课，第三年为讲座课和实习，并复习前两年的课程，优秀学生可被授予中学竞考教师职称。第四年才可以在本校担任辅导教师。此后巴黎师范学校不再颁发毕业文凭，此传统延续至今。

巴黎师范学校的教师享有极高的地位，相当于皇家学院的一级教授的等级。例如，米什莱作为师范学校的教师，同时在皇室授课。然而，不断调整，不断升格的巴黎师范学校引起极端派的反对，而不得不于1822 年 9 月 8 日关闭，代之以普通的师范学校。只是关闭的时间没能持续太久，八年之后，即 1830 年 8 月 6 日，七月王朝又将其重新开放，并从此长盛不衰。1843 年，巴黎师范学校更冠以"高等"之名，并在乌尔姆街上建新校区，其使命专注于培养皇家学院和文理学院的教师，而培养普通中小学教师的任务实际上由其他师范学校承担。

---

① 多米尼克-尤瑟夫·伽拉（Dominique Joseph Garat，1749 年 9 月 8 日—1833 年 12 月 9 日），法国律师、记者。

学生的录取采取竞考的方式，学生需具备深厚的数学基础，表达准确的法语，良好的书写和文化素养。这种源自于中国科举的考试，成为当时法国最难的考试。此外，还需要学生所在地的政府提供"良好道德证明"。督政府期间，还要对考生进行道德面试，以确认他们"热爱自由与平等""憎恨专制"。

学校实行免费制度，但学生均走读。直至1804年，政府给每个学生助学金，基本可满足学生学习生活的全部需要。为了应对战争的紧迫需求，最初的学制仅为3个月，随后延长至2年。

大革命时期创建的另一最著名的大学校，便是综合技术学校。

1789年大革命后，因皇家工程师学校都被关闭，法国工程师极度匮乏。富尔克瓦、卡诺、普里厄认为，解决法国军事薄弱问题的药方是发展工业，高等教育首先应当是应用教育，而不是旧制度下的贵族教育。因此新的技术学校不仅应当培养具有革命精神的共和国卫士，他们录取的标准应当是才能。1794年9月24日，创建中央公共工程学校（École centrale des travaux publics）的计划被批准，后于共和三年风月7日（1794年9月28日）正式成立，即后来由共和三年果月15日（1795年9月1日）的法律命名的综合技术学校（École polytechnique）。学校最初的宗旨是，"传播数学、物理和化学等科学知识及制图艺术，为基础公共设施建设的应用学校培养学生。"1804年，拿破仑将综合技术学校转变为军事学校，校址设在过去的纳瓦尔学院，并亲题校训："为了祖国、科学和荣耀"。19世纪中叶，人们赋予综合技术学校一个别称"X"，一说是源自学校标志上的两门交叉的火炮，另一说是象征数学学科在学校教学中的重要地位。

早期的综合技术学校曾深受圣西门[1]思想和实证主义的影响。奥古斯特·孔德不仅是实证主义的创始人，还被圣西门聘为秘书，并在综合技术学校担任教师。圣西门的另一弟子普罗斯佩·昂方丹（Prosper

---

[1] 克劳德·昂列·圣西门（Claude Henri de Rouvroy, comte de Saint-Simon，1760年10月17日—1825年5月19日），法国哲学家、经济学家、空想社会主义者。

Enfantin）^①在综合技术学校长达两年的讲座课深刻地影响了一代又一代的综合技术学校学生。

七月王朝期间，国王路易 – 菲利普（Louis–Philippe）^②对综合技术学校的管理制度实施改革，设校长和副校长各一人，均为高级官员。教务长和军事训导长须由校友担任。还设行动管理委员会、纪律委员会、学校改进委员会，其中学校改进委员会权力最大，不仅负责确定考试题目，还负责预测及确定国家不同领域的人才需求，以保证综合技术学校和协调其他高等科学技术学校更好地适应这些需求。

综合技术学校的学生通过竞考入学。考试要求学生具备足够的文科知识，而这些知识只能在收费昂贵的国立高中获得，因此综合技术学校的学生基本上来自于富裕人家，平民家庭出身的学生仅为十分之一。这种状况虽然在后来的政治动荡中有所起伏，但学校的录取政策最终还是定位于培养精英，学生的来源主要是富裕的、有文化的"资产阶级"，这也符合大革命之后的社会格局。

综合技术学校的学生在校园中须着制服，而在庆典中，其服装尤为醒目：黑色紧身上衣，红饰带的黑色长裤，佩剑，双角帽和白手套。学校的纪律极为严格，对一年级学生的惩戒尤为频繁，目的是造就"综合技术学生的气质"。经过磨练的二年级的学生也参与对新生的管教，他们每年秘密选举与组建吸纳委员会（comité d'absorption），制止新生中所有偏离行为。"吸纳"过程通常为三个月，在管理人员的默许下，新生须任由老生随意摆布，包括指责、羞辱，甚至殴打，直至驯服。在 1 月份，会有秘密的仪式，接纳被制服的新生。

学生中还流行黑话（argot），流行对新生的嘲弄、恶作剧，据说这样有利于学生之间的团结。然而，总有一些不服者，他们可能被隔离，被排斥。这种排斥不仅在学校期间，还可能持续整个职业生涯，他们对

---

① 普罗斯佩·昂方丹（Prosper Enfantin，1796年2月8日—1864年8月31日），法国社会改革者。

② 路易 – 菲利普（Louis–Philippe，1773 年 10 月 6 日—1850 年 8 月 26 日），法国国王（1830—1848 年在位）。

老同学的作恶耿耿于怀。

1795 年 10 月的法规定，综合技术学校的毕业生须进入专业应用学校继续学习。建校八年间，每届学生由 80 人增至 140 人。自 1797 年，综合技术学校、专业应用学校和专门职位团达成基本协调。路桥学校、矿业学校仅接收综合技术学校的毕业生，其课程也与综合技术学校的课程相衔接。

大革命之后，也是由于大学不能满足专业人才的需要，其他大学校也应运而生。如：1829 年创建的中央工艺制造学校（École centrale des arts et manufactures），1843 年创建的爱克斯工艺学校（École d'arts et Métiers d'Aix），1857 年创建的里昂工商中央学校（École centrale lyonnaise pour l'industrie et le commerce）。

这些学校比综合技术学校更加注重实际，50% 的教学都在工厂的机器上，学生来自于初级职业学校，毕业之后多数都成为优秀的工长、制图师、工程师和企业主管。

三、大学的重建

拿破仑构建的帝国大学，把法国初等教育、中等教育和高等教育统一为一体，不仅是教育领域的统一体，甚至是国家统一的象征。即使 1850 年的《法鲁法》已经使这一机构名存实亡，然而作为一种符号仍然具有极大的惯性，支配着法国人的思维，无人敢于触动这一国家统一的象征。然而，法国相互分离、各自封闭的学院已经不适应科学发展的需要，法国高等教育应当由单一的机构向学科广泛的、全国性的机构转变，培养更加宽广科学视野的学者，培养致力于科学研究的精英。

但是如何实现这样转变，法国存在两种思潮。一是向德国学习。法国在普法战争的失败，进一步验证了德国的崛起，特别是德国洪堡大学的模式更令法国人耳目一新。但对于法国的民族自尊心来说，需要克服自卑，委屈学习。另一是恢复传统，回到原来旧体制的大学。

这两种思路似乎都不是理想的改革路径。

自 1808 年至第二共和国，许多法国大学政治人物和学者都试图改革，但收效甚微。1860 年代，大学的形势开始转变。首先，新一代大学改革者逐渐形成，一批学者、管理者对大学体制展开批评，提出改革建议。加布里埃尔·莫诺（Gabriel Monod）[①]、欧内斯特·拉维斯（Ernest Lavisse）、米歇尔·布雷阿尔（Michel Bréal）[②] 等一批巴黎高等师范学校的毕业生，以其在德国学习的亲身经历，感受到德国高等教育的进步，并开始进行教育制度的比较研究。教育部长迪律依也倡导研究外国教育制度。

1866 年普鲁士在萨多瓦会战[③] 中的胜利，1867 年巴黎举办的世界博览会，特别是 1871 年法国在普法战争中的失败，使法国人看到了自己的落后。法国学者欧内斯特·勒南认为，"萨多瓦会战的胜利者，是日耳曼的科学。"他早在 1864 年便发文指出，德国大学激起了"最丰富、最灵活、最多样的知识运动"，而法国的哲学和科学教育还停留在四、五世纪的修辞学上。

教育部长迪律依指出，"经费资源的不足使法国不能发展与革新学院的科学设备。教师待遇较差，实验室缺乏。"法国科学家克洛德·贝尔纳（Claude Bernard）[④] 更加深刻地形容："实验室是学者的坟墓"。[⑤]

迪律依试图将学院模式向职业化的模式靠近。根据 1868 年 7 月 31 日的法令，成立高等研究应用学校（École pratique des hautes études），下设四个分部：数学、物理与化学、自然科学与地质科学、历史与哲学及宗教，1869 年又增设了经济与管理学分部。在新的高等学校管理模

[①] 加布里埃尔·莫诺（Gabriel Monod，1844 年 3 月 7 日—1912 年 4 月 10 日），法国历史学家。

[②] 米歇尔·布雷阿尔（Michel Bréal，1832 年 3 月 26 日—1915 年 11 月 25 日），法国语言学家。

[③] 1866 年，奥地利与普鲁士争夺统一德意志的领导权而发生普奥战争（德意志内战）。1866 年 7 月 3 日，在捷克赫拉德茨－克拉洛韦州的一个村庄萨多瓦（Sadowa）会战，是普奥战争中重要的战役，是整场战争态势转向对普鲁士有利的一个转折点。普鲁士的胜利令它称霸德意志，最后完成统一大业。

[④] 克洛德·贝尔纳（Claude Bernard，1813 年 7 月 12 日—1878 年 2 月 10 日），法国生理学家。

[⑤] Françoise Mayeur, *Histoire générale de l'enseignement et de l'éducation en France, tome III, De la Révolution à l'École républicaine (1789-1930),* Paris: Perrin, 2004, p. 488.

式中，学者可以避开传统的学科体系，在不同的学校和实验室中讲学、开展研究。学生既是学习者，又是自选师傅的徒弟，入学既不要求文凭，也无任何惩罚，更无课程大纲束缚。

得益于迪律依的自由主义思想，由基佐主持的委员会开始审查教学自由问题，并于1870年提出双系统设想。国家学院的学生仍然由国家教授负责考察，其他的学生可以由非国家教授组成的评审委员会考察。1875年7月12日关于高等教育自由的法，取消了国家学院独自颁发文凭的垄断权，允许私立高等教育机构的存在，可称之为"自由大学"（universités libres）。自由大学的学生既可以在国家学院申请文凭，也可以通过由国家教授和自由大学教授均等组建的评审委员会来获取博士文凭。但有一个限制，就是要求自由大学至少具备三个学院。据此法，分别在巴黎、里尔、里昂、昂热和图卢兹诞生了五所自由大学。然而，这一自由未能持久，1880年3月18日的新法重新规定自由大学的学生必须在国家学院注册，并由国家教授评审，才能获得文凭。更为严重的是，私立高等教育机构不得冠以"大学"（université）名称，其学业证书或文凭也不得冠以"大学初级文凭"（baccalauréat）、"学士"（licence）或"博士"（doctorat）。此规定至今有效。

不过，这些法不能阻止自由学校的发展。政治科学自由学校的诞生便是例证。1871年，一个仅仅35岁建筑学校的默默无闻的教师埃米尔·布米（Émile Boutmy）[①]提出一项大胆计划，成立"政治科学自由学校"（École libre des sciences politiques），为中产阶级实施自由的高等教育。至1871年底，一个约200个成员的有限股份公司成立，其中包括诸多企业家和金融家、国会议员、文学家。1872年1月首批95名学生正式开课，授课形式以讲座为主，学生不仅有图书馆，还有自己的学习室。学生可以在学习室互相交流，也可以与教师共同探讨。这个学校便是后来闻名的巴黎政治学院。

---

① 埃米尔·布米（Émile Boutmy，1835年4月13日—1906年1月25日），法国政治人物。

1876 年，依波利特·卡诺和爱德华·查尔顿（Édouard Charton）①重提创建行政学校，但在议会反响不大。但在法学院，院长要求设置新的学位——行政与政治学博士。

1878 年，欧内斯特·勒南、欧内斯特·拉维斯、保罗·贝尔特、路易·巴斯德、阿尔伯特·杜蒙（Albert Dumont）②等法国学者组建了"高等教育协会"（Société d'Enseignement Supérieur），并由此机构发行《教育国际杂志》（La Revue Internationale de l'Enseignement）。透过这一杂志，改革高等教育基本成为共识，但如何改革却众说纷纭。最后，自由与自治成为高等教育改革的重要关注点，在改革者看来，只有大学的自治才能发展科学，适应新科学的诞生，适应社会与经济的变革。在法国大学的土壤中不乏批判精神和怀疑态度，但科学成果极为有限。虽然经费紧缺是法国大学的一个问题，但不改变人的思想和方法，将是一种可悲的幻想。

1879 年，阿尔伯特·杜蒙担任法国教育部高等教育主管，首先要求大学的文学院和理学院改革教学方法，促进科学的进步。杜蒙在杂志中匿名发文宣称，大学管理的目标应当是可以讨论关于高等教育的任何问题，促进大学行使自由与责任。杜蒙还另外撰文强调，高等教育是民族思想的灵魂，其作用是构建新时代的信仰。③

自费里担任教育部长之后，高等教育改革者更加十分小心地探索更适当的改革方式。费里首先这样提出问题：是否可以将同一地方的学院合并为一所大学？④ 关于大学与基础教育的关系，费里有这样一段精彩的论述：

---

① 爱德华·查尔顿（Édouard Charton，1807 年 5 月 11 日—1890 年 2 月 27 日），法国记者、政治人物。

② 阿尔伯特·杜蒙（Albert Dumont，1842 年 1 月 21 日—1884 年 11 月 8 日），法国考古学家，1879—1884 年任法国教育部高等教育主管。

③ Mayeur Jean-Marie, "Albert Dumont et les transformations de l'enseignement supérieur au début de la Troisième République," in *Bulletin de correspondance hellénique*, Volume 100, livraison 1, 1976, p. 7–10.

④ Catherine Fillon, "La revendication de l'autonomie universitaire à la fin du XIXᵉ siècle, l'exemple de Lyon," *Cahiers Jean Moulin*, No. 3, 2017.

高等教育是"强大的树干，它滋养着初等教育和中等教育。初等教育和中等教育吸引着高等教育的营养，但不能创建科学。""科学精神从高等教育下传到初等教育和中等教育，一点点渗入到社会，这是抵制乌托邦思想和谬误真正的、唯一的堤坝。"①

费里实际上赋予了高等教育新的使命，就是以科学精神构建新的国家团结和统一。显然，传统的学院不适应这一使命，需要建设大型的高等教育中心，如历史学家加布里埃尔·莫诺（Gabriel Monod）所设想的那样，使青年们"忘记省份的差异、家庭的差异、党派的差异、宗教的差异、阶级的差异，完全地服从于科学的精神和祖国。"②

1884 年，费里任命路易·里亚尔担任教育部高等教育主管，负责高等教育的改革。里亚尔不辱使命，在担任教育部高等教育主管 18 年间，以及担任巴黎副学区长期间，开始了实质性的改革。

教授以自行遴选（cooptation）的方式产生，而不再是由行政任命，讲席的位置开始逐年增加，1880—1910 年间增长了一倍。教授的待遇也有明显的改善。学院院长虽然仍由教育部长任命，但须在学院的提名中选定。1885 年的法令赋予学院以民事资格，可以接受民间资助。1885 年的另一法令，要求每个学区设置学院理事会，每个学院设置代表会和理事会。1889 年的法令允许学院设置经费预算并执行预算，不再依赖国家预算，还可以征收学生注册费。这些措施极大地促进了学院的独立与自治。

1896 年 7 月 16 日，由教育部长雷蒙·普恩加莱（Raymond Poincaré）③ 主持制定的关于构建大学的法（*Loi du 16 juillet 1896*）将学

①　Françoise Mayeur, *Histoire générale de l'enseignement et de l'éducation en France, tome III, De la Révolution à l'École républicaine (1789-1930)*, Paris, Perrin, 2004, p. 624.

②　同上。

③　雷蒙·普恩加莱（Raymond Poincaré，1860 年 8 月 20 日—1934 年 10 月 15 日），法国政治家。1912—1913 年担任法国总理和外交部长；1913—1920 年担任法兰西第三共和国的总统；1922—1924 年与 1926—1929 年再次出任总理。1895 年 1 月 26 日—11 月 1 日，担任公共教育、艺术与宗教部部长。

院重新命名为大学，赋予教师和学生以学科的权力，并允许大学获得更大范围的预算和赠款。里亚尔认为，这样构建的大学，打破了阻碍科学工作的所有羁绊，因为他们决定着自己的课程和自己科学的组织。

正是 1896 年 7 月 16 日的法颁布之后，大学学者，而不仅是政治家和企业家，在社会发展中发挥了首要作用。新的巴黎（索邦）大学，将文学院、理学院、医学院、法学院融合在一起，扩大了图书馆和实验室。1908 年，巴黎大学拥有 5 所学院，有 320 名教授，学生超过 16 000 人，其中留学生超过 2300 人，近乎达到中世纪时的辉煌。

大学的发展也依靠国家的支持，所有大学公职人员工资均由国家支付。大学同时可以获得其他资源，如学生注册费、捐赠等。

当然，里亚尔未能解决法国大学资源不均衡的问题。新的法律之后，法国组建了 17 所大学，但不是所有大学都具备全部学院。例如，只有蒙彼利埃大学和南锡大学具备 5 所学院，而贝藏松大学和克雷蒙大学仅有文学院和理学院。而一个特殊情况是，1918 年之后回归法国的斯特拉斯堡大学拥有 7 所学院，其中含 2 所神学院。在招生方面，巴黎大学远远领先于外省大学，1900 年其学生数量占据全国学生的 41.5%。法国的高等教育系统的一个弊病是客观上鼓励学生去巴黎，而不是安心于本地学习。

另外，里亚尔的高等教育改革仅仅是恢复了大学，而未能顾及大革命以来高度发展的大学校，乃至造成法国高等教育系统大学与大学校并行的双轨制，成为阻碍后来法国高等教育发展的难题。

第九章　教育学家与教育思潮

一、空想社会主义思潮

圣西门（Saint-Simon）作为"初等教育协会"[①]的成员，主张促进贫苦民众的教育，但却要求这种教育与社会环境相脱离。他更强调对中产阶级的教育，因为他们有自己的产业，而不像"只有自己的臂膀"平民阶级，因此"扩大中产阶级的知识更为容易也更加有用"。圣西门的弟子还强调教育的社会性，认为教育的目的是"将每个人的感知、计算和行为与社会需求相和谐"。

空想社会主义的著名代表人物傅立叶，设想一种以和谐生活为基础"法朗斯泰尔"（Phalanstère）的社会主义社会，其基层组织称作"法朗吉"（Phalange）。"法朗吉"一词源于希腊语，表示一种军事方阵。傅立叶设计每个法朗吉由 1620 人构成，男人和女人分别是 810 人。在这个组织里，没有传统意义的家庭，儿童由组织共同抚养。

孔西德朗（Victor Considerant）[②]作为傅立叶的信徒，认为社会福利的发展依赖于民族智慧的发展，而教育仅仅是一个工具。给缺乏生活必需品的人以教育，是他们的不幸。首先要让全社会经历痛苦与磨难，再保证他们的物质需求。

---

① 初等教育协会（Société pour l'instruction élémentaire），法国最早主张导生制的民间教育机构，成立于 1815 年 6 月 17 日。

② 维克多·孔西德朗（Victor Considerant，1808 年 10 月 12 日—1893 年 12 月 27 日），法国哲学家、经济学家。

孔西德朗指出，在资本主义制度下，教育并不存在，文化是富人的特权。他这样描述中学的经历："你们被钉在木板凳上八年，凳子的位置决定着生活环境。难道它们不是刑罚的工具吗？这种向年轻人头脑填充无用之物的教育毫无意义。"

他也反对卢梭的自然教育，认为良好的教育存在于"法朗吉"和谐生活之中，教育既不能忽视身体，也不能忽视精神。儿童既有自然使命，又被工业吸引，交替地从事两种活动。

另一社会主义者蒲鲁东（Pierre-Joseph Proudhon）[①] 提倡综合技术教育。他认为，工业不仅仅是科学，不能支离破碎。一个在一种职业得心应手，但不懂得其他职业的人，不能将其职业上升为理论。在大工业，"思想不在工人那里，而在机器之中"，因此他反对片面的学习，应当将职业学习和科学文化学习结合起来。学徒工不能满足于日常操作，而应当掌握相关的理论，生产出真正的产品。社会的核心便是"车间—学校"，教育与生产结合在一起。

大革命期间的教育家当属约瑟夫·雅克托，他最初在第戎中学教书，后当律师，在共和二年担任炮兵上尉之后，回到家乡的中心学校教授逻辑、古代语言、数学。百日政变之后的 1815 年，他被流放到比利时的鲁汶，开始实施其"普遍教育"的教学法。他于 1840 年逝世，在临终前提出"意志"的概念，成为其教学法核心思想。

雅克托的"普遍教育"实际上建立在一些格言之上。"一切在一切之中"便是其教学法的一个基本原则。他说，"所有智慧都是平等的"，智慧之间的不平等在于意志的差异。他倡导类似举一反三的学习，知道一件事，便可导致认识所有其他事。他也不排斥记忆，能够重现的，便是重复背诵的。

雅克托支持"导生制教学法"（Enseignement mutuel），他认为，每个人都可以独自学习，教师观察、提问、控制、激励而不是领导，所有人都可以教，甚至可以教其不知的东西。

---

① 皮埃尔－约瑟夫·蒲鲁东（Pierre-Joseph Proudhon，1809 年 1 月 15 日—1865 年 1 月 19 日），法国互惠共生论经济学家，无政府主义的奠基人。

所谓教，不是解释，而是让学习者处于学习的姿态。雅克托支持的
"导生制教学法"虽然未能在法国持续下去，但是他的许多思想可以成
为现代成人学习的指导思想。

二、比松与教育大辞典

费迪南·比松（Ferdinand Buisson）[①]在 1879—1896 年间担任教
育部的初等教育主管（Directeur de l'enseignement primaire），主持编
纂了著名的《教育学与初等教育大辞典》（*Dictionnaire de pédagogie et
d'instruction primaire*）。

比松出身于新教家庭，但 17 岁便不幸丧父。他考入巴黎高等师范
学校，但未能毕业。经过自学，比松获得文学学士学位并通过哲学竞考
教师资格考试，但他拒绝宣誓效忠法兰西帝国而去瑞士避难，并在那里
谋得一份教师职业。在瑞士宽松的民主政治氛围中，比松汲取了康德的
折衷主义和自由的新教思想，培育了自身的宽容精神。

在 1870 年法国在色当战役中惨败之后，比松回到法国，开始了
创建世俗学校之举。1872 年，比松被任命为塞纳省的初等教育督学，
1879 年被任命为初等教育总管，直至 1896 年。

比松在教育领域的重大贡献就是主持编纂了著名的《教育学与初等
教育大辞典》，使其大辞典具有鲜明的世俗化色彩。有人这样评价比松
的大辞典："在其一贯的严肃之中，在其人才荟萃的无限丰富之中，抓
住了从大革命到共和国，从共和国到理性，从理性到民主，从民主到教
育之间的直接的绝对联系，将民族一致性置于初等教育之上。如果需要
读唯一的一本书，我们最终建议便是读这本书"。[②]这部编纂于 1882—
1887 年间的巨著，共有四卷，多达 5600 页，不仅是小学教师工作参考

---

① 费迪南·比松（Ferdinand Buisson，1841年12月20日—1932年2月16日），法国教育家、
政治人物，1927 年获得诺贝尔和平奖。

② Pierre Nora, "Le 'Dictionnaire de pédagogie' de Ferdinand Buisson, cathédrale de l'école
primaire," in Pierre Nora (dir.), *Les Lieux de mémoire*, Paris: Gallimard, 1997 (1984), p. 327.

的百科全书，更堪称法国构建共和国制度和共和国学校的"圣经"。

比松亲自撰写"世俗化"等词条，在此词条中，他写道：

> "对于学生，对于国家，教师应当行使的职责是不反对任何信仰、任何教会、任何宗教信条，这一领域属于信仰的神圣领域。但如果试图要求教师在善与恶、义务与享乐、爱国主义与自私自利不置可否，如果禁止教师倡导几千年来人类所传授的文明与进步等高尚情感，便是一种荒诞。"[1]

比松进一步谈到，"学校自身的目标，并不是提出新的道德学说，而是对所有学说的提炼，或更明确地说，是对于所有人的共同学说。因为这一共同学说本质上是人类的，这些道德的概念无人可以反对，应当使它们进入儿童的灵魂"。[2]

关于公民，比松认为，简单意义上或历史意义上的"公民，即为包含诸多家庭的自由社会的成员，他享有这一社会的权利与豁免"。但是仅仅居住在这一社会的人，不一定是公民，例如在古希腊，妇女、儿童、奴隶均被排除在公民之外。比松还区分了出身的公民和授予的公民两类公民。出身的公民，即生来便具有公民身份，而授予的公民是原无公民身份，后被社会准许享有权利与豁免的人。比松认为，"公民们的财富越是接近于平等，国家就越是稳定"。但他同时指出，即使在最完美的民主制度中，社会成员的完全平等也是幻想。最好的政府不是永存的政府，而是持续最长，最为安宁的政府。他期待构建一个社会"抵制并摧毁人类的恶，使我们得以公正、诚实、谦逊、友善、仁慈。"[3] 对于法国，比松说道，"这个国家还缺少些东西，但这些东西不是一个原则、

---

① Ferdinand Buisson, "Laïcité," *Dictionnaire de pédagogie et d'instruction primaire*. http://www.inrp.fr/edition–electronique/lodel/dictionnaire–ferdinand–buisson/sommaire.php (2021–03–29).

② Ferdinand Buisson, "L'école primaire en France et sa part de responsabilité dans l'éducation morale du pays, " *Revue pédagogique, nouvelle série*, 32(2), févrtier 1898, p. 132.

③ Pierre Ognier, "Hayat (Pierre), La Passion laïque de Ferdinand Buisson," *Archives de sciences sociences socials des religious*, 112, octobre–décembre, 2000.

一个学说、一项计划、一个公式。这些东西在我们这里实在太弱小了，这就是人本身。在社会的天平中，他的分量还不够，也许正是他未曾感受到自身的价值。如果共和国不缺少共和者，共和国就不缺少任何东西"。① 可见，比松将共和国的构建视为人的教育。

在担任法国初等教育主管的前10年，比松就期待着通过教育改变社会，他说，"通过教育，我们可以将公民构建成国家，将儿童培养成公民"。他特别看重学校在未来社会的作用，"学校，是社会活跃的人才基地，明天的社会是今天社会的遗产。如果我们期待未来，就应当关注学校。"②

比松要求对儿童的教育，不仅是学习阅读和计算，还要教授"所有人不可或缺的概念"，包括"所有公民共同的义务，必须了解的法律和国家构建的原则"，这就是公民教育。③

比松察觉到学校教育存在某种风险，可能使学生顺从于某种社会模式而忽略自己的个性，学校也可能屈从于专制而忽略自己的职责。因此他特别强调，共和国学校应当发展每个学生的创造能力，掌握普通知识，成为一个有责任的公民。"我们首要的牺牲便是将过去的东西转变为新事物，以便使贫困、无知、迷信的无数受害者转变为符合美好称号的公民，并通过我们的不懈努力将他们培养成自由的人。"④

比松虽然不是真正的理论家，但他的世俗化思想和公民教育的理念为法国共和国学校的构建贡献了巨大的理论支撑。

三、弗雷内及其教学法

塞莱斯坦·弗雷内（Célestin Freinet）⑤ 曾就读于尼斯师范学校，后

---

① Ferdinand Buisson, *"Le Devoir présent de la jeunesse,"* in Vincent Peillon, *Une religion pour la République : la foi laïque de Ferdinand Buisson*, Paris: Seuil, 2010.

② Ferdinand Buisson, *Éducation et République*, Paris: Kimé, 2003, p. 54.

③ "Politique", in Ferdinand Buisson dir., *Nouveau Dictionnaire de Pédagogie et d'Instruction primaire*, édition de 1911. http://www.inrp.fr/edition–electronique/lodel/dictionnaire–ferdinand–buisson/document.php?id=3406 (2021–03–29).

④ Ferdinand Buisson, *Éducation et République*, p. 56.

⑤ 塞莱斯坦·弗雷内（Célestin Freinet，1896年10月15日—1966年10月8日），法国著名教育学家、教育改革家。

因在战争中负重伤，便在山村小学教书。随着战后教育改革的浪潮，1924年弗雷内参加了在瑞士召开的"国际新教育大会"，并开始对教育理论感兴趣。

同年，弗雷内便投身于教学改革，与其同事开发了一种新的教学法，让孩子们通过自由写作、自由绘画、校际通信、印刷和学报、询问讨论、合作性会议等活动来自由表达。1926年，他在班级里尝试印刷教学资料，用于传递教学法改革信息。后又与同事合办成一份报纸，题命为"解放学校"，在欧洲一些国家发行。

不久，弗雷内的山村小学成为民众教育学的发祥地，学校印刷品、自由习作和资料卡片等新型教学方式为儿童自由表达思想提供了广阔的天地。1927年起，弗雷内发起并组织了有关新教学法的首届国际年会，参加者来自法国、比利时、瑞士、西班牙、德国等。以后每届年会，他们都会就某一教学创新展开讨论。例如，在1927年的年会上，创办了《学校印刷》杂志，在1930年的年会上，他们提出把电影、唱片、收音机用于教学中。1932年，他们把杂志更名为《无产阶级教育家》。1935年，由于法西斯势力猖獗一时，弗雷内被迫辞去学校职务，在旺斯开办了一所私立学校。首批学生是被纳粹集中营关押的德国以色列人的子女。以后又接收了西班牙难童。

弗雷内的教育学天才主要表现在教学实践上。作为教育学领域的自学者，他鄙视经院主义者式的心理学家，认为没有必要死守教条。他主张的教育学与心理学联系起来，创造一种适于儿童的自然教育方法。但他与杜威的教育程序相反，首先考虑的是教育学。在研究儿童的学习状态时，他发现23条激发儿童主动性和实现儿童和谐发展的规则。

弗雷内的代表著作有:《劳动教育》《现代教育学中的自然方法》《为了人民的学校》等。

四、新教育运动

新教育运动的主要创始人为瑞士人阿道夫·费里埃（Adolphe

Ferrière）①，他于1921年创建了新教育国际联盟②，并亲自撰写联盟的章程。联盟宪章这样阐述其原则："新教育培养儿童不仅成为能够完成面对其亲人乃至整个人类之责任的未来公民，并且具有人类所应有的人的尊严。"③

作为"新教育国际联盟"的分支，法国新教育集团（Le Groupe français d'éducation nouvelle，GFEN）于1922年创立。保罗·朗之万（Paul Langevin）④、亨利·瓦隆（Henri Wallon）、亨利·皮埃隆（Henri Piéron）⑤等著名学者参与其中。

新教育运动在法国也有一定渊源。杜尔维尔神父（L'abbé Tourville）⑥首先创立了社会科学学派，其后弗雷德里克·勒·普雷（Frédéric Le Play）⑦脱离原始学派创立了勒普雷学派（l'école de Le Play）。这一社会学派系统地研究工人阶级家庭的经济状况，重视家庭与权威的作用，其中不乏对中国传统社会研究的因素。

其弟子埃德蒙·德莫兰（Edmond Demolins）⑧继续其研究，并于1899年创建"新学校协会"和罗什学校（École des Roches），主张在家庭氛围中实施活动教学法。罗什学校建设在远离城市喧嚣、风景如画的罗什城堡，实践着德莫兰的心愿："无论大学教师与宗教教师，还是政

---

① 阿道夫·费里埃（Adolphe Ferrière，1879年8月30日—1960年6月16日），瑞士教育学家。

② "新教育国际联盟"（Ligue internationale pour l'éducation nouvelle），于1921年8月6日在法国加莱成立。发起者为以 Béatrice Ensor 为代表，Baillie-Weawer 为主席英国"新教育联谊会"（New Education Fellowship）和以阿道夫·费里埃（Adolphe Ferrière）为主席的"新学校国际办事处"（Bureau international des Ecoles nouvelles）。

③ "Principe de la Ligue Internationale d'Education Nouvelle," 1921, cité par "L'Education Nouvelle," http://www.le-temps-des-instituteurs.fr/ped-groupe-francais-d27education-nouvelle.html (2021-03-29).

④ 保罗·朗之万（Paul Langevin，1872年1月23日—1946年12月19日），法国物理学家。

⑤ 亨利·皮埃隆（Henri Piéron，1881年7月18日—1964年11月6日），法国心理学家。

⑥ 亨利·德·杜尔维尔神父（L'abbé Henri de Tourville，1842年3月19日—1903年3月5日），法国天主教神父，法国社会科学学派创始人。

⑦ 弗雷德里克·勒·普雷（Frédéric Le Play，1806年4月11日—1882年4月5日），法国工程师、社会学家、经济学家。

⑧ 埃德蒙·德莫兰（Edmond Demolins，1852年1月23日—1907年7月27日），法国社会学家、教育学家。

治人物，都不能直接干涉小人物、普通家庭中的父亲所做的事情。"[1] 罗什学校与一般注重培养精英的中学有所不同，强调信任与平等，"小兵"（pion）可以反对由同学们指定的"长官"（capitaine）。

乔治·贝蒂埃（Georges Bertier）[2] 在担任罗什学校教师和校长期间更形成了新教育的理念，他认为，"新学校的目标是培养身体、精神、心灵、意志都完全的儿童"，并有必要建在乡村的环境之中。[3]

然而，法国新教育运动并未在法国形成潮流，只有零星的新型学校散落在各地。20 世纪初，在新教育运动的浪潮中，法国兴起了"新大学同盟会"（Les Compagnons de l'Université Nouvelle），提出教育改革新思想，宣称："我们追求一个民主的教育。全法国的儿童都具有接受祖国所赋予的最广泛教育的权利。祖国也有权利利用其占有的精神财富来开发这一教育"。[4] 在此理想目标中，新大学同盟会首次提出"统一学校"的概念，他们设想"统一学校同时解决两个问题：它实施民主教育，它以能力选择。"[5] 但是，新大学同盟会未能提出任何切实可行的计划，只建议在第六年级设置文凭证书考试。

然而，"统一学校"的理想已经成为教育民主化的奠基石，留待后继改革者去完成。

---

[1]　Françoise Mayeur, *Histoire générale de l'enseignement et de l'éducation en France, tome III, De la Révolution à l'École républicaine (1789-1930)*, Paris: Perrin, 2004, p. 673.

[2]　乔治·贝蒂埃（Georges Bertier，1877 年 9 月 24 日—1962 年 1 月 12 日），法国教育家。

[3]　Françoise Mayeur, *Histoire générale de l'enseignement et de l'éducation en France, tome III, De la Révolution à l'École républicaine (1789-1930)*, p. 672.

[4]　Les Compagnons de L'Université Nouvelle [CUN] (1918), *L'Université nouvelle. 1. Les principes*, Paris : Fischbacher (Les cahiers de Probus ; n° 1) p. 21. in Bruno Garnier, "Les fondateurs de l'école unique à la fin de la première guerre mondiale : l'Université nouvelle, par les Compagnons," *Revue française de pédagogie*, 2007/2 (n° 159), p. 36.

[5]　Antoine Prost, *Histoire de génénale l'enseignement et de l'éducation en France, tome IV : L'Ecole et la Famille dans une société en mutation, depuis 1930*, Paris: Perrin, 2004, p. 237.

五、阿兰与《教育漫谈》

阿兰（Alain），真实名字为埃米尔－奥古斯特·夏蒂埃（Émile-Auguste Chartier），1868 年 3 月 3 日生于法国诺曼底地区的莫尔塔尼欧佩尔什（Mortagne-au-Perche）。

1881 年，阿兰进入阿朗松中学（Lycée d'Alençon）读书，1889 年，考入巴黎高等师范学校，1892 年毕业，获得中学哲学竞考教师资格（agrégation de philosophie），然后相继在几所中学担任哲学教师。1951 年 5 月，阿兰获得法国文学大奖。同年 6 月 2 日，阿兰于勒韦西内（Le Vésinet）逝世，后葬于巴黎拉雪兹神父墓地。

自 1903 年，阿兰开始为《鲁昂快报》（Dépêche de Rouen）的"漫谈"专栏撰写文章。其中《教育漫谈》（Propos sur l'éducation）便是他对教育几乎全部领域的哲学看法。

长期在学校工作，必然会对学校产生感情，但阿兰的感情似乎与常人不同，他赞美学校近乎于绝对的程度。他说，"学校是一个令人赞美的地方。我很高兴外面的噪音一点也进不了学校，我就是喜欢光秃秃的墙壁。"[1] 他希望学校与世隔绝，"两耳不闻窗外事，一心只读圣贤书"，与卢梭把学校设在大自然之中的主张有异曲同工之理想。当然，我们今天已经无法将学校与社会隔离，但适当避开喧嚣、逐利的物质社会还是必要的。

学校不同于任何工作场所，它允许犯错，犯错在学校是一种常态。因此阿兰说，"学校看起来十分美好，因为错误在那里没有任何重大不良后果。"[2] "人们在这里犯错，人们又在这里重新开始，错误的加法不损害任何人。"[3] 学校又是特殊设置的空间，"学校里的孩子们看起来很美好，在那里他们找到了适合自己的能力。如果你仔细看，你会发现防护与围栏抵御着所有外部的侵袭。儿童在船上或在车上玩耍，还会在路

---

① 〔法〕阿兰.教育漫谈［M］.王晓辉，译.北京：商务印书馆，2019：12.
② 同上书，第 154 页。
③ 同上书，第 58 页。

上转弯，但没有水，也没有马。"①

　　现代教育特别强调兴趣，主张通过有趣味的东西吸引学生学习，而阿兰则反其道而行之，强调"人只能通过严厉的方法取得成就，而拒绝严厉方法的人永远不会成才。"②他认为，"人需通过痛苦来培养，他应当获得真正的快乐，他值得拥有这些快乐。他应当在获得之前付出，这是规律。"③"真正的问题是尝到苦味，快乐是在战胜苦味之后。我不许诺快乐，我指出的目标是战胜困难。这才适用于人，而达于此只有去思想，而不是靠品尝。"④

　　关于学习方法，阿兰特别倡导阅读。他说，"所有的课将是阅读，人们读历史，读地理，读保健，读道德。如果人们从这些读书中掌握阅读的艺术，我就认为已经足够了。"⑤但他主张的阅读，不是一字一句地简单阅读，而是从整体上快速阅读。"学会阅读，不是仅仅认识字母，把字母连起来发音。而是快进，一眼就能看到完整的句子，就能认识词汇的帆缆，就像水兵认识自己的船舰。"⑥

　　他也主张创新，但创新不能凭空而起。"创新，只有一个方法，就是模仿。思想的好方法，也只有一种，这就是继续先前的思想并予以验证。"⑦"学习的艺术因此可以归结为长时间的模仿和长时间的复制，正如最初级的音乐家和最初级的画家所做的那样。"⑧

　　作为教师，首先需要学习。阿兰所期待的教师，不仅仅是早些时间学习的人，他这样申明："我想要的是自己能够学习的教师，是从源头学习的教师。"⑨他作为中学教师，始终以学习和研究为己任，不断地著书立说，培养无数学生，其中不乏名人大家。

---

① 〔法〕阿兰.教育漫谈［M］.王晓辉，译.北京：商务印书馆，2019：29.
② 同上书，第 5 页。
③ 同上书，第 9 页。
④ 同上书，第 4 页。
⑤ 同上书，第 83 页。
⑥ 同上书，第 76 页。
⑦ 同上书，第 106 页。
⑧ 同上书，第 107 页。
⑨ 同上书，第 66 页。

教师要保持一定威严，阿兰说，"在我看来，教师有足够的冷漠，他想要的事情，并去做这样的事情。""我看到一个大喊大叫的孩子被拖进学校，当学校大门刚刚关上，他便不嚷了，他被学校的力量转变成小学生。这是一种冷漠，迅速有力地形成一种气候，它使教师成为一种职业。"[①]

总之，阿兰的教育思想极其丰富，看似保守，却是对现代新教育思想的制衡。

六、迪尔凯姆与教育社会化

埃米尔·迪尔凯姆（Émile Durkheim）[②]，不仅是公认的伟大社会学家，其教育思想也具有伟大影响。

青少年的迪尔凯姆经历了普法战争的失败、巴黎公社的悲剧，目睹了第三共和国早期的社会动乱与不和谐，便立下了从事教师职业的志愿，并以构建公共精神为毕生事业。1887年，迪尔凯姆受聘于波尔多大学，讲授"社会科学与教育学"。1902年，迪尔凯姆继著名教育家比松之后，担任巴黎大学"教育科学"（后更名为"教育科学与社会学"）讲席教授直至其逝世。迪尔凯姆担任大学教授期间的课程内容，后经整理发表为其重要的教育学与教育社会学著作：《道德教育》《教育思想的演进》《教育与社会学》。在迪尔凯姆逝世百年之时，这些著作读起来我们仍然感到新鲜、深刻。

一个社会得以存在，需要由基本的社会共识所维持，而教育的基本功能就是向新一代传递这种社会共识。迪尔凯姆认为，教育的首要作用就是使青年一代社会化，学校应当成为社会统一的工具，否则任何社会都不可能存在。

在迪尔凯姆看来，人之所以为人，就是人生活在社会之中，但人

---

① 〔法〕阿兰．教育漫谈［M］．王晓辉，译．北京：商务印书馆，2019：18.

② 埃米尔·迪尔凯姆（Émile Durkheim，1858年4月15日—1917年11月15日），法国教育学家。

不仅不会自发地服从政治权威，遵守道德纪律，而新生一代的人，完全不懂得社会规范。只有社会才能使人提升为人，才能使人克制自身的欲望，才能使人遵守法律，才能使人的个人目的服从于更高的目的。"教育构成一个对于青年一代有系统的社会化过程"①。这个有系统的社会化，实际上是任何社会赖以生存的必要条件。迪尔凯姆设想，我们每个人身上都有两种存在，一种是个体存在，即属于我们自己的全部精神状态以及个人生活的各种事件，另一种存在则是思想系统，即我们身上体现的情感与习惯，但不属于我们的个性，而是属于我们所在的团体，这就是宗教信仰、道德信仰与行为、民族或职业传统、各种集体舆论。其整体构成社会存在。而在我们每个人身上构建这种存在，便是教育的目的。

"对于每个新一代，社会所呈现的近乎于光板，需要为他们从新建立。而对于刚刚诞生的自私的、不适应社会的存在，就是以最迅捷途径，增加另一种能够导致道德与社会生活的存在。"②迪尔凯姆所说的"最迅捷途径"就是教育。首先是家庭教育，父母给予儿童最初的生活常识和社会规范，然后是学校教育，通过系统化、理论化、职业化的教育过程，使新生一代融入社会。

因此，迪尔凯姆这样定义教育："教育是几代成年人向几代对于社会生活尚不成熟的人施加的行为。其目的是为了激发和培养就整体而言的政治社会和儿童将面临的特殊环境，所要求的儿童的身体、智力和道德品质。"③

在这里，正如迪尔凯姆所言，"这便是教育事业，我们可以从中看到整体的伟大。"④但是，我们也看到在迪尔凯姆那里，教育与人之间还存在一个权威，这就是国家。一个社会，往往存在着各种不同的思想意识，有时还相互矛盾或相互冲突。迪尔凯姆相信，"在我们的文明基础

---

① Émile Durkheim, *Éducation et sociologie*, Paris: PUF, 1992, p. 10.
② 同上书，第 50–51 页。
③ 同上。
④ 同上。

上，一些明确或不明确的原则是所有人共通的，无人敢于公开、面对面地否定，如尊重理性，尊重科学，以及作为民主道德基础的思想与情感。国家的作用就是提炼这些基本原则，使之在学校传授，监督任何可能让儿童忽视于此的方面，监督儿童应当尊重的这些无处不言的原则"。在所有现代国家，总有一个明确的或不明确的权威机构来规范学校教育的基本内容，而学校只能接受这样权威，并通过自身的优势来实现教育内容的传承。

迪尔凯姆把教育看作社会系统中重要元素，承担着社会融合的机能，与帕森斯[1]的社会结构功能论有类似之处，但迪尔凯姆更强调理性教育，尊重儿童的自主。

不过，我们也应看到，迪尔凯姆强调社会统一的思想具有深刻道理，但如果脱离阶级社会的历史现实，奢谈社会化，只能为腐败的社会制度服务。过分强调社会化，就可能忽略这样一点：人是社会环境和教育的产物，儿童的培养只能在当前社会中进行。脱离社会环境的教育，只能是乌托邦式的教育。

一个社会，是由无数个体成员构成的。而在个体成员之间，需保持最起码的价值与规则。为此，需要构建集体意识，迪尔凯姆把"集体意识"（conscience collective）定义为"同一社会的均等成员的共同信仰与情感的整体"[2]，并把集体意识提高到"民族的灵魂"[3]的地位。

在迪尔凯姆看来，集体意识可能算不上是单一机构的基质（substrat），但却在社会中广泛传播，其传播范围等同于社会的物质生活范围。集体意识可以独立存在于每个个体之外，但也存在于每个个体之中。集体意识不会因每一代人发生变化，但会在这一代与下一代之间传承。

保证集体意识的传承，首先是一种政治责任。迪尔凯姆发现一个共

---

　　① 塔尔科特·帕森斯（Talcott Parsons，1902年12月13日—1979年5月8日），美国哈佛大学著名的社会学者，美国二次世界大战后统整社会学理论的重要思想家，20世纪中期颇负盛名的结构功能论典范之代表人物。

　　② Émile Durkheim. *De la division du travail social*, Paris: PUF, 1991, p. 46.

　　③ Émile Durkheim. *La science sociale et l'action*, Paris: PUF, 1970, p. 264.

性，"一个领导权力建立的首要和基本的职能就是使人尊重信仰、传统、集体实践，即保护共同意识以抵御内外的所有敌人。"[1] 这其实是社会存在的基本规律，一个政权要维护自己的统治，总要利用集体意识为政治服务。

另外，公民社会是集体活动的组织，集体意识便是社会的意识，"公民需要有集体生活的兴趣，因为这是他能够致力于作为道德特殊目标的集体目标的唯一条件。"[2] "如果说道德规则是集体的产物，那么人们就不能不承认这些规则，我们接受它们远远大于我们对它们的作用。"[3] 因此说，接受集体意识也是公民的责任和义务。

而实现集体意识的传承，将主要由学校完成。现代国家实施义务教育，首先不是知识的传授，而是道德的传承，其中特别是集体意识的传承。迪尔凯姆认为，"通过学校，我们能够在不同于家庭生活的集体生活中训练儿童，我们可以赋予儿童以习惯，而一旦形成习惯，便可以在学校生活之后延续。"[4] 但他同时也指出，学校生活应当与社会实践相结合，"实际上，为了向儿童灌输集体精神，抽象分析毫无意义，应当让儿童直接接触集体精神。"[5] 不仅要让儿童看到活生生的社会的集体生活现实，还要让他们身体力行集体主义精神，在学校和班级里互相帮助，互相爱护。

当然，迪尔凯姆在论述集体意识的时候，并未排斥个人的独立性。他说，"保护个人权利，同时保护社会根本利益的个人主义（individualisme）。"[6] 所谓"个人主义"，并非是有人理解的利己主义或自私自利，迪尔凯姆所讲的个人主义强调的是人的独立自主。当然，迪尔凯姆更注重的是集体主义，他认为"实际上，独自的个人，凭其自身

---

① Émile Durkheim, *De la division du travail social*, Paris: PUF, 1991, p. 51.
② Émile Durkheim, *L'éducation morale*, Paris: PUF, 1992, p. 162.
③ 同上书，第 78 页。
④ 同上书，第 163 页。
⑤ 同上书，第 234 页。
⑥ Émile Durkheim, *La science sociale et l'action*, Paris: PUF, p. 264.

的力量，不可能改变社会的状况。"[1] 于是，顺应集体，应是每个个体的理性选择。

迪尔凯姆所处的时代恰好是法国第三共和国时期，是在法国大革命之后经历百余年的王朝更替、风云激荡的动乱之后，迎来社会基本稳定的大好局面。因此他特别珍惜那个社会，那个时代，他认定，"如果有一个国家真正把民族的事业作为个人的事业，这就是我们的国家"[2]，于是他更强调社会的统一、集体的意识、纪律的精神。

但这只是他当时的判断，我们无法保证一个繁荣的社会不会衰落，一个廉洁的政府不会腐败，而当社会堕落时，或出生于一个腐败、动乱的社会，我们该怎么办？也许，这是我们应当深入考虑的问题。

---

[1]　Émile Durkheim, *L'éducation morale*, Paris: PUF, p. 62.

[2]　Émile Durkheim, *La science sociale et l'action*, Paris: PUF, 1970, p. 274.

第四部分

从民主到共处：战后至今的教育

1944 年 6 月 6 日，英、美盟军在诺曼底登陆成功，8 月 25 日德国的巴黎守军投降，巴黎的解放基本实现了法国的解放（Libération de la France）。法国在美国的帮助下，开始了国家的重建。在 1945 年至 1975 年这三十年期间，法国经济快速成长，并且建立了高度发达的社会福利体系。法国人重新拥有世界最高的生活水准，工资大幅上升。并且许多农村人口迁移至都市，法国进入城市化社会。

此 30 年，被法国经济学家让·富拉斯蒂埃（Jean Fourastié）[①]称为"辉煌 30 年"（Les Trente Glorieuses）。不过在 1973 年世界石油危机爆发之后，法国经济增长减缓，辉煌 30 年这一"看不见的革命"（Révolution invisible）亦随之结束。

法国经济增长的同时，社会民主进步的呼声高涨。人们重拾大革命时期的口号——"有了面包，教育是人民的第一需要"，要求改革教育，促进教育的民主化。而战后涌现的各种社会思潮更酿成了震惊世界的 1968 年学潮。

民主运动不仅促进了教育理论家的思考，也迫使政治家对传统的双轨制教育系统实施改革。然而改革并非一帆风顺，学业失败、教育的不平等依然存在，为了全体成功的目标还在路上。

---

① 让·富拉斯蒂埃（Jean Fourastié，1907 年 4 月 15 日—1990 年 7 月 25 日），法国经济学家。

第一章　教育决策与规划

教育决策是教育发展与改革的关键环节，而教育决策的机制与过程，不仅与政治制度相关，也与政治领导人的个人风格相关。教育规划是教育决策的一个方面，体现着对教育发展的预测。教育规划主要存在于计划经济为主导的国家，而法国的教育规划则体现着市场经济国家独有的特色。

一、教育决策的民主化

教育决策，首先是一种政治行为，是教育行政部门或权力部门对教育重大问题的决定。在西方国家，教育决策可以体现为政府部门的决定、条例或规章，也可以通过立法机构形成法规、法律。但是这些决定、条例、法规或法律的制定通常要经过权力部门、专家学者和相关人员不同程度的共同参与，这一过程可能十分复杂和漫长，不同国家和不同时期都会有不同特点。

作为中央集权体制的法国，中央政府和政治领导者在教育决策中占据重要地位，但不同时期的特点也不尽一致，但总的趋势是由权力的相对集中到越来越广泛的民主。

法国的 20 世纪 60 年代，正是戴高乐（Charles de Gaulle）^①将军执政时期。戴高乐的教育理念是在民主的基础上选拔精英，其改革思路是

---

① 夏尔·戴高乐（Charles de Gaulle，1890年11月22日—1970年11月9日），法国军事家、政治家，战后短暂出任临时总统，1958 年成立法兰西第五共和国并出任第一任总统。在法国，戴高乐通常被称为"戴高乐将军"（Général de Gaulle）甚至简称"将军"（Le Général）。

扩大中等教育的规模，但要严格限制高等教育的入学标准。[①]1962年底，新任教育部长富歇（Christian Fouchet）[②]不谙教育，在观望的同时，基本听命于总理。而总理蓬皮杜主张促进高等教育民主化。为了避开总理府的决策，戴高乐召见教育部的一个司长，听取其改革意见。该司长颇觉困惑，戴高乐却表示："我了解你的困难之处，但你放心，决定将于此（总统府）作出"[③]。戴高乐将教育改革的权力交给总统府的秘书长，而不是常规的政府秘书长。之后，中等教育的改革似乎顺利，于1963年8月5日通过了设置市立中等教育学校的法令。但是，高等教育改革却遇到了重重阻力，一方面来自政府内部的不协调，由巴黎综合技术学校校长所主持的改革委员会，未能得到高等教育司司长的支持，导致建立教育部总秘书处，并由戴高乐任命了相当于副部长的秘书长负责高教改革。另一方面的阻力则是技术性的，大学新生将由谁来筛选，标准如何控制，争议如何裁决，迟迟找不到理想方案。特别是在1968年年初，新生录取委员会的建立无异于点燃了炸药库中导火索，因为当时的大学生已达到508 000人，接近于1962年提出改革时的286 000人的两倍，[④]高等教育大众化的进程已势不可挡。而1968年5月突然爆发的学潮，使戴高乐的改革设想只完成一半：中等教育改革基本成功，高等教育改革完全失败。

1981年，法国社会党政府开始执政，新任教育部长萨瓦里（Alain Savary）[⑤]面临着教育改革的新形势，他意识到教育部决策能力的有限性，便将很大注意力放在倾听专家学者的意见上。萨瓦里先后组织了几个专门委员会，对各个领域的教育问题进行深入研究并提出改革建议。

[①] Antoine Prost, *Education, société et politiques, Une histoire de l'enseignement en France, de 1945 à nos jours,* Paris: Seuil, 1992, p. 99.

[②] 克里斯蒂昂·富歇（Christian Fouchet，1911年11月17日—1974年8月11日），法国政治人物。1962年12月6日—1967年4月1日，任国民教育部长。

[③] Antoine Prost, *Education, société et politiques, Une histoire de l'enseignement en France, de 1945 à nos jours,* p. 99.

[④] 同上书，第111页。

[⑤] 阿兰·萨瓦里（Alain Savary，1918年4月25日—1988年2月17日），法国政治人物，1981年5月22日—1984年7月17日任国民教育部长。

主要的改革委员会及其报告列举如下：

1. 路易·勒格朗（Louis Legrang）① 的初中改革委员会报告：《为了民主的初中》；

2. 安托万·普罗斯特（Antoine Prost）② 的高中工作委员会报告：《21世纪前夕的高中及其学习》；

3. 安德烈·德佩雷提（André de Peretti）③ 主持的委员会报告：《国民教育人员培训》。

斯特拉斯堡大学教授勒格朗曾任法国国家教育科学研究院主任研究员，长期进行初中教学法研究。他的初中改革报告，针对法国统一初中学生差异过大和学业失败严重等问题，提出了实施法语、数学和外语分组教学的建议，并设想建立监护制（tutorat）。正是来源于英语的监护制概念引起广大家长和教师的误解，认为是侵犯了儿童的权利。萨瓦里部长虽然充分肯定该报告，但并未通过行政手段去实施，而是希望初中主动进行改革试验，把勒格朗的报告作为改革的指南。

由于萨瓦里个人谨慎的品质，由于面临教育复杂的形势，由于公众舆论的压力，几个改革方案都遭遇了类似的命运。

1986 年 3 月，法国国民议会改选，右派政府开始执政，新任教育部长莫诺里（René Monory）④ 和负责高等教育的部长代表德瓦盖（Alain Devaquet）⑤ 拟对现行高教体制进行改革。德瓦盖决定重新起草高教改革法案，并于当年 5 月 18 日将法律草案准备完毕。

《德瓦盖法案》将《萨瓦里法》所规定的大学的性质为以科学、文化和职业为特点的公立教育变成高等教育的公立学校（établissements

---

① 路易·勒格朗（Louis Legrang，1921 年 7 月 11 日—2015 年 10 月 20 日），法国教育家、大学教授。

② 安托万·普罗斯特（Antoine Prost，1933 年 10 月 29 日—　），法国历史学家。

③ 安德烈·德佩雷提（André de Peretti，1916 年 5 月 7 日—2017 年 9 月 6 日），法国教育家、作家。

④ 勒内·莫诺里（René Monory，1923 年 6 月 6 日—2009 年 4 月 11 日），法国政治人物，1986 年 3 月 20 日—1988 年 5 月 10 日任国民教育部长。

⑤ 阿兰·德瓦盖（Alain Devaquet，1942 年 10 月 4 日—2018 年 1 月 19 日），法国政治人物，1986 年 3 月 20 日—12 月 8 日，任研究与高等教育部长代表。

publics d'enseignement supérieur, EPES）。这一变动的目的是使大学避免巨型化和分裂化两种危险。

前教育部长富尔（Edgar Faure）[①]曾设想大学的最大规模为 15 000 个学生。但实际上，这一指标很快便被突破。对于那些巨型大学来说，管理尤如一盘散沙，人际关系淡薄，多门学科形同虚设。为了解决这一问题，德瓦盖企图在巨型大学内建立某些更灵活的机制，如将一些目标类似和共同的教学单位组合起来，但又保持与其母校同样的高等教育的公立学校的特点。德瓦盖的设想的确别开生面，但与现行法律发生极大的冲突，因为在一所公立学校之中建立另一所公立学校尚无先例。

《德瓦盖法案》的关键是触及了大学的入学条件这一敏感问题。法国现行法律规定，高中毕业会考文凭既是中等教育结束的证明，又是高等教育最初的文凭，是进入大学唯一要求。德瓦盖原则上也同意这一规定，但他又容许大学自己决定是否对申请注册的学生进行筛选。这一法案内容顿时激怒了神经敏感的法国大学生。因为他们已经习惯了现行的大学入学体制，他们认为得到高中毕业会考文凭上大学就是天经地义的，谁也不能剥夺他们的既得利益。

在议会讨论《德瓦盖法案》的同时，爆发了学潮，越来越多的大学生上街游行，要求撤销法案。由于一个大学生在游行中被警察所击而死，德瓦盖被迫辞职，其法案也随之流产。本来，平等是进步社会的美好追求，但是极端的平等主义不仅不会带来社会进步，反而会成为社会发展的障碍。法国大学生满足于既得利益的心理和极端平等主义却使这次颇具创新的法国高等教育改革彻底破产。

1997 年 12 月底，为了实施新一轮的高中课程改革，法国国民教育部长阿莱格尔（Claude Allègre）[②]和负责学校教育的部长级代表鲁瓦

---

① 埃德加·富尔（Edgar Faure，1908 年 8 月 18 日—1988 年 3 月 30 日），法国政治家。两次担任法兰西第四共和国总理。1968 年 7 月 12 日—1969 年 6 月 20 日任国民教育部长。

② 克劳德·阿莱格尔（Claude Allègre，1937 年 3 月 31 日—　）法国地质化学家、政治人物，1997 年 6 月 4 日—2000 年 3 月 27 日任国民教育、研究与技术部长。

雅（Ségolène Royal）[1]共同宣布进行一次主题为"高中应当教授那些知识？"大型咨询调查。

教育部专门组织两套班子，实施这项调查，并对调查结果进行分析思考。一是组织委员会，由里昂大学教授菲利普·梅里（Philippe Mérieux）[2]主持，负责高中课程实际状况的调查和指导各学区的研讨会；一是科学委员会，由社会学家埃德加·莫兰（Egar Morin）[3]主持，成员由科学与艺术界的 40 余位专家构成，负责召集各类专题研讨会。

为了充分了解广大高中学生和教师的意见，教育部向国内所有普通高中、技术高中和职业高中，甚至外国的一些高中印发了近 300 万份问卷，要求高中生回复。这份问卷由 15 个问题构成，如"你最愿意学习的是什么？那些课程你认为无用？你所学习的哪些课程对将来有哪些用处？"整个问卷大约需 1—1.5 小时可以完成。同时，还向高中教师寄发了 40 万份问卷，向学校提供了 4500 份思考提纲。

在问卷调查的基础上，法国各大学区于 1998 年 1—3 月份组织一系列研讨会，专门研究高中课程改革问题。

1998 年 4 月 28—29 日，教育部在里昂举行了以"高中应当教授那些知识？"为主题的全国研讨会。各学区的教育管理人员、高中校长和教师、学生和家长、督导人员、各有关工会和协会、地方政府和企业界人士共 1000 余人参加了研讨会。会上，组织委员会主席梅里教授提交了一份长达 25 页的综合报告，提出了关于高中课程改革的 49 条建议。这一最终报告经修改后，于 5 月 11 日正式上报教育部，为后来的法国高中课程改革提供了重要依据。

通过以上对法国若干重大教育改革的回顾，首先我们可以看到专家教育咨询委员会在教育决策中发挥越来越大的作用。尽管教育咨询委员会的组建方式和工作程序千差万别，但这些委员会一般具有这样

---

[1] 塞格莱娜·鲁瓦雅（Ségolène Royal，1953 年 9 月 22 日— ），法国政治人物，1997 年 6 月 4 日—2000 年 3 月 27 日任基础教育部长级代表。

[2] 菲利普·梅里（Philippe Mérieux，1949 年 11 月 29 日— ），法国教育学家。

[3] 埃德加·莫兰（Egar Morin，1921 年 7 月 8 日— ），法国哲学家。

一些特点：

● 对于授权的政府部门，委员会具有相对的独立性，甚至可以不因政府的更迭而停止工作。

● 具有广泛的代表性。除了教育领域的专家，还经常有经济、文化等各界的专家，有教师和学生家长的代表参加。

● 能与公众保持密切联系，能够进行广泛深入的调查。

● 占有比较充分的资料，有助于了解本国与外国教育的历史与现状。

● 定期公布研究成果，向政府提交最终研究报告。

● 其改革建议是咨询性的。

所谓相对的独立性，是指这种委员会的组成得到政府部门的授权，可以独立进行研究和调查工作，可以自主地提出咨询建议，基本上不受行政部门的干预。这样，就可能使权力与知识产生一定程度的分离，有助于实现对教育现状认识的科学性。同时，由于委员会的功能是咨询性的，它提交的研究报告可以成为政府或教育行政部门的决策参考。但是政府或教育行政部门完全有权力对报告及其结论进行审查，或取或舍，或修正补充，当然也可以完全搁置。这种咨询机构可以作为介于行政部门和相关公众之间的缓冲地带，一些社会矛盾也会因此得以缓解。

尽管法国政府越来越重视咨询委员会的作用，但经常由于政治制度的原因，未能很好发挥咨询委员会的作用。一方面是政府未能提供相应的物质条件和人力条件；另一方面，政府的更迭经常使咨询委员会的工作半途而废。咨询委员会自身的工作往往也有其局限性，有时由于专家的比重较大，咨询意见可能偏重于技术性分析，而对政策的适用性关注不够，特别是面对不同社会利益的严重冲突，有时也显得无能为力。另外，专门委员会的咨询需要比较深入的调查研究和周密的思考，导致决策周期较长，也不适用于解决迫切的教育问题。

在中央集权制的法国，政治权力和个人力量在教育决策中通常具有很大的作用。但是任何人的作用都是相对的，没有至高的权力，没有唯一的权威，正如万有引力定律，任何一种力量总要受到另一种力量的制衡。虽然1968年高等教育改革方案破天荒地以无人反对的投票结果在议会中获得通过，但也是五月风暴冲击的产物。

此外，我们还应看到，公众舆论在法国教育决策中的作用越来越大，尽管公众舆论背后所反映的利益不尽相同，而且经常是矛盾的，甚至一些要求是非理性的，但是决策者不得不认真对待公众舆论，任何武断的决策都可能使改革搁浅，乃至身败名裂。

二、教育规划的兴起与废止

第二次世界大战之后，法国已是一片废墟，满目疮痍。法国虽非战败国，但也称不上战胜国。法国不仅依靠美国解放了国土，还要仰仗马歇尔计划①实现国家的重建。但是富于民族主义精神的戴高乐，看到了自由资本主义的弊病，决心独辟蹊径，闯出国家现代化的新路。这就是在法国重商主义、拿破仑中央集权的传统之上，强化国家的主导作用。特别是吸收苏联的成功经验，以计划的方式发展经济。但法国的计划又明显区别于苏联，注重数据统计分析和各个社会领域的协调。

"规划"（planification），法国《拉鲁斯字典》解释为"为达到确定时期的经济目标，而制定的方法及其实施计划"②。教育规划，则意味着预测教育领域中未来中长期的变革，为达到一定的教育目标，以政治手段规定相关资源、方法、措施的计划。

一般认为，法国的规划诞生于 1946 年为战后经济恢复而创立的计划总署（Commissariat général du Plan）。实际上，1762 年法国便有国民教育计划，以填补耶稣会被驱逐之后的学校教师空缺。法国大革命时期，更有孔多塞计划、塔列朗计划、勒佩雷提计划。而最为著名的是朗

---

① 马歇尔计划（Le Plan Marshall），官方名称为"欧洲复兴计划"（Programme de rétablissement européen），是"二战"后美国对战争破坏后的西欧各国进行经济援助、协助重建的计划，对欧洲国家的发展和世界政治格局产生了深远的影响。该计划因时任美国国务卿乔治·马歇尔（George Catlett Marshall, Jr.，1880 年 12 月 31 日—1959 年 10 月 16 日）而得名，但事实上真正提出和策划该计划的是美国国务院的众多官员，特别是威廉·克莱顿（William Lockhart Clayton，1880 年 2 月 7 日—1966 年 2 月 8 日）和乔治·凯南（George Frost Kennan，1904 年 2 月 16 日—2005 年 3 月 17 日）。

② Larousse, *Dictionnaire de la langue française*, Paris, 1999, p. 1423.

之万－瓦隆计划（Plan Langevin-Walon）。虽然这些计划几乎都未能实施，但对法国后来的教育改革都产生一定影响，特别是朗之万－瓦隆计划被称为教育改革的"经典"。

具有划时代意义的"第一计划"，亦称"莫奈计划"，以计划总署首任专员让·莫奈（Jean Monnet）的名字命名，旨在重建被战火毁坏的法国经济，促进国家的现代化进程。计划最初确定的时间为1946—1950年，后来为了与"马歇尔计划"相吻合，延长至1952年。虽然该计划涉及到劳动力的目标，但并未安排任何教育规划。

从第二计划（1953—1957年）开始，学校装备被列入规划，并预测劳动力的未来需求。第三计划（1958—1961年），对工程师和高级管理人才予以特别关注。第四计划（1962—1965年）以"经济与社会发展计划"命名，其教育委员会开始注重与劳动力委员会协调工作。第五计划（1966—1970年）期间，建立了以受教育年限和文凭为基本依据的职业资格等级系统。

从第一计划到第五计划，主题由早期的学校装备过渡到注重学校系统发展与经济需求相适应，尽管侧重点有所不同，但基本的方法首先是以统计为工具的量的方法。而基本的着眼点在于经济的增长和对技术人才的需求，特别是依据人力资本的理论，使教育系统处于经济发展的中心位置，因此教育规划便更具有意义。用戴高乐的名言表述，就是规划的"热切责任"（ardente obligation）。规划的本来意义是预测，但却因此演变成期待。企业希望扩大教育的供给，以满足技术提升和工资下降的双重需求，国民教育部要借此发展教育系统，家长则要求子女获得更高的教育水平，以期更好的社会升迁。不同的目的作用于相同的目标，便使理想超出了现实需求。[1]

而当第六计划（1971—1975年）遭遇到世界性经济危机时，教育规划也开始经历巨大考验。教育面临的不再是膨胀的人口增长，也不是技术劳动力的短缺，而是失业和学校毕业生不适应劳动力市场的尖锐矛

---

[1]　Charlot, B. et Beillerot, J., *La construction des politiques d'éducation et de formation*, Paris: PUF, 1995, p. 88.

盾。人们甚至质疑人力资本理论并怀疑教育投资的效益。随后的第七计划（1976—1980 年）继续这种质疑，设想在工业和服务业对高素质人才有限需求的同时，需要较大量的无需专门培训的劳动力，从事一些重复性的劳动。而应对变化莫测的经济形势，长期规划已不现实，进而转入短期规划，转向对偶然因素的关注和对不确定因素的把握。本来应当覆盖 1981—1985 年的第八计划，缩短至 1983 年，称之为"临时计划"。

第九计划（1984—1988 年）的主题词是：民主、参与、分权、改革，计划的形式是设置 12 个优先项目，其第二个项目涉及国民教育。第十计划（1989—1993 年）更是将计划的"热切责任"转变为"热切愿望"（ardente ambition），目的是"降低不确定性"，"寻找操作空间"，"在复杂中治理"，"保证协调和保证未来"。正如时任计划总署的专员皮埃尔·伊夫·科塞（Pierre-Yves Cossé）所言："鉴于国际经济的不稳定和经济上不断扩大的相互依存，确定中期的数字目标，特别是增长目标已不再可能。相反，应当确定教育、研究与创新、空间整治和公共领域现代化等方面的优先，然后选择政府努力承诺的行动"[①]。由于欧洲统一市场于 1992 年开始实施，第十计划实际提前一年终止。尽管第十一计划（1993—1997 年）草案已准备完毕，但 1993 年的新政府未予批准。至此，法国传统意义上的教育规划已寿终正寝。

三、导航概念的新兴

法国国家的作用在经济飞速发展的"辉煌三十年"中得到强化，其管理方式趋于复杂，不仅影响到公共领域，也渗透到私人领域。但是受到 20 世纪 70 年代初的经济危机冲击，特别是在崇尚富有与竞争的个人主义、与教育发展俱来的批判精神、由于全球化和未来不定性对领导者失信三大思潮的影响下，人们对"福利国家"的理念产生动摇，甚至认为

---

① Charlot, B. et Beillerot, J., *La construction des politiques d'éducation et de formation*, Paris: PUF, p. 97.

国家不过是"泥足巨人"。①

2006 年 3 月 6 日，法国计划总署被策略分析中心（Centre d'analyse stratégique）所取代。② 在教育领域，法国原来以人力需求为基本依据的教育规划呈现出明显的不适应，特别是法国行政系统的放权与分权的整体改革，促使教育系统"导航"的思路逐渐产生。

导航，法文为"pilotage"，本意为驾驶员的工作。当教育的规模很小时，犹如小河泛舟，驾船者可根据天气、航道的情况轻松调整航程，一般不致于迷失航向、搁浅或触礁。而当教育发展成为一个庞大系统时，就像驾驶着航空母舰，或航天飞机，不仅需要掌握各种复杂的天文与气象外部信息，还要了解航行工具自身的内部状况，以保证航行路线的准确无误。因此说，驾驭整个教育系统是一个十分复杂的系统工程，新型的教育管理模式不可能是过去那种由教育部自上而下地控制千千万万个学校的中央控制体系，教育系统导航的概念便由此而生。

1988 年，雅克·勒苏尔纳（Jacques Lesourne）在《教育与明天社会》一书中首次提出"教育系统导航"的概念，他认为，"在教育领域，导航或推广一种变革与教育内容同等重要"③。

1991 年法国规划总署在其《为明天而教育》的报告中提出，"有必要使越来越复杂的培训系统的导航更为容易"④。

导航的概念首先区别于以下一系列近似的概念⑤：

● 行政（administration），特点是颁布与实施规章；

● 管理（gestion），偏重于财政的企业人事事务；

---

① Claude Pair, "Piloter par les résultats : trop simple pour être raisonnable," *Administration et éducation*, numéro 98, 2ème trimestre, 2003, p. 45.

② "Commissariat général du Plan," Wikipédia.http://fr.wikipedia.org/wiki/Commissariat_g%C3%A9n%C3%A9ral_au_Plan (2021–3–29).

③ Jacques Lesourne, *Éducation et société demain: à La découverte et Le Monde*, Paris, 1988.

④ Commissariat général du Plan, *Éduquer pour demain: acteurs et partenaires*, Paris: La découverte, La documentation Française, 1991.

⑤ Claude Pair, "Piloter par les résultats : trop simple pour être raisonnable," *Administration et éducation*, numéro 98, 2ème trimestre 2003, p. 43.

- 企业管理（management），主要与人事事务相关；
- 领导（direction），体现上下级关系的决策；
- 政府（gouvernement），是以领导为核心的行政；
- 治理（gouvernance），强调民主参与的新型管理模式；
- 治理（gouverne），加拿大魁北克省关于治理的特殊用语。

等级式的导航，或行政式的导航，是由中央一级政府制定规章和决策，并对规章的执行情况实施监控。其流程如图 4-1。

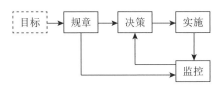

图 4-1　行政式导航

资料来源：Bernard Toulemonde, *Le système éducatif en France*, Paris: La Documentation Française, 2003, p. 121.

以结果为目标的导航，首先是制定运行规则，确定要实现的目标，然后采取相应的决策，并在决策实施中达到目标所预期的结果。在此过程中，决策并非一蹴而就，而是根据结果及时调整。其流程如图 4-2。

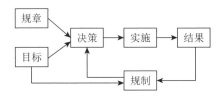

图 4-2　结果为目标的导航

资料来源：Bernard Toulemonde, *Le système éducatif en France*, p. 121.

教育系统导航的基本职能主要是定向、协调、校正。

协商式导航，强调各个不同教育主体的协商与对话。图 4-3 显示，协商式导航重要的是各个教育主体的责任。教育的结果不是由某一教育主体单方面决定的，例如学生的成绩不仅仅是学生自己的责任，也是教师和学校的责任，还需要家长的配合。一所学校的质量，也不仅仅是学校的责任，它需要政府和社会提供必要的支持，需要健全的法律规范，需要良好的社会环境。因此，协商式导航中的调控，首先是领导者和学校人员关系的调整，任何决策都不应是自上而下突然而至。促进，在于对教育目标的共识；激励，旨在人们之间的相互沟通；培训，可以提高教师的职业素质；评估，可以反映教育的真实结果；监测，使领导者了解教育的实际状况；建议，使教育措施得以完善。

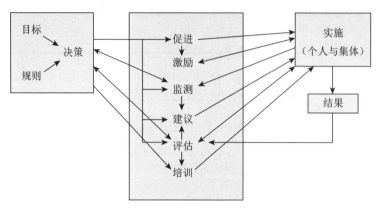

图 4-3　协商式导航

资料来源：Bernard Toulemonde, *Le système éducatif en France*, p. 127.

　　德莫斯（Marc Demeuse）和孟塞尔（Christian Monseur）将教育系统导航划分为获取信息、诊断现状、确定行动和解决问题四个阶段见图 4-4。

　　第一阶段是需要收集关于教育系统运行和教育系统结果的相关信息。然后对教育系统的现状进行诊断分析，即进入第二阶段。如果发现系统的现状与系统的理想状态存有差距，就要在第三阶段中确定解决问题的行动。通过第四阶段对实施措施的整合，求得问题的解决。教育系统导航的四个阶段，是相互衔接的，无所谓始，无所谓终，循环往复，但总要与所确定的目标相联系。

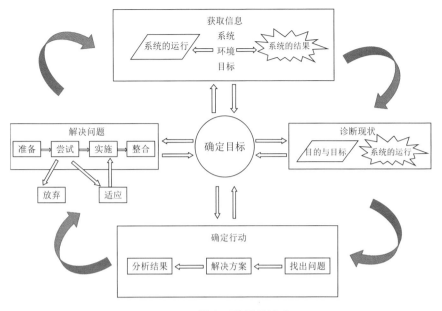

图 4-4 教育系统导航模式

资料来源：Marc Demeuse et Ariane Baye, "Une action intégrée en vue d'améliorer l'efficacité des systèmes d'enseignement : le pilotage des systèmes d'enseignement," *Les Cahiers du Service de Pédagogie expérimentale*, 5-6, 2001, p. 28.

　　法国是典型的中央集权制国家，其教育管理体制曾经是行政式的和等级式的导航模式。自 20 世纪 80 年代初以来，法国大规模地实施分权与放权。1997 年，教育部长阿莱格尔提出精简教育管理机构，其著名的比喻"给古象减肥"（dégraisser le mammouth），形象地指出法国教育部行政机关的保守与臃肿，喻其老态龙钟、食古不化。其任内的教育部的司局由 16 个减至 9 个，250 名管理人员转调至大学或学区机关。[①] 但减少行政人员只是权宜之计，为适应新的教育宏观管理的需要，法国在不同层次上调整了教育管理机构。

　　首先，要确定教育发展目标。1989 年 7 月 10 日的教育指导法规定，要保证每个青年获得普通文化和公认的职业资格，使 80% 的同龄青年

———————

　　① Antoine Prost, Annette Bon, " Le moment Allègre (1997–2000). De la réforme de l'Éducation nationale au soulèvement," *Vingtième Siècle. Revue d'histoire* ,vol.110, no. 2, 2011, p. 123–145.

达到高中毕业会考合格的水平。

其次，要调动与协调各种教育资源。

最后，要通过评估和各项教育指标的监测，保证教育系统的良好发展。

为适应新的教育宏观管理的需要，法国在不同层次上调整了教育管理机构。

中央一级的调整主要有三项措施，第一是教育部于 1987 年建立评估与预测司，赋予其教育系统统计、中短期预测和评估三大职能；第二是教育部于 1986 年建立"督导与学校领导人事司"，对督导人员与学校领导的选拔录用实施新的管理规则；第三是重新规定国民教育总督学的使命，将其工作重心由监控变为评估。

地区一级的调整赋予了学区长（recteur）的教育行政权力。自拿破仑设置学区以来，学区长的职能就是执行教育部长的命令，监督所辖学区各学校对中央各项指令的执行情况。20 世纪 80 年代初的分权改革，允许学区长根据当地学生的需要制定适当的教育政策，也允许学区长同地区行政部门或经济部门开展合作。学区长管辖两个督导机构：地区教育督学和国民教育督学。地区教育督学（inspecteurs pédagogiques régionaux）主要负责法语、数学、历史与地理等学科的督导，国民教育督学（inspecteurs de l'éducation nationale）主要负责初等教育、职业教育等不同门类教育的督导。另外，法国还有更高一级的督学，国民教育总督学和国民教育与研究行政总督学两个督导团，这两个督导团会分别委派其一个督导员对某学区的教育及其行政的运行提出建议。

长期以来，法国本土划分成 22 个大区，96 个省，大约 36 600 个市镇。大区政府的教育行政部门为"学区"，每个学区与大区的管辖范围基本吻合。省级政府的教育行政主管为省级教育督学。市镇政府则无专门教育行政机构。法国本土划分为 26 个学区，这种状况持续到 2016 年。

自 2016 年 1 月 1 日起，法国重新调整大区的区域，将本土 22 个大区合并为 13 个。在教育行政方面，改革仍然沿袭大区与学区相统一的思路，即每个大区仍设学区，称为"大区学区"（régions académique），而大区学区可能是单一学区，还可能包含多个学区。其中 4 个大区学区包含 3 个学区，5 个大区学区包含 2 个学区，8 个大区学区为单一学区，全法国共有 30 个学区。

通行二百余年的名称"学区督学"（inspecteur d'académie），曾经为省级教育主管，2012 年 1 月 5 日的政令将省级教育行政主管名称改为"国民教育学区主任"（directeur académique des services de l'éducation nationale, DASEN），由共和国总统令任命，为学区长主要助手，代表学区长在所属某省行使权力。

虽然评估是教育系统导航的基本工具，但是由于目标体系的不明确，无法准确衡量教育的效果或效率。当前的教育评估，还无法评价某项教育改革是否提高了教育效率，降低了教育成本。评估的目的在于：考察教育系统的效果（efficacité），其结果是否达到其既定目标；效率（efficience），是否用最低的成本获得了最佳成果。[1]

结果的强制性，要求公共管理者要注重效益，注重成本与质量。结果的强制性，突出地体现在金融市场、体育竞技、情报系统。在市场经济中，财政指标是衡量企业的最重要指标，甚至是唯一指标。结果的强制性体现在教育上，往往难以严格实施。对于结果不佳者，我们无法确定是否执行惩罚，是对教师，还是对学生，如何惩罚。

法国国家对教育系统传统的控制模式，是国家制定中小学课程大纲，审定教材，规定课时，有规律地实施督导。但这种管理模式逐渐趋于允许学校有更大的自主。过程控制逐渐让位于重视结果，因此评估的作用凸显起来。[2] 而越是允许学校自主，就越需要导航。自主与责任密切相关，需要对其行为结果负责。

法国的教育宏观管理，正在从行政性控制转向更多地依靠标准化管理，由规章管理向全国总体目标和学校具体目标相结合的模式转变。[3]

---

[1]　Cour des comptes, *La gestion du système éducatif, Rapport au président de la république suivi des réponses des administrations intéressées,* Avril 2003.

[2]　Claude Pair, "Piloter par les résultats: trop simple pour être raisonnable," *Administration et éducation*, numéro 98, 2ème trimestre 2003, p. 21.

[3]　Musselin C., *La longue marche des universités françaises*, Paris: PUF, 2001, p. 132.

四、新型经费分配制度

法国教育的一个基本特点是公共服务，其经费来源主要是国家。2017 年，法国教育经费的 57.6% 来源于国家，其中教育部承担 53.3%。另外的经费分别由地方政府（24.1%）家庭（11.0%）和企业（6.5%）承担（见图 4-5）。

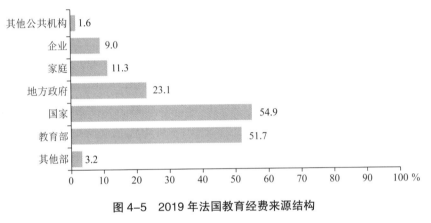

图 4-5　2019 年法国教育经费来源结构

资料来源：Ministère de l'Éducation nationale, de l'Enseignement supérieur, de la recherche et de l'innovation, *Repères & références statistiques sur les enseignements et la formation 2021*, p. 335.

自 20 世纪 80 年代以来，法国教育经费占国内生产总值的比例基本维持在 7% 左右，在 1995 年达到 7.7% 的顶峰之后，逐步有所滑落，2009 年为 7.1%，2010 年为 7.0%，2011—2018 年基本稳定在为 6.7%，2019 年略降为 6.6%（见图 4-6）。[①]

---

① Ministère de l'Éducation nationale, de l'Enseignement supérieur, de la recherche et de l'innovation, *Repères & références statistiques sur les enseignements et la formation 2021*, p. 332.

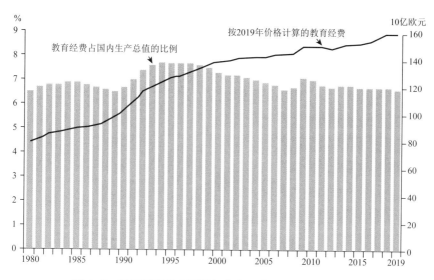

图 4-6　法国国家教育预算经费占国内生产总值比例变化

资料来源：Ministère de l'Éducation nationale, de l'Enseignement supérieur, de la recherche et de l'innovation, *Repères & références statistiques sur les enseignements et la formation 2021*, p. 332.

　　另一方面，法国教育预算经费占国家总预算比例一直在平稳增长，2021 年的教育经费预算为 1045 亿欧元，占国家总预算比例 27.2%。其中 759 亿欧元用于基础教育，286 亿欧元用于高等教育和科学研究。

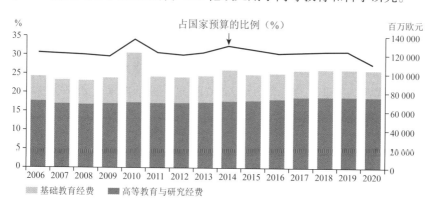

图 4-7　教育预算经费占国家总预算比例（按 2020 年价格计算，百万欧元）

资料来源：Ministère de l'Éducation nationale, de l'Enseignement supérieur, de la recherche et de l'innovation, *Repères & références statistiques sur les enseignements et la formation 2021*, p. 336.

2019 年，法国各类教育机构经费 1541 亿欧元，其中初等教育经费 412 亿欧元，中等教育经费 488 亿欧元，高等教育经费 147 亿欧元，整个公共教育机构经费的比例占 74.6%。另外接收国家资助的私立学校的经费比例占 14.1%，无国家资助的私立学校占 8.1%，公共行政与服务机构占 3.2%（见图 4-8）。①

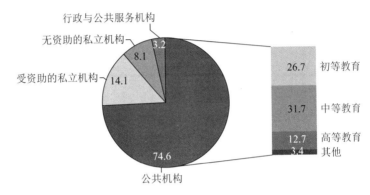

图 4-8　2019 年法国各类教育机构经费比例（%）

资料来源：Ministère de l'Éducation nationale, de l'Enseignement supérieur, de la recherche et de l'innovation, *Repères & références statistiques sur les enseignements et la formation 2021*, p. 339.

由于法国教师的工资较高，因此学生的培养成本也呈高位，并且自 1980 年以来以年均 1.6% 的幅度增长，2019 年每个学生的平均成为高达 8920 欧元。具体来看，学前教育学生的平均成本为 7110 欧元，初等教育学生为 6940 欧元，初中学生为 8790 欧元，普通与技术高中学生为 11 300 欧元，职业高中学生为 12 740 欧元，大学技术员班学生 14 270 欧元，大学校预备班学生 15 710 欧元，大学学生 10 110 欧元（见图 4-9）。②

---

① Ministère de l'Éducation nationale, de l'Enseignement supérieur, de la recherche et de l'innovation, *Repères & références statistiques sur les enseignements et la formation 2021*, p. 338.

② 同上书，第 341 页。

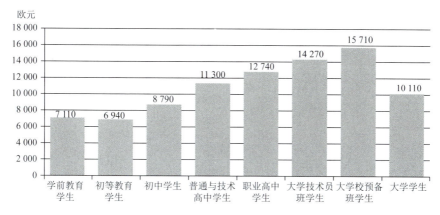

欧元

图 4-9　2019 年法国各类学生平均成本

资料来源：Ministère de l'Éducation nationale, de l'Enseignement supérieur, de la recherche et de l'innovation, *Repères & références statistiques sur les enseignements et la formation 2021*, p. 341.

　　如果说法国教育经费投入自 20 世纪 80 年代年来便维持在较高水平上，甚至在 1989 年超过了国防预算，但并未取得相应的教育成果。[①] 法国教育经费管理暴露的问题，也反映了整个法国公共管理的弊端：公共支出效益监控的空白，缺乏系统的全面管理机制。

　　2001 年法国颁布了《关于财政法的组织法》（*La loi organique n° 2001-692 du 1er août 2001 relative aux lois de finances*），其基本目的是进行以结果和效益为导向的公共管理改革，加强预算信息的透明度。

　　《关于财政法的组织法》将国家预算结构首先划分为 34 项使命（Missions），其中 9 项为部际使命，然后划分为 132 个项目（Programmes），最后划分成 580 个行动（Actions）。例如，"学校教育"作为一项使命，划分为若干项目，如"初等公共学校教育""中等公共学校教育""学生生活"等。一个项目再划分若干行动，如"学生生活"就被划分为"学前学校生活""学校卫生"等行动。

　　法国教育部，即国民教育、高等教育和研究部的经费预算中包含着两项部际使命：

---

　　① 　Jean-Richard Cytermann, "Les choix budgétaires en matière d'éducation," *Pouvoirs*, 2007/3 n°122, p. 31–44. https://www.cairn.info/revue-pouvoirs-2007-3-page-31.htm (2021–11–21).

其一，学校教育（Enseignement scolaire，MIES）。2008 年总经费 580 亿欧元，含属于教育部的初等公共学校教育、中等公共学校教育、初等与中等私立教育、学生生活、国民教育政策支持等 5 个项目，和属于农业部的农业技术教育 1 个项目。

其二，研究与高等教育。包含属于教育部的多学科的科学与技术研究、空间研究、环境与资源管理研究、研究的导向与管理、高等教育和大学研究、大学生生活的 6 个项目，和属于文化与通讯部、可持续发展与环境保护部、经济财政和工业部、交通部、国防部、农业部的 7 个项目。其中高等教育和大学研究项目 2008 年经费 113 亿欧元，大学生生活项目 2008 年经费 2 亿欧元。[1]

在财政法的组织法的预算框架中，突出了公共部门的管理者的责任，强调结果与效益。国家首先确定某项政策结果的目标，然后通过制定相应的指标，对政策结果进行评估，检验其是否达到或接近政策目标。

简而言之，法国教育经费管理已从过去的简单拨款体制，转变到当前以结果和效益为导向的新型公共管理模式。

法国的大学，按照 1984 年 1 月 26 日高等教育法的定义，是"以科学、文化和职业为特点的公立机构"，其教师和行政人员的工资和学校运行经费完全由国家划拨。1971 年，教育部曾经尝试建立一种更为透明的大学经费预算分配制度，名曰"高等教育活动与成本的分析与研究组合"（Groupe d'analyse et de recherche sur les activités et les coûts des enseignements supérieurs, GARACES），通过分析各个大学学生相关数据，实现在不同大学之间的经费分配。但是，法国大学生人数自 1970 年以来，以每年 2%—4% 的比率不断增长，并一直持续到 1988 年。[2] 大学生人数增长的速度超过了国家预算可能增长的幅度，原有的大学经费分配制度受到极大冲击，就是说，再按大学生数量拨发经费，国家将

---

[1] Ministères de l'Éducation nationale, et de l'Enseignement supérieur et de la Recherche, *Repères & références statistiques sur les enseignements et la formation 2008*, p. 328.

[2] Musselin C., *La longue marche des universités françaises*, Paris: PUF, 2001, p. 65.

不堪重负。为了保证大学具有必需的最低经费以完成其公共服务使命，保证不同类型的大学和学科具有同样的尊严，保证每个大学生获得同等的待遇，教育部开始考虑建立公正的新型大学预算分配制度。于是，"高等学校经费分析与分配系统"（Système d'analyse et de repartition des moyens aux établissements d'enseignement supérieur，SAN REMO）应运而生。

新的大学经费分配制度的目标是改善经费分配的公正性，在规则范围内实现整体拨款，增强大学学者的经费独立意识。[①]

这套经费分配标准于 1993—1997 年间应用，但暴露出过于粗糙的弊端。一个由教育部和大学校长联席会等机构组成的混合委员会从 1995 年开始，对大学经费分配标准进行修订和完善，并于 1997 年更新。

更新后的高等学校经费分析与分配系统由教学拨款、补充课时拨款、人员补贴和校舍面积补贴构成。

教学拨款基于参考教学量（charge de référence）的概念。教学工作被划分为讲授（Cours magistral）、指导（Travaux dirigés）和实践（Travaux pratiques）三种类型，每一种类型的教学都可以折算成计时的指导课，并根据学生小组的规模、不同类型教学的构成情况计算出某一学科教学的生均课时成本（H/E）。例如，第三产业类学科的生均课时成本为 80 法郎，第二产业类学科的生均课时成本为 140 法郎。[②]某大学的教学拨款总额即是根据各个学科生均成本和其学生数相乘得来。

补充课时拨款是根据参考编制额（encadrement de référence）计算出来的。所谓参考编制额，是教学计划中的课时量与在校教师教学任务量之比。法国大学教授和讲师的法定年教学量为 192 课时的等值指导课（heure-équivalent-travaux dirigés，HETD）（注：1 小时的讲授课可折合

---

①　Claude Laugenie, *Evolution du système d'analyse et de repartition des moyens aux établissements d'enseignement superieur, Rapport à Monsieur le Ministre de l'éducation nationale,* Juillet 2001.

②　同上。

1.5 小时的指导课，或 2.25 小时的实践课；1 小时的指导课可折合 1.5 小时的实践课）。① 如果学校的教师数量低于应承担的总课时人数，便可获得补充课时拨款。

校舍面积补贴为每平方米校舍面积 100 法郎。

人员补贴用于教学、研究和管理等方面行政和工程技术人员的缺额补贴，每个缺额岗位补贴 75 000 法郎。

这样，大学的理论拨款等于教学拨款、补充课时拨款、人员补贴和校舍面积补贴四项相加，再减去学校所收入的学生注册费。

但是，理论拨款不等于实际拨款，法国大学中理论拨款同实际拨款的差异率在 0.78 与 1.46 之间。②

尽管法国人比较崇尚规范和标准，但"高等学校经费分析与分配系统"并不是一个严格意义上的规范系统，经验与行政因素往往也参与其中，因此出现理论拨款与实际拨款的较大差异。也许由于高等学校的情况过于复杂，某种看来合理的标准可能造成不合理的现实。例如，用等值指导课来计算教师的工作量应该是合理的，但依此作为拨款依据，便可能出现反常现象。假定 1 小时等值指导课可获得 100 法郎的拨款，那么在阶梯教室的授课经费为 150 法郎，而组织学生的实践课却只有 67 法郎。按实际经验看，讲授课与实践课的比率不应是 1 比 0.45，而应为 1 比 7。③

此外，这套系统所依据的大学生数据不是当年的，而是前两年的。因为法国大学生的录取人数，不是大学能够完全控制的。大学可以规定录取人数的上限，但无法确定当年前来申请注册学生的数量。而按照前两年大学生数量计算，可能造成误差，特别是在近些年出现大学生数量递减的情况下，容易过高估计教育经费的需求。另一方面，此系统又容易过高估计教师工作的潜力，造成教学工作的困难。

---

① Jean Bornarel, *Financement de l'enseignement supérieur*, CDUS, Novembre 2002.

② Claude Laugenie, *Evolution du système d'analyse et de repartition des moyens aux établissements d'enseignement superieur, Rapport à Monsieur le Ministre de l'éducation nationale*, Paris, Juillet 2001.

③ Jean Bornarel, *Financement de l'enseignement supérieur*, CDUS, Novembre 2002.

从理论上说，法国现行高等学校经费分析与分配系统支持大学扩大教学规模，学生越多，获得的拨款就越多，实际上对规模较小，但教学质量可能更好的学校就不公平，甚至是一种惩罚。因此，法国高等学校经费分析与分配系统自面世以来，一方面行使着高等教育经费宏观管理的标准化的工具职能，另一方面也经历着不断的调整和修订。

2008 年 6 月 10 日，参议院的一个文化与财政委员会提出关于"绩效与行动经费分配系统"（Système de répartition des Moyens à la Performance et à l'Activité，SYMPA）[1] 的改革建议。这一议案的核心思想是按照大学在教学与科研两个方面的行动与绩效分配经费。通过评估大学的实际需求，将 80% 的经费用于行动支持，20% 的经费用于绩效奖赏。然而，这并不是大学获得的全部经费，教职员工的工资总额另由大学与高等教育部协商确定，其他临时性的经费也不在此列。

"绩效与行动经费分配系统"于 2009 年开始尝试实施，然而在实施过程中发现大学的教学活动因学校规模和固定成本难以确定，其绩效又缺乏统计数据，特别是毕业生就业状况无法估计，因而效果并不理想。于是，这一大学经费改革便处于进退两难的境地，目前大学经费分配只能参照之前方法，再凭经验与协商解决。

看来实现大学经费的合理分配并非易事，未来如何改革，正如参议院的报告题目所言:《大学的财政自治：继续进行的改革》。[2] 但无论如何，中央统一的高等学校经费分配系统，即使再完善也不可能适应千变万化的每所大学的实际。法国未来高等教育拨款的出路，可能在于标准化的拨款系统与大学自治之间。

---

[1] La commission des finances du Sénat, *L'autonomie financière des universités : une réforme à poursuivre*, le 30 septembre 2015, p. 82.

[2] 同上。

五、教育契约的应用

第二次世界大战以后，法国三次学生人数激增给学校系统以极大冲击。第一次冲击，是 20 世纪 50 年代的小学生人数浪潮；第二次冲击是 20 世纪 60—70 年代的初中教育的普及；第三次冲击是 20 世纪 80—90 年代高中教育和高等教育的普及。[①] 法国教育系统因此变得极为庞大，原来的中央集权管理体制面临严峻挑战。虽然法国于 20 世纪 80 年代初开始教育系统的放权和分权改革，但如何处理中央教育行政机构同地方机构和学校的关系始终是法国教育管理体制中的核心问题。

为了改善中央政府与地方和学校的关系，法国教育界进行了关于契约的探索与改革。

1. 国家与大学的契约

1975 年，法国大学校长联席会和教育部官员聚集在法国西部小镇维拉德朗（Villars de Lans），召开一次研讨会，从国家服务现代化的角度，专门讨论如何在国家与大学之间建立一种新型的关系。

1983 年，研究合同首先在大学研究机构与教育部之间创建。研究合同有利于大学制定较长期的科学研究规划，并将过去的一年一次拨发的研究经费调整为每四年一次拨发四年总额的经费。

1984 年 1 月 26 日的《高等教育法》规定，大学可以根据所确定若干年内教学与科研等方面发展目标，通过协商与国家签订多年合同，学校要承诺完成发展目标规定的任务，国家要保证提供相应的经费与人员编制。

1990 年，大学与国家签订 4 年合同的新型拨款模式开始普遍实行，合同的领域不仅局限于研究，而是扩大到包括教学与研究、大学生生活、国际合作等大学的全部领域。

1994 年，大学合同被命名为"四年发展合同"（Contrat quadriennal）。

1998 年，教育部的 5 月 22 日通令重申了关于合同的政策，并规定

---

① Robert, A, *Système éducatif et réformes*, Paris: Nathan, 1993.

由高等教育司负责合同的协调工作。

大学合同的协商须分期分批进行。以 C 批次（2005—2008 年）为例，大学要在 2003 年 12 月 1 日，向教育部高等教育司报送以下文件[①]：

● 前一期（2001—2004 年执行中的）合同总结；

● 学校计划：总体发展战略（涉及教学与培训、博士培养、学校生活、国际开放政策、人力资源管理、固定资产、图书文献、教育技术、研究与管理）；

● 相关指标。

在 2004 年的第一学期期间，教育部的相关司局协同科学、技术与教学考核团（Mission Scientifique, Technique et Pédagogique, MSTP）对大学的总结和计划进行分析。

从 2004 年的春季开学起，教育部的相关司局开始同学校展开直接协商。教育部的主管大学合同的司局为高等教育司，研究与技术司、规划与发展司、国际关系司、人事司等部门也参与协商。大学方面通常由前任校长率领大学委员会的工作组负责协商。第一阶段就总体情况交换看法，第二阶段是讨论若干特别领域问题，第三阶段是确定未来目标和相关承诺。

从 2004 年的秋季开学起，讨论学士、硕士和博士学位的授予资格。

最迟至 2004 年 12 月，大学委员会要通过合同草案，并由教育部高等教育司司长与大学校长签订合同。大学合同除正文之外，通常包含授予文凭的目录、研究项目及其研究小组成员的目录、国家承诺的 4 年拨款款项等附件。

通过合同拨款，已经成为法国国家向大学拨款的一种新形式。2001年，合同拨款的总量超过 5 亿欧元，占大学研究经费的 80% 以上，占大学日常经费的 15%，占大学资料经费的 30%，占大学维修经费的 40%。[②]

---

① AMUE, " La négociation du contrat quadriennal d'établissement," *Cycle d'informations et d'échanges de la CPU organisé par l'AMUE*, 10–11 mai 2004 / 1–2 juin 2004.

② Délégation Interministérielle à la Réforme de l'État, "La contractualisation dans les administrations de l'état," juin 2002.

　　大学与教育部之间建立的契约，经过 20 余年的逐步完善已经取得了明显的效果，大学研究机构的布局趋于合理，大学研究政策方向进一步明晰，大学的图书馆管理和大学生生活管理也明显进展。[①]

　　大学与国家合同的实施首先是开创了政治上可行的高等教育改革之路。1984 年的《高等教育法》赋予了大学更多的自主权，大学可以根据注册大学生人数、建筑面积和学科的师生比例等标准安排国家拨给的经费和设备。但实施起来却困难重重，1986 年，负责高教的部长代表德瓦盖（Devaquet）拟对现行高教体制进行更大规模的改革，但由于触及到大学的入学条件这一十分敏感的问题而引发学潮，德瓦盖本人被迫辞职，其改革法案也随之流产。从此，谁也不敢触动大学改革的敏感神经。

　　另一方面，大学与国家建立契约，首次将大学置于高等教育管理的中心位置。法国大学的中央管理体制，早已被世人熟知，但法国大学的学科行会体制，却很少有人注意。从中世纪以来，法国大学中的学部都是独立的，不同的学科都有自上而下的垂直系统，规范着本学科的教授地位、晋级程序、教学组织。1968 年之前，法国大学实际上是学部的集合，学部部长把握着实权。从某种意义上说，法国大学就是学部共和国，全国性的部长联席会的重要性远远大于大学校长委员会。1968 年的《高等教育指导法》虽然在法律上打破了学院的相互分割体制，但是大学管理上的学院痕迹依然清晰。例如，巴黎第一大学的强势学科是法学、经济学和人文科学，不仅大学管理委员会的成员由三个学科的代表人员平分秋色，大学校长也是三个学科的代表轮流坐庄。而大学要与国家签订四年发展合同，就必须由校长挂帅，以一个声音同教育部协商。可以说，大学与国家的契约，是法国大学在现代化管理的道路上迈出的关键的一大步。

　　然而，任何改革都有其局限性，契约也不可能解决法国大学的全部问题。虽然大学与国家之间的合同标志着双方的平等协商与承诺，但是

---

① Commissariat général du plan, *Les universités françaises en mutation*, *la politique publique de contractualisation (1984-2002)*, Paris: La documentation Française, 2004.

大学通常处于弱势地位，当出现某种变动时，大学不可能要求教育部完全履行自己的承诺，或者说，没有第三者为合同作法律上的担保。事实上，教育部也很难履行四年的经费承诺。因为政府的预算周期为一年，当出现政局变动和经济起伏的时候，教育经费也会有相应的调整，教育部在合同中对大学的经费承诺便难以实现。另一方面，法国大学经费的80% 为人员经费，全部由国家提供，其余 20% 的经费，如学校运行费用则由高等学校经费分析与分配系统核算拨发，而由所签订合同涵盖的经费比例就很小了。在 1993—1998 年间，大学通过合同所获的经费只占全部经费的 9%，在 1999—2002 年间，这一比例也只达到 16%。

2. 国家与学区的契约

自 1998 年，法国各大学区开始与教育部建立契约，目的是使学区成为教育系统导航的一个战略层次，并使全国的教育导航充分考虑各个学区的特点，充分尊重各个学区的发展计划。

学区与国家的合同包含着五大战略领域：

教育供给：提供适应当地现实情况的教育，提高学生的教育水平，保证教育的均衡，促进 2 岁学生的学前教育，提高学生的基础能力，帮助学习困难学生和残疾学生，改善学校与企业的联系，支持无职业资格的离校学生，发展科学教育和公民教育，发展外语教学，促进国际开放等。

教育导航：协调与促进区域教育发展，设置学校与就业历程观察站，促进评估文化，协调学校计划与学区发展目标，开发教育信息资源，促进教育交流。

人力资源管理：总体目标是促进教师的职业化水平，改善岗位与人员的关系，确定培训优先点，帮助教学困难者，注重校长培训，提高教辅人员工作水平。

校际关系：促进学校及其校长的相互支持，促进各校教育教学经验的交流，促进教育通讯与交流技术的应用。

现代化服务：学区要为教育用户提供优质服务，促进教育适应地方发展，完善教育导航工具，改善信息系统，提高管理能力。

学区与国家合同的期限为三年，由学区长和教育部学校教育司司长签署。之后各学区所辖的中小学也需同学区建立契约。

契约（contrat），通常是双方当事人基于对立合致的意思表示而成立的法律行为。契约精神是指存在于商品经济社会并由此派生的契约关系与内在原则，是一种自由、平等、守信的精神，它要求社会中的每个人都要受自己诺言的约束，信守约定。这既是古老的道德原则，也是现代法治精神的要求。法国教育决策从中央集权到契约的普遍应用，既是古老原则的回归，又是现代管理模式的创新。

也许，只有建立大学与国家间的契约才是在"政治上可行的"。[1] 早在 1981 年，密特朗在竞选总统时声称："在民主制中，契约会比法规更有效、更令人满意地实现社会变革"。[2]1984 年，法国总理罗卡尔（Rocard）[3] 也发表演说："少一些规章，多一些协商；少一些法律，多一些契约；少一些监管，多一些责任；这就是为了现代化和团结所需要的平衡"。[4] 正是契约这一较早在经济和企业界普遍应用的处理两者关系的规范，为大学与国家之间、国家与地方之间建立现代宏观管理的关系铺就了一条可行之路。

---

① Christine Musselin, *La longue marche des universités françaises*, Paris: PUF, 2001, p. 113.

② *Le Monde* du 23 avril 1981.

③ 米歇尔·罗卡尔（Michel Rocard，1930 年 8 月 23 日—2016 年 7 月 2 日），法国政治家，曾任法国社会党第一书记（1993—1994 年）和法国总理（1988—1991 年）。

④ Christine Musselin, *La longue marche des universités françaises*, p. 113.

第二章　现代教育系统的构建

第二次世界大战之后，特别是进入 20 世纪 50—60 年代，法国现代工业社会对教育现代化的要求显得十分迫切，教育改革势在必行。首先，法国各类技术人才极度缺乏，经济发展要求学校培养更多的工程师、技术员、干部、技术工人和职员、教师、医生等，这些专业人员已不能在传统的农场或家庭作坊中培养，非经过学校较长时间的专门教育和培训不可。其次，社会和文化的变革也要求培养新一代人的质量。如果说第三共和国需要造就劳动者—公民—共和主义者三位一体的人格，那么第五共和国就应当培养具有生产者—消费者—社会合作者三种素质的人。最后，人口增长和教育民主运动也猛烈地推动着教育的改革。法国战后每年新生儿人数比正常年份大约多 20 多万。"婴儿炸弹"导致"学校爆炸"。人口高潮从 1951 年开始冲击初等教育，从 1957 年开始冲击到中等教育。同时产业结构的变化使人民认识到教育的重要性，他们的口号是"有了面包，教育是人民的第一需要"。

面临变化的社会，法国教育体系已经显得落后。由 1833 年的《基佐法》，至 1881 年和 1882 年的《费里法》，完成了法国初等义务教育的构建，为普及初等教育铺平了道路。但是横亘在初等教育与中等教育之间有两个难以逾越的障碍：一是中学昂贵的学费，平民不堪支付，加上高达 7 年的学制，更使人望而生叹；二是学制不衔接，中学的入学年龄应当是 10 岁，而小学毕业要到 12 岁。对于未能接受家庭教育或进入中学附设的初级班的学生来说，要么放弃小学毕业文凭，按时进入命运莫测的中学，要么先获得小学文凭再进入中学，做大龄中学生。而这两种选择都是不现实的。因此，改革现行教育系统已势在必行。

一、多计划、无改革

法国解放之后，维希政府的教育政策当然被废止，法国需要一个全新的教育。1944 年 11 月 8 日，戴高乐领导的法兰西共和国临时政府的国民教育部长勒内·卡比丹（René Capitant）[①]建立了"部长级教育改革研究委员会"。委员会先后由物理学家保罗·朗之万和心理学家亨利·瓦隆主持。该委员会的目的是为法国制定一个宏大的民主教育体系改革计划，使其能够赶上美国、英国等其他发达国家并与他们竞争。这一计划便用委员会的两个主席命名为："朗之万－瓦隆计划"（Plan Langevin–Wallon）。

朗之万－瓦隆计划借鉴了法国当时的两大改革潮流，教育结构参照统一学校的思想，教学方法则吸取新教育运动的精神，试图构建一个结构上、方法上、课程上既统一又有差异的全面教育体系，主要内容如下：

义务教育。实施由 6 岁至 18 岁共 12 年的免费与世俗教育，整个义务教育划分为三个阶段。第一阶段 6—11 岁，所有学生学习共同课程。第二阶段 11—15 岁，为导向阶段，设部分共同课，部分专业课，前两年以共同课为主。第三阶段 15—18 岁，为定向阶段，划分为三个专业领域：实践、职业、理论。

高等教育。大学校预备班和大学最初几年合并，构成前大学阶段。大学校转变成隶属于大学的专业学院。

师范教育。从高中毕业会考之后录取师范生，他们在师范学校接收两年的专业和理论培训之后，在大学继续两年学习，获得学士文凭，可成为实习教师，再过一年的教学实习并通过教学能力考试，方可成为正式教师。高等师范学校则从学士学位获得者中通过竞考招生，毕业后或任高等教育第一阶段的教师，或任小学校长、教育督学等职。

朗之万－瓦隆计划首先指出，实施全面的教育改革是必要的和紧

---

① 勒内·卡比丹（René Capitant，1901 年 8 月 19 日—1970 年 5 月 23 日），法国律师、政治人物。1944 年 8 月 20 日—1945 年 11 月 21 日任国民教育部长。

迫的。尽管法国教育以其质量和文化价值著称于世，但已不能在现代民主社会中全面发挥作用。教育结构应当适应社会结构。而学校却依旧保持封闭的环境，外部世界新鲜事物无法进入。学校教育与社会生活的分离，由于教育机构的僵化而显得尤为严重。

朗之万－瓦隆计划首次提出"民主"概念。教育应当给所有人提供平等的发展机会，为所有人开放进入文化，通过不断提高整个民族的文化水平，缩小存在于平民与知识精英之间的长远距离中的选择，来实现民主。社会职能的安排，不再根据财富或社会阶级，而是根据胜任这些职能的能力。

朗之万－瓦隆计划主张确立一个教育的首要原则，即公正原则。这一原则包含不是对立，而是相互补充的两个方面：平等与差异。所有儿童，不论其出身的家庭、社会与种族如何，都具有获得其个体所容许的最大发展的平等权利。他们面临的限制，仅仅是其能力的限制。教育应当为所有儿童提供平等发展的可能性，为所有儿童学习文化开放。教育应当通过不断提高整个民族文化水平实现民主化。教育功能差异的体现不在于财富和社会阶级，而在于使能力发挥的教育功能。与公正相适应的教育民主化，应当保证社会任务的良好分配。教育民主化不仅服务于集体利益，同时服务于个人幸福。

在教学安排方面，朗之万－瓦隆计划认为理想状态是，班级学生人数最多为25人。对于7—9岁儿童，每天2课时，每周共10课时的学习；对于9—11岁儿童，每天3课时，每周共15课时的学习；对于11—13岁儿童，每天4课时，每周共20课时的学习；对于13—15岁儿童，每天5课时，每周共25课时的学习。

朗之万－瓦隆计划对公民教育也有全面构想。计划强调，公立学校是世俗的，应该向所有儿童开放，但不能进行任何教义的、政治的或宗教的教学。学校的世俗化，并不意味着没有任何思想意识上的教育。如果说学校不为宗教或政治团体招纳成员，但应当为国家培养具有在社会生活中发挥作用的意识，并具有公民责任感的儿童。

学校实施的道德与公民教育，不应限于课时规定的课程。整个学校生活都应是培养儿童的过程。教育内容、教育方法和学校纪律都是经常和常规的培养儿童热爱真理、判断客观、自由探究、批判意识的途径。正如保罗·朗之万所言："学校是真正的文化事业，学生个体只有在教育环境中经受训练，才能充分享受文化。"[1]学校要使儿童学习社会生活和民主生活，以未来公民的身份参与民主机制，从中获得学校团组的概念。不是通过课程和演讲，而是通过生活与经验，儿童可以养成基本的公民品德：责任意识、服从纪律、奉献公益、协调行动。

计划对公民教育不同阶段的目标提出要求。在幼儿教育和初等教育中，教育的基本目标是培养儿童的习惯。儿童的身心习惯和群体习惯可以引导儿童意识到他人的存在与尊重他人的权利。在这一年龄段，情感直接操控行动，因此教育应当以情感为基础。整个学校生活的组织应当有利于个性的最大发挥，有利于自发行为和努力。学校组织中的个性化教学方法，自我约束，个人责任型的游戏应当受到鼓励。必不可少的强制性规则应当减少到最小。逐渐地让每个儿童扩大自由活动和个人负责的活动空间。同时，通过乐于服从可接受的规则安排小组活动和有组织的合作，使儿童的个人行为融于有组织的集体活动之中。

计划特别指出，抽象思维不适合这一年龄段的儿童，因此道德理论教育不宜实施。道德思考与判断，应当针对个人和集体生活的具体事件。

在中等教育阶段，随着儿童心理的发展，教育方法可以逐渐增多，但依据学生的自身活动和个人经验与思考，仍然是基本原则。只是这些经验和思考可以更加复杂一些，也可超出学校生活之外。

在这一阶段，智力发展具有重要作用。所有学科的智力教育，都可以通过批判精神和自由探究的文化来促进道德与公民教育。科学学科的重要作用就是能够赋予明确清晰的志趣，形成三思而行的习惯，避免主观与片面。

朗之万 – 瓦隆计划倡导中学生逐渐地接触社会生活，扩大视野。学生通过参观、调查和个人研究，可以尝试对社会、行政和政治结构进行

---

[1]　*Le plan Langevin-Wallon*, cité par Martine Allaire et Marie-Thérrie Frank, *Les politiques de l'éducation en France*, Paris: La documentation Française, 1995, p. 164.

批判式的分析。对于当前社会问题或事件，可以在学校展开演讲与辩论。对青年男女学生也要进行性教育，帮助他们正确认识其未来生活的义务与责任。

学校组织的合作活动有助于儿童与少年体验责任感，感受社会功能的重要性。儿童自己应当学会合作，能够对要进行的工作展开讨论与选择，对共同的任务进行合理分工，认可琐碎但有用的活计，为了集体的荣誉可以放弃个人的偏好，摒除个人的私利与虚荣。学校还应组织未来的公民参与社会服务，如帮助其他儿童、残障人、老人，但不是以金钱捐助的方式，而是志愿地进行日常生活的劳动，如家务劳动，购物，娱乐等活动。

计划还特别提到教师在公民教育中的重要作用。但教师作用的发挥须谨慎，不能指手画脚，主要是创造培养学生公民素养的条件与氛围。公民教育的责任也不是单一学科的责任，而是所有学科的责任，所有教育者都应承担。

朗之万 – 瓦隆计划最后申明，学校应当把人与公民权利的共同要素置于显要地位，有效地增强法国共同体的责任感。

朗之万 – 瓦隆计划于 1947 年 6 月 19 日提交政府讨论，但是错过了被批准的时机。一方面由于计划过于宏伟，法国战后百废待兴，国家无力实施，另一方面由于国际上东、西方冷战悄然而至，法国又面临印度支那战争，朗之万 – 瓦隆计划最终未能实施。然而，其改革思路为几乎法国所有重大教育改革所借鉴，被称为法国教育改革的"经典"。教育史学家普鲁斯特这样评价朗之万 – 瓦隆计划："完全失败与无限成功"。直至今日，朗之万 – 瓦隆计划仍然是法国教育改革的重要参考，人们发现"任何不参照计划的演讲都会被质疑，任何不参照计划的改革都会受到指责。"①

朗之万 – 瓦隆计划虽然被搁置，之后的各种改革计划与建议纷至沓来。

----

① Antoine Prost, *Histoire de l'enseignement et de l'éducation en France, tome IV : L'Ecole et la Famille dans une société en mutation, depuis 1930*, Paris: Perrin, 2004, p. 267.

1955 年，教育部长让·贝尔图安（Jean Berthoin）[1]在已经看到，"我们并没有太多的大学生，美国、英国、瑞士的大学生比例都比我们国家高。"他提出发展教育的计划，要求将义务教育后的学生人数增长25%。但这一计划因遭到激烈反对而未能实现。[2]

1956 年，法国部长会议主席皮埃尔·孟戴斯－弗朗斯（Pierre Mendès–France）[3]召集一批学者讨论科学研究问题，随即诞生了科学研究发展协会（Association d'étude pour l'expansion de la recherche scientifique），并由该协会组织召开了著名的冈城研讨会，强调大学与科学界和产业界的联系。

后任教育部长勒内·比耶尔（René Billères）[4]继续贝尔图安的思路，于 1956—1957 年主持制定了新的改革法律草案，后被称作"比耶尔法草案"。该法律草案指出，"尽管法国教育在各个层次因其优秀质量和特别文化价值在世界享有盛誉，但在第一次世界大战之后，它却暴露出问题，并应当实施深刻的重组。"法案已经涉及教育系统重组的细节：根据法国人口结构和实际困难，将义务教育的年龄设置为 16 岁；设置"共同主干"（tronc commun）阶段，便于所有学生接受同一种教育；设置小学、初中和高中三个教育等级。然而，比耶尔法草案同样被搁置。

诸多改革计划的失败，基本上归咎于不同群体利益之间的冲突。小学教师试图利用教育民主化的时机，扩大教育的共同主干，从而提高自身的地位。而中学教师警惕小学教师进入原属于自己的领地，"我们同事们不愿意无学士文凭的小学教师进入我们的中学"。[5]

---

① 让·贝尔图安（Jean Berthoin，1895 年 1 月 12 日—1979 年 2 月 25 日），法国政治人物。1954 年 6 月 19 日—1956 年 2 月 1 日、1958 年 6 月 1 日—1959 年 1 月 8 日任国民教育部长。

② Antoine Prost, *Histoire de l'enseignement et de l'éducation en France, tome IV : L'Ecole et la Famille dans une société en mutation, depuis 1930*, p. 277.

③ 皮埃尔·孟戴斯－弗朗斯（Pierre Mendès–France，1907 年 1 月 11 日—1982 年 10 月 18 日），法国政治家。1956 年 2 月 1 日—1956 年 5 月 23 日，任法国部长会议主席。

④ 勒内·比耶尔（René Billères，1910 年 8 月 29 日—2004 年 10 月 2 日），法国政治人物。1956 年 2 月 1 日—1958 年 5 月 14 日任教育部长。

⑤ Antoine Prost, *Education, société et politiques, Une histoire de l'enseignement en France, de 1945 à nos jours*, Paris: Seuil, 1992, p. 78.

诸如此类，法兰西第四共和国 12 年间废止了 12 项教育改革计划，直至第五共和国建立，所有改革计划都没有建树。

二、贝尔图安改革

1958 年 10 月，法国开始了由戴高乐强势领导的第五共和国[①]。新任教育部长的贝尔图安终于有了大展身手的机会，促成了新的教育改革法规的诞生，此改革也以其名字命名，称作"贝尔图安改革"。

1959 年 1 月 6 日《关于义务教育的规定》（*Ordonnance du 6 janvier 1959*），将义务教育延长两年至 16 岁，即从 1953 年 1 月 1 日之后出生的儿童，必须接受为期 10 年的义务教育。

1959 年 1 月 7 日《关于公共教育改革的法令》（*Décret n° 59-57 portant réforme de l'enseignement public*）在中等教育初级阶段中设置为期二年的观察阶段，然后是分流的第二阶段，划分为传统型或现代型的三年制长期普通教育，三年制的长期技术教育，二年制的短期普通教育和职业教育。这意味着学生进入初中，就要在三条路上分道扬镳：一是长期教育，称传统的或现代的教育，主要导向是升入大学；二是短期教育，即职业教育，未来方向是技术工人；三是过渡性职业教育，为学习困难者所设，基本出路是就业，做普通工人。这样，初等教育和中等教育在体制上的分离便打破了，新的现代教育体制既适应了现代社会对提高全民文化水平的要求，也符合了现代经济社会的劳动分工。

教育机构的名称也有所变化，补充班（Cours Complémentaires）和曾经大量出现的"分散的观察组"（Groupes d'observations dispersés, GOD）转变成"普通教育的初中"（Collèges d'Enseignement Général, CEG），学徒中心（Centres d'Apprentissage）转变成"技术教育的初中"（Collèges d'Enseignement Technique, CET）。原来的现代中学和国立职

---

① 法兰西第五共和国（Cinquième République），是法国现行共和政体制度的政权，在 1958 年 10 月 4 日由夏尔·戴高乐主导的法国第五共和国宪法施行后建立。相对于第四共和国，第五共和国削弱了议会权力，同时增加总统的权力。

业学校更名为"技术高中"。

　　贝尔图安改革似乎在教育体制上无大作为，但在政治上突破了政党政治的无作为，开创了第五共和国教育现代化的新征程。

三、富歇改革

　　1961 年，路易·克罗斯（Louis Cros）[1] 出版了著作《学校激增》（*L'Explosion scolaire*），见证了并预见了法国教育的迅猛发展。

　　法国国民教育经费预算在 1958—1964 年间迅猛增长，从 1957 年占公共预算的 8.03%，到 1965 年 16.33%。教育人员数量也迅速增长，从 1952 年的 26 万，到 1959 年 40 多万，1968 年的 60 多万，1975 年的 84.5 万。二十余年，增长了两倍。中等教育第二阶段的学生数量在 1952—1965 年间增长了 2.66 倍。[2]

　　1945 年，法国大学生数量为 123 300 人，1960 年为 214 700 人。1961 年，新增学生 3 万，1962 年新增 4 万，以后每年增长差不多都是这样，于是到 1968 年，大学生数量达到 811 300 人，7 年增加了 136%，15 年增长了 2.77 倍。[3] 随着战后人口的激增，教育民主化的发展，法国中等教育开始迅速膨胀，甚至有"每天建一所初中"之说[4]。

　　在学校人口迅速增长的形势下，贝尔图安的改革实施显示出其不足，即缺乏导向阶段，中学生毕业时显示出明显差异，但无法实施分流。继任教育部长克里斯蒂昂·富歇又开始了新的改革。1963 年8 月 3 日的政令将中等教育第一阶段设置两年的观察期（第六年级和第五年级）和两年的导向期（第四年级和第三年级）。在教育机构方面，保留普通教育的初中，同时设置"中等教育的初中"（Collèges

---

　　[1]　路易·克罗斯（Louis Cros，1908 年 7 月 30 日—2000 年 1 月 3 日），法国教育专家。

　　[2]　Antoine Prost, *Histoire de l'enseignement et de l'éducation en France, tome IV : L'Ecole et la Famille dans une société en mutation, depuis 1930*, Paris: Perrin, 2004. p. 296.

　　[3]　同上书，第 306 页。

　　[4]　Antoine Prost, *Education, société et politiques, Une histoire de l'enseignement en France, de 1945 à nos jours*, Paris: Seuil, 1992, p. 144.

d'Enseignement Secondaire, CES），以取代中等教育第一阶段所有教育机构。这样，中等教育第一阶段只存在普通教育的初中和中等教育的初中两种教育机构，两者的区别在于后者设有传统课程班级，而前者通常没有。当进入导向阶段学习，学生们不必变换学校，在同一所初中选择不同的专业班即可。

当然，富歇改革只是进一步理顺了中等教育第一阶段的体制，各专业领域的协调还需要不断磨合。从教学法上看，长期教育由原来中等教育的教师承担，短期普通教育由原来的初等教育教师承担，两类教师的教学风格迥然不同，其相互协调还需时日。

另外，富歇改革还进一步理顺了法国教育体系，初等教育在中级班第二年级（即小学五年级）结束，技术教育在第三年级（初中四年级）开始招生。

从 1964 年开始，初等教育课程划分为时间大体相等的三个部分：第一部分为基础课，包括法语和算术；第二部分为启蒙学科，主要指历史、地理、科学等学科；第三部分是体育。1968 年的学潮又促成了小学课时的重大变更，1969 年 8 月 7 日的法令规定了初等教育的新课时为每周 27 小时，即取消了每周六下午的课时，比原来的 30 小时缩短了 3 小时。新课时的安排与过去以阅读、写作和语法为主课时安排也有明显的不同。新课时的划分是这样的：10 小时法语、5 小时数学、6 小时启蒙课和 6 小时体育，基本上与三部分课程的比例相吻合。这就是后来人们所熟悉的"三分课时制"（tiers-temps）。1969 年 1 月 6 日的通令（circulaire）还取消了考试的 20 分制，代之以 A、B、C、D 等 5—6 个的序列字母。

在高等教育方面，适应大学生的增加，1948 年 8 月 9 日，设大学预科（propédeutique）。1954 年，设第三阶段博士。而比较重大的改变是根据 1966 年 6 月 22 日法令，设大学各两年的两个阶段，第一阶段毕业生分别授予"大学学习文科文凭"（GUEL）或"大学学习理科文凭"（GUES）。第二阶段设学士文凭和硕士文凭，前者学制为一年，导向教育职业，后者学制二年，导向研究。实际上，由于社会就业的限制，学士阶段是硕士阶段的第一年学习过程。1973 年，又在大学第一阶段，即大学学习的最初二年结束时，设置单一的"大学普通学习文凭"（diplôme d'études universitaires générales, DEUG）。这一改革的意义十分明显，就是更多接纳学生，但有人却认为大学开始沦为中等教育。

学生数量的增多，也影响到考试。由于会考申请人过多，大学教授单独组建考核委员会已不堪负担，1928 年允许中等教育的竞考教师和具有博士学位的教师参加评审。而数年过后，新组建的评审委员会成员仍显不足，1947 年之后选拔一些承担准备会考课程的教师参加评审。50 年代以来，增加评审委员会成员已不可能，剩下的措施便是取消一些考试。1959 年，首先取消了口语考试，1960 年又取消了第二阶段考试，即专为第一次考试平均成绩为 7—20 分的考生设置的第二次机会。1962 年，为了简化考试，第一部分考试改在高中阶段实施，但随后取消，1964 年改为由班级委员会决定学生是否可以由第一年级向毕业年级升级。然而，又考虑到会考只剩一种笔试，过于简单，1965 年又恢复口试和笔试，同时恢复第二阶段考试。

而后又重新发现考试的繁重，1968 年采取了妥协的决定，取消9 月份的第二阶段考试，改成仅仅为第一阶段考试平均成绩为 8—12 分的考生设置的口试。

法国初等师范学校招收初中毕业生，昔日的小学教师来自农村，又回到农村，与孩子和家长密切接触，并以执教为终生职业。但是 20 世纪 60 年代之后，情况发生巨大变化。由于中学教师的大量空缺，便录用了相当多学历不够的非师范生，于是出现了水涨船高似的"社会晋级"的现象。

1970 年 3 月 19 日的法令设置"国家教育与职业信息署"（Office national d'information sur les enseignements et les professions, ONISEP），主要职能是向社会提供有关教育、学校、就业等方面的信息。同一天的另一法令设置法国教育科学研究机构，1976 年更名为"国家教育科学研究院"（Institut national de recherche pédagogique, INRP），主要从

事教育科学研究。这一机构源于 1878 年创建的教育学博物馆，院址与巴黎高等师范学校相毗邻，2005 年迁至里昂，2010 年并入里昂高等师范学校，并更名为"法国教育研究院"（Institut français de l'éducation, IFE）。

1970 年 8 月 12 日的法令（Décret n° 70–738 du 12 août 1970 relatif au statut particulier des conseillers principaux d'éducation）设"教育顾问"（Les conseillers principaux d'éducation），替代过去的"学监"。

1972 年 3 月 10 日的通令（Circulaire du 10 mars 1972）设"前职业水平班"（Les classes pré–professionnelles de niveau, CPPN），替代并接收中学第四和第三年级的学生，在技术中学学习，可获职业能力证书，但这一教育机构于 1991 年被取消。法令还设置"学徒预备班"（Les classes préparatoires à l'apprentissage, CPA），接收不足 15 岁的学生。

四、阿比改革

1974 年 5 月 28 日，勒内·阿比（René Haby）[1]继任国民教育部长。阿比的经历相当丰富，从小学教师到中学竞考教师、校长，从督学到学区长，又任青年与体育部的办公厅主任，既了解基层教育状况，又熟悉政府机关的业务。

70 年代中期，在世界性经济危机似有转机的时刻，教育部长阿比认为儿童仅有"读写算"知识已不足以应付现代化社会生活的变化，应当为青年一代提供一个更广泛、更高水平的教育。核心原则应当是允许社会所有阶层的人都能够在社会平等的条件下接受这样的教育。因此，他的改革最重要之点就是建立统一的初中。所谓"统一初中"（collège unique），就是说不仅要招收所有适龄青年，这在 1959 年的改革中已经实现了，还要使所有青年都在同一类型班级学习 4 年，不再按照学习成

---

[1]　勒内·阿比（René Haby，1919 年 9 月 9 日—2003 年 2 月 6 日），法国政治人物。1974 年 5 月 28 日至 1978 年 4 月 5 日任国民教育部长。

绩划分不同类型的学习系列了。

"统一初中"的概念可以追溯至 20 世纪初在法国兴起的"新大学同盟会"。1925 年，这个同盟会组建了一个统一学校的研究与行动委员会，然后于 1927 年提出"组织地位计划"，设想统一初等学校，中等教育在儿童 11 岁时招生，并根据考试成绩录取。在中等教育第一阶段，设置一年的观察期，然后实施第二阶段的文科、理科和技术三个领域的分流。另一部分非经筛选的学生可以准备学习文凭，继续接受义务的普通教育和初步职业教育至 15 岁。

1929 年成立的教育总联盟设置了一个专门委员会，也于 1931 年制定了一项计划，与前一计划略有不同的是中等教育的观察期延至二年。

尽管这些计划得到广泛的赞同，但也有一些分歧。小学教师认为 11 岁的筛选考试是向精英文化的退让。中等教育教师担心人文教育会受到侵蚀。国立中学不接受观察期的设置，认为这样会延迟其正常教学。教育部长弗朗索瓦·艾伯特（François Albert）[1]尤其不同意取消中学的小班，特别是右派势力坚决反对以能力为基础的筛选考试。实际上，关于统一学校的辩论存在极大的偏差。人们似乎都认为，中等教育的法语教学的地位不可质疑，每个家长都希望将孩子送到中学。

然而，学校面临的形势已不是筛选，而是招不到足够的学生。原因是第一次世界大战给法国带来严重的人口下降。1915—1919 年，法国的新生儿童为 2 246 000 个，而之前五年则是 3 950 000 个，下降幅度高达 43%。1915 年出生的儿童应当在 1925 年进入第六年级，在 1927 年高级小学应当准备接收 13—14 岁的初等小学的毕业生。但是，人口的急速下降使本来可以接收 100 个学生的学校，等来的学生不足 60 个。学生数量不足，导致筛选考试变得多余。

更深层的原因是中等教育时间太长，教学内容太过抽象，特别是对就业帮助不大。而高等小学更符合普通民众和下层中产阶级的需求，可以帮助其子女更加容易地就业。一些中学为了争取生源甚至降低身

---

[1] 弗朗索瓦·艾伯特（François Albert，1877 年 4 月 4 日—1933 年 11 月 23 日），法国政治人物，1924 年 6 月 14 日—1925 年 4 月 17 日任法国公共教育部长。

价，合并至高级小学。1936 年，218 所男子市立中学之中的 91 所，123
所男子国立中学之中的 9 所并入高级小学。合并后的学校，法语、历
史或数学等专业班与原来的高级小学混杂设置，人们称之为"大杂烩"
（amalgame）。战争带来的由国家抚养的孤儿可以免费进入学校，助学
金生的数量也明显增加。

经济危机和国际形势都不允许统一学校的争论继续下去，新任教育
部长让·扎伊（Jean Zay）[①]，曾经的律师，作为教育界的局外人，对教
育改革似乎无所顾忌。他首先通过制定 1936 年 8 月 9 日的法，延长了
一年的义务教育至 14 岁，同时设置了"学习毕业年级"（Classes de fin
d'études）。设置这一年级的目的，是使教育更贴近生活，更适应社会
需求，帮助学生就业。然后于 1937 年 3 月 5 日提交了一项教育改革法
案，设想将初等教育完全统一，取消中学的小班，设置学习证书作为进
入中学的必要准备。中等教育设置传统学科、现代学科和技术学科三个
分支，先是为期一年的观察与导向期的共同课，作为第一阶段，然后进
入分流的第二阶段。

为了避免立法过程中的漫长争论，让·扎伊采取了连接初等教育与
中等教育的三项重大措施。第一项措施是调整教育部内部的管理机制，
将中学小班的管理权划归于第一阶段教育管理部门，将高级小学的管理
权划归于第二阶段教育管理部门，将两所培养师范学校教师的高等师范
学校划归于高等教育。第二项措施是将中等教育划分两个阶段，同时将
高级小学的学制延长为四年，其结束时间等同于中等教育第一阶段的结
束。巧妙的是，这两个决定在同一天分别由不同的政令发布，使人难以
辨别其相关性。第三项措施是实施中学导向班级与初等教育、中等教育
和技术教育衔接的实验。

虽然有教师志愿参与教育改革的实验，但实验过程却是困难重重。
最直接的问题是观察期过短，难以实现从小学到中学的过渡。而最大的
困难是学校变动给学生和家长带来的心理负担。学生们通常为在国立中

---

① 让·扎伊（Jean Zay，1904 年 8 月 6 日—1944 年 6 月 20 日），法国律师、政治人物，
1936 年 6 月 4 日—1939 年 9 月 10 日任教育部长。

学读书而自豪，但必须转学到高级小学时，曾经在国立中学或市立中学的学生极为不满。实验也有正面的收获，教学方法的改善，促进了学生学习知识。

然而，对改革的争议连续不断。保守派总是担心人文教育可能的倒退，更有人指出改革缺乏立法依据。小学教师普遍感觉失落，认为初等教育变成了中等教育的简单"入门厅"，应当维持从 8—14 岁的义务教育和学习证书。中学教师则拒绝观察期的年级，坚持中等教育至少 7 年学制。

面对越来越大的反对声，特别是战争的临近和经济的困难，1939年 9 月 10 日教育部长让·扎伊提出辞职，其改革即宣告失败。

让·扎伊的改革计划虽然失败，但并未终结，其重要措施却被维希政府以另一种面貌重现出来。首先，维希政府的公共教育部国务秘书雅克·舍瓦利耶（Jacques Chevalier）①取消了师范学校，要求小学教师具备中学毕业会考文凭。

维希政府国民教育部的新任主管杰罗姆·卡科皮诺，试图恢复传统的人文教育，其主持制定的 1941 年 8 月 15 日的一系列法与法令，完全背离了统一学校的宗旨。国立中学小班的教师职位得以重建，市立中学被允许开设古典教育班，中等教育第二阶段的免费制度被取消。当然，这些措施在 1945 年法国解放后均被废止，卡科皮诺的实际作为是将高级小学转变为现代中学，将工商业应用学校转变为技术中学，并非如其所愿地使得统一学校的改革前进一步和未曾倒退。中学改革意外地扩大了平民子女的数量，并非改革者所愿地促进了教育民主化。

富歇改革之后，所有初等教育的学生都将进入初中。然而，并非所有小学毕业生都具备初中学习的基础。特别是在小学的"初等学习毕业班"（classes de fin d'études primaires，CFEP）在 1963 年接纳的 67 万个

---

① 雅克·舍瓦利耶（Jacques Chevalier，1882 年 3 月 13 日—1962 年 4 月 19 日），法国哲学家、政治人物。1940 年 12 月 14 日—1941 年 2 月 23 日任维希政府的公共教育部国务秘书。

学生，其中许多所谓的"坏学生"，更是难以学习中学课程。[①] 对于学生的差异，阿比认为是人的智力类型不同，有的偏重抽象思维，有的习惯具体思维，只要采用差别教学法便可解决问题。

1975 年 2 月 12 日，阿比发表了《关于教育系统现代化的建议》（ *Propositions pour une modernisation du système éducatif*)，表达了其教育改革的基本思想。而改革的目标体现于 1975 年 7 月 11 日的法及其后的一系列法规之中。

改革将法国基础教育系统简化为小学、初中和高中三个层级，而核心内容是将所有中等教育第一阶段的教育机构转变成单一形式的初中。所有小学毕业生都将不经考试、不加区分地进入初中的第六年级和第五年级，然后在第四年级和第三年级设专业选修课，为进入高中或职业教育做准备。改革于 1977 年开学时正式实施，第一批初中生预计于 1981 年毕业。

教育部长预见到现代社会需要知识水平更高的劳动力，教育系统应当培养素质更高的人才，尤其是应当实施教育民主化，不允许不平等地对待学生。但是，他对于传统双轨制教育的遗留问题估计不足。根据专家分析，法国小学毕业年级学生学习水平的分化已相当严重，而所有学生一股脑地进入同一学校、同一班级，将会加重这种分化。

从教育平等和社会进步的角度看，阿比改革顺应了这一潮流，但是在法国阶级分化的社会中，传统文化与现代精神相互交糅，一石激起千层浪，也如教育史学家普鲁斯特所形容的——小羊弄脏了狼的水。阿比曾经强调努力学习书写，基础知识等传统教育方法，而许多人也都批评传统教育太过严厉，另一些人则批评当今的教育太过宽松。实际上，无论学校变与不变，都难以适应不断变化的社会，学校成为社会变革问题的替罪羊。

[①]　Antoine Prost, "Brève histoire des collèges," *Le Débat* , n°187, 2015, p. 157–168.

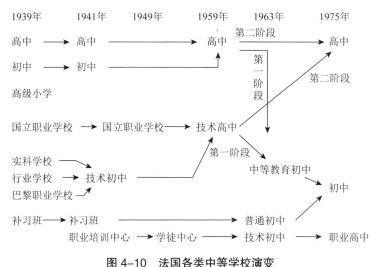

图 4-10　法国各类中等学校演变

资料来源：Antoine Prost, *Histoire générale de l'enseignement et de l'éducation en France, tome IV : L'Ecole et la Famille dans une société en mutation, depuis 1930*, Paris: Perrin, 2004, p. 30.

这样，法国建立了由幼儿教育、小学教育、普通初中教育和高中教育构成的基础教育体系，并保持这一结构基本稳定至今。

第三章　五月学潮

　　1968 年 3 月 22 日，142 个大学生占领了位于巴黎南郊的巴黎大学南泰尔文学与人文科学学院的办公楼。这一事件后被称为"3 月 22 日运动"（Le Mouvement du 22-Mars），成为五月学潮的导火索。在五月学潮的冲突中，大学生把垃圾桶盖当作盾牌，用路面的块石迎击警察的催泪弹，他们还构筑起类似巴黎公社时的街垒，同军警展开对抗。大学生的行动获得了各界劳动者的支持。5 月 13 日，全法学生联合会、全法高等教育联合会、全法教师联合会和其他工会组织发起了大规模游行。5 月 22 日，爆发了空前规模的全国大罢工，1000 万学生、工人、农民和市民都加入了罢工的行列，形成震惊世界的法国"五月风暴"。

一、起因

　　如此大规模的学生运动，在法国史无前例，犹如一次突如其来的"社会大地震"，震惊了整个法国。事后，人们开始反思其原因。

　　比较直接的解释是大学生的迅速增长。1900 年，法国大学生总数为 29 759 人，而在 1965 年则超过 40 万人。在 1946—1961 年的 15 年间，由 117 915 人增至 203 375 人，几乎增长一倍。在 1961—1967 年的 6 年间，大学生数的增长率为 215%。与此同时，19—24 岁人口中大学生比例也迅速增长，由 1957 年的 2.8% 增长至 1966 年的 6%。[1] 但是，法国的大学发展却滞后于大学生数量的增长，巴黎大学在战前就已显现

---

[1]　Antoine Prost, *Education, société et politiques, Une histoire de l'enseignement en France, de 1945 à nos jours*, Paris: Seuil, 1992, p. 122.

出人满为患的迹象。

中学第二阶段的学生数量也大量增长。从 1947 年的 10.21 万，增长到 1957 年的 17.47 万，1967 年的 42.17 万，增长幅度 140%。在中学生数量增长的同时，学校数量却在减少，这意味着学校规模的扩大。战前中学学生平均数量为 35 人，1958 年达到 675 人，1968 年达到 950 人。[①]

在大学，巴黎的大学生在 1938 年已经达到 35 000 人，而在外省大学，里昂有 5585 名大学生，其他城市的大学生不足千人，例如贝臧松的大学生只有 549 人。

巴黎及外省大学校园多数为 19 世纪末所建，为了接纳不断增长的学生，不仅需要扩建校园，还需要增设新的学部。例如巴黎大学就在本部之外扩建校舍，新建学部。1968 年 3 月，巴黎大学本部的学生 131 563 人，加上南泰尔（Nanterre）校区的文学部和法学部的学生达到 14 530 人，奥赛（Orsay）校区的理学部的学生为 7689 人。[②]

学生人数剧增，但大学的管理体制基本未变。学部部长在大学同僚中选举产生，仅配备两个助理（assesseur），一个总秘书，几间办公室。

1940 年之前，法国公共高等教育教师约 1600 人，学生约 8 万。1942 年，文学部开始设助教，每周工作 5 小时。50 年代，平均两个文科教授、三个法学教授配置一个助教。1960—1967 年，教师数量开始迅速增长，增长幅度达到 190%，但教授和讲师增长较慢。1960 年 9 月 26 日的法令开始设助理讲师。1957—1967 年，全国补充录用了 6400 名助教或助理讲师，教授和讲师仅增加了 1185 人。这些助教或助理讲师通常都很年轻，比大学生大不了几岁，可以说是同一代人。[③]

其实，深层的原因在于社会文化方面。在法国，如同其他西方国家，青年们不能忍受原有的社会规范，他们担心自己的未来，也向往另

① Antoine Prost, *Histoire de l'enseignement et de l'éducation en France, tome IV : L'Ecole et la Famille dans une société en mutation, depuis 1930*, Paris: Perrin, 2004, p. 311.

② 同上书，第 313 页。

③ 同上书，第 317 页。

一种类型的社会和另一种的人与人的关系。他们要求一种新型的自由：表达的权利、性的权利等。总之，他们要求与其长辈完全不同的一种生活，于是"代沟冲突"便不可避免。

代沟冲突的最初起源可能在于潜移默化的教育。传统的法国家庭教育是极为严厉的，幼儿首先学习的是服从、礼貌、规范等。而在战后，传统家庭教育变得不那么死板，不那么严格了。1968 年的大学生正是在这种教育变革过程中长大的。他们既了解严格的规则，如哺乳和进餐的固定时间，紧裹的襁褓等，也体会到学校纪律的逐渐松动，如放学后的相对自由，家长和教师对自己兴趣和思想的宽容等。但是在他们进入青春期后，社会观念与规则对性的禁锢成为他们追求性自由的严重障碍。法国青年与体育部部长米索夫（F. Missoffe）[1]在南泰尔校区游泳池的开放仪式中回答大学生的问题时说，"如果你们有性问题，就在泳池中泡着吧。"[2] 这种不合时宜的讥讽，进一步激怒了大学生。法国当时的大学宿舍均为男女生分开，女生宿舍禁止男生进入。巴黎大学南泰尔校区的男女大学生首先向这一羁绊挑战，占领了女生宿舍，之后便与校方召来的警察发生冲突，最后终于酿成举世震惊的学潮。

另外，政治因素的影响也是不可忽视的。1962 年，法国在阿尔及利亚殖民统治的失败与阿尔及利亚民族独立斗争的胜利，唤醒了法国青年对第三世界人民的同情。卡斯特罗和格瓦拉领导的古巴革命，也给法国青年以极大鼓舞。甚至中国的毛泽东思想对法国青年有相当深刻的影响，至少在 2000 年巴黎街头偶尔还可隐约发现"沿着毛泽东开辟的道路前进"等标语的痕迹。同时伴随着西方国家反对美国侵越战争情绪的日益高涨，包括戴高乐将军抨击美帝国主义的金边讲话。这些因素才促成了法国五月学潮如此波澜壮阔。

山雨欲来风满楼，其实敏感的媒体较早地嗅觉到危机。《世界报》

---

① 弗朗索瓦·米索夫（François Missoffe，1919 年 10 月 13 日—2003 年 8 月 28 日）法国政治人物，1966 年 1 月 8 日—1968 年 5 月 30 日任法国青年与体育部长。

② Antoine Prost, *Histoire de l'enseignement et de l'éducation en France, tome IV : L'Ecole et la Famille dans une société en mutation, depuis 1930*, Paris: Perrin, 2004, p. 339.

（*Le Monde*）1968 年 3 月 15 日发表的一篇文章《当法国感到厌烦……》
（*Quand la France s'ennuie...*）反映了法国社会正在焦躁不安。文章写
到，"我们公共生活的当前特征，就是厌烦。""年轻人厌烦。……法国
大学生关心女生是否能自由进入男生宿舍。""戴高乐将军厌烦，他自认
为不能去为菊花展剪彩。""只有几十万法国人无烦恼：失业者，无工作
的青年，被技术进步碾压的小农民……"①

　　教育界和学术界同样预见到变革。1968 年 3 月 15—17 日，科学研
究发展协会在法国北部城市亚眠召开了超过 600 人参加的重要研讨会。
这次研讨会对法国高等教育，乃至整个教育提出了全面思考，对未来教
育改革提供了充分的理论准备。

　　国家顾问罗杰·格雷瓜尔（Roger Grégoire）② 在研讨会上谈到，现
在的学生少有活力，表现在：

　　"当人们向他传播文化遗产时，他无动于衷；当向他提供文化典范
时，他拒不接受；当向他指明应当尊重的等级制度时，他不堪忍受。"

　　会议主席利什内罗维茨（André Lichnérowicz）指出，"全体一致意
识到，以技术的突飞猛进的发展、知识的激增和未来的日益增长的不稳
定性为特点的世界在迅速变革，发挥教育的功能从此是我们社会的首要
任务"。

　　会议提出，教育是变革的要素，教育是经济发展的动力，教育应当
承担其经济的和社会的作用。

　　会议强调，教育规划在现代社会是必不可少的，对教育投资必须严
格规划，错误的估计和资金的短缺只能导致巨大混乱和浪费。

　　会议认为，教育应当培养有能力、有效率的新型人才，不仅能适应
一种职业，最好和可能的话，适应几种职业，因为在人的职业生涯中只

---

① Pierre Viansson-Ponté, "Quand la France s'ennuie…", *Le Monde* du 15 mars 1968. https://
www.lemonde.fr/le-monde-2/article/2008/04/30/quand-la-france-s-ennuie_1036662_1004868.
html (2021-03-29).

② 罗杰·格雷瓜尔（Roger Grégoire，1913 年 8 月 29 日—1990 年 3 月 5 日），法国最高行
政法院（Conseil d'État）成员。

能从事同一职业的人会愈加困难。①

研讨会申明，完全重建中等教育和高等教育已刻不容缓。

二、改革

尽管人们意识到大学的危机，但谁也预料不到危机于何时、在何地爆发。

"3月22日运动"之后的5月2日，学生们占领南泰尔学院两个大阶梯教室。院长决定再次停课。6名大学生被移送至设有纪律委员会的大学委员会。5月3日，主要为南泰尔学院的几百名大学生聚集到巴黎索邦大学的院子里，抗议大学委员会传讯其同学。应学区长要求，警察将这些大学生拘留审查，从而引发大学生与警察在拉丁区发生冲突，许多大学生被捕。法国全国大学生联合会和全国高等教育工会宣布罢课令。

5月4—5日，大批警察包围巴黎索邦大学。5日，法官紧急集中，宣判一些大学生和非大学生监禁。5月6日，南泰尔学院的8名大学生在大学委员会的纪律委员会到庭听审。大学生当天举行游行，呼喊"巴黎大学不要警察！释放我们的同学！大赦！……"等口号。晚上，大学生与警察在拉丁区发生暴力冲突。外省大学学生运动开始。20点30分，教育部长佩雷菲特（Peyrefitte）②通过广播电视呼吁保持安静与对话。

5月7日，大学生举行穿行巴黎的长距离游行，抵达凯旋门所在的星形广场，并在夜间发生新的骚乱。5月8日，佩雷菲特在议会辩论时说道，"如果秩序得以恢复，一切都是可能的；否则，什么都不可能。"

5月10日，重新开放的南泰尔学院又被狂热的大学生占领。政府与大学生关于重新开放巴黎大学的谈判毫无结果。路障开始构建，标语

---

① B. Herszberg, "Rapport final de la sous-commission A2," *Colloque d'Amiens*, 15–17 mars, 1968.

② 阿兰·佩雷菲特（Alain Peyrefitte，1925年8月26日—1999年11月27日），法国政治人物，1967年4月7日—1968年5月28日任国民教育部长。1971年7—8月，佩雷菲特作为法国议会的特使访问中国，后于1973年发表文章《当中国醒来，世界将为之震撼》（*Quand la Chine s'éveillera… le monde tremblera*）。

也布满墙上。

5月11日，总理蓬皮杜[①]从阿富汗返回巴黎，立即采取平息措施，要求把巴黎大学还给大学生和教授。5月13日，全法学生联合会、全法高等教育联合会、全法教师联合会和其他工会组织发起了大规模游行。5月14日，蓬皮杜总理宣布将制定大赦法。

5月15日，两处雷诺汽车工厂的工人占领了厂房。晚间，大学生占领奥德翁剧场，作为"集体灵感之地"。5月16日，另一处雷诺汽车工厂的工人也占领了厂房。多数中学和高等学校被学生占领，诸多学生与教师共同组成的代表委员会纷纷成立，一些高中还拟定教学与行政改革计划。此时，罢工已波及包括公共事务的各个领域，法国处于失控状态。5月22日，爆发了空前规模的全国大罢工，1000万劳动者加入了罢工的行列。

5月18日，戴高乐将军决定缩短访问罗马尼亚的日程，提前返回巴黎。戴高乐将学生运动描绘成"混乱"（chienlit）[②]，大学生们则反唇相讥道"混乱是他（指戴高乐）"（La chienlit c'est lui！），并将此类标语及图片四处张贴。5月24日，戴高乐总统发表广播电视讲话，宣布将举行公民投票。夜间，在巴黎及其他主要城市发生暴乱。一名警察局长在里昂被杀。5月27日，政府代表、雇主代表和工会代表在教育部签署一份协议，但遭工人拒绝。法国全国大学生联合会再次举行集会和游行。

5月28日，总理蓬皮杜接受教育部长佩雷菲特提出的辞呈，并宣布自己代理教育部长职务。5月29日，临近中午，戴高乐总统突然不知去向，甚至蓬皮杜总理也毫无知晓。在整整24小时，出现了权力真空，左派还提出任命临时首脑的建议。直至第二天，总统重新露面。

5月30日，戴高乐总统再次发表广播讲话，宣布总理留任，解散国民议会，在宪法规定的期限内举行议会选举。5月31日，蓬皮杜总

---

① 乔治·蓬皮杜（Georges Pompidou，1911年7月5日—1974年4月2日），法国政治家，1969年6月20日—1974年4月2日任法国总统。

② "混乱"（chienlit）一词原为形容巴黎狂欢节的场景，说"某人在床上"（chie-en-lit）。而演变后的法文词可以读成"狗的床"，翻译成中文，用"狗窝"或"狼藉"更为形象。

理改组其政府，奥托利（F. Ortoli）① 任国民教育部长。

7 月 10 日，戴高乐总统解除了蓬皮杜的总理职务，任命德姆维尔（de Murville）② 为总理，埃德加·富尔为教育部长。戴高乐总统给富尔的唯一指令："我对你的所有要求，就是除了不允许大学生自己颁发文凭，什么都可以做。"

有了这一尚方宝剑，受命于紧急关头的新任教育部长富尔开始对法国高等教育大刀阔斧地改革。1968 年 7 月 24 日，富尔在国民议会上发表演讲说，"大学的一切改革首先意味着对学生运动的深刻与客观的思考"。他认为，"拿破仑的中央集权的大学概念已经过时"，应当代之以"参与""自治"等理念。

1968 年 10 月 10 日，富尔主持的高等教育改革方案破天荒地以无人反对的投票结果在议会中获得通过，11 月 12 日正式颁布了《高等教育指导法》。

这个法律确定了大学的三项原则：自治、参与和多学科。

自治，即建立能够确定自己的培养目标和组织机构及其运行机制的大学。就是说，大学能够自己决定自身的行为，决定各学科教学活动及教学方法，决定科研项目，决定行政与财务管理。

参与，是指新型学校的所有成员可以通过其各种委员会的代表对大学的当前工作和未来发展提出意见。只允许少数知名教授有发表意见的特权将不复存在，各层次教师、学生、科研人员以及所有在大学工作的人都应当在大学的审议机构中有其代表。并且在这些机构中还要聘请校外各界的代表，以使大学与社会保持联系。正如教育部长在议会上所宣称的，大学工作不仅是大学的事务，而且也是国家的事务。

多学科，意味着在同一学校集中多组学科。例如，文学院称为文学与人文科学院，法学院称为法学与经济科学院。学院由"教学与科研单

---

① 弗朗索瓦-萨维耶·奥托利（François-Xavier Ortoli，1925 年 2 月 16 日—2007 年 11 月 29 日），法国政治人物，1968 年 5 月 31 日—1968 年 7 月 10 日任国民教育部长。

② 莫里斯·顾夫·德姆维尔（Maurice Couve de Murville，1907 年 1 月 24 日—1999 年 12 月 24 日），1968 年 7 月 10 日—1969 年 6 月 20 日任法国总理。

位"（UER）构成，而教学与科研单位再划分成较大"整体"，目的在于汇集不同领域的知识，或是采用不同的方法研究同一现象，或是在科学研究中相互补充。

这三项原则的确立，赋予大学新的意义——以科学和文化为特征的公立学校。这些新型大学与以往公立学校具有明显不同。法国公共法律过去只承认两类公立学校：具有行政特点的公立学校和工商特点的公立学校。前者隶属行政权力管辖，学校的重大决定，特别是经费方面的决定要受到严格的控制。后者具有与大学完全不同的特殊使命。以科学和文化为特征的公立学校则在大部分情况下将先行控制变为事后控制。

《高等教育指导法》所确立的以科学和文化为特征的新型大学一方面由教学与科研单位组成，另一方面，又成为这些教学与科研单位共同的服务机构。

但是，这一法律实行起来并不是轻而易举的。正如富尔所揣测的那样，大学里的教授和学生不会像议会中的议员那样乐于接受他的法律。特别是那些学院，被控制在教授们的手中，很可能是实施其法律的障碍。为了解除这一心头之患，富尔便首先向学院开刀。富尔设想：先通过建立教学与科研单位使学院瓦解；再将这些单位重新组合为法律所规定的以科学和文化为特征的准大学（pré-université）；经过一定的筹备过程，最后建立正式大学。

自 1970 年 6 月 1 日至 1972 年 7 月 5 日，法国重新组建了 57 所大学和 8 个大学中心。所谓"大学中心"是由 1970 年 10 月 6 日的法令规定的，它们在财政上独立，但在管理上隶属于附近的正式大学。

正是由于《高等教育指导法》是在学潮刚刚平息之后草草通过的，在执行中很快便暴露出问题来。如关于选举问题，什么是选举人和被选举人的资格？是否需要在候选人名单重复登记？外国学生的选票是否有效？这些细节问题都未在法律中阐述，因此在经选举产生的教学与科研单位中，难免会有一些与法律相抵触的。如 1989 年初建立的 623 个教学与科研单位中，有 210 个是不符合法律程序的。这些问题也为后来的高教改革留下隐患。

三、重归秩序

1968 年的学潮逐渐平息，高等教育进入平稳改革阶段。约瑟夫·丰塔奈（Joseph Fontanet）[①] 由政绩卓越的劳动部长转任教育部长，志得意满地继续前任教育部长的改革。改革的重点是设置大学的文凭系统，因为 1966 年高等教育改革的法规只是理论上规定了高等教育的阶段，而没有规定具体文凭设置。

既然 1968 年的《高等教育指导法》已经确认大学自治，一些人要求允许大学自由设置文凭，而限制国家文凭的数量。但是，这一要求立即遇到激烈的反对，因为这与法国实施的公务人员的录取考试有所冲突，特别是教师担心模仿美国的大学竞争系统，会造成大学之间文凭价值的差异。大学生同样只认可国家文凭，而其他文凭具有的只是商业价值。

经过权衡，政府最终还是维持了国家文凭系统，通过了 1971 年 2 月 24 日法令（Décret du 27 fevrier 1973），设置了新的国家文凭：

- 法学能力证书（Certificat de capacité en droit）
- 中学毕业会考文凭（Baccalauréat）
- 大学技术文凭（Diplôme universitaire de technologie）
- 大学普通学习文凭（Diplôme d'études universitaires générales，DEUG）
- 学士（Licence）
- 硕士（Maîtrise）
- 深入学习文凭（Diplôme d'études approfondies, DEA）
- 第三阶段博士（Doctorat de troisième cycle）
- 博士－工程师文凭（Diplôme de docteur-ingénieur）
- 国家博士（Doctorat d'État）

新的国家文凭系统设置并未遇到阻碍，但教育部长还是遭遇了学生罢课。起因是中学生不满 1970 年的义务兵役法，迫使他们中断学业。

---

① 约瑟夫·丰塔奈（Joseph Fontanet，1921 年 2 月 9 日—1980 年 2 月 2 日），法国政治人物，1972 年 7 月 6 日—1974 年 5 月 27 日任国民教育部长。

大学生随后附和罢课，认为大学普通学习阶段和义务兵役的叠加，影响他们进入第二阶段的学习。教师也加入了罢课的行列，他们不满的是教育改革未能认真听取他们的意见，他们反对的是教育部的独断专行。幸好，罢课的时间临近复活节假期，罢课便自消自灭了。

丰塔奈还要发动更大规模的改革，于1973年11月21—23日召开了有著名专家、学者等600余人参加的大型国家研讨会，制定了新的改革计划，待交议会审议。无奈的是，总统乔治·蓬皮杜于1974年4月2日突然离世，继任总统瓦勒里·吉斯卡尔·德斯坦（Valéry Giscard d'Estaing）[1] 将要重新改组政府，制定新的教育政策。

作为第一位女性学区长，艾丽斯·索尼耶-塞伊泰于1976年1月12日担任大学部国务秘书。她上任伊始便签署了前任准备的改革方案，即关于大学第二阶段改革的1976年1月16日政令。由于该政令只规定了最大和最小的课时量，并没有限定学士和硕士课程的内容，课程内容可由大学自主确定。至于大学生关心的转学问题，法令准许各大学对从其他大学来的学生实行档案审查，必要时进行知识与能力的测试。这些规定当然引起大学生的不满，罢课从外省开始爆发。但是随着时间的推移和大学部国务秘书索尼耶-塞伊泰的坚持，学生们要求废除政令的要求未能实现，罢课终结于失败。

秩序恢复常态之后，大学纷纷要求调整教师录取条件。1977年8月24日的政令，强化了教授和讲师级别教师的地位，重新调整了教师录取要求，防止可能的违规操作。

1968年的《高等教育指导法》颁布10余年过后，法律的原则精神逐渐消退。多学科在"教学与研究单位"的体现并不明显。"参与"，因大学生已对管理的兴趣不再而淡化。"自治"也因政府控制而成为一个空话。不过，这些法律精神成为后来大学治理的主题。

---

① 瓦勒里·吉斯卡尔·德斯坦（Valéry Giscard d'Estaing，1926年2月2日—2020年12月2日），法国政治家，1974年5月27日—1981年5月21日任法国总统。

第四章　教育世俗化

"世俗"（laïcité）一词源于希腊语"laos"，出现于 1860 年代，意指不同于教士的民众。世俗化作为法国社会一项基本原则，被认为是国家和民族统一的重要工具。1958 年的法国宪法（*Constitution Française du 4 Octobre 1958*）规定："法兰西共和国是不可分割的、世俗的、民主的和社会的共和国。它保证所有公民在法律面前的平等，不区分出身、种族与宗教。它尊重各种信仰"。但长期以来，世俗一词并无严格定义，直至 2004 年才由关于思考在共和国中实施世俗原则的委员会，提出被人们广泛认可的定义：

> "世俗，作为共和国公约的试金石，建立在三个不可分割的价值之上：信仰自由、思想与宗教选择权利平等、公共权力中立"。[1]

在法国，教会学校在中世纪曾经是学校教育的唯一形式。除了培养神职人员的专门学校，西方教会为了推行其信仰，开设了大量免费学校，既宣传宗教信条，又传播一些语文和算术等基础知识。法国传统上天主教人口占绝大多数，也有一定比例的新教和犹太教人口。16 世纪天主教与新教之间的宗教战争[2]，对法国造成极大破坏。教育世俗化，

---

[1]　Bernard Stasi, "Rapport de la Commission sur l'application du principe de laïcité dans la République," le 11 décembre 2003. http://lesrapports.ladocumentationfrancaise.fr/BRP/034000725/0000.pdf (2021–03–29).

[2]　宗教战争（Guerres de religion），又名胡格诺战争，是发生在 1562 年至 1598 年间法兰西王国国内的内战和民众骚动事件，内战双方为忠于教廷的天主教徒和胡格诺派（huguenots）的新教徒。

即非宗教化，不允许在公立学校内进行宗教教育可以是国家的一个政策选项。为了强化资产阶级共和国的统治，从大革命开始法国便开始了教育世俗化进程。

一、基本进程

以争取资产阶级自由为目标的法国大革命，主张教育的世俗化，但对私立教育也比较宽容。著名资产阶级革命家孔多塞（Condorcet）在支持教育多元化的同时，提出"有必要给家长保留为自己子女选择教育的真正自由，因为公共权力在教育上的独一影响对于自由和社会秩序的进步是危险的"。[1]

1792 年 10 月 12 日，国民公会（La Convention）宣布，"在初等学校，要讲授所有公民必需的知识。"1793 年 12 月 15 日的法令首次宣称"教育自由"。共和三年宪法亦称 1795 年宪法也确认："公民有权建立私人的教育和训练机构"。

大革命过后，宗教教育似乎处于一种劫难之后的恢复时期，由于革命时期成长起来的成年人缺少宗教教育，甚至不懂得祈祷等基本宗教礼仪，无法在家庭中对儿童进行起码的宗教教育，教会的责任显得沉重起来，一方面承担传统的儿童宗教教育，另一方面要对成年人进行宗教规范的补课。

1800 年，让－安托万·夏普塔尔（Jean-Antoine Chaptal）[2] 受命改革公共教育，完成了公共教育法草案。夏普塔尔已经触及教育自由的概念，他认为自由具有双重意义：每个人都可以开办学校，教师教其所愿。他说，"政府只有当危及公共道德和国家安全稳定时，才可在家中对其民众行使权力，除此之外，一切都是压制与暴政。"[3]

1808 年 3 月 17 日的拿破仑关于帝国大学组织的法令，赋予公立中

---

[1]　Sabine Monchambert, *L'Enseignement privé en France*, Paris: PUF, 1993, p. 4.

[2]　让－安托万·夏普塔尔（Jean-Antoine Chaptal，1756 年 6 月 4 日—1832 年 7 月 30 日），法国化学家、政治人物。

[3]　Françoise Mayeur, *Histoire générale de l'enseignement et de l'éducation en France, tome III, De la Révolution à l'École républicaine (1789-1930)*, Paris: Perrin, 2004, p. 503.

等教育机构以特权，不仅开启了公立学校与私立学校的竞争，实际上也发动了世俗教育与宗教教育的争斗。

1833 年 6 月 28 日颁布《基佐法》将宗教教育作为初等教育之首，当时的法国政府还倚重宗教教育来维持社会的稳定。在基佐看来，国家的统一需要把宗教和教会作为教育的基础。1836 年 1 月，教育部长基佐向议会提交了关于中等教育自由的议案。基佐主张，"完全放弃国家关于公共教育主权的原则，坚决地采取国家与其世俗的或宗教的竞争者、个人的或团体的竞争者之间自由竞争的原则，并承认其所有结果"。[①] 但未能获得议会通过。

第二共和国开始，共和派和天主派都信服教育自由的必要。皇家学院重新改名为国立中学。1849 年 1 月，教育部长法鲁成立一个跨议院的委员会，主持人为阿道夫·梯也尔（Adolphe Thiers）[②]。1850 年 3 月 15 日议会通过《法鲁法》，不仅保留了初等教育自由的原则，还将这一原则扩大到中等教育，从而大大增强了教会对教育的控制权。其第 17 条规定，将"由个体或团体创建和管理的初等或中等学校"称之为"自由学校"（école libre），以区别于命名为"公立学校"的由乡镇、省和国家创建和维持的初等或中等学校。法律规定，只要是法国人，年满 25 周岁，具备大学初级文凭并具有 5 年的教育工作经历，便可开设一座中等学校。自由学校可以接收各级政府的资助。

《法鲁法》更将宗教教育置于初等教育的重要位置并细化，要求做祈祷，背诵教理书，学习圣经故事。在教理课上，学生在特别祈祷之后，要唱圣歌，然后教师开始讲授新的教理课文，不断地向学生提问，学生予以回答，教师再作解释，反反复复，直至学生理解正确为止。

在初等教育上，《法鲁法》只承认宗教学校，即天主教、新教和犹太教学校。这对于单一宗教的乡镇不成问题，但对于几种宗教并存的乡

---

① Françoise Mayeur, *Histoire générale de l'enseignement et de l'éducation en France, tome III, De la Révolution à l'École républicaine (1789-1930)*, Paris: Perrin, 2004, p. 514.

② 阿道夫·梯也尔（Adolphe Thiers，1797年4月15日—1877年9月3日），法国政治人物、历史学家。

镇，尽管法律允许分设不同宗教的学校，但这却是教育负担的加重，不是所有乡镇可以承担。现实中，新教或犹太教家庭的儿童也在天主教学校就读，只是可以免除仅限于天主教教育的内容。

至此，无论是舆论还是法律似乎都为私立教育的存在和继续铺平了道路，但实际上公共教育同私立教育此消彼长的争斗才刚刚开始。欧内斯特·拉维斯对这种倒退不无担忧地写道："法国充斥着宗教学校与国家学校的竞争。教育的统一因此终结，而偏袒教会的利益。在整个法国，一条鸿沟出现在先前帝国大学的学生与先前教会学校学生之间，出现在世俗学校的学生与兄弟会学校的学生之间。教士不顾及大学教育。……大学既没被摧毁，也不归属教会管辖，但教会掌有新的私立学校，得以与大学抗衡。"[1]

教育世俗化的趋势在第三共和国又重新增强。

1881 年 5 月 25 日，关于义务教育法草案的审查报告提交给参议院，参议院随后于 6 月初开始关于此法案的辩论。辩论中，有人重提"道德与宗教教育"，因为"公民教育"这一创新未能很好界定，很可能在学校内部引起政策分裂的危险。有人要求，在初等教育中包含宗教教育的内容，只是对于无家长意愿的儿童不作讲授。有人希望将宗教道德与公民教育并列纳入教育内容。还有人试图扩大道德教育的内涵，认为道德教育应当包含对个人的责任，对家庭的责任，对社会的责任，对上帝的责任。但从整体上看，辩论中虽然企图保留宗教教育的势力依然存在，但其力度已大大减弱。

费里依然坚持实证主义的普遍道德，独立的和世俗的道德。费里认为，学校教授世俗道德已不可逆转，他在一次演讲中指出，"先生们，我们将民事权力世俗化已有百年。世界伟大精神先驱笛卡儿、培根将人类知识世俗化为哲学已有两百年。今天，我们将继承这一传统，我们只能服从已经开始几百年的这一伟大运动的逻辑，要求你们将学校世俗

---

① Françoise Mayeur, *Histoire générale de l'enseignement et de l'éducation en France, tome III, De la Révolution à l'École républicaine (1789-1930),* Paris: Perrin, 2004, p. 518.

化"。① 他进一步阐明公民教育的意义，"在公民教育中，有着相对于祖国责任的其他东西。其中许多实证主义概念，社会道德都无法提供，这便是新教学学科的基本意义，我们把其称之为公民教育"。至于"对上帝的责任"，费里认为，道德教育更具实证主义，并不推崇任何教条。学校既不服务于宗教，也不主张无神论。费里特别强调："宗教教育属于家庭，道德教育属于学校"。②

　　1882 年关于教育世俗化的《费里法》，要求公共初等教育禁止任何宗教课程，而代之以道德和公民教育。根据法律规定，学校课程中不得有宗教内容，要求学校教科书不得含有宗教信仰的文字，要求教师不得是宗教人士，要求教师不得进行任何宗教宣传。但宗教信仰和宗教自由必须得到尊重，可以依家长愿望在每周除周日外的一天中在校园外进行宗教教育。法国制定关于教育世俗化的法律，比 1905 年 12 月 9 日关于教会与国家分离的法律要早 20 多年，也从另一侧面看到教育的重要作用。

　　1886 年 10 月 30 的《戈贝莱法》进一步规定，公立小学不得聘用神职人员担任教师。教育的世俗化给教会学校以严重的打击，1912 年法国仅存 27 所教会学校，而 1880 年时为 13 000 所。

　　值得一提的是，宗教教育在学校被禁，催生了一些校外教育机构的诞生。1882 年，两位青年女子在教会的支持下，主动要求作为讲授教理者。教会也不遗余力地利用校外和课后时间对儿童进行宗教教育。在七月王朝末期出现，并在第二帝国期间发展起来一批教会教育机构——"少年之家"（patronage）。这些机构之所以吸引儿童，主要是采用了崭新的教育方法：游戏、幻灯、郊游。他们还组织儿童排演戏剧，举办音乐会，开展体育竞赛。一些机构的规模之大，方法之新颖，足以影响正规学校教育。1898 年创立的"法国少年之家体操与体育联盟"（Fédération gymnastique et sportive des patronages de France, FGSPF），在1914 年已经形成具有 1500 个体育机构成员的法国最大的体育运动组织，

---

① 　Jules Ferry, Discours sur la loi sur l'enseignement primaire du 23 décembre 1880, p.124. https://gallica.bnf.fr/ark:/12148/bpt6k6215697w/f140.item (2021–09–05).

② 　Jules Ferry, *Lettre aux instituteurs*,le 17 novembre 1883.

并由此产生了今天著名的法国足球协会（FFF）。

第一次世界大战之后，形势有所逆转，私立教育又得以重新发展。不仅一些法令放宽了对私立学校的限制，1919 年的《阿斯杰法》（*Loi Astier*）特别允许私立学校参与职业技术教育的发展。第二次世界大战之后，法国百业待兴，急需恢复正常学校教育，1951 年 9 月 10 日颁布了以议员查理·巴朗热（Charles Barangé）①命名的《巴朗热法》，允许国家为包括私立学校的所有学生提供奖学金。这一法律激起左派人士的激烈反对，同时也预热了教育世俗化的辩论。

20 世纪 50 年代末，法国资本主义制度已经十分巩固，私立学校的存在使共和主义者如鲠在喉，不吐不快。1959 年 12 月 31 日的《德伯雷法》（*Loi Debré*）②便开始对私立学校大动干戈。该法为私立学校提供了四条出路：

● 联合契约：国家为教师支付工资，地方政府负责学校日常经费，条件是实施国家颁布的教学大纲，接受国家对教学与财务的监控；

● 简单契约：国家为教师支付工资，但学校日常经费由收取学费支撑。法律要求学校保持校舍符合卫生条件并执行与公立学校一致的标准，如师生比例和教师职称等，国家对其教学与财务实行监控；

● 保持现状：私立学校也可以不签契约，但如果作为一种营利学校存在，必须要遵守商业性法规；

● 并入公立学校：执行与公立学校完全一致的标准，私立学校特征不复存在。

《德伯雷法》颁布之后，除极少数私立学校保持原有地位或并入公立学校，95% 的私立学校均与国家签订契约。实际上，国家通过契约形式，对私立学校进行一种"赎买"，为私立学校支付了教学所需的基本费用，获得了私立学校实施国民教育的承诺，从而实现了国家与私立教

---

① 查理·巴朗热（Charles Barangé，1897 年 12 月 21 日—1985 年 3 月 14 日），法国政治人物。

② 米歇尔·德伯雷（Michel Debré，1912 年 1 月 15 日—1996 年 8 月 2 日），法国政治人物，1959 年 1 月 8 日—1962 年 4 月 14 日任法兰西第五共和国首任总理，1959 年 12 月 23 日—1960 年 1 月 15 日兼任国民教育部长。

育的妥协，即国家教育目标与私人办学自由的妥协。至此，法国基本完成了教育世俗化。

二、学校之辩

国家与私立教育的这种妥协并非一劳永逸，既然它是在一定历史条件下形成的，那么就可能在新的形势中激化矛盾。1981 年，法国社会党以及弗朗索瓦·密特朗[①]为了法国总统选举而提出一份政治纲领：《法国 110 提议》（*110 propositions pour la France*）。其中一项提议就是创建"国民教育融合的、世俗的大型公共服务"。这项提议在整个纲领中本来并不具有重要地位，无论是代表教会学校的天主教团还是支持自由学校的社会力量都不太在意。

但是随后在部长委员会 1982 年 8 月 4 日的官方通报中，有人发现关于"国民教育融合的、世俗的大型公共服务"的字眼不见了，于是人们怀疑政府的真正意图。

1982 年 12 月，社会党新任教育部长萨瓦里主持制定的一项法律草案提出构建"公共利益机构"，试图将全部私立学校融入公立学校，从而引发了关于私立学校地位的全国大辩论。

渊源于中世纪教会学校的法国私立学校，可以说有千年以上的历史。1850 年 3 月 15 日的《法鲁法》，将私立学校统统称为"自由学校"，同时表明开办私立学校的自由。而 1959 年国家与私立学校普遍建立的契约，也是允许私立学校存在的新形式。在法国强大的政府势力之下，私立学校的地位已经逆转，在学校和学生数量上无法与公立学校相提并论，公众也不太在意其存在。

然而，在公共权力不断强化对公立学校的控制过程中，法国公众对私立学校的态度在战后几十年间发生了重大变化。据调查，1946 年只有 23% 的法国人赞成国家资助私立学校，1951 年这一数字达到 46%，

---

①　弗朗索瓦·密特朗（François Mitterrand，1916 年 10 月 26 日—1996 年 1 月 8 日），法国政治家，1981 年 5 月 21 日—1995 年 5 月 17 日任法国总统。

1974 年便达到 77%。就是说，不到 30 年，原来少数人赞成变成了少数人反对。到了 20 世纪 80 年代，赞成国家资助私立学校的法国人已经成为多数。家长把子女送到私立学校的主要目的已经不是宗教教育，而是把私立学校作为争取更好发展机遇的场所，因为私立学校的教学方法更为灵活。据调查，企业职员和工人的子女在私立学校的成功率较高，而农民子女的状况则相反。① 公立学校的许多学生家长都表示，如果自己孩子学习出现困难，也会乐于把他们转送到私立学校。

背负如此漫长的历史包袱，又不时面临被公共教育吞噬的危险，法国私立学校何以能仍然在法国社会上立足？其基本原因就是能以常新的面貌吸引学生和家长。

首先，他们以办学相对自由的机制，同公立学校争夺生源。在公立学校，学生录取均严格执行分区划校的办法，无特例任何学生都不可能选择学校。尽管公立学校都标榜平等、公正，但无论家长还是教师都十分清楚，学校之间的绝对平等是不可能的，家长、特别是中产阶级的家长都尽可能在虚幻的学校平等中为子女寻求好的位置。行之有效的办法，便是进入"好的班级"。在法国初中和高中，除了执行通常的随机编班原则之外，外语选修志愿也是编班通行的一个原则。于是，相对于平民和移民子女倾向于选择西班牙或阿拉伯语的现实，那些聪明的中产阶级家长更愿意为子女选择德语，并以此方式进入相对好的班级。但是，这一方法也有不灵的时候，特别是一些学校的暴力行为成风之时，家长最后的办法便是"走为上策"，寻求校园秩序相对安定的私立学校。

当然，家长要为此付出一定的费用，但法国私立学校的费用同英、美等国私立学校的费用相比要少得多。人们称法国契约制的私立学校为"假牌私立学校"或"准公立学校"，因为国家为这些私立学校支付了教师的全部工资和部分的日常经费。作为非营利的私立学校，向家长收取的只是数额很少的管理费用，这些费用对于一个中产阶级家庭来说，几乎可以忽略不计。这就是法国私立学校经久不衰的重要原因之一。

---

① Ph-Tronquog (dir), *Le système éducatif, Cahier français,* n°285, mars–avril 1998, p.17.

在法国一些地区，特别是在巴黎地区，私立学校的招生能力经常是供不应求，因此录取学生都很严格，越是著名的学校越是严格，即使学生无不良行为记录并有较好的成绩单，往往也要列入等待的名单。如果未能获得校长的录取准许，学生家长不得不痛苦地送孩子重返公立学校。

私立学校吸引学生家长的另一原因是其服务意识。有人批评公立学校是一种例行公事的机构，而不是一个服务部门。而在西方消费观念深入人心的今天，家长自然把自己也作为"学校消费者"，不买公立学校那些刻板面孔的账，去找可以满足自己需求的私立学校。

在私立学校，学生家长可以比较容易地介入校园生活，他们可以公开表达对学校管理的不满，对某个教师的意见。学校也能够根据家长的反映，处理管理不善的问题，选择优秀的教师或辞退不良的教师。而在公立学校，即使家长公认某个教师为"坏教师"，甚至校长有时也不得不承认这一现实，但谁也对他奈何不得，因为法国教师都是国家公务员，只要未犯罪，就不能将其辞退。实际上，私立学校的管理者和教师往往都有更强的责任心，谨小慎微，唯恐"得罪"了该校的消费者，进而失去来之不易的"市场"。

私立学校的最后一个优势，是其教学质量的保证。一般来说，私立学校的教师并不都具备国家承认的教师资格，但家长看重的并不全是这些。虽然教师资格是保证教学质量和科学知识水平的一个信度，家长更欣赏教师循循善诱、诲人不倦的风格，更企盼教学的实际效果。在私立学校，通行的信条是勤奋，是竞争，而无公立学校那种虚假的平等和民主。"望子成龙"不仅在中国，而且在法国也是如此，甚至通行于全世界。在这一点，私立学校与学生家长的目标是一致的，就是尽全力使学生出人头地。

在这样的形势下，法国社会形成关于学校性质之争的针锋相对的两派。主张公共经费的公共性的人指出，"公立学校，公共经费；私立学校，私人经费"。而支持私立学校的人则针锋相对地回击，"私立学校，公共服务；公共服务，公共经费"。

辩论激发了反对将私立学校并入公立学校的集会。继波尔多、里昂、凡尔赛等地的集会之后，1984 年 6 月 24 日，自由学校家长协会在巴黎发起 200 万人参加的超大型集会，其中不仅有代表法国天主教会的三位大主教，还有法国重要政治人物德斯坦、希拉克等人。

面对如此声势浩大的反对之声，密特朗总统最终未能采纳萨瓦里的法案，萨瓦里也因此引咎辞职，一场公立学校与私立学校的大辩论得以平息。

三、面纱风波

公立学校与私立学校的大辩论虽然得以平息，但是法国教育世俗化的进程并未终结。1989 年 9 月 18 日，法国一所初级中学的校长阻止了三个佩戴伊斯兰面纱的女生入校。这一偶然的"面纱事件"在法国社会上引起了一场轩然大波。

法国宪法不允许区分民族。法国 1958 年宪法第一条规定，共和国"保证所有公民在法律面前的平等，不论其出身、血统或宗教"[①]。法国历史上有过发生在天主教和新教之间的宗教战争，历史上的教育世俗化主要是共和派和天主教会的争斗。自 19 世纪下半叶，随着法国工业化的起步，不断涌入的移民悄然改变了法国人口的结构。特别是在 1958 年开始的移民潮中，法国原殖民地的西非和北非的移民涌入法国，穆斯林人口比例逐渐增大。随着移民的大量涌入，自 20 世纪 80 年代中期以来，西方社会的不平等现象逐渐突出，不宽容的气氛开始显现，富裕社会出现"新贫民"。与此同时，民族主义和原教旨主义也有所抬头，一些移民和少数族裔开始寻求原始身份，要求自身文化得到确认，要求"雪清耻辱"（la revendication du stigmate）。尽管法国同其他欧洲国家一样普遍采取了"社会融合"政策[②]，但是效果并不明显。社会问题不能妥善解决，单纯的教育方法就必然显得苍白无力，而穆斯林的宗教习俗也成为法国学校无法回避的问题。

---

① Constitution française du 4 octobre 1958.

② Jacqueline Costa-Lascoux, "Le Droit à l'École, L'expérience de l'éducation civique," *Droit et Société*, n°19, 1991, p. 223–253.

　　1989 年 9 月 18 日，法国巴黎郊区一所初级中学的校长阻止了三个佩戴伊斯兰面纱的女学生入校。所谓"面纱"，确切地说是"希贾布"（Hidjab，阿拉伯语：حجاب），特指穆斯林妇女穿着的头巾，也泛指穆斯林风格的服装。在《古兰经》中，"希贾布"意为"窗帘"或者"遮盖物"。按照伊斯兰观点，"希贾布"带有谦逊、隐私、美德的含义。大部分伊斯兰法律将这种类型的服装定义为在公开场合遮盖除脸和手的其余身体部位的服饰。

　　校长认为，面纱是一种宗教标志，与学校的正常秩序不相容。法国拯救种族主义组织副主席立即发表言论，认为"以世俗化的名义干涉私人生活是可耻的"[①]。法国中等教育工会宣称，"对于学生所持的宗教信仰可予以某些方便"。时任教育部长若斯潘则表示，"应当尊重学校的世俗化，学校应当是宽容的学校，但不应佩戴明显宗教特点的标志物，""学校应当接纳儿童，而不是排斥"。[②] 最终家长与学校达成和解，10 月 9 日三个学生重返学校，条件是进校时摘下头巾，出校时方可戴上。

　　然而，一波甫平，一波又起。一个名为"反种族主义运动及为了人民友谊"（MRAP）组织的办公室被一个突尼斯女孩的哥哥占据。原因是这个女孩几次申请加入法国籍，因佩戴头巾而被拒绝。特别是她于1989 年 10 月 6 日上午在一所职业高中完成注册，下午即被拒绝入校。她的哥哥气愤不过才有此不法之举。10 月 16 日，职业高中所在地的马赛学区长赶赴学校，支持禁止佩戴面纱入校的行动。学区长宣称，"融合只能在世俗化前提下实施，我们不能放弃世俗化原则。"同样是在 10 月 16 日，法国东南部城市、沃克吕兹省首府阿维尼翁的一所职业高中，8 个学生把纱巾戴在头上。其中一人叫嚷："塞达（注：女孩名）在初中戴了两年头巾，在职业高中戴了两个月都没问题。"10 月 19 日，法国巴黎郊区那所初中的 3 个女生又在教室佩戴面纱，又被逐出学校。面纱引起的一系列事件，导致 10 月 22 日近千人在巴黎游行，抗议在学校禁止佩戴穆斯林纱巾。随后，法国各大报纸都对面纱事件进行了报道，并

----

① "Le réactions," *Le Monde*, samedi 7 octobre 1989.

② "devoirs religieux et cas de conscience laïcs," *Libération*, mardi 10 octobre 1989.

展开激烈辩论。而马赛市长宣布将修建一座大清真寺，更是为辩论火上浇油。如果说 1989 年 11 月 3 日巴黎大学一位哲学讲师在《解放报》上宣扬宽容为笔战伊始，直至 2004 年 3 月 15 日法国通过了关于坚持教育世俗化的法律，这场纷争才告一段落。

尽管尊重民族文化和教育世俗化两种社会舆论一时针锋相对，但法国政府对教育世俗化这一原则丝毫不让步，最终经议会于 2004 年 3 月 15 日通过了的一项关于坚持教育世俗化的法律。这一法律规定，"在公立小学、初中和高中，禁止学生公然佩戴宗教标志"。根据这项法律，公立学校内不准学生佩戴各类具有明显宗教色彩的饰物，如伊斯兰教的面纱、犹太教的六角星、基督教的十字架等。这一法律的意义是重申了世俗化的教育原则，强调学校的任务是传授共和国的价值观，如人类具有平等的尊严，男女平等，包括自己选择生活方式的个人自由，但绝不允许有任何宗教色彩的言行干涉学校教育。

四、制定世俗化宪章

法律不足以解决宗教信仰冲突和学校的世俗道德问题，教育部长佩永（Vincent Peillon）[1] 于 2013 年 9 月 9 日在巴黎郊区的一所中学首次公布了《学校世俗化宪章》[2]。宪章共 15 条，重申了宗教与国家分离的原则，反对宗教布道热忱，强调学校课程优先于家庭信仰，再次禁止佩戴宗教标志入校，其主要内容如下：

　　1. 法国是不可分割的、世俗的、民主的和社会的共和国。她保证其整个领土上的所有公民在法律面前的平等。她尊重所有信仰。
　　2. 世俗的共和国实施宗教与国家的分离。国家在宗教与精神信

---

① 万桑·佩永（Vincent Peillon，1960 年 7 月 7 日——　），法国政治人物，2012 年 5 月 16 日——2014 年 3 月 31 日任国民教育部长。

② "Charte de la laïcité à l'École". http://www.education.gouv.fr/cid73666/charte-de-la-laicite-a-l-ecole.html (2013-9-10).

仰上保持中立。没有国家的宗教。

3. 世俗化保证所有人的信仰自由。每个人可以自由地信仰或不信仰。它允许个人信仰在尊重他人信仰和社会秩序的范围内的自由表达。

4. 世俗化允许行使公民权利，只要符合每个人的自由和平等的原则，同时在普遍利益中爱护所有人。

5. 共和国保证在学校机构内尊重这些原则。

6. 学校世俗化为学生提供锻炼个性的条件，使他们能够自由判断，养成公民能力。它保护学生免受信仰蛊惑和妨碍学生自己选择的所有外界压力。

7. 世俗化保证学生接受共同文化。

8. 世俗化保证学生在学校良好运行中行使自由表达的权利，即能够尊重共和国的价值和信仰的多元化。

9. 世俗化意味着摒弃所有暴力和所有歧视，保证男女平等，并建立在尊重的文化和理解他人的基础之上。

10. 向学生传授世俗化的意义和价值，以及共和国的其他基本原则是学校所有人的责任。他们应当监督学生在学校内遵守这些原则的状况。他们还应当让学生家长了解本宪章。

11. 学校人员应当恪守中立：他们不应在履行工作职能时显露政治或宗教信仰。

12. 教学是世俗的。为了保证学生对于世界多重视野的开放与客观，任何主题在科学与教学的问题中都不具有优先地位。任何学生不得以某一宗教或政治信仰反对教师讲授课程中某一问题的权利。

13. 任何人不得以其宗教归属拒绝执行共和国学校的规则。

14. 在公立学校中，内部规定中的各场所的生活准则须遵循世俗化。禁止学生佩戴或穿着具有明显宗教色彩的饰物或服装。

15. 为了学生的思想与行动，学生应当促进学校中的世俗化。

宪章可以视为教育世俗化法的补充，它不仅要求学生遵守保证大家

共处的规则，特别是帮助学生理解这些规则的意义。学校的世俗化并不
会侵犯个人自由，相反是实现自由的必要条件。学校世俗化也不会禁止
宗教信仰，而是保证学生待遇的平等和所有公民具有平等的尊严。学校
世俗化拒绝任何不宽容和排斥，并且是相互尊重和博爱的基础。

五、与青年对话

　　2015 年 1 月 7 日，法国巴黎《查理周刊》（*Charlie Hebdo*）杂志社
总部遭遇恐怖袭击，造成包括主编在内的 12 人丧生，另有 11 人受伤。
《查理周刊》是法国著名的讽刺杂志之一，此次遭袭击的主要原因是该
杂志将伊斯兰教先知穆罕默德作为漫画人物。同月 8 日和 9 日，巴黎又
发生武装分子枪击警察、打伤道路养护人员以及劫持人质等恐怖袭击事
件，造成 5 人遇难，另有 7 人受伤。几天连续的恐怖袭击是 21 世纪以
来法国遭受的最为严重的恐怖袭击。

　　面对这一严峻形势，时任国民教育、高等教育与研究部的阿拉伯
裔的女性部长娜雅·瓦洛·贝尔卡塞姆（Najat Vallaud-Belkacem）① 发
起一场"为了共和国价值的学校大动员"（Grande mobilisation de l'école
pour les valeurs de la République）②，将世俗化精神和共和国价值置于这
场教育运动的中心，旨在化解民族与宗教矛盾。

　　为了引导法国青年在纷乱的思想中把握正确的方向，2016 年 4 月
13 日，贝尔卡塞姆部长又发起主题为"思想的交接班"的系列"会谈"
（Entretiens Jean Zay）。会谈邀请法国著名青年学者参与，探讨法国当
代重大思想问题。

　　贝尔卡塞姆在首次会谈的致辞中说，"在一个信息饱和、媒体充斥
到瞬间窒息的社会，所有舆论似乎都具有相等的价值并相互混淆，毫无

---

　　① 娜雅·瓦洛·贝尔卡塞姆（Najat Vallaud-Belkacem，1977 年 10 月 4 日—　），法国政治
人物，2014 年 8 月 26 日—2017 年 5 月 10 日任国民教育、高等教育与研究部部长。
　　② "Grande mobilisation de l'école pour les valeurs de la République," http://cache.media.
education.gouv.fr/file/01-janvier/49/4/2015_DP_mobilisation_Ecole_complet_385494.pdf (2021-
03-29).

高低之分。我们需要清楚地认识我们的社会、文化、技术、政治现实中的重大问题，因为这些问题关系到我们所有人的未来。"①

　　会谈以让·扎伊（Jean Zay）命名，不仅是因为他在 1936 年 6 月至 1939 年 10 月担任法国教育部部长期间统一了全国课程，将教育系统划分为三个阶段，将义务教育延长至 14 岁，创建了法国科学研究中心和戛纳电影节，还因为他相信思想的力量，相信青年与未来，引导青年一代用智慧武装自己，为其国家服务，为共和国价值和进步服务。

　　每场会谈都会邀请新一代的学者开展社会大辩论，引导法国青年走出以无知、恐惧、焦虑为特点的法国衰败论、宿命论、怀旧论的阴影。教育部部长表示："我们作为政治责任人、经济活动者、公职人员、大学生、社团工作者，需要不断更新对于我们社会和世界的认识，需要清晰认识我们的未来。"

　　2016 年 4 月 13 日晚，在法国教育部开始了首次会谈，主题为"关注郊区青年"，主讲人为巴黎第八大学教师、社会学学者法比安·特鲁永（Fabien Truong）。特鲁永曾经是巴黎郊区的中学教师，2015 年出版了《郊区成长的法国青年》一书，对当代法国青年问题有比较深刻的观察与研究。

　　法国郊区青年是一个特殊的社会群体，他们多数出身于移民家庭、少数族裔、平民阶层。法国一些人把近 40 年来累积的社会问题归咎于这些郊区青年，他们成了社会暴力源头的"替罪羊"。特鲁永首先讲述了他对郊区青年的调查与了解。他利用 5 年时间调查了巴黎郊区的一些"不受欢迎的学校"，跟踪研究了 10 余名工人及移民家庭的郊区青年。他不仅调查他们在学校的学习情况，还关注他们个人生活、家庭支持、打工等问题。他发现影响他们的重要因素不在学校，而是他们内心受到的伤害、社会等级上的歧视与文化上的不公对待等。

　　一些青年为了抵抗外界的歧视，自我打造"尊严的徽章"。从穿着打扮到日常消费都试图变得体面，有时为了掩饰经济的窘迫，还要故意

---

① "Le discours de la ministre, Najat Valloud–Belkacem". http://www.najat–vallaud–belkacem.com/2016/04/14/premiers–entretiens–jean–zay–discours–de–la–ministre/ (2021–03–29).

与朋友喝酒以显示大方，甚至可以由"街头的顽童"转变成稳重的大学生。他们经常像摇摆的木马那样，在大学是郊区人，在社区是巴黎人。

特鲁永认为，尽管郊区青年面临诸多困难，但他们也需要拓宽视野，寻求一些出国学习的机会，争取学习成功。以现任教育部部长为例，作为阿拉伯裔的女性，就是通过大学学习获得了成功。他还认为，他们还需要构建自己的朋友圈，共同防御失望的困扰，同时对他们的未来寄予希望。

2016 年 11 月 14 日，法国教育部举办第六次"让·扎伊会谈"，主题是"共叙民族历史"，邀请里昂第二大学教授弗朗索瓦丝·朗多姆（Françoise Lantheaume）和中学教师罗朗丝·德高克（Laurence De Cock）为访谈嘉宾。她们共同参与了《共同的叙述：学生们讲述的民族历史》（*Le Récit du commun: l'histoire nationale racontée par les élèves*）一书的撰写与出版。这部书便是本次会谈的主要内容。[①]

这部书是关于学生对民族历史知识的国际调查结果的总结。调查涉及法国、瑞士、西班牙、德国 7000 余名 11 岁至 19 岁的学生，通过对他们关于国家历史的自由叙述、对他们相关知识来源的分析，探寻他们对于民族历史认识的共同特点。同时在他们的共同叙述中发现其知识要点以及不足，了解他们在学校教育以外获得相关知识的途径。调查特别注重关于政治、战争等方面的知识内容。

调查首先要求学生自由叙述自己所知的关于本民族历史的故事，然后问他们如何知道这些，最后让他们用一句话或一个词来表达对本国历史的个人感受。

法国学校的历史教学近些年来偏重资料学习、短文练习、简要回答问题、评论历史事件，而忽视历史故事的叙述。朗多姆和德高克在调查中发现，学生们更乐于接受历史叙述的方式，是通过家庭、电视、电影、文学书籍、可视游戏、网络等途径获得大量历史信息。

---

① "Les Entretiens Jean Zay-'Le récit du commun: l'histoire nationale recontée par les élèves'," http://www.najat-vallaud-belkacem.com/2016/11/19/les-entretiens-jean-zay-le-recit-du-commun-lhistoire-nationale-racontee-par-les-eleves/（2021-03-29）.

　　调查证实，法国学生普遍对民族历史有自豪感，同时具有人文主义视野和乐观主义态度，驳斥了关于学生缺乏民族历史知识的观点。她们自 2011 年开始收集关于法国民族历史的叙述，并将这一资料库命名为"法国历史叙述"，以期为法国学校历史教学提供新的资料平台。

　　正是通过这样的对话形式，试图化解法国青年，特别是移民后裔青年的民族对立情绪，在某种程度上也是为了化解宗教与文化传统的偏见，促进共同种族、民族之间的团结。

第五章　促进教育平等与公正

法国哲学家西蒙娜·韦伊（Simone Weil）[①]这样理解平等，她说，"平等是人类灵魂必然需求。它由公众的、普遍的、确实的承认构成，并由制度和习俗真切表示，等量的尊重和努力属于全人类，因为对人类的尊重就应如此并不分等级。"[②]

《世界人权宣言》[③]第二十六条规定："人人都有受教育的权利，教育应当免费，至少在初级和基础阶段应当如此。初等教育应属义务性质。技术和职业教育应当普遍设立。高等教育应当根据成绩而对一切人平等开放。"从1948年宣言发布之日起，人们对教育平等便充满了期待。

但是，实现教育平等的理想需要从认识教育领域中的不平等开始，而法国社会学家开创了教育不平等理论研究的先河。

一、教育不平等的理论与测量方法

自从人猿相揖别，人类就有不尽的相互争斗，相互残杀，也就有不平等。特别是出现阶级以来，社会不平等就表现为统治阶级与被统治阶级的不平等。但是，这种不平等长期以来被认为是自然秩序的结果或神的旨意，

[①]　西蒙娜·韦伊（Simone Weil，1909年2月3日—1943年8月24日），法国犹太人，神秘主义者、宗教思想家和社会活动家，深刻地影响着战后的欧洲思潮。

[②]　Simone Weli Quotes, https://www.brainyquote.com/quotes/simone_weil_147164 (2021-03-29).

[③]　《世界人权宣言》（*La déclaration universelle des droits de l'homme*）是联合国的基本法之一。1948年12月10日，联合国大会通过第217A（Ⅱ）号决议并颁布《世界人权宣言》。这一具有历史意义的宣言颁布后，大会要求所有会员国广为宣传，并且"不分国家或领土的政治地位，主要在各级学校和其他教育机构加以传播、展示、阅读和阐述。"

只是在法国大革命之后，教育平等的思想才开始进入政治改革的范畴。

法国《人与公民权利宣言》[①]宣称，国家保证教育的平等。法国大革命期间，诸多的体现教育平等理念的教育改革计划纷纷出台，如塔列朗计划提出，"应当承认人人平等。然而，在事实上不平等的环境中，权利的平等极少体现。如果教育不能不懈地努力减少严重的不平等，那么，不平等决不会自然消亡"[②]。

学校，就其本义来说，应当是传授知识的场所。但是，学校在它诞生之时便打上了阶级的烙印；在民主社会中，学校一方面是形成人力资本、促进社会流动的重要因素，另一方面也在参与和制造社会的不平等。

传统社会学认为，学校具有社会统一和社会分工的双重功能，既要向儿童灌输社会道德价值观念，又要为他们的劳动分工定位。[③]1802 年，拿破仑建立国立中学（Lycée），便是为精英教育服务。国立中学通过严格的拉丁语教学来选拔精英。一位历史学家曾经在 1896 年指出，"如果说拉丁语的学习有什么用的话，便是它本身的无用。"[④]

法国著名社会学家布尔迪约（Pierre Bourdieu）[⑤]和巴斯隆（Jean-Claude Passeron）[⑥]是这样揭示学校如何实现社会结构再生产的：

> 在不同的社会阶级中，存在着不同的"语言码"（codes liguistiques）。每一社会阶层中，都有其独特的文化或文化形式。"可以学校方式赢利的语言资本"在社会不同阶级中的分配先天就不平等，然而学校文化却完全服从于专横文化，崇尚所谓典雅、悠

---

① 《人权和公民权宣言》（Déclaration des Droits de l'Homme et du Citoyen），简称《人权宣言》，1789 年 8 月 26 日颁布，是法国大革命时期颁布的纲领性文件。

② Vincent Troger, Jean-Claude Ruano-Borbalan, Histoire du système éducatif, Paris: PUF, 2005, p.94.

③ Émile Durkheim, Education et sociologie, Paris: PUF, p.50-51.

④ Vincent Troger, Jean-Claude Ruano-Borbalan, Histoire du système éducatif, Paris：PUF, 2005. p.97.

⑤ 皮埃尔·布尔迪约（Pierre Bourdieu，1930 年 8 月 1 日—2002 年 1 月 23 日），法国著名社会学家、人类学家和哲学家。

⑥ 让-克劳德·巴斯隆（Jean-Claude Passeron，1930 年 11 月 26 日—　），法国社会学家。

然自如、潇洒，轻视艰苦、朴素。社会各阶级往往由于与学校文化的距离不同和由于获取这种文化的方式不同而有所差别。接近于学校文化的阶级可以耳濡目染地向儿童传授各种知识，并向儿童提供各种必备的学习条件，从而使其子女凭借其"文化资本"优势很容易地在学校里出类拔萃。而对于平民阶级的孩子，因为家庭中对教育制度知之甚少，学习用具也残缺不全，经常处于学习的劣势，甚至受到被淘汰的威胁。因此说，学校成功的不平等就是典型的"文化主义"的不平等。这种文化的不平等恰好体现了社会的不平等，换句话说，不平等的学校教育再生产了不平等的社会结构。

勃德罗（C. Baudelot）[1]和埃斯达伯莱（R. Establet）[2]也是教育再生产理论的赞同者，他们写道，"学校机器忠于职守地致力于资本主义生产关系的再生产，即为着统治阶级的利益，最终实现阶级社会的分离"[3]。但是他们却从另外的角度来论证其理论。他们认真地考察了法国20世纪60年代的学校教育制度，提出了法国仍然存在着双轨制教育的观点。从表面上看，法国学校实现了统一，即取消了形式上的阶级、种族、性别的限制，实行了全民的免费义务教育。但实际上，两种轨制教育的对立是十分明显的："初等—职业"教育一轨面向平民子女，主要培训具有一般性技能的简单劳动者；"中等—高等"教育一轨则基本服务于上层阶级子女，为统治阶级培养高级技术与管理人才。这两种教育轨制的对立反映了资本主义脑力劳动与体力劳动之间的分离，强化了社会阶级的矛盾，继续把每个人"按照社会劳动分工划分成对立的社会地位"，一方面是被剥削者，另一方面是剥削者。[4]

当然，教育再生产理论也受到质疑，法国另一著名社会学家雷蒙·布东（Raymond Boudon）[5]认为，学校仅仅是通过毕业文凭为学生

---

① 克里斯蒂安·勃德罗（Christian Baudelot，1938年12月9日—　），法国社会学家。
② 罗歇·埃斯达伯莱（Roger Establet，1938年—　），法国社会学家。
③ Baudlot (C.) et Establet (R.), *L'école capitaliste en France,* Paris: François Maspero, 1971.
④ 同上。
⑤ 雷蒙·布东（Raymond Boudon，1934年1月27日—2013年4月10日），法国社会学家。

提供就业的机遇，学校对社会结构的作用还很有限，社会的不平等的根本原因在于社会分层的不平等。[①]

还有一种"过滤理论"，认为学校的功能不是造就职业能力，而是根据道德与行为的质量对每个人进行"过滤"和排序。劳动力市场则根据学校的排序接纳求职者，排在后面的，即文凭较低者，便被排斥。[②]

实际上，这种过滤贯穿于整个教育过程。

首先是学校的选择。西方国家的义务教育法规一般都依据学生家庭住址严格限定学生入学的分区范围。但是历史形成的优质学校往往集中于富裕城区，其房价远远高于平民区，因此优质学校的学生通常出身于富裕家庭。

其次是班级的分配。在任何国家，都要根据一定的规则将学生划分成班级。常见的划分标准是学生的学习水平，相同或相近水平的学生被编排在同一班级。而学习水平总是或多或少地与学生的家庭出身相关联，诸多统计数据表明，出身优越的学生更多在优秀班级，出身不利的学生更多在较差班级。

再次是课程的设置。课程的多元化为学生提供的更多的选择，但理论性课程的未来导向通常是科学研究和行政管理，而应用性课程的导向是从事普通职业。在这里，学生的分布同样具有鲜明的出身差异。

然后是教师的态度。教师应当不让一个学生掉队，但在教学实践中，教师往往偏爱优秀学生，实行的是精英主义。如果说存在着"课堂上的皮革马利翁效应"，一般来说也是能发生在比较优秀的学生上。进一步说，课堂上体现的经常是"马太效应"，好的越好，差的越差。

最后是环境的差异。优质学校或优秀班级，通常有较好的学习环境，设备优良、秩序井然；而差的学校或班级，经常充斥着无序与暴力。可想而知，一个本来文化贫瘠的平民出身子女，在一个恶劣学习环境中几乎无法健康成长。

① Boudon (R.), *L'inégalité des chances. La mobilité sociale dans les sociétés industrielles*, Paris: A. Colin, 1973.

② Marie Duru-Bellat et Agnès Van Zanten, *Sociologie de l'école*, Paris: Colin/VUEF, 2002.

从本质上说，学校或教育并不是不平等的根源，但是学校又确实或多或少地参与和制造着不平等。为了减少不平等并最终消除不平等，就必须减少和消除教育不平等。

为了减少和消除教育不平等，需要对教育不平等的状况进行测量。

1904 年，保罗·拉比（Paul Lapie）[1] 试图通过测量初等义务教育的结果，来验证"平民学校是否恰当地发挥着平均主义的作用"。拉比对 1872—1893 年结束小学学习的人的职业状况进行了细致研究，发现只有少数平民子女获得初等教育证书，并由此改变了社会等级。这样的结果令这位共和国学校的拥护者颇感失望，他遗憾地指出，"学校有时可以斩断经济等级所封锁社会网络的链环，但其作用实在有限"。[2]

1936 年，教育部长让·扎伊（Jean Zay）在开放中等教育的同时，开始对初等教育学生的社会出身开展调查，其调查结果成为法国第一份关于公立中学第六年级学生家庭出身的统计表（见表 4–1）。

表 4–1　1936 年法国公立中学第六年级学生的家庭出身

学生家庭出身	学生人数	比例（%）
公务员	8613	30.0
工商业主	7097	24.6
食利者	1682	5.8
农民	487	1.7
工人	769	2.7
手工艺者	1251	4.3
职员	5850	20.3
自由职业者	3057	10.6
总计	28 806	100

资料来源：A. Girard, "Deux études sur la démocratisation de l'enseignement. I. L'origine sociale des élèves des classes de sixième. II. Résultats d'une enquête dans l'Académie de Bordeaux," *INED, Population*, n° 1, janvier–mars 1962, in Françoise Oeuvrard, "Quelques repères historiques," *Education & formations* n°74, avril 2007.

---

[1]　保罗·拉比（Paul Lapie，1869 年 9 月 4 日—1927 年 1 月 24 日），法国雷恩大学讲师。

[2]　Françoise Oeuvrard, "Quelques repères historiques," *Education & formations* n°74, avril 2007.

　　1944 年国家人口研究所（INED）对 95 000 个小学生进行调查，试图找出学生家庭出身与学习成绩的关联。1962 年国家人口研究所公布了其在小学五年级（毕业年级）的调查结果：87% 的高层管理人员和自由职业者的子女能够升入初中，而升入初中的工人子女只有 21%，农民子女只有 16%。[①]

　　1972 年，国民教育部设立专门统计机构，对 3 万名初中一年级学生进行纵向调查。

　　随着高等教育的大众化发展，人们把教育不平等的关注点放到高中毕业会考文凭获得者的家庭出身上。统计数据表明，1985—1995 年的 10 年间，高中毕业会考文凭获得者在同代人口中的比例增长了一倍多，由 29% 增长到 63%。但是，教育不平等的现象依然严峻。2004 年，18 岁的高层管理人员子女占同龄人口的比例为 15%，但在当年高中毕业会考文凭获得者的总数中占 20%。而占同龄人口比例约三分之一的工人子女，高中毕业会考文凭获得者的比例仅仅 18%（见图 4-11）。

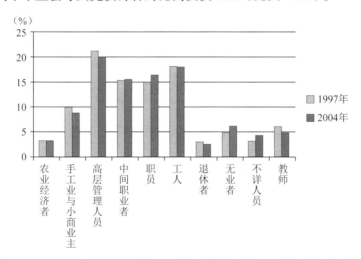

图 4-11　1997 年与 2004 年法国高中毕业会考文凭获得者的家庭出身

资料来源：Olivia Sautory, "La démocratisation de l'enseignement supérieur : évolution comparée des caractéristiques sociodémographiques des bacheliers et des étudiants," *Education & formations*, n°74, avril 2007.

　　[①]　Françoise Oeuvrard, "Quelques repères historiques," *Education & formations*, n°74, avril 2007.

　　高等教育发展的同时，也体现出不同社会出身的学生之间及其在学科分布上的差距。图 4-12 中的横轴勾画了精英教育的走向，高层管理人员和教师的子女，就业出路更好的科学专业系列集中分布在这一轴线的左侧。而工人的子女在处于横轴的右侧，职业教育的专业系列的位置更远离横轴线。横轴的终结处表示全部高中毕业会考文凭获得者占同龄人口的 68%，而纵轴则表示农业系列高中毕业会考文凭获得者的比例达到 17%。

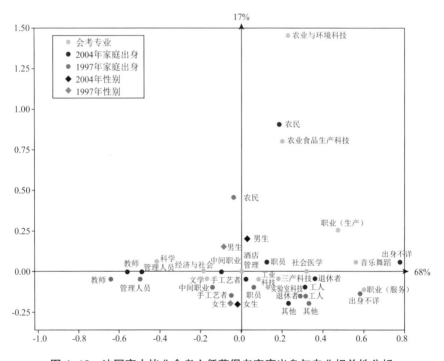

图 4-12　法国高中毕业会考文凭获得者家庭出身与专业相关性分析

资料来源：Olivia Sautory, "La démocratisation de l'enseignement supérieur : évolution comparée des caractéristiques sociodémographiques des bacheliers et des étudiants," *Education & formations*, n°74, avril 2007.

　　2004 年，43% 的管理人员子女获得了科学系列的高中毕业会考文凭，而当年科学系列高中毕业会考文凭的获得者只占全部高中毕业会考文凭获得者的 26%。类似的数据也体现在教师子女身上，其 46% 具有科学系列的高中毕业会考文凭，占全部科学系列高中毕业会考文凭获得者的 8.5%。而工人、农民和退休者的子女更多地选择了技术或职业教育文凭。26% 的工人子女选择的是工业科学技术或社会医学等社会地位较低系列的高中毕业会考。实际上，这两个系列的高中毕业会考文凭获得者的比例只占全部高中毕业会考文凭获得者的 19%。[①]

法国虽然早已是经济发达国家，国土面积只有 55 万平方公里，人口也不算多，2004 年为 6200 万，但法国本土的 22 个大区及其 96 个省之间仍然存在经济、文化和教育上的差别。法国政府也已经注意到教育差别的存在，从 1993 年起出版《学校地理》(Géographie de l'École)，至 2005 年已出版了 9 期。这个系列的出版物着重对教育的不均衡进行分析，用 30 个指标分析教育的经济与社会的环境、学校教育的条件、物质与人力资源、教育的路径、教育的结果，比较从幼儿教育到高等教育在各个地区和各个省之间的差异。

例如，图 4-13 显示了法国各省之间 2 岁儿童入学率的差异。法国不仅普及了义务教育，学前教育也相当普及，3—5 岁儿童的入学率接近 100%，能够体现差异的便提前至 2 岁儿童。

而图 4-14 所反映的是法国高中毕业生的比例在各地区之间的差异，图 4-15 反映的是教师与学生比例在各省之间的差异。通过诸如此类的比较，可以帮助决策者认识教育发展的不平衡，以期对教育系统进行宏观调节，减少教育的不平等。

---

① Olivia Sautory, "La démocratisation de l'enseignement supérieur: évolution comparée des caractéristiques sociodémographique des bacheliers et des étudiants," *Education & formations*, n°74, avril 2007, p. 52.

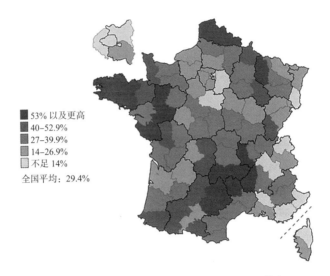

图 4–13　2003 年法国各省 2 岁儿童的入学率

资料来源：Géographie de l'École–n° 9 mai 2005.

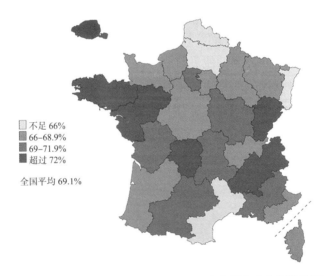

图 4–14　2003 年法国各地区高中毕业生获得会考文凭的比例

资料来源：Géographie de l'École–n° 9 mai 2005.

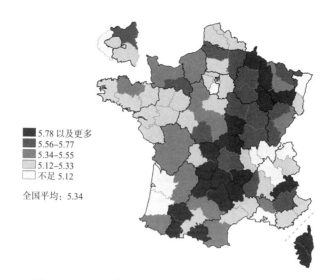

图 4-15　2004 年法国各省百名学生的教师职位数量

资料来源：Géographie de l'École–n° 9 mai 2005.

二、学校分区图

为了实践教育平等的政治理念，法国政府自 1963 年开始编制学校分区图（la carte scolaire），以限定公共教育服务的区域，同时满足家庭的教育需求。

1. 政治基础：为了社会平等

促进社会平等是法国诸多政治改革的核心理念。法国大革命曾设想使初等教育脱离教会的控制，全国实现统一和免费的制度，只是急风暴雨式的革命无时间也无能力实现这一目标。1833 年的《基佐法》奠定了每个城镇建立　所小学的格局。1881 年和 1882 年的《费里法》保证了免费初等义务教育的普及。1940 年代开始实施的家庭补贴制度进一步完善了初等教育系统。但是，中等教育依然明显划分着平民学校和资产阶级子女的学校。

早在 1918 年，法国"新教育运动"就倡导"统一学校"，主张建立一种平民能够介入的选拔社会精英的"共同基础"。1947 年的"朗

之万 – 瓦隆计划”循此思路，提出 18 年义务教育的设想，以最大限度地减少经济、社会或地理因素对儿童的不利影响。虽然这一计划未能实施，但成为后来改革经常参照的“经典”。1959 年的贝尔多安（Berthoin）改革便部分地实践了“朗之万 – 瓦隆计划”，把义务教育延长至 16 岁，基本可以保证全部青少年都能接受完整的初中教育。

1962 年 12 月 12 日，戴高乐总统向蓬皮杜总理指定三大目标，其第三目标要求：国民教育“应当致力于逐步消除社会阶级差异，使所有法国青年都能享有平等的机遇，并通过适当的导向与选择向大众开放”。[1]

正是基于这样的政治理念，法国政府于 1963 年编制出学校分区图（la carte scolaire）。学校分区图根据学校的不同层次和接收学生的能力，确定招生的地理区域。据此规划图，每个 5000—10 000 人口的居民点应当设一所初中，其服务半径为 10—15 公里，全国约有 4000 个这样规模的居民点。在人口密度大的城市，还要划分单一学校和多个学校的不同区域。每年各地教育行政部门都要根据学校居民区适龄儿童的数量和学校的招生能力确定学校分区，每所学校分区的范围可能具体到每个门牌号的住所。

法国义务教育既是免费的又是强制性的，凡 6—16 周岁的儿童均需接受此教育，家庭的义务便是送子女到公立或私立学校就读，也允许在家庭接受教育。如果是在家中接受义务教育，须向市镇政府和教育行政主管事先申报，并且每年都须报告进展情况，以便政府对学生教育和健康水平进行监控。任何幼儿学校不得允许超过 6 岁的儿童继续留校，相反，对于已经准备好接受小学学习的儿童，可以适当提早入学。适应教育大众化的需求，法国初中建设在 1960 年代经历了大发展时期，曾有“一天建一所初中”之说。[2] 随着学校发展条件逐步成熟，1975 年法国当时教育部长阿比实行了“统一初中”的改革。改革的核心原则是允许社会所有阶层的人都能够在社会平等的条件下接受统一

---

① Agnès van Zanten et Jean-Pierre Obin, *La Carte scolaire*, Paris: PUF, 2008, p. 12.

② 同上书，第 16 页。

的教育。新的初中替代了原来不同类型的初中，将所有青年都置在同一类型的学校之内，并且随机班级，不再按照学习成绩划分不同类型的学习系列。

学校分区（sectorisation scolaire）的基本原则是就近入学。在学校招生之前，家长会得到学校分区及规定学校的有关信息。当家长准备儿童入学时，先须在市镇政府注册，并须出示以下证件：

- 户籍证（livret de famille）、身份证或出生证；
- 居住证明；
- 儿童疫苗记录。

然后家长在到市镇政府规定的学校注册时，家长须提供以下证明：

- 市镇政府签发的学校注册许可证；
- 户籍证、身份证或出生证；
- 儿童疫苗记录。[①]

而注册初中基本上可以自动完成。在小学毕业之前，每个学生会收到有关初中注册的申请资料，家长和学生可以在教师的咨询与帮助下选择学生的就读模式（住宿、午餐、走读）和第一外语的语种。当被告知接收其子女的学校时，家长便可以到该校为其子女正式注册了。

在巴黎等大城市，有一些艺术、体育等特长学校，录取时要进行测试，然后由学区委员会根据成绩和学校招生名额决定录取名单。

高中学校的注册稍微复杂一些，因为高中教育已不属于义务教育，学生需要在普通教育、技术教育和职业教育的不同方向上分流。这便是所谓的"定向"，一般的定向程序是这样的：

- 在初中四年级的第二学期，学生和家庭须表示关于定向的要求。
- 班级委员会首先审查学生和家庭的定向要求并提出意见。
- 如果这一意见与学生和家庭的要求不一致，校长须在作出决定之前与家长展开对话。
- 如果异议继续存在，家长可以在三天之内要求由学校校长、教

---

① "L'Inscription à l'École élémentaire". http://www.education.gouv.fr/cid37/inscription.html (2021-03-29).

师、学生家长、教育与定向人员组成，并由学区督学主持上诉委员会
复议。

● 如果最终未能达成一致，家长可以选择让子女留级。

学生的申请志愿将送达到相关高中，高中校长负责审查学生的资
料。之后，学区督学（省级教育行政主管）将根据学生志愿和学校容量
决定所辖各学校录取学生的名单。

如果家长希望到分区以外的学校注册，须有适当的理由和相应的证
明材料，如学习小语种外语，须提供申请信，如父母在某校工作，需该
校校长的证明等。如果此项申请被拒绝，学生仍可在规定分区的学校入
学。例外的小学入学要求须经相关市镇政府批准，例外的中学入学要求
须经相关省级教育行政部门批准。

学校分区制度实施以来，不断受到挑战，特别是在新自由主义影响
下，要求自由择校的呼声不断高涨。新自由主义认为，自由择校不仅是
家长权利的诉求，更是促进教育平等的有效途径。

针对这一问题，萨科奇（Nicolas Sarkozy）[1] 总统在上任不久便表示
"希望逐步取消学校分区图，是为了有较少的分离，""希望改革统一初
中，是为了每个学生能够找到自己的位置，是为了考虑智力的发展规
律、感受、特性和形式的差异，使每个学生获得最大的成功，""希望残
疾儿童能够像其他儿童那样接受教育，不仅是使残疾儿童获得幸福，也
要让其他儿童从差异中丰富自己"。但他同时强调，"我们共和国学校
的模式，就是容纳所有家庭出身、所有社会阶级、所有信仰，要求每个
人在宗教、哲学和政治信仰上保持中立并相互尊重。"[2]

2. 教育现实：学生分化严重

从本质上说，学校或教育并不是不平等的根源，但是学校又确实或
多或少地参与和制造着不平等。法国小学入学率已达百分之百，并且
95% 以上的小学生能够进入初中。从数量上看，法国初等教育可以说已

---

① 尼古拉·萨科齐（Nicolas Sarkozy，1955年1月28日— ），法国政治家，2007年5月
16日—2012年5月15日，担任法兰西第五共和国第9位总统。

② Nicolas Sarkozy, "Lettre aux éducateurs". http://www.education.gouv.fr/ (2021–03–29).

经完全普及。但是令人担忧的是小学生的留级率多年来居高不下，三分之一以上的小学生不能按期完成五年学业进入初中。这就是长期困扰初等教育的学业失败问题。

1996 年 5 月 2 日，法国国民教育部公布了小学三年级学生的全国评估考试结果。结果显示：在小学三年级学生中，有 15% 的学生不能辨认常见词汇，不能理解简单课文，17% 的学生不会加法运算，也不懂整数概念；在初中一年级学生中，9% 的学生不会阅读，23.5% 的学生不会计算，6% 的学生在学习上存在极大困难。

1998 年 6 月，法国国民教育部的一份报告证实："根据各年情况，刚刚进入小学三年级的学生中有 21%—42% 不能掌握阅读或运算，或不能掌握两个方面最低水平的能力。他们能够进入初中的比例为 21%—35%。"[1]

法国教育高级委员会（Haut Conseil de l'Éducation）在其 2007 年关于小学的评估报告中做出这样结论：60% 的小学毕业生获得及格或令人满意的成绩；25% 学生的成绩较差；15% 的学生学习困难或极为困难。[2]

如果一个学生在阅读或书写上存在困难，在其他学科中的困难也会随之而来。特别是学习的困难往往给学生带来心理的创伤，他们可能在感到自己不行的同时把自己归为"另类"，导致自我封闭，从而远离学生群体。小学阶段的学业失败给以后的中等教育带来严重的困难。一些研究证明，五年按时完成学业的小学生在未来的中学阶段会有比留级生高五倍的机遇获得成功。而小学阶段学习是否能够顺利完成，又很大程度上取决于小学一年级的学习情况。

从整体上看，法国学生在法语学习上的问题相对小些，在数学方面比较严重。近四分之一的初一学生不具备整数比较、四则运算等基本能力，而具备这些基本能力的学生仅占 43%。

对于小学三年级出现这些问题，曾任评估与预测司司长的德洛先生

---

[1] Ministère de l'éducation nationale, "Améliorer l'efficacité de l'école primaire, rapport de l'Inspection générale de l'éducation nationale remis à Ségolène Royal en juillet 1998".

[2] Haut Conseil de l'Éducation, "Bilan des résultats de l'École, 2007".

认为，这应属自然，因为这时正在学习过程中，学生可以在以后的二、三年中得以补习。问题严峻的是，有 5%—10% 的儿童进入初中时存在极大的学习困难。

令人担忧的是法国当前学生成绩竟然落后于 1920 年代初的水平。1995 年，有人在档案资料中偶然发现了 9000 余份学生试卷，通过认真比较发现，在语言掌握上"今天的学生，在听写上的出错率，平均比 1920 年代的学生高出大约 2.5 倍。"①

更令人担忧的是，学业失败问题的背后隐藏着严重的社会问题。一方面，学习落后的学生中不同家庭出身的比例差别甚大。例如在 1980 年对小学一年级留级生的统计中，农业工人和普通工人的子女分别占 29.9%，企业主、高级职员和自由职业者的子女仅有 6.1%。其他统计还表明，在正常读完小学的儿童中，高级职员的子女的比例高出农业工人的子女二倍多。另一方面，学业失败在地理区域上的差别也十分明显。在偏远山村和贫困地区，学业失败的儿童的比例相当高，并且这些地区的一些相对优越的家庭也不断搬迁，那里学校的质量日益恶化。

3. 实施网上分配

自 2008 年，法国采用了一种网上管理系统"AFELNET"（Affectation des Elèves par le net）的方式录取高中新生。其基本程序与规则由教育部制定，但积分值或加权值由各学区根据本地情况并经相关人员协商确定。

这一网上高中录取系统的筛选依据学生的积分，主要指标是家庭住址和学习成绩。比如在巴黎，划分成东、西、南、北四个区域，共设有 71 所普通与技术高中和 31 所职业高中。如申请学校在家庭所在区域内获得的积分最高。另外，奖学金生和有兄弟姐妹就读在申请高中的也可获一定积分。每一名初中毕业生可以填写 6 个志愿，分别标明个人所选择的普通高中或技术高中。如果初中毕业生申请职业高中，也可填 6 个志愿，但至少有 4 个志愿，每个志愿含专业和学校。职业高中的录取不受区域限制，但要参考学生的学业成绩和毕业初中与志愿高中对专业选

---

① Ministère de l'éducation nationale, Les Dossiers d'éducation et formations, n°62, février 1996.

择的意见。

表 4-2 巴黎学区 2013 年高中录取分配的积分标准

指标	积分
学校分区（居住地和学校在同一分区）	600
学业成绩	600
奖学金生	300
兄弟姐妹在申请的第一志愿学校就读	30
总分	1530

值得指出的是，为了避免不同学校间计分差异造成的不公平，学生初四年级的 12 门课程的平时考核成绩将先根据一个兼顾各种因素的复杂数学公式进行加权均衡处理，避免过于严厉或过于宽松的评分，然而再得出积分分数。这也就是意味着学生自己并不能依照平均成绩事先算出可能的得分。

通常，申请高中录取分配的日程都有严格规定，也以巴黎学区为例，2013 年的高中录取日程如下：

5 月下半月，每个初中四年级（毕业年级）学生会从班主任教师那里收到一份高中志愿申请表。学生须在规定的时间将填好的申请表交还班主任教师。将其志愿申请录入"AFELNET"系统。同时打印志愿申请表，交由家长确定并签字。家长签字的申请表须返回学生所在的初中，如果未能按时返回学校，打印的志愿表被视为有效。

6 月 15 日，校长把关于学生学业定向的决定通告给家长。

6 月 29 日，网上第一轮录取结果公布。

6 月 29 日—7 月 4 日，学生须在此期间到被分配的高中注册。

7 月 2—4 日，未被分配学校的学生重报志愿。

7 月 9 日，网上第二轮录取结果公布。

9 月 4 日，新学期开学。

如果在电脑的第一次分配中，学生被分配到 6 个志愿中的任何一所学校，便算分配完毕，在得到正式录取通知后，即可到相关学校报到注册。依照规定，凡在 6 个志愿中有一个被选中的，那么，家长无论提出什么理由，学区都不会考虑再次分配。但如果在第一次电脑分配中，6 个志愿没有一个被选中的话，学生则需要在规定的时间内重返原来初中，重新填写志愿，然后输入网上管理系统，进行第二次分配。

新的网上高中录取方式超越了原先各高中"赶集式"的录取办法。尽管过去高中录取并无明显的舞弊行为，但录取主管教师通常难以避免对某些家庭和某些学习优秀的学生有所偏爱，而网上录取进一步保证录取程序的透明和公正。

新的录取方式也赋予学生和家长一定的选择权，他们有可能进入自己希望去的学校。但是，这种权利也很有限，并非想去哪个学校就能去哪个学校，或者不想去哪个学校就不去哪个学校。正如巴黎学区主任米舍莱（Claude Michelet）所言："志愿并不产生权利"（Le vœu ne crée pas un droit）[1]。任何人都无特权，规则总是最重要的。

4. 并未终结的争论

学校区域图实施 40 余年来，在教育均衡发展上发挥了重大作用，但也暴露了严重问题。即使是政府在学校经费和师资方面采取了严格的均衡政策，但因生源而形成的学校之间的差异则十分明显。通常是城市中心和文化区域内的学校因生源质量较好而声誉显著。而只有经济优越的家庭才有可能在这些房价较高的区域居住，因此造成教育资源的不平等。

从 2002 年起，法国政府对学校分区图政策开始松动，法国教育部长吉尔·德罗比（Gilles de Robien）[2]主张放宽学校分区控制，允许教育优先区内所有获得优秀成绩的初中毕业生可以例外地选择学校。

---

[1] Luc Cédelle, "Choisir son lycée à Paris ? Oui. Mais près de chez soi et 'dans la limite des places disponibles'," *Le Monde*, le 3 avril 2010. https://www.lemonde.fr/societe/article/2010/04/03/choisir-son-lycee-a-paris-oui-mais-pres-de-chez-soi-et-dans-la-limite-des-places-disponibles_1328306_3224.html (2021–03–29).

[2] 吉尔·德罗比（Gilles de Robien，1941 年 4 月 10 日—　），法国政治人物，2005 年 5 月 31 日—2007 年 5 月 15 日任国民教育、高等教育与研究部长。

后任教育部长达尔科（Xavier Darcos）[①]相信，家长的自由择校有利于消解社会分离。因此他于 2007 年 6 月进一步放宽政策，允许学生去本区之外的学校就读，只要不超出学校的接受能力。针对可能的超额问题，要求优先招收以下学生：

- 残疾学生；
- 优秀奖学金生；
- 社会资助生；
- 接受重要医疗，其医院靠近所选择学校的学生；
- 接受特别学科教育的学生；
- 有兄弟或姐妹在所选择学校就读的学生；
- 其居所更靠近所选择学校的学生。

新的政策尊重了家长选择学校的权利，但将引起学校之间的竞争，也可能扩大学校之间的差异。

根据教育部的规定，学区长负责审查每个申请分区以外学校请求，唯一限制是接受学校的招生能力。地方政府应用一种"AFFEL.net"软件系统来筛选申请，主要依据是报名的学校、家庭住址、家庭状况、是否奖学金生、是否残疾等指标，自动生成筛选结果。2007 年入学时，全国共有 13 500 份申请，其中巴黎地区 2500 份。申请初中学校的批准率为 77%，高中的批准率为 67%。

巴黎一位家长因其女儿两次申请进入若干著名高中未果，无奈将女儿送入一所私立学校之后，将巴黎学区告上行政法院，法院最终判决家长胜诉，要求志愿报名的高中将其女儿录取，并要求学区支付该家长 1500 欧元的诉讼费。[②]

许多家长对于即将取消学校分区图欢呼雀跃，他们可以为子女自由地选择学校了。一些学者也支持取消学校分区图，他们认为，学校分区

---

① 格扎维埃·达尔科（Xavier Darcos，1947年7月14日—　），法国政治人物，2007年5月 18 日—2009 年 6 月 23 日任国民教育部长。

② Marie-Estelle Pech, "Carte scolaire : le système d'affectation mis en cause," http://www.lefigaro.fr/actualite-france/2010/02/17/01016-20100217ARTFIG00053-carte-scolaire-le-systeme-d-affectation-mis-en-cause-.php (2021-03-29).

图会导致社会的贫民区的形成，因为"只有富裕阶层的子女才有规避学校分区图的能力"[①]。

但也有另外学者持不同意见。法国国家科学研究中心研究员臧丹（Agnès van Zanten）[②] 指出，"学校分区完全自由的国家，或者说无任何调控的国家，学校不平等在整体上最为严重。……然而，在我们的民主之中，强制的学校分区图的约束越来越不被接受"[③]。她还看到，"学校分区的取消会给予优越家庭更多选择学校的机会"。结果可能是，"坏公民，但却是好家长离开（规定的分区学校），""好公民，但可能是坏家长留下。"[④]

社会学者弗朗索瓦·迪拜（François Dubet）[⑤] 和玛丽·迪露－蓓拉（Marie Duru-Bellat）[⑥] 认为，"取消学校分区图不足以提出更为公正的政策，取消学校分区图可能是比坏药方更糟的药方"。[⑦]

法国共产党则认为政府取消学校分区图的措施"令人愤慨"，严厉批评"菲永（Fillon）[⑧] 政府如此简单粗暴地终结了共和国的学校"。[⑨]

孰是孰非也许不会有定论，法国学校区域图也许最终被取消，但是法国公共教育的原则不会变。所谓教育的公共性，就是平等地对待所有学校和学生，保持教育资源供给的平等性。法国政府已经郑重承诺，就

---

① Marc Dupuis, "Carte scolaire : la Cour des comptes pointe un risque de ghettoïsation". http://www.lemonde.fr/societe/article/2009/11/05/carte-scolaire-la-cour-des-comptes-pointe-un-risque-de-ghettoisation_1263096_3224.html (2021–03–29).

② 阿妮丝·臧丹（Agnès van Zanten，1957年5月7日—　），法国社会学家，法国科学研究中心主任研究员。

③ Matine Fournier, "Trois questions à Agnès Van Zanten. École: à quoi servent les recherches?" *Sciences Humaines,* n° 198, novembre 2008.

④ Agnès van Zanten et Jean-Pierre Obin, *La carte scolaire*, pp. 55, 76.

⑤ 弗朗索瓦·迪拜（François Dubet，1946 年 5 月 23 日—　），法国社会学家。

⑥ 玛丽·迪露–蓓拉（Marie Duru-Bellat，1950年10月10日—　），法国社会学家，巴黎政治学院教授。

⑦ http://www.education.gouv.fr/cid5170/xavier-darcos-assouplit-la-carte-scolaire.html (2021–03–29).

⑧ 弗朗索瓦·菲永（François Fillon，1954年3月4日—　），法国政治家，2007年5月17日—2012 年 5 月 15 日任法国总理，2004 年 3 月 31 日—2005 年 5 月 31 日任国民教育、高等教育与研究部长。

⑨ *Le Figaro* du mardi 22 mai 2007.

近入学仍是普遍的规则。即使平民的子女无法选择优质的学校，还可以在家庭附近的合乎规范的学校就读。尽管富人的子女如愿以偿地进入名牌学校，凭借的也不是金钱和权势。透明的规则和公正的程序才是人们真正的期待。

三、教育优先区

20 世纪 70 年代末期，法国在经历经济危机之后，社会矛盾凸现出来，失业和不平等等问题困扰着法国社会。在教育上，由于中等教育的迅速普及，特别是 1975 年统一初中的实施，学业失败问题日益严重。学习困难的学生与正常学习的学生之间的差距越来越大，而这些学习困难的学生具有明显的社会特征，如多子女家庭、单亲家庭、平民家庭、移民家庭等。学业失败是导致如失业等社会失败的重要原因，间接的结果是加剧整个社会的不安。1981 年，法国左派政党第一次开始执政，解决社会不平等问题便是政府不可回避的一项重大难题。

1. 一个创举

为了克服学业失败和缩小教育不平等，法国教育部长萨瓦里于 1981 年提出了"教育优先区"（Zones d'éducation prioritaire，ZEP）的政策，就是在学业失败率较高的城区或乡村划分一定的地理区域，实施特殊的教育政策。萨瓦里认为，"教育系统的民主化，并同社会不平等作斗争，应当给予最需要的人更多帮助和更大关心"。[1] 因此，在教育优先区域内，要以"给与最匮乏者更多，特别是更好"[2] 的思想为宗旨，采取强化早期教育、实施个别教学、扩大校外活动、保护儿童健康、加强教师进修等措施，并为区域内各级中小学追加专门经费，为其教师增加补贴，以保证教育质量有所提高。所有在教育优先区任教的教师都

---

[1]　Alain Savary, discours du 13 juillet 1983. in Sénat, Rapport d'information, session extraordinaire de 2007-2008 annexe au procès-verbal de la séance du 9 juillet 2008, p.7. https://www.snes.edu/IMG/pdf/Rapport_Longuet_RAR_2008.pdf (2021-09-06).

[2]　*Le rapport d'activité 2000-2001 du ministère de l'éducation nationale,* 19 novembre 2001, p. 71.

可享受每年 6900 法郎的"特殊工作补贴",初级中学校长和副校长从 1999 年起可享受向上浮动一级工资的待遇。

在每个教育优先区内,也建立相应的管理与协调机制。通常,教育优先区以一个初中为核心,与本招生区的若干小学结合成一个整体。其负责人可能是一个国民教育督导员,也可能是初中的校长,并由一位专职或兼职教师作为助理。经过分析与研究,每个教育优先区要制定重点发展目标和规划,曰"成功契约"。这个契约经省级行政机构批准之后,便可获得相应的经费支持。

在 1982 年开学时,法国设立了 363 个教育优先区,涉及 8.3% 的小学生,10.3% 的初中生,7.4% 的职业高中学生和 0.8% 的普通与技术高中学生。

2. 曲折发展

本来,教育优先区的设想在 1981 年就已提出,教育部 1981 年 7 月 1 日的通令明确指出其目的在于"通过在学业失败率最高的区域和社会环境中教育行动的有选择的强化,对社会不平等加以纠正。"[1] 但是,这一政策却未得到积极响应。学校负责人和教师普遍不欢迎校外人士对学校事务的介入,地方行政部门也担心在本地设置教育优先区会给所辖学校带来不良影响,一些社会人士还认为教育优先区可能打破学生之间和学校之间平等对待的原则。教育部不得已在年底再度发布通令,以准备时间不足为由,暂停教育优先区的实施。[2]

也许,这就是一个不祥之兆。尽管教育优先区的政策在 1982 年得以实施,后来的发展却一波三折。最初的倡导者萨瓦里部长 1984 年 7 月离任后,新任教育部长舍维内芒(Jean-Pierre Chevènement)[3] 对教育优先区的支持仅仅停留在口头上,其关注点在复兴共和国学校。在莫诺里任教育部长时期(1986 年 3 月—1988 年 4 月),教育优先区政策被

---

①　Ministère de l'Éducation nationale, Circulaire n°81-238 du 1ᵉʳ juillet 1981.

②　Ministère de l'Éducation nationale, Circulaire n°81-536 du 28 décembre 1981.

③　让-皮耶尔·舍维内芒(Jean-Pierre Chevènement, 1939 年 3 月 9 日—　),法国政治人物,1984 年 7 月 19 日—1986 年 3 月 20 日任国民教育部长。

完全放弃。直至 1990 年若斯潘（Lionel Jospin）^①担任教育部长时，教育优先区政策又被重新提起，并被列于《教育指导法》之中。

在新的教育优先区政策中，"首要目标是明显改善学生，特别是处境最不利的学生的学业成绩"^②，并规定了三大目标：改善教学条件；改善优先区的形象；改善教师地位。

新的目标似乎并未取得实质进展，教育优先区的发展又步入消沉之中。

1997 年，法国教育部又发动了第二轮的教育优先区政策的实施，并确定了 10 项目标：

1. 保证每个学生平等地学习知识；

2. 保证掌握阅读与语言；

3. 发展文化体育活动以及形象教育；

4. 鼓励早期教育；

5. 辅导最困难的学生，防止学业失败；

6. 开展公民与道德教育；

7. 加强学校与家长的联系；

8. 向社区开放学校，创建有效的合作条件；

9. 制定有效工具评估学业进步；

10. 改善教师辅导工作，创建更好的指导条件。

伴随新的目标，教育部决定重新划定教育优先区。为了促进教育优先区的进一步发展，负责基础教育的部长级代表鲁瓦雅于 1998 年 7 月提出促进教育优先区向"教育优先网"（REP）转化。

2000 年，法国的教育优先区和教育优先网为覆盖了 7329 所小学，1053 所初中。2006 年初，教育部发动了第三次教育优先区的实施，但名称有所不同，称之为"有志于成功网"（réseaux ambition réussite-

---

① 利昂内尔·若斯潘（Lionel Jospin，1937 年 7 月 12 日— ）法国政治家，法国社会党的重要人物之一，1988 年 5 月 12 日—1992 年 4 月 2 日任国民教育部长，1997 年 6 月 2 日—2002 年 5 月 6 日任总理。

② Ministère de l'Éducation nationale, Circulaire n°90-028 du 1er février 1990.

RAR）。2008 年开学时,"有志于成功网"包括 6969 所小学和 1105 所初中。2012 年,教育优先区的新名称为"雄心、创新与成功学校"（Ecoles collèges lycées pour l'ambition, l'innovation et la réussite）,含 6770 所小学和 1099 所初中。[①]

3. 成效不大

教育优先区政策实施 20 多年来,应当说取得了一定成功,但主要体现在教育条件和设施上的改善。比如教育优先区初中教师与学生的比例平均为 1：21.2,而非教育优先区的这一比例为 1：23.2,教育优先区的生均经费通常高于非教育优先区的 10%—15%[②]。

但是在解决学业失败上,教育优先区的成效甚微。根据法国教育部评估与发展司的 2002 年 9 月的评估结果,教育优先区内学生的学习成绩与非教育优先区仍有相当差距。[③]教育优先区小学三年级的数学平均合格率为 60.7%,法语为 58.8%,而非教育优先区学生的数学为 67.7%,法语为 69.4%。其中数学成绩的差距已比较明显,法语的差距就更大了,超过 10%。

在初中一年级,数学的平均合格率为 53.6%,法语为 56.1%,而非教育优先区学生的数学为 67.4%,法语为 68%。这就是说,教育优先区内与外的初中学生成绩的差距不仅未能缩小,反而在进一步拉大,分别都超过 10%。

---

① CIMAP (comité interministériel sur la modernisation de l'action publique), *Evaluation de la politique de l'éducation prioritaire, Rapport de diagnostic,* 17 juillet, 2013, p.6. http://cache.media. education.gouv.fr/file/08_Aout/15/9/Rapport_de_diagnostic_sur_l_evaluation_de_la_politique_de_l_ education_prioritaire_266159.pdf (2021–09–07).

② *Le rapport d'activité 2000-2001 du ministère de l'éducation nationale*, 19 novembre 2001, p. 71.

③ *Le Monde de l'éducation*, N°313, avril 2003, p. 30.

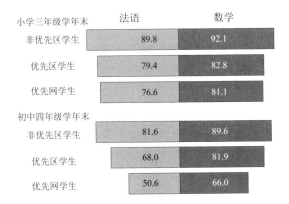

图 4-16 2009 年法国教育优先区内外学生基础能力比较

资料来源：Ministère de l'éducation nationale, *l'état de l'École n° 19*, édition 2009.

尽管处于教育优先区学生的成绩普遍不如非优先区的学生，但官方也作如下解释：

"10% 的教育优先区的学生为 20% 的优秀学生之组成部分；在 20% 的最差学生中，只有约 40% 的学生在教育优先区；约半数的教育优先区的学生，处于 60% 的中间水平学生之中"。①

但是，社会各界的评价却与官方大相径庭。有人认为，教育优先区的标签，加剧了"弱者集中的效果，""处境不利人群的'集中化'，更减少了其成功的机遇。"另一方面，教育优先区的设立又使条件优越一些的家庭，从教育优先区中的学校撤离。这样，实际的结果使社会分离现象进一步加剧。

法国教育部评估与发展司的一份统计表清楚显示，教育优先区内学生家长 58% 为工人或无业者，而在教育优先区外为 35%。教育优先区内学生家长的文化水平也普遍较低，持有高等教育文凭的只有 20%，而在教育优先区外学生家长的高等教育文凭持有率为 40.5%（见表 4-3）。特别是教育优先区内学生家长的移民比例较大，他们经常讲的是自己的母语，而不是法语。可想而知，在这样家庭氛围中获得良好的语言训练

① *Le rapport d'activité 2000-2001 du ministère de l'éducation nationale*, 19 novembre 2001, p. 72.

是很难的，因而也难以在学校获得好的法语成绩。

表 4-3　1995 年教育优先区内初中学生的家庭背景

家庭背景		教育优先区内（％）	教育优先区外（％）
社会出身	农业生产者、手工业者、商人	7.0	11.0
	管理人员、中间职业人员、企业主	15.0	37.0
	职员	20.0	17.0
	工人、无业者	58.0	35.0
家长最高文凭	初等教育	41.5	16.5
	职业高中证书	38.5	43.0
	高等教育文凭	20.0	40.5
子女数量	1 或 2	24.0	43.0
	3 或 4	35.0	38.0
	5 及以上	41.0	19.0
移民	父母均不是移民	65.0	87.0
	父母均为移民	27.0	7.0
父母语言	总讲法语	67.0	88.0
	总是或经常讲其他语言	15.0	3.0

资料来源：MEN–DEP, panel d'élèves entrés en classe de 6ᵉ en 1995.

　　法国初中的主要问题是统一招生所形成的学生成分参差不齐，但在一些教育优先区的学校，学生成分竟是出奇地一致，但却是另一种一致，正如一所学校校长所言"我们，100% 是穷人，95% 是移民，0% 是老板，0% 是中产阶级、自由职业者、教师、商人"[1]。因此，有人讽刺道，若去教育优先区，"沿着垃圾车的方向一直走，学校就在后面的死胡同里"。

　　本来，教育优先区的目的在于缩小教育不平等，但意想不到的是，竟又陷入了不平等加剧的泥潭。

---

　　[1]　*Le Monde de l'éducation*, n°313, avril 2003, p.31.

4. 仍需坚持

法国教育优先区的发展正处于进与退的两难选择之间。进，似乎前途渺茫。谁都知道，教育平等不仅在于教育起点的平等，教育机会的平等，更重要的是教育结果的平等。但是直至目前，任何国家都未能实现真正的教育结果平等。退，也没有出路。正如当时负责基础教育的部长级代表鲁瓦雅于 1998 年 6 月 4 日在鲁昂召开的"教育优先区全国研讨会"上所指出的，"当一个社会陷于其内部的无知、偏狭、暴力、贫穷、孤独的威胁之中时，是教师和工作在教育优先区的人护卫着社会的新防线。一旦这一防线崩溃，一切都可能逆转。所有这些，都取决于学校。"[1]

现实的做法也许只能是坚持、坚持、再坚持。一方面要在政策上作一些调整。如果说法国 1982 年设置教育优先区时，涉及 8% 的小学生和 10% 的初中生，教育优先区在 20 年后的覆盖面扩大许多，1999 年时涉及小学生 15.2%，2001 年时涉及初中生 17.3%。从道理上讲，教育优先区的划分应该是动态的，如果一些学校的学生成绩指标有较大改善，就应当撤出教育优先区，相反一些学校的状况不好则应吸收进入到教育优先区。但实行起来却颇为困难，原因就在于享受特殊工作补贴的教师都不愿减少自己的收入。例如在里尔学区，教育优先区增加了 25 个，享受补贴的教师由 300 人增至 2700 人。[2]

另一方面要调动教师的积极性。有的学者认为，为了使教育优先区政策获得成功，教育优先区中学校教师的作用至关重要，他们要有四个方面的特殊能力：

道义上的：要相信自己能够成功，要相信其学生有能力学习并会取得成功；

教育上的：实行一种结构合理的教育学，既要开放又要严格；

机制上的：能够在 20—25 个学生的小班中教学，并能够管理小组活动；

---

[1] Ségolène Royal, "Assises nationales des ZEP, Rouen, les 4 et 5 juin 1998". https://www.ozp.fr/spip.php?article24680 (2021-09-07).

[2] *Le Monde de l'éducation*, n°313, avril 2003, p. 37.

社会上的：善于社会沟通，特别是与移民家庭的沟通。[1]

2005 年 12 月 13 日，法国教育部长吉尔·德罗比发表了关于"优先教育"的讲话，提出了继续"优先教育"的新思路。

德罗比批评说"优先教育"这一政策并未达到理想结果，原因是给予的太少，给予的太泛。特别是没有给到"人"，而是撒胡椒面似的分散到未能清晰界定各个区域。他指出，未来的优先教育将根据学生家庭的社会状况，学业滞后的比例，初中一年级学生的评估成绩，非法语为母语学生的数量，首先确定 200—250 所学习最困难学生最集中的初中。他将这些学校命名为"有志于成功"的初中，并从 2006 年开学时起，为这些学校补充 1000 名教师和 3000 名教学辅导人员，保证每所学校至少有一名医护人员，设置 200 个骚乱学生矫正班。

德罗比部长强调，仅有这些措施还不够，应当赋予这些学校真正的目标，需要激发一种努力学习的新的精神，要使学生具有自信心、归属感、自豪感。要动员文化机构，体育机构，大学与科研机构参与这些学校的工作，促进学校文化环境的改善。这些初中还要确定自己的教学计划和发展目标并同地方教育主管部门签订 4—5 年的合同，由国家督学监督其实施。

法国教育部长最后指出，实现机会平等是共和国所要求的，行动的绝对优先点，就是让全法国的儿童都会阅读和写作，这是自由的关键。

经济的法则是追求效益的最大化，效益低或无效益的领域可以不去问津。教育虽然必须考虑成本与效益，但更多地要关注公平，例如对贫困地区和弱势人口的教育，甚至对一些成本极大、效益极低的教育活动，如针对残疾人的特殊教育，也必须坚持不懈。教育优先区，可以说是法国在促进教育平等方面迈出的重要一步，但却是艰难的一步。实施教育优先区的政策，要消耗相当大的经济资源和教育资源，并且很可能这一政策不足以缩小教育不平等。在教育优先区这里，不存在效率优先还是公平优先的问题。如果不去纠正早已存在的不平等，而侈谈效率，

---

[1]　"Actes des Journée nationales de l'OZP bet Tmai 2000: Quelle éducation prioritaire aujourd'hui et demain ?" *VEI enjeux hors-série*, n° 2, décembre 2000.

恐怕社会仅存的一点点公正也要丧失殆尽。那么不仅是平民百姓要揭竿而起，统治者自己的统治也无法维持了。

亚里士多德说过，"以同等的方式对待不平等的事物，是更糟糕的不平等。"仅仅提供相同的起点，或以同一的方式对待存在明显差异的学生，绝不能获得教育平等的结果。平等，是人类向往已久的梦想。教育平等则是20世纪60年代以来教育民主化进程中的新理念。无论是人类的普遍平等，还是教育平等，似乎距离我们都十分遥远，但只有努力，并持之以恒，才有可能贴近目标。正是在这个意义上，我们才特别看重法国教育优先区"给予最匮乏者更多，特别是更好"的理念。

第六章 构建高等教育的新模式

1998 年，法国及英国、德国、意大利四国教育部长聚首巴黎，藉巴黎大学建校 800 年之际 ①，商讨欧洲高教改革大计。他们联合发表庄严声明，表示加强四国大学学生和教师的交流，促成大学课程和文凭的对等与协调，从而引发了法国新世纪的高等教育改革。从教育发展史上看，大学起源于中世纪的欧洲。建于 1200 年前后的巴黎索邦大学为世界上最早的大学之一。昔日的法国大学生和教师可以在欧洲大陆其他各国大学自由来往，迅速传播和交流知识。但是后来由于语言的限制、教学内容的差异和政府管理的干预，法国的大学变得相对封闭，现在相当多的法国大学生在学习期间未能跨越国界学习。特别是法国高等教育的现行体制，严重束缚了法国高等教育发展。虽然 20 世纪 80 年代以来，法国不乏高等教育改革方案，但所有改革尝试均无突破性成功。

一、双轨制弊端日趋严重

法国大学自建立以来，便承担着培养高级人才和从事科学研究的任务。但是，几百年来，法国官方对大学常有轻视，总要通过建立特殊的学校来培养高级管理人员。从 1530 年建立的法兰西学院，到 1747 年建立的路桥学校、1783 年建立的矿业学校和 1797 年建立的综合技术学校，都是遵循这一思路。从而形成了世界上独一无二的高等教育的双轨制：一种是大学体系，一种是大学校体系。这两种并存的体系可谓泾渭分明。

---

① 比较准确地说，巴黎大学建校 800 年的时间应当是在 2000 年。

这一系统作为社会复杂性的一面镜子，基本适应了国家对教育迅速增长的需求，但是随着社会的发展逐渐变得"混杂无序、官气十足、缺乏平等"[①]，严重地阻碍着高等教育发展的现代化。

从招生模式看，实行两种筛选方式。法国高等教育录取学生的起码条件是通过高中毕业会考。获此文凭者，便可进入大学的相关学科或专业就读。而进入大学校则需要通过严格的审查或考试。因此，大学被视为"开放型"，也成为法国高等教育民主化的象征；大学校则被视为"封闭型"，因其作为培养精英的场所，常使法国人引以自豪。

再从教学过程看，存在着两种淘汰机制。由于大学入学无特殊考试，大学新生难免鱼龙混杂，第一阶段的学业失败率很高，平均为25%以上，总体上有近四分之三的大学生在四年的学习过程中被淘汰。而大学校采用了高投入、高师生比的教学模式，几乎所有学生都能终其学业，获得文凭。

最后从就业状况看，体现着两种社会机遇。大学的高淘汰率，造成了许多青年大学生辍学，即使毕业，也未必能够找到工作，即所谓"毕业即失业"。严重的大学生失业问题，是多年来困扰法国大学发展的巨大障碍。而大学校，尤其是名牌大学校的毕业生，则是另一番情景。较高的社会声誉，良好的学校教育，密切的企业联系，使这些学生倍受青睐，就业比例极高。据说，目前法国大学校毕业生占据了政府决策部门和各大企业70%以上的要职。

既然双轨制严重阻碍着法国高等教育的发展，打破两者之间的屏障就是必然趋势。无论是现代社会的变革对现行体制的压力，还是双轨体制的自身变化，都预示着法国高等教育的重大改革。

如果说法国高等教育的两个系统尚存在巨大鸿沟，但也不是原来的状态。近三十年来，大大小小的改革使双方都发生了潜移默化的变化，各自都包含着对方的某些特征，正所谓你中有我，我中有你。

在入学筛选方面，大学虽然仍遵循凭高中会考文凭入学的原则，但

---

① Jacques Attali, *Pour un modèle européen d'enseignement supérieur*, Paris: Stook, 1998.

当某所大学出现报名人数超额的情况时，也通过某种考试选拔学生；而大学校在面临社会就业不景气，生源相对不足的情况下，也不得不招收几乎所有考生，以维持自身的存在。

关于培养目标，大学通常无职业特点，学生在学习基础理论并获得文凭之后，都要经过专门的竞争考试才能进入教师、科研人员或其他公职人员行列。但自 1984 年的高教改革后，大学相继设立多种专业技术和职业文凭，其毕业生在劳动市场上终于争得了一席之地。

从教学条件看，大学普遍逊色于大学校，然而越来越多的大学通过与地方建立科研协作关系，为地方经济发展服务，获得了地方政府和企业的支持，学校设施得到极大改善，同大学校相比，有时也很难分辨优劣。

特别是近些年来，国家准许十余所名牌大学校授予博士学位，并允许很多大学校挂靠大学培养研究生，结束了大学校单纯专业培训、不从事科学研究的历史。国家还在大学和大学校之间建立了相互承认、相互过渡的途径，允许两类学校的学生相互流动。尽管这些流动渠道还不够广泛、不够完善，但两类学校的隔绝毕竟打开了。

二、高教新模式的构想

在这样形势的挑战下，在以前改革的基础上，法国决不会满足于对高等教育实行小打小闹式的改革。法国前教育部长贝鲁（François Bayrou）[1] 在谈到大学改革的模式时，批评了那些"总是看到邻居的草地更绿"的思想，他指出："一个首创大学的国家不需要到别处去寻求大学模式"[2]。后任教育部长克劳德·阿莱格尔的思想更体现了法国人企图领导欧洲、敢与美国抗衡的风格。

---

[1]　弗朗索瓦·贝鲁（François Bayrou，1951 年 5 月 25 日—　）法国政治人物，1993 年 3 月 30 日—1997 年 6 月 2 日任国民教育。

[2]　Déclaration de F. Bayrou pour la fin des Etats Généraux de l'Université, 1996. http://cjc.jeunes-chercheurs.org/positions/etats-generaux1996/bayrou-18-06-96.html (2006-02-15).

欧洲发展的一体化和教育交流的国际化，促使法国要考虑改革高等教育中的大学与大学校双重体制，在发挥各自优势的前提下，使两者互相靠近。

1997 年 7 月教育部长阿莱格尔委托雅克·阿达利（Jacques Attali）[1]组建高等教育改革委员会。高等教育改革委员会首先对高等教育目标重新审视。委员会在其报告中指出，"高等学校的第一使命已不是培养国家管理人员，而是服务于大学生，因为国家管理人员已不是工业和经济生活的中心。不论大学生的社会出身如何，都要给予他们每个人获得自身最佳发展、准备未来职业和深入学习的全部机遇"。因此，他们提出，"应当保证所有大学生在结束高等教育时都具备一个具有职业价值的文凭"[2]。

从这一目标出发，法国高等教育改革委员会为未来高等教育设置三个基本文凭：经过 3 年学习，可获学士文凭；经过 5 年学习，可获新硕士文凭；经过 8 年学习，可获博士文凭。这一三、五、八学制将取代当前实行的高等教育三个阶段学制。将来的学士文凭成为大学教育的基础文凭，在基本理论学习的基础上，增加了职业培训，可以大大提高大学生的就业率。大学校预备班的学生在两年学习之后也必须获得学士文凭，才能继续以后阶段的学习。获得学士文凭之后，如愿意继续学习，可以不经考试直接注册学习硕士课程或博士课程。

为了宏观管理新的高等教育，委员会拟制订"新大学规划图"，将全国各高等学校按八大省区划分，称之为"省区大学极"（Pôle universitaires provinciaux）。这些大学集团管辖范围内的大学或大学校将重新组成网络，在课程和教学方面保持协调。通过国际互联网，大学极不仅在地理方面可以把较偏远的教学机构联系起来，可能还涉及一些周边国家的学校。

委员会还对其他方面的改革也提出了原则性的建议。在课程设置方面，学校将有更大的自主性。对于校舍的产权，国家将完全划归给大学

---

[1] 雅克·阿达利（Jacques Attali，1943 年 11 月 1 日—　），法国经济学家、高级行政人员。

[2] Jacques Attali, *Pour un modèle européen d'enseignement supérieur*.

和大学校。校长的任期将由五年改为四年，可连选连任一届，但须经学校委员会和学术与经济界代表委员会双重选举通过。未来校长将有权聘任与解聘学校教职员工。

对高等学校的评估，将由高等评估事务所执行。这一事务所为民间机构，评估人员由教师、研究人员、管理人员、企业人员组成，任期为五年。评估事务所将公布全国大学和大学校各系的名次，并且每五年对高教系统评估一次。评估结果报告将上传国际互联网，并直接影响各校经费预算。

法国高等教育改革委员会为未来高等教育设置三个基本文凭的设想，成为后来四国教育部长发表的《巴黎声明》，即关于构建"欧洲高等教育空间"的重要内容。

三、博洛尼亚进程

继 1998 年法国、英国、德国、意大利四国教育部长在巴黎联合发表关于建立欧洲高等教育体制的庄严声明之后，29 个欧洲国家的教育部长又于 1999 年在大学诞生地的意大利名城博洛尼亚召开会议，并发表了《博洛尼亚声明》[①]，重申构建"欧洲高等教育空间"的坚定意愿。

《博洛尼亚声明》强调了 1988 年"大学宪章"[②] 的基本原则，"大学的独立与自治，是高等教育与研究系统适应需求变革、社会希望和科学知识进步的能力的保障"，决定创建具有可比性的欧洲文凭系统，设置统一学制（学士 3 年、硕士 5 年、博士 8 年），建立学分制，促进大学学生和学者的交流，从而启动了欧洲高等教育改革的"博洛尼亚进程"。

法国教育部长雅克·朗（Jack Lang）[③] 在 2001 年 5 月 18—19 日举

[①] *Déclaration de Bologne, déclaration commune des ministres européens de l'Éducation*, 19 juin 1999.

[②] 大学宪章（Magna Charta Universitatum），1988 年波伦亚大学创建 900 周年之际，由世界上 388 位世界著名大学校长在波伦亚签署。

[③] 雅克·朗（Jack Lang，1939 年 9 月 2 日），法国政治人物，1992 年 4 月 2 日—1993 年 3 月 30 日和 2000 年 4 月 6 日—2002 年 6 月 17 日任教育部长。

行的布拉格高等教育峰会上畅谈了欧洲高等教育改革的意义。他说，经济的欧洲之后，应当是教育的欧洲，因为青年是构建欧洲坚实基础的唯一途径。面对生活方式的世界化和标准化，欧洲应当提供一种文化模式。这种文化模式要建立在欧洲原本的和多样的价值之上，教育应当继续作为公共福利而不是商品。他还说，欧洲应当为其多元语言而自豪，应当拒绝仅仅实用的单一语言的统治，应当促进法国学生去其他欧洲国家学习，同时也准备接纳其他欧洲国家学生来法国学习。①

始料不及的是，博洛尼亚进程触动了法国大学生的敏感神经。也许是听信大学未来的注册费要上涨到 4000 欧元，甚至是 6000 欧元的传言，许多大学生纷纷走上街头抗议政府关于高等教育改革的决定。阿达利不无遗憾地说，"作为计划倡导国的法国，却成了反对其实施的唯一欧洲国家。"②

为了消除大学生对于改革的误解，教育部长吕克·费里（Luc Ferry）③于 2002 年 10 月 7 日发表了题为"高等教育的新展望"的长篇谈话④。

费里严肃指出，"建设欧洲高等教育空间是 2010 年必须完成的任务"，并承诺信守布拉格会议欧洲教育部长的共识："高等教育应当作为公共福利，属于并继续属于公共职责"⑤。费里认为，新的高教体制可以使高等学校的教学活动更为灵活，因为高等教育的教学内容不再由国家确定，大学可以自由地设置课程。新的欧洲统一学分制，可以使大学生在最合理的时间完成学业。

---

① Déclaration de M. Jack Lang, ministre de l'éducation nationale, sur la construction d'un espace européen de la culture et de l'éducation, l'Europe de l'enseignement et de la recherche, la diversité linguistique et la mobilité des enseignants et des étudiants, Prague les 18 et 19 mai 2001. https://www.vie-publique.fr/discours/194041–declaration–de–m–jack–lang–ministre–de–leducation–nationale–sur–la–c (2021–11–21).

② *Le Point* 28 Novembre 2003.

③ 吕克·费里（Luc Ferry，1951 年 1 月 3 日— ），法国政治人物，2002 年 5 月 7 日—2004 年 3 月 31 日任国民教育与研究部长。

④ Luc Ferry, "De nouvelles perspectives pour l'enseignement supérieur," Conférence de presse du ministre, le 07 octobre 2002. https://www.amue.fr/fileadmin/amue/dossiers/lmd/10_07_confp_Ferry_perspectives.pdf (2021–11–21).

⑤ 同上。

对于法国高等教育系统来说，新的学士、硕士、博士学制（简称 LMD 学制）具有更重要的意义：

新的学士（licence）有助于打破法国划分过细的学科界限，强化各专业的普通文化教育，确立职业学士文凭的地位，发挥科学专业教育的作用。

新的硕士（master）在法国是一个全新的文凭，应当得到国家的保障，一方面任何颁发硕士文凭的学校都要受到严格的评估和认证，另一方面又要体现法国高等教育的多样性，允许大学和大学校等各类高等教育机构颁发硕士文凭。

新的博士（doctorat）不仅导向高等教育和研究领域，还要进入经济界和公共与私人决策领域。

随着社会讨论的广泛展开，特别是博洛尼亚进程的不断深入，[①] 欧洲高等教育空间的建设已不可逆转，大学生的抗议活动也逐渐销声匿迹，法国高等教育面临的问题是尽快适应新的体制。

1968 年以来的法国高等教育管理体制以培训与研究单位（UFR）为基础，同时并存还有学部（faculté）、系（département）、实验室（laboratoire）等教学与研究机构。本来创建培训与研究单位的目的就是打破学科之间的界限，实现跨学科的教育。但是法国几十年的高等教育改革并未实现初衷，各个培训与研究单位几乎还是相互封闭的，一个大学生从入学至毕业都在一个培训与研究单位学习。而新的 LMD 体制要求建立教学单元（Unité d'Enseignement），学生的主干课和选修课都要跨越培训与研究单位的界限。新的大学的管理就必须兼顾全校和各个教学单元，整体协调学生注册、课程选修、教师工作量、考试评分等工作。

法国大学过去实行的是学年制，每年三个学期，每学年结束时考试，单科考分为 20 分制，学生成绩可以累加。而新的欧洲学分系统（European Credit Transfert System, ECTS）则以可转换的学分为基本单

---

① 至 2005 年 5 月卑尔根欧洲教育部长会议，已有 45 个欧洲国家加入波伦亚进程。

位，修满 180 学分可获得学士文凭，修满 300 学分可获得硕士文凭。全日制大学生一年的大学学习时间为 36—40 周，大致可获得 60 学分，每个学分的工作量大约为 24—30 小时。考试评分划分为由 A 至 E 五个等级，考生正常分布为 A 级 10%，B 级 25%，C 级 30%，D 级 25%，E 级 10%，A 级为优秀者，E 级为最差者。如果考分成绩为 F，意味着考试失败；如果考分成绩为 FX，也意味着考试失败，但可经补考通过考试。新的学分系统，不仅打破了法国大学生的学习生活规律，须由假期时间充裕的三学期制向二学期制过渡，甚至对于考试成绩的认知模式也必须转变：要么考试合格，要么考试失败。

法国高等教育面临的重大考验是切实实现职业化。在法国现行高等教育的第一阶段，学业失败现象相当严重，只有 38% 的技术高中会考毕业生能够在 2—5 年时间获得普通大学学习文凭。[①] 由于大学第一阶段偏重基础理论教育，多数离开学校的大学生都无职业能力与资格。虽然 1984 年 1 月 26 日的《高等教育法》重新确定了公立高等学校的性质为以科学、文化和职业为特点的公立教育（EPCSCP），并开始推进高等教育的职业化，设置了各种以职业为目标的文凭，但都未能从根本上改变法国高等教育的职业化水平。为适应欧洲高等教育的新体制，法国于 1999 年 11 月 17 日设立了"职业学士文凭"（licence professionnelle），目的是促进大学生在欧洲劳动市场就业。但是职业学士文凭自创建以来，获得大学普通文凭的大学生并未对此文凭产生太大兴趣，70% 以上注册职业学士文凭的学生，均为大学技术学院或高级技术员班的毕业生。[②] 针对法国社会轻视职业技术的现象，法国教育、经济与就业高级委员会呼吁，应当"重新认识技术文化，并把技术文化作为共同文化中完全独立的组成部分"。[③] 但是，这一过程并未一朝一夕可以完成。

为了保证原有高等教育体制向新的欧洲统一体制平稳过渡，保证

---

① 　Luc Ferry, "De nouvelles perspectives pour l'enseignement supérieur," 7 octobre 2002. http://www.education.gouv.fr/presse/2002/rentreesupdp.htm (2021-03-29).

② 　CPU, "Commission Pédagogie et Formation Continue, Integration des licences professionnelles dans le LMD," 25 janvier 2005.

③ 　Le Haut Comité Education – Economie – Emploi, "Rapport d'activité 2002- 2003."

为了高等教育的质量，法国先后成立各三个监测委员会（Comités de suivi）：职业学士监测委员会（1999 年 11 月 17 日成立）、学士监测委员会（2002 年 4 月 23 日成立）和硕士监测委员会（2002 年 4 月 25 日成立）。三个监测委员会的成员为高等教育与研究全国委员会（CNESER）各成员组织的一名代表、学校和培训领域的代表以及专家，其使命是检查 LMD 学制框架中的教学所反映出来的问题，负责国家政策与学校政策之间的协调工作，研究制定相应的改进措施。

经过几年的努力，法国在博洛尼亚进程中取得了明显的进步。根据法国教育部的 2003—2004 年报告，至 2004 年入学时，法国已有 66 所大学，即超过四分之三的大学实施了新的学制，40 余所工程师学校将颁发职业硕士或研究硕士文凭，33 所工商管理学校也将其文凭定位于硕士。[1]在 2006 年入学时，法国所有高等学校都至少会局部实现欧洲统一的三阶段学制。[2]可以预料，法国面向欧洲统一学制的高等教育改革在体制上不会出现太大问题，关键是如何保证新体制下的教育质量，特别是在世界贸易组织制定的教育服务贸易框架中，能否继续保持高等教育的公共性，或者说如何在保持高等教育的公共性的同时，面对国际教育市场的挑战。

为了吸引更多学生来法国学习，1998 年法国成立了"法国学习署"（ÉduFrance），2007 年更名为"法国高等教育署"（Campus France）。其分支机构遍及世界各大国家，为当地学生提供相关服务。

在未来以知识为基础的社会中，世界各国竞争将集中于高新科学技术领域。而要在这一领域中处于领先地位，就必须把教育，尤其是高等教育作为可持续发展的重要途径。法国为了保持其欧洲的政治、经济优势，并同美国和日本等经济大国抗衡，就必然更加重视高等教育，促进高等教育的改革和发展。可以预料，高校体制改革和技术创新将是法国高等教育未来改革的两大基本主题。

---

① "Rapport d'activité ministériel 2003–2004," http://www.education.gouv.fr/ram/2003_2004.htm (2021–03–29).

② CPU, Commission Pédagogie et Formation Continue, *Integration des licences professionnelles dans le LMD*, 25 janvier 2005.

四、投资于知识，准备法国的明天

重视教育，是法国历届政府的一贯政策。奥朗德（François Hollande）[①]及其政府特别要赋予高等教育和科研为国家重振的核心位置。2013年初，奥朗德特别强调，"投资于知识，便是准备法兰西的明天"，希望制定一部涵盖高等教育和科学研究的新法律。

2012年7月11日，高等教育与研究部长日娜维耶芙·菲奥拉佐（Geneviève Fioraso）[②]任命了由男女各10名成员构成的指导委员会，负责高等教育与研究的座谈会的筹划与运行。

2012年7月—11月，指导委员会召集了百余场国家教育与科研机构的听证会，然后将基本情况汇总为一份综合信息，用于各地区展开讨论，各地区讨论的情况形成报告，再反馈到指导委员会。至11月超过2万相关人员参与讨论，共提交1600份意见书，指导委员会根据讨论的结果，草拟了121项建议，并于11月26—27日邀请来自全国各地的600名各界人士在法兰西学院举行研讨会，形成最终报告，上报高等教育与研究部。

高等教育与研究部则参照高等教育与研究的全国座谈会指导委员会提交的报告，拟就《高等教育与研究法》草案，于3月20日提交部际委员会审议。2013年7月3日和7月10日，法国参议院和国民议会分别讨论并通过了《高等教育与研究法》的草案。2013年7月22日，《高等教育与研究法》[③]正式颁布。这是半个世纪以来，法国第七部关于高等教育和科学研究的法律条文，但将高等教育和科学研究问题列入同一法律在法国却是首次。

新的《高等教育与研究法》确立了法国发展高等教育与科学研究的

---

① 弗朗索瓦·奥朗德（François Hollande，1954年8月12日—　）是法国政治家，2012年5月15日—2017年5月14日任法国总统。

② 日娜维耶芙·菲奥拉佐（Geneviève Fioraso，1954年10月10日—　），法国政治人物，2012年5月16日—2014年3月31日任高等教育与研究部长。

③ 法文为：*Loi n° 2013-660 du 22 juillet 2013 relative à l'enseignement supérieur et à la recherche.*

四大目标：

1. 为所有大学生提供成功的更好机遇，改善其学业定向和就业状况，使高等教育文凭获得者的比例达到同龄人的 50%。

2. 赋予科学研究新的动力，使科学研究系统更加透明，与整个社会共担新的雄伟目标，以面对的经济与社会的重大挑战。

3. 加强大学与科研机构中人员的合作，减少机构的错综复杂，促进大学中的学院式治理，迈向共同卓越。

4. 扩大法国科学研究在欧洲科研项目中的份额，并向国际展示法国的大学和学校及实验室，鼓励大学生、教师与研究员以及行政管理人员的国际流动，增强法国学术机构的吸引力。

在今天，法国只有 43% 的 25—34 岁青年具有高等教育文凭，而学士以上文凭的持有者只有 28%。国家曾实施一项投入为 7.3 亿欧元的提高法国青年高等教育水平的计划，但计划结束两年后，情况不仅没有改善，反而下滑了 5%。特别是法国教育不平等现象令人担忧。在 23% 的低收入家庭中，其子女在大学一年级所占的比例只有 13%，在硕士中占 9%，在博士中占 5%。[①]

为了促进高等教育入学机会的真正平等和大学生的成功，新的《高等教育与研究法》着重于学士阶段教育的整体改革。第一，建立从高中至大学的学业定向机制，使不同类型的培训系列相互靠近，增设转换培训系列的通道，便于学生学业方向的调整。第二，要求开设大学校预备班和高级技术员班的高中与大学签定协议与建立联系，便于学生进入高等教育学习。第三，要求高级技术员班优先录取职业高中会考文凭的获得者，大学技术学院优先录取技术高中会考文凭的获得者，并使这两类高等职业教育机构接收职业和技术高中毕业生的比例最高将达到 50%。

此外，法律确认交替制培训为高等教育的一种独特的培训模式。交替制培训，在法国通行于中等教育阶段，亦称学徒制，即部分时间在学校学习理论，部分时间在企业实习劳动。新《高等教育与研究法》将交

---

① Ministère de l'enseignement supérieur et à la recherche, *Projet de loi relatif à l'enseignement supérieur et à la recherche*, p. 3.

替制培训延伸到学士和硕士阶段，目标是在 2020 年将目前 16 万交替制学生的数量扩大一倍。法律要求动员大学、企业、地方政府、社会机构共同参与这一工作，这将是促进青年就业的一个极好途径。

《高等教育与研究法》提出了加快发展高等教育规模的首要目标，即在 2020 年将大学生数量翻一番，制定了与欧洲 2020 年科学发展计划相协调的科研战略日程，设置了 8 项重点研究领域和人文社会科学与技术领域的横向专题。为了指导与评估国家科学研究战略的实施，组建新的"科研战略委员会"（Le Conseil stratégique de la recherche），替代了原来的"科学与技术高级委员会"（Haut Conseil de la science et de la technologie）。新设置的"研究与高等教育评估高级委员会"（Haut conseil de l'évaluation de la recherche et de l'enseignement supérieur）取代了原来的"研究与高等教育评估署"。这一新的高等教育评估委员会作为独立的管理机构，将按照学术评鉴原则和国际的公认的伦理运行。这些措施将会促进法国实现面向 2020 年的科学发展目标。

五、重整大学治理

"自治"是中世纪大学诞生以来的重要传统。法国 1968 年的《富尔法》奠定了法国大学的学院式治理模式，1984 年的《萨瓦里法》，沿袭了关于大学决策的"参与"原则，进一步规定了大学校长的资格和选举程序，明确了校务委员会的人员组成结构。进入 21 世纪，围绕法国大学发展问题，一直有两种势力在较量。一方面，高等教育国际化的严峻挑战，特别是上海交通大学等单位建立的世界大学排行榜对法国大学影响极大，因此有人强调提高大学治理的效率，赋予校长和校务委员会更大的权力。另一方面，也有人坚守大学的理念，极力维护教授治校的学院治理模式，反对大学权力的集中化。2007 年 8 月 10 日的《大学自由与责任法》（*Loi relative aux libertés et responsabilités des universités*）简化了大学校长的选举程序，扩大了校长和校务委员会的权力，使大学治理模式变得非常集中化，损害了长期实施的学院式治理。自此法颁布之后，反对声不断。最典型的事例是 2012 年 5 月巴黎第八大学一批教授联名抗议大学校长"权力的滥用"，起因是校长违反程序强行通过一项决议。[①]

2012 年 5 月，随着法国政府更迭，《大学自由与责任法》被新法取而代之已成定局。

高等教育与研究部参照高等教育与研究的全国座谈会指导委员会提交的报告，拟就了《高等教育与研究法》草案，提交给法国议会。《高等教育与研究法》于 2013 年 7 月 22 日正式颁布。新法律的核心思想是赋予大学自主权，使大学更有效率，更富于学院式治理的民主。所谓效率，就是允许大学及其委员会应当能够做出其重大决策。所谓学院式治理，则基于高等教育和科研的进步依赖于教师、管理人员和大学生全体的共同努力。

根据规定，大学行政委员会成员的总人数为 24—36 人（1984 年的"高教法"规定为 30—60 人，2007 年大学自由与责任法规定为 20—30 人）。其中教师—研究人员占 8—16 人，校外人士占 8 人，学生代表占 4 或 6 人，行政与服务人员占 4 或 6 人。行政委员会的总人数比 2007 年的法律规定略有增加，主要是增加了大学生和行政人员的比例，进一步体现了民主与协商的精神。

"学术委员会"（Conseil Académique）将成为大学真正的负责教学与研究的决策与咨询机构。这一委员会由分别选举产生的"培训与大学生活委员会"（Commission de la formation et de la vie universitaire）和"科研委员会"（Commission de la recherche）构成。关于审议教师与研究员的职称与晋级，由学术委员会的具有教师与研究员身份的成员构成的缩小的委员会负责。学术委员会还可以根据需要创建其他委员会，如校园生活委员会。学术委员会的建立将有利于大学行政委员会专注于指导学校发展战略。

---

① Ayest, "Abus de pouvoir : les dérives de la gouvernance des universités depuis la LRU," http://www.lemonde.fr/idees/article/2012/05/14/abus-de-pouvoir-les-derives-de-la-gouvernance-des-universites-depuis-la-lru_1700808_3232.html (2021-03-29).

根据新的法律规定，大学校长由行政委员会中成员的绝对多数，在教师—研究员、教授或讲师及其他相当身份的人员中选举产生。候选人不限国籍，也不限合作者或受邀者，任期为 4 年，可连任一届。校长的权力比 2007 年的法律规定有所限制。削减校长的权力实际上是法国大学治理模式的回归，正如高等教育与研究部长日娜维耶芙·菲奥拉佐所言，"应当重新引入学院式治理，这才是大学的精神。校长作为经营人，根本行不通"。[①]

但在大学校长的候选资格上似乎比上一届政府走得更远。前法律要求校外人士必须在校长选举之前被任命为行政委员会成员，新法律则允许校外人士直接竞选校长。因此有人说，前任高教部长不敢做的事，现任高教部长做了。这与法国大学校长为"同行选出的佼佼者"的传统相违背。

《高等教育与研究法》，按照高等教育与研究部长的说法，不是一部多余的法，也不是一部过分的法，更不是一部无用的法，而是一部指导未来的法。它提出了在 2020 年将大学生数量翻一番的宏伟目标，它是一部标志变革的法，它将回归对话与信任；它是一部打通高教系统的法，它将高等教育与科学研究密切联系，共同面对未来挑战；它还是向社会开放的法，它将高等教育与科研同经济、社会、文化系统密切联结，培育社会需要的各类人才。[②]

然而，实现这部法律的目标并非易事。现任政府总是批评前任政府的无能，比如高教部长特别指出在以前实施的"大学生成功"计划中，投入经费 7.3 亿，反而在三年间使学士文凭获得者的比例倒退 5%，从 37.5% 降至 33%。在法国青年失业率高达 25% 的今天，法国政府追求平等和实现大学生成功目标的压力尤其重大，也考验着法国大学治理的能力。

---

① Caroline Beyer, "Le pouvoir des présidents d'université remis en cause," *Le Figaro*, http://etudiant.lefigaro.fr/les-news/actu/detail/article/le-pouvoir-des-presidents-d-universite-remis-en-cause-1922/ (2021-03-29).

② Geneviève Fioraso. *Présente Projet de loi Relatif à l'enseignement supérieur et à la recherche*. https://www.assemblee-nationale.fr/14/projets/pl0835.asp (2021-11-22).

第七章 为了全体学生成功

　　法国教育在自身发展过程中，不乏成功之处，在世界上也具较大影响。但进入 21 世纪以来，法国教育中出现的问题也十分突出。主要是学习困难的学生呈上升趋势，初中一年级学生中近五分之一存在书写困难。2000—2009 年间，15 岁学生中书写极度困难者的比例由 15% 增加到 20%，增长幅度约为 30%。在数学和科学学科，法国学生成绩虽接近经合组织国家的平均水平，但已远离排行之首。①

　　其实，学业失败问题在初等教育便开始显现。据调查，在小学结束时，25% 的学生学习存在困难，15% 的学生学习极度困难。之后，学习优秀的学生和学习困难的学生之间的差距越来越大。如果法国教育系统不能有效地遏制这种差距，就可能导致社会不平等，失去部分社会群体的信任。在经合组织关于社会公正的排序中，法国在 34 个国家中列第 27 位，也显示教育结果在社会公正中的负面影响。这些不平等正在撞击着共和国的价值观和法国长期以来实现人人成功的国家承诺。

一、构建"共同基础"

　　法国 19 世纪末所形成的教育格局存在着双重的分离。一方面，资产阶级的中等教育与劳动人民的初等教育形成相互分离的两轨制度。另一方面，作为资产阶级统治工具的初等教育旨在驯化人民，而与关系到生产领域的职业培训相分离。这两种分离十分明显地体现在中小学课程

---

　　① Ministère de l'éducation nationale, *Rapport annexé — La programmation des moyens et les orientations de la refondation de l'École de la République*, 23 Janvier 2013, p. 5.

上：中学课程以文学和科学为核心，注重抽象思维训练，为资产阶级贵族子女将来进入高等教育做准备；小学课程则是以简单的读、写、算为基本内容，目的是为劳动人民子女就业提供基础知识。

为适应战后整个教育体制的改革，法国中小学课程也发生了重大变化。

首先，中小学的教学法受到猛烈的批评。人们普遍认为小学的教学过于严厉，很少给予儿童自由发展的机会。在诸多医生和心理学家的强烈呼吁下，法国政府于 1956 年 11 月 23 日和 12 月 29 日相继发布了一份通报和一项指令，取消了小学生的家庭作业。但是由于课程大纲并未更改和家长的反对，取消家庭作业的决定未能实施。尽管如此，传统课程还是受到相当大的冲击。

接着，法国着手中小学的课程改革，于 1963 年成立了"法语教学改革委员会"和于 1966 年成立了"数学教学改革委员会"，并从 1964 年开始把初等教育课程划分为时间大体相等的三个部分：第一部分为基础课，包括法语和算术；第二部分为"启蒙学科"，主要指历史、地理、科学等学科；第三部分是体育。这一改革不仅是为了减轻学生的课业负担，保证他们的身体健康，更重要的是改变过去灌输式的教学法，从而激发学生的求知欲，鼓励他们主动学习，促进个性的自由发展。

最后，1968 年的学潮又促成了小学课时的重大变更。1969 年 8 月 7 日的法令规定了初等教育的新课时为每周 27 小时，即取消了每周六下午的课时，比原来的 30 小时缩短了 3 小时。新课时的安排与过去以阅读、写作和语法为主课时安排也有明显的不同。新课时的划分是这样的：10 小时法语、5 小时数学、6 小时体育和 6 小时启蒙课，基本上与三部分课程的比例相吻合。

然而，任何改革都不可能是一帆风顺的。况且，草率的改革措施不能不遇到阻力：教师并不愿意也无能力每天承担一小时的体育课，因此这三分之一的新课程便形同虚设；而对于启蒙课，又因教师缺乏经验而或多或少流于形式。

根据法国 1989 年 7 月 10 日颁布的《教育指导法》和 1990 年 2 月 23 日颁布的法令确定国家课程委员会（Conseil national des programmes）

为全国课程大纲的编写机构。这个委员会于1992年2月公布了一部《课程宪章》(*Charte des Programmes*)，并把它作为今后指导全国课程大纲制订的纲领性文件。

这是法国第一次对全部教育体系的课程编排建立规范性文件。这一"宪章"确立了建立学科大纲所依据的原则和课程大纲颁发的方式以及在其有效期间的协商方式。

传统教育的另一特点是以教师和教材为中心，学生往往被看作是接受知识的"容器"。"宪章"明确提出"使教学工作以学生为中心"。它为课程大纲做了如下定义：

> "课程大纲是在《政府公报》中颁布的规定性文件，是为在各学科和各年级建立'教学公约'的服务于全国的官方文件，即是说，在此框架中，教师或教学组作教学上适于学生的选择，而学生对这种选择也负有责任。此外，这个文件在明确教育体系中的不同年级和确定学生应当获得的能力方面具有一定功能。"

这个定义规定了课程大纲是指导全国教学的官方文件，突出了强制性，有利于协调和统一全国的中小学教育。这也反映了法国中央集权制教育体系的特点。需着重指出的是，这个定义强调了学生的地位，要求教师适应学生的特点，同时也要求学生自我负责。

"宪章"提出了若干原则，总的思路是"协调"——单一学科与全部学科的协调：学生发展的阶段与速度的协调；知识与能力的协调；客观要求与主观态度的协调。

"宪章"还对大纲的编写和颁发作了具体规定。从大纲编写机构到大纲的编写和实施过程的每一环节都有严格的要求。其主要特点是：

● 保证大纲编写机构的透明度——从而可以保证制定大纲的严肃性和科学性；

● 编写过程中的广泛参与——有利于集思广益，发扬民主；

● 实施前的充分准备——教师在认识与方法上先知先觉，才不至于以其昏昏，使人昭昭；

- 至少五年有效期限——课程改革之大忌就是朝令夕改；
- 实施中的审查与评估——有效的批评是完善改革的重要手段。[①]

制定"宪章"的意义在于促进实现教育体系的目标的必要协调。自夸美纽斯的《大教学论》以来，学校教育便以学科课程为中心，大大地提高了知识传授的效率但也使人类知识的整体遭受人为的割裂。正因为如此，"将小学至高中毕业年级的课程融为一体是一个浩瀚的工程，它不仅需要教学内容的必要衔接，还依赖对学生培养目标、学科知识选择标准、知识传授目的和社会化目的不可分割的联结的深刻思考。"我们目前还不能将人类知识融汇贯通地传授给学生，但"宪章"所提出的原则的确具有开创性意义。

1995 年 9 月，当时法国总理朱佩（Alain Juppé）[②] 和教育部长贝鲁联名写信致福洛（Roger Fauroux）[③]，委托其组建"学校思考委员会"（Commission de réflexion sur l'école）。他们对该委员会的要求是：第一，对法国教育体系的现状进行客观调查，分析其结果、其变革，与其他国家教育进行比较研究；第二，根据法国社会的需求和从现代科技变革的挑战出发，阐述国家对教育的期望；第三，提出未来教育改革的具体建议。

1996 年 6 月 20 日，法国"学校思考委员会"向总理朱佩提交了题为"为了学校"的最终报告。此报告长达 300 页，核心内容是关于法国未来教育改革的 21 条建议。

福洛强调课程改革要保证所有人都应掌握社会所需要的"起码知识"（Le savoir primordial）：在法语阅读、书写和讲话方面正确自如；能够计算，识别平面与立体图形，掌握比例和数量序列；能够在现实环

---

① *Charte de Programmes, Charte du 13 Novembre 1991*, BO n°8 du 20 février 1992. http://romain.derlon.free.fr/EPSCOM/Textes%20Officiels/Fiches%20Textes%20officiels/Charte%20Prog.htm (2021–03–29).

② 阿兰·朱佩（Alain Juppé，1945 年 8 月 15 日— ），法国政治家，曾任法国总理、法国外交部长、国防部长及波尔多市长。

③ 罗歇·福洛（Roger Fauroux，1926 年 11 月 21 日— ），法国政治人物，曾任工业与国土整治部长。

境之中确切把握时间与空间概念；学会观察有生命的实体，组合和操作简单机械；锻炼身体，开发其感受艺术的能力；具有民主制度所需的价值观和实际行为。对于这些起码知识，要通过一套不同于考试并对学习过程不产生后果的测试，每年对所有年满 16 岁的学生进行一次检查，用以测定完成义务教育年龄组的全体学生的达标成绩。

然而，福洛报告最终未能实行，不仅是政府的犹疑不决和社会的议论纷杂，主要是政府的更迭，使之搁置。但是，福洛关于学校改革的思考，特别是在课程方面关于起码知识的思想，已经留给人们有益的启示。

为适应 21 世纪教育发展的新形势，法国总理拉法兰（Jean-Pierre Raffarin）[①] 于 2003 年 9 月 15 日组建了由教育部原评估与预测司司长克劳德·德洛（Claude Thélot）[②] 担任主席的"学校未来全国讨论委员会"（Commission du débat national sur l'avenir de l'Ecole），要求该委员会为未来 15 年法国教育系统可能或期望的变革进行原则性描述，使政府能够清晰选择决策并准备一项新的指导法。

委员会于 2004 年 10 月 12 日向教育部提交了题为《为了全体学生成功》（Pour la réussite de tous les élèves）的最终报告，并提出了一个核心概念："必不可少的共同基础"（Le socle commun des indispensables）。[③]

"必不可少的共同基础"显然是福洛"起码知识"的继续。根据报告的解释，"必不可少的共同基础"是知识、能力和行为准则的整体，它不等同于学校课程的全部内容，而应当包含着 21 世纪生活所必需的要素。[④]"必不可少的共同基础"之所以不同于现行学校课程，一方面原因是现行课程往往缺乏内在联系，缺乏生动性，且负担较重，造成过多的学生学业失败；另一方面，它又允许有能力学习的学生扩大学习范

---

① 让－皮埃尔·拉法兰（Jean-Pierre Raffarin，1948 年 8 月 3 日—　），法国政治人物，2002 年 5 月 6 日—2005 年 5 月 31 日任法国总理。

② 克劳德·德洛（Claude Thélot，1947 年 4 月 10 日—　），法国政治人物。

③ Claude Thélot, *Pour la réussite de tous les élèves, Rapport de la Commission du débat national sur l'avenir de l'École*, Paris: La documentation Française, 2004.

④ 同上书，第 38 页。

围，因此不限定学习领域。

使全体学生成功，并不意味着所有学生都能够达到最高的学历水平，而是要使他们获得"必不可少的共同基础"，就是说他们在 16 岁完成义务教育时，学校要保证全体学生具备必要的知识、技能和生存态度。

依据关于学校未来的全国讨论委员会所提交的报告，政府起草了教育系统指导法案，后经议会于 2005 年 3 月 24 日通过了《学校未来的导向与纲要法》（*Loi d'orientation et de programme pour l'avenir de l'école*）[1]，并于 2005 年 4 月 23 日由共和国总统正式颁布。

《学校未来的导向与纲要法》对"必不可少的共同基础"的内涵的进行了重新界定：

> "义务教育至少应当保证每个学生获得共同基础的必要途径，共同基础是由知识和能力的整体构成，掌握共同基础对于学校成功、后续培训、构建个人和职业未来以及社会生活的成功都是必不可少的。这一基础包括：掌握法语；掌握数学基本知识；具备自由行使公民责任的人文与科学文化；至少会运用一门外语；掌握信息与通讯的常规技术。"

该法指出，义务教育不能归结为共同基础，共同基础也不能替代课程大纲。但共同基础确是义务教育的基础，其特别意义是构建一种各学科和课程融会贯通的学校教育基础文化，它使学生在学校及以后的生活中得以面对复杂的实际情况，能够获得终身学的能力，适应未来社会的变化。

共同基础划分为七种能力，前五种分别与当前学科相关，为掌握法语、实践一门外语、数学基础能力、科学与技术文化、掌握信息与通讯的常规技术，后两种能力为社会与公民能力和自主与创新能力。

为了了解学生对共同基础掌握的实情，法国更新了学生成绩评估模式。自 2012 年起，法国学生成绩评估调整为小学二年级与五年级进行。

---

[1]　*Loi d'orientation et de programme pour l'avenir de l'école*, Loi n° 2005–380 du 23 avril 2005. J O du 24 avril, 2005. http://www.education.gouv.fr/bo/2005/18/MENX0400282L.htm. (2021–03–29).

评估模式则采用"学生能力手册"。评估的结果不再上报，而主要是用于帮助教师改善教学，发现学生学习方面的不足，提高学生的能力水平，也用于与家长交流信息。

在"个人能力手册"中，首先划分出"能力"（compétence），如能力1——法语的掌握，能力4——掌握信息与交流日常技术的掌握。然后，每种能力划分出"领域"（domaine），每个领域再划分若干"项目"（item）。

为了准确公正地评估学生的能力及成绩，法国教育部编制了"共同基础的能力评估与认定参考表"。参考表为教师提供了评估学生成绩的参照指示，解释了个人能力手册中每个阶段每个项目的认定要求。

评估的时间须在学生经过学习时间和必要的练习时间之后，并尽可能地接近学生学习和练习的状况，还应当等待学生做好准备时进行。

"学生能力手册"的设计可以称得上完美。循序渐进的评估阶段，划分清晰的不同能力、领域和项目，每一项目的具体解释，评估和观察的条件，认定的标准等规定得十分清楚。在评估条件上，既有常规的教学活动，也允许特别组织的评估活动。在活动方式上，既有笔试，又有口试，还有操作。在认定标准上，既有严格界限，又体现一定宽容。

"学生能力手册"作为一种新的评价方式，既可能提高评估的效率，又可能降低评估成本。但真实效果如何，要待未来实践检验。

法国提出的"构建共同基础"，体现了21世纪教育的新理念、新要求。从教育学的角度看，这一教育改革目标正在逼近教育发展的新境界，或者说是新的教育乌托邦，因此其难度极大，甚至实现有些渺茫。因此，社会上对"共同基础"的批评也不绝于耳。在经济上，法国有"最低工资标准"（SMIC）①一说，于是有人把"基础文化"讽刺为"最低文化"（SMIC culturel）。还有人不满政府的改革折腾，"一个命令之

---

① 增长的职业间最低工资（Salaire minimum interprofessionnel de croissance, SMIC），法国最低工资标准，18岁以上的正式员工可获得不低于最低工资标准的薪酬。每年的1月1日，这一标准都会被重新评估一次。

后，又来一个反命令，而由我们收拾烂摊子！"①

二、加强教育与经济的联系

法国作为工业大国，较早地意识到教育与经济的联系。自 1911 年设立职业能力证书，和 1919 年 7 月 25 日关于强制性职业培训的《阿斯蒂埃法》，直至 50 年代初，法国职业教育的内部关系才基本理顺。职业行会管理的职业培训班负责培养手工艺者，教育部门管理的学徒中心负责培养技术工人。

1971 年 7 月 16 日，法国又颁布了《职业继续教育法》。该法的主旨不是进行职业技术教育改革，而是适应法国第六个五年计划的工业化目标，提高职业技术教育的社会地位。法律指出，学校教育所传授的基础知识和普通文化应当包括科学与技术，不仅使人获得职业资格，还应使人在职业生涯中能够不断提高。因此，所有初中阶段的学生都要接受经济、社会和技术的启蒙教育。法律还明确提出在普通教育文凭和技术教育文凭之间建立等值关系，以便使技术教育文凭的持有者符合于公共职务要求。

虽然法国职业教育是工业发展的产物，但教育与经济的关系并未真正解决。关于教育同劳动市场的适应问题在 20 世纪 60 至 70 年代中期的争论尤为激烈。大多数企业要求学校培养的学生必须符合企业对人才的直接需求。而大部分教师则否定那种狭隘的适应观，认为教育的基本目标不是培养直接劳动力。这一被称之为"聋子对话"的争论当然毫无结果，职业教育还是按照企业的直接要求培养学生，劳动市场也有充分容量，职业学校毕业生基本都能就业。

由于历史原因，法国职业技术教育以学校教育为主，学校与生产企业之间还有着相当大的鸿沟。法国社会对技术教育，特别是职业教

---

① "Après l'ordre, viendra le contrordre et nous gérerons le désordre!" 此句话的奥妙在于用了三次 "ordre" 一词，其含义为 "命令""秩序"，而重复使用则凸显了法语修辞的魅力。Antoine Prost, "Brève histoire des collèges," *Le Débat*, n° 187, 2015/5, p. 157–168.

育十分鄙视。职业学校通常被认为是接收不具接受普通教育能力的学生的场所。

　　法国高中录取虽无正式考试，但普通高中和技术高中通过审查学生档案总是选拔比较优秀的学生。正是这种淘汰式的高中分流机制，导致了职业高中的生源质量差，就业出路不佳，社会地位低下。以法国教育部1989年的调查为例，89%的准备"职业能力证书"的学生至少曾经留级一年。

　　随着社会文化水平的提高，社会的就业标准也相应上升，造成职业教育文凭进一步贬值。从表4-4中可以看到，获得职业能力证书的35岁以下青年成为工程师、技术员或技术工人的机遇的变迁。

表4-4　职业能力证书持有者的就业机遇

	1962年（%）	1968年（%）	1972年（%）
工程师	0.3	0.4	0.2
技术员	8.7	8.0	7.9
工长	3.7	3.0	4.0
技术工人	63.6	60.4	56.9
熟练工人	20.9	24.8	27.5
体力工人	2.8	3.4	3.5
	100	100	100

资料来源：Bernard Charlot, *L'Ecole en mutation*, Paris: Payot, 1987.

　　如果从职业学校学生的家庭出身来看，社会的不平等现象更为明显。具体情况如表4-5所示。

表4-5　法国高中学生家庭出身状况

年份	1976年		1980年	
出身 班级	工人	自由职业者和 高级管理人员	工人	自由职业者和 高级管理人员
初中职业班	38.3	9	35.7	11.4

续表

年份　　　　　出身 班级	1976 年		1980 年	
	工人	自由职业者和 高级管理人员	工人	自由职业者和 高级管理人员
职前水平班	53.5	0.6	54.0	0.6
职业能力证书 一年级	53.0	1.1	52.3	1.3
职业能力证书 一年级	43.3	2.5	44.4	3.2
全部高中一年级	25.9	15.6	27.3	17.7
普通高中（文科）	19.5	24.6	26.5	18.1
普通高中（理科）			16.2	29.9
技术高中	35.4	7.7	35.2	9.2

资料来源：Bernard Charlot, *L'Ecole en mutation*, Paris: Payot, 1987.

职业教育在生源和就业上与普通教育和技术教育存在着明显的差距，不仅造成教育系统的失衡，也带来了诸多的社会问题，如学校暴力事件频发，大量青年失业等。一些学者对这一不合理现象进行了猛烈的抨击，法国政府也采取了许多措施改革职业教育。

首先逐步取消早期职业培训，设立过渡班，允许普通高中和技术高中的学生向职业高中过渡，也允许职业高中的学生向技术高中过渡，和技术高中的学生向普通高中过渡。这样可以减少和避免错误选择专业的遗憾，也为各类教育的对等准备了条件。

1967 年法国设立了职业学习证书（Brevet d'études professionnelles, BEP），接收初中毕业学生，学制为二年。最初设置时规定的培训目标也是普通技术工人，只不过它比职业能力证书培训的范围更广，它不是限于某一具体职业的技能，而是涉及比较广泛的职业领域，并且更多在第三产业。

1985 年设立了职业高中会考文凭（Baccalauréat professionnel）。此文凭接受职业能力证书和职业学习证书持有者，学制为两年。新的职业高中会考文凭的培养目标是高级技术工人和职员，学习方式十分灵活，不仅可以在学校，还可以在学徒培训中心，甚至可以履行培训合同或接受继续培训。职业高中会考文凭获得者不仅可以直接就业，重要的是允许继续接受短期高等技术教育。

在西方国家中，由于就业困难的加剧，青年们越来越多地期望进入高等教育。这种选择既符合青年争取就业成功的切身利益，也适应工业社会发展的需要，因为科学技术的进步总要求社会人口素质的提高。法国也顺应这一国际潮流，在普通高等教育机构中开辟了各种类型的短期或长期职业技术教育，现简单列举如下：

高级技术员证书（BTS），学制为二年，主要接收高中毕业会考毕业生，培训机构为设在技术高中内的高级技术员班（STS）。

大学技术文凭（DUT），设立于 1966 年，学制为二年，主要接收高中毕业会考毕业生，培训机构为设在大学内的大学技术学院（IUT）。

大学科技学习文凭（DEUST），学制为二年，主要接收高中毕业会考毕业生。

管理科学硕士（MSG）、科学技术硕士（MST）和应用信息管理硕士（MIAGE），学制为四年，相当于大学本科。

高等专业学习文凭（DESS），接收本科毕业学生，学制为一年。

工程师 – 硕士文凭（Ingénieur-Maître），接收本科毕业学生，学制为一年，培训机构为设在大学内的大学专业学院（IUP）。

在国际竞争愈加严峻和知识经济愈加突出的背景下，法国愈加认识到教育是未来的重要投资，教育是国家未来竞争力的核心要素。而教育界与经济界密切合作是国家发展的最佳途径。

为了加强教育与经济的联系，法国教育部于 2013 年 10 月 18 日组建了国家教育与经济委员会（Conseil national éducation-économie）。委员会由 5 位企业主管、5 位雇主协会代表、5 位工薪阶层代表、5 位教师代表、4 位来自教育部等中央行政官员和 2 位地区议会主席共 26 名成员构成，目标是在教育领域和经济领域建立一种对话和预测机制。

一方面，学校应当在振兴国家经济中发挥重要作用，另一方面，经济界应当促进学生对职业的了解，更好地为就业做好准备。法国在过去几十年曾经采取多方面措施促进教育与经济的联系，如企业人士参与学校教学，组织学生去企业参观、实习，交替制培训等，但两个领域的相互认识还十分欠缺，委员会将在这样两个平台展开教育与经济的对话：通过构建经济与职业界的信息、指导、发现的个人历程，促进青年的职业定向与就业；在职业教育方面，改革教育和专业与文凭设置，提高职业教育地位，适应经济与技术的变革。

为了使学生更好制定个人的学习与定向计划，选择好职业方向，2013 年的《重建共和国学校的方向与规划法》提出为每个中学生设置"经济与职业界的信息、指导、发现的个人历程"（parcours individuel d'information, d'orientation et de découverte du monde économique et professionnel）。所谓"历程"，实际是学生从初中一年级到高中毕业年级未来发展的几个重要步骤或阶段，使学生不间断地朝着既定目标前进。通常，在中学校长负责下，由教师和其他专业人员与学生和家长共同制定这一"历程"。

制定历程，首先有助于学生认识经济与职业界的状况，对劳动市场、企业的作用与职能、就业方式有一个初步的认识，以便清晰地确定就业方向。其次，开发学生的创业精神和创业能力，测试可能成功的途径。最后，帮助学生最终确定学习和职业方向。法国总统奥朗德指出，设置历程的一个目标，是培养所有学生一种创业和创新的精神。

实际上，法国教育部自 20 世纪 90 年代以来，便尝试各种措施帮助学生了解经济与职业界，比如，开设职业定向教育课，开设职业发现选修课，设置职业与培训发现历程。

在职业教育现代化方面，涉及教育部管辖的 700 种职业教育文凭。目前，这些职业教育文凭的设置与改革由 14 个职业咨询委员会（Commissions professionnelles consultatives, CPC）负责。国家教育与经济委员会将根据劳动市场与就业的前景需求，每年向职业咨询委员会提出指导性意见，改革现行的职业教育文凭，在职业教育中引入新的能力或技术，规划新职业的资格与培训。

构建新兴职业的培训课程。随着技术革新和经济结构的变革，一些新兴职业会不断出现，为了在世界竞争中保持优先地位，比如在光电子学、光纤、家庭或医疗机器人等领域出现的新兴职业，必须及早设计这些新兴职业的能力资格和培训课程。

"绿化"现行职业课程。所谓"绿化"（verdissement），就是根据当前环境需求和最新标准，重新审视与调整现行职业教育的课程设置。例如，特别明显的建筑与公共工程专业，需要在绝缘隔热技术上有特殊培训，在造纸化工专业上，要特别增加环境教育。在整体上，所有职业教育都应设置数字培训课程和有关能源有效利用的课程。

规划地方职业教育。法国本土划分 22 个地区，每个地区都应在地方行政部门主导下，规划本地区的职业教育，以适应地方经济的发展，也更有利于青年就业。

引导青年选择易于就业的专业。尽管法国整体上就业困难，但仍有部分职业就业不充分，原因就在于信息不畅，青年们不了解这些职业。委员会将根据未来职业变化预测，特别是行业充足的信息，帮助教育部调整职业教育，以利于青年就业。

设置"职业与资格校园"（campus des métiers et des qualifications）。所谓"职业与资格校园"，其实是在一定的地理区域内，将职业高中和综合高中、学徒培训中心、培训机构、高等教育机构、科学实验室、企业组建成广义的"校园"，共同实施某一专业领域的教育与培训。其中必须有至少一所公共教育机构。

这些机构围绕某一专业领域，可以为青年提供普通、技术和职业的完整教育，不仅有利于企业录用到优质的员工，促进地方经济发展，更为青年就业提供了方便条件。校园还须提供优质住宿、参加各种文化与体育协会的服务。

组建成功的"职业与资格校园"，经教育部、生产振兴部、地区政府、法国地区协会等部门审查、批准并授予"职业与资格校园"的专属标志。2013 年 5 月 16 日，法国教育部在 17 个申报计划中，拟批准其中 12 个"职业与资格校园"的专属标志。①

此外，为了促进就业与再就业，法国 2014 年 3 月 5 日颁布的《职业教育、就业与社会民主法》（*La loi relative à la formation professionnelle, à l'emploi et à la démocratie sociale*）规定设置"个人培训账户"（Compte personnel de formation）。从 2015 年开始，每个人自 16 岁起便可以开设"个人培训账户"，并在失业或职业变动时继续有效。每年的培训记录可以累积，7 年之内最高可达 150 小时。这样，通过累积培训获得被企业认可的能力，可以更加方便就业。

三、同"学业脱钩"作斗争

学业脱钩（décrochage scolaire），是指学生对学习感到无兴趣而逐渐脱离学校的现象，也是教育系统内部与外部因素影响累积的结果。所谓学业脱钩的青年，是指已经入学，但没有获得任何普通高中会考文凭或职业教育文凭而离开学校的学生。

从人的发展角度看，学业脱钩经常会对青少年的心理造成伤害，使他们丧失自信，对未来生活感到迷茫，甚至整个家庭都会背负心理包袱。他们也更有可能成为失业者，还有可能成为社会动乱的肇事者。从经济发展的角度看，学业脱钩也危及国家的综合竞争力。根据美国一些专家研究，一个离校而无文凭的青年一生中由于失业、社会救济、司法和医疗、税收等因素对于社会成本造成的损失，因国别不同，可在 20—30 万欧元之间。而在法国，保守估计为 23 万欧元。

在法国，每年大约有 14 万无任何中等教育以上文凭的青年离开学校。从总量上看，法国有约 62 万已离开学校却无文凭的 18—24 岁青年。《2020 年欧洲战略》将可持续的、知识的和包容的经济作为发展目标，并把同与学校脱钩作斗争作为重要优先措施，要求在 2020 年时

---

① Ministère de l'éducation nationale, Ministère du redressement productif, *Les campus des métiers et des qualifications.* http://cache.media.education.gouv.fr/file/10_Octobre/02/3/Campus-des-metiers-et-des-qualifications-DP_276023.pdf (2021-03-29).

把已离开学校而无文凭的 18—24 岁青年比例降至 10% 以下。法国在 2010 年时的数据为 12.6%，但把此目标定为 2019 年达到 8.2%。[①]

学业脱钩是一个儿童随着年龄增长逐渐演变的现象。学业脱钩者，在小学的学习并不一定差，也可能还不错，但如果遇到外界的同伴，就可能被另外事物所吸引，新的兴奋点会遮蔽对学校和学习的兴趣。由此而发展成不用心、逃课、留级。根据统计，男生脱离学校的比例明显高于女生，一些低收入家庭，特别是新移民家庭要求学生承担一定的家务劳动也是造成学生脱离学校的外部原因。

实际上，学业脱钩的真实数据在初中结束时才能获得。据估计，离开学校而无文凭的学生比例为 17.6%，其中 3.7% 发生在初中阶段，3.9% 在职业高中的前二年级，5.3% 在后二年级，4.7% 在普通与技术高中阶段。[②]

造成学业脱钩的一个学校内部原因，与学校定向相关。学生脱离学校集中于义务教育终结时段。近半数的"脱钩者"为刚刚进入职业高中一年级的学生，近 30% 为普通和技术高中二年级的学生。这说明进入职业学校的学生基本上是"被定向"，他们不喜欢被迫进入的职业教育，但他们的学习成绩又不允许他们进入普通或技术高中。而普通或技术高中的"脱钩者"集中于二年级，是因为高中一年级尚未开始专业定向。而一旦专业方向确定，无论是个人志愿，还是他人建议，总会有不遂心愿的，因此而选择离校。

造成学业脱钩的另一个学校内部原因，是学生的潜在学习困难。一些学生，在初中阶段，甚至在小学阶段可能表现努力、认真，也无逃课现象，但实际上对学习内容经常感到困惑。一旦进入新的阶段，便将逐步凝聚的恐惧心理转变为脱校行为。

另外，校园暴力和性骚扰也是造成一些学生脱离学校的原因。

①　Ministère de l'Education Nationale de la Jeunesse et des Sports, La lutte contre le décrochage scolaire, mars 2021. https://www.education.gouv.fr/la-lutte-contre-le-decrochage-scolaire-7214 (2021-08-28).

②　Isabelle Robert-Bobée, "Les jeunes sortants sans diplôme : une diversité de parcours," *Revue Education & Formations*, n°84, décembre 2013.

　　为了控制和减少学业脱钩现象，法国首先在学校内部采取了许多措施。其中一条措施　就是减少经常缺课现象。"经常缺课"（absentéisme），根据法国 1882 年关于义务教育的法律，限定为每个月缺课 4 个半天，但仅仅是指无故缺课，而不包括被允许的缺课。在中学里，通常设有学校生活委员会（Les commissions de vie scolaire），对经常缺课或学习成绩下降的学生进行分析与帮助。马赛学区的中学里还成立了"预防学业中止观察站"（Observatoires de prévention des ruptures scolaires, OPRS）。观察站通常由校长、心理指导顾问、教育指导顾问、医疗与社会咨询人员和班主任构成，主要负责识别学习困难的学生，提出解决学生问题的办法。

　　在校外，社区的心理顾问、家庭顾问和法律顾问组建了"个人临时接收点"（Lieu d'accueil temporaire individualisé, LATI）。所谓"点"，其实不是地点，而是在学校中采取的一系列防止学业脱钩的比较人性化的措施，主要负责临时接收学习困难的学生，对他们进行教育和心理辅导，进行遵守学校纪律的规训。

　　2011 年，法国建立了"学业脱钩监测平台"（Des plates-formes de suivi et d'appui aux décrocheurs, PSAD）和"部际信息交换系统"（Système Interministériel d'Echange d'Information , SIEI），使教育部同卫生部、司法部、内政部、农业部关于学业脱钩和职业就业等方面管理与信息相互沟通。2012 年 9 月—2013 年 11 月，部际信息交换系统检测到 200 588 个学业脱钩青年的信息，其中 40% 为无解决办法的脱钩者，15% 正在接收培训或具有就业途径。

　　法国教育部还设置了一些临时性机构，如"地方工作团"（Les missions locales, ML）主要接收 16—25 岁就业困难的青年，为他们提供就业信息，指导他们选择职业。目前法国地方工作团有 450 个网络及 5130 个接收点。"与学业脱钩斗争工作团"（Les Missions de Lutte contre le Décrochage Scolaire, MLDS）也致力于减少学生的学业脱钩现象。

　　当前法国与学业脱钩作斗争的政策涉及面十分广泛。从学前教育开始，要构建一个更加温馨的教育环境，允许家长在学校中发表意见与建议，辨认儿童的认知能力和学习、健康问题，检测智力障碍。而从义务教育开始直至 25 岁，这一政策都要贯穿始终，并覆盖全国各地公立与私立的所有学校。但当前这一政策措施并无太多创新，多为以前政策的集合，且目标不一致。总统考虑的是其任期的政绩，政府的要求旨在对应欧洲的目标。而这些目标能否实现，更在于学校与社会的主动配合。

学业脱钩并非今日才有的现象。自 1970 年代末开始，法国的学业失败问题便开始凸显，每年离开教育系统而无任何文凭的青年高达 20 万。从那时起，描述学业失败的名词概念不胜枚举，如"离校""辍学""无资格离开""无文凭离开"等等，但这些概念涉及的往往局限于学业，不足以揭示学业失败的本质与过程。直至借鉴加拿大魁北克所采用的"学业脱钩"，法国官方更认同"学业脱钩"这一概念："从厌学到辍学，经过经常缺课、行为问题……因此人们经常用'消极脱钩'或'在校脱钩'来表示还在学校的学生，但他们已不可能走向成功"。[①]如果仅仅从语言的角度看，"脱钩"比"失败"的语气要轻得多，对政府来说，多些体面，对学生和家长来说，也少些难堪。

2019 年 7 月 28 日法国在《官方杂志》上公布《可信任的学校法》（*La loi no 2019-791 du 26 juillet 2019 pour une école de la confiance*）。由于该法在教育部长布朗盖（Jean-Michel Blanquer）[②] 主持下由议会通过，故称《布朗盖法》（*Loi Blanquer*）。

该法的最重要之处，是将法国义务教育的起始年龄降低至 3 岁，这样法国义务教育年限便由 10 年增加至 13 年。该法同时规定，教室中必须布置有法国国旗和欧盟旗帜，标志法国政治格言"自由、平等、博爱"和国歌《马塞曲》的歌词。

法国幼儿教育的普及率已经接近百分之百，只是不够均衡，特别是

---

① Valérie Pugin, Les sorties du système scolaire sans qualification, Milenaire 3, 2008-04-30. https://www.millenaire3.com/ressources/les-sorties-du-systeme-scolaire-sans-qualification (2021-03-29).

② 让-米歇尔·布朗盖（Jean-Michel Blanquer，1964 年 12 月 4 日—　），法国政治人物，2017 年 5 月 17 日起任国民教育部长。

一些海外省较为落后。义务教育从 3 岁儿童开始，从某种程度上说可以改善整体教育水平，但其缩小教育不平等作用十分有限。不过，从世界范围来看，这的确是一个好的信号，对于世界上其他国家来说，将义务教育低龄化可能是发展教育的重要措施。

四、重建共和国学校

2012 年 7 月 5 日，法国总理让－马克·埃罗（Jean-Marc Ayrault）[①]和教育部长樊尚·佩永（Vincent Peillon）[②]共同发起了名为"重建共和国学校"的全国协商会议，就教育领域的改革问题展开全国范围的大讨论，讨论的基本目的就是减少社会不平等和社会歧视。

2012 年 10 月 3 日，关于"重建共和国学校"的全国协商会议结束。会议召集了 800 多名成员参与讨论，各专题的研讨会持续时间超过 300 小时。在不足三个月期间，17.5 万网民访问了教育部专设的网站，8200 个网民留言发表意见。

2013 年 6 月 5 日和 6 月 25 日，法国国民议会和参议院分别讨论并通过了重建共和国学校的方向与规划法的草案。《重建共和国学校的方向与规划法》（*La loi d'orientation et de programmation pour la refondation de l'École de la République*）于 2013 年 7 月 9 日颁布。

《重建共和国学校的方向与规划法》的基本目标是建设公正的、高水平的和包容的学校，提高所有学生的水平和减少不平等。未来若干年的目标是使无文凭学生的人数减少一半，使 80% 以上的学生获得高中毕业会考文凭，使 50% 的学生获得高等教育文凭。

在基本资源投入方面，该法规定 5 年内，创建 6 万个教学职位，其中 5.4 万个在国民教育部，5000 个在高等教育部，1000 个在农业部所

---

① 让－马克·埃罗（Jean-Marc Ayrault，1950 年 1 月 25 日—　），法国政治人物，2012 年 5 月 15 日—2014 年 4 月 1 日任法国总理。

② 樊尚·佩永（Vincent Peillon，1960 年 7 月 7 日—　），法国政治人物，2012 年 5 月 16 日—2014 年 3 月 31 日任国民教育部长。

属学校中。在国民教育部，首要的投入在师资培训，2.6 万个职位将致力于重建真正的教师初始培训，用于替补即将退休的教师和增添新的实习教师。另外，创建 1000 个职位用于补充大学承担师资与教育高等学校教学力量的不足。

纯增加的教师职位为 2.1 万，其中三分之二将在初等教育。新补充的教师人数为 3000 名，主要目的是扩大 3 岁以下儿童的入学人数，特别是在教育优先区内和偏僻农村区域。

在教学改革方面，为了适应新的教学法，改善学生的学习成绩，新法拟增加 7000 名教师。另外 4000 名新增教师，主要在于纠正前些年因取消某些教学岗位而产生的区域之间教师比例不平衡的问题。整个小学教师增加的总人数为 1.4 万。

此法推出了基础教育改革的 25 项关键措施，其中核心改革是设置师资与教育高等学校，调整学校作息时间，让学校进入数字时代。

1. 设置师资与教育高等学校

怎样才能成为好的教师？早在 1983 年，法国著名教育史学者普罗斯特（Antoine Prost）便指出，"好教师，不是工作最多的人，而是促使学生学习的人。是学生在学习，而不是教师。教师与整个学校，承担着支持、评价和验证这一过程的责任"[1]。

在知识经济时代和学习化社会中，法国社会对教师的期望越来越高，教师的使命不仅是传授知识，还要承担许多社会应当共同完成的任务。1994 年，法国教育部的一份官方文件公布了"小学教师的能力特征参考"，作为小学教师初始培训的基本目标和考试标准。[2]1997 年 5 月 23 日，法国教育部以"通报"的方式，确定了中学教师的使命。[3]法

---

[1]　Antoine Prost, *Les lycées et leurs études au seuil du XXIème siècle*, CNDP, 1983.

[2]　Ministère de l'Éducation nationale, Annexe III de la note de service 94–271 du 16 novembre 1994 MEN DE B1.

[3]　Ministère de l'Éducation nationale, Circulaire n°97–123 du 23/05/1997 adressée aux recteurs d'académie, aux directeurs des IUFM.

国教育部在 2007 年颁布的"教师培训大学学院的培训手册"[1] 中明确提出教师十大职业能力之后，又于 2010 年将教师十大职业能力加以完善，新的规定如下[2]：

1. 以国家公务员身份工作，恪守职业伦理，认真负责。

2. 掌握法语以便教学与交流。

3. 掌握学科知识并具备良好的普通文化。

4. 设计与实施教学。

5. 组织班级教学。

6. 照顾学生的多样性。

7. 评估学生。

8. 掌握信息与通讯技术。

9. 能够团队工作，并与家长和社会人士合作。

10. 自我学习与创新。

为了保证中小学教师具备必需的能力，提高中小学教师的质量及其社会地位，同时也适应欧洲一些国家将中小学教师的培训提高至硕士阶段的趋势，法国部长联席会议于 2008 年 7 月 2 日决定于 2010 年开学时实施硕士化的中小学教师培训与录用。

但是 1989 年设置的教师培训大学学院的教学模式难以承担教师培训的新使命。教师培训大学学院（instituts universitaires de formation des maîtres, IUFM），顾名思义即是教师培训机构，但是在其第一年的教学中，几乎全部教学任务便是准备各种教师资格的考试。这不仅脱离了教师培训的目的，也造成极大的浪费，许多师范学生因为不能通过考试，而不得不重新选择其他专业。就是在教师培训大学学院的第二年，实习教师的实习安排经常也不是严格围绕着培训，而是依据教学的需要，替补一些临时空缺，并实际担任教师的职责。所谓实习培训，不过是在

---

① Ministère de l'Éducation nationale, "Cahier des charges de la formation des maîtres en institut universitaire de formation des maîtres," *Bulletin officiel*, n° 1 du 4 janvier 2007.

② Ministère de l'Éducation nationale, "Définition des compétences à acquérir par les professeurs, documentalistes et conseillers principaux d'éducation pour l'exercice de leur métier," *Bulletin officiel*, n° 29 du 22 juillet 2010.

"自悟"教师门道，很少能得到经验丰富的教师的指导。

对教师培训大学学院最极端的批评是认为其无效、无用、寄生，因为其忽视了不同层级教育的差异，因此主张关闭教师培训大学学院。[①]

重建共和国学校的方向与规划法设置了新型的教师培训机构——"师资与教育高等学校"（Écoles supérieures du professorat et de l'éducation，ESPE）。根据规定，法国硕士一年级学生开始接受教师培训的共同课，在学年结束时参加竞考，被师资与教育高等学校录取的硕士二年级学生接受理论学习与实习交替制培训，享受全日制工资，毕业后授予"教育、教学与培训硕士"文凭（Masters Métiers de l'enseignement, de l'éducation et de la formation, MEEF），可成为国民教育职业的公务员，也可从事教育与培训职业。从教师的层次看，师资与教育高等学校将培养从幼儿学校、小学、初中、高中，乃至大学的所有层次的教师，以及教育咨询师。所有这些未来教育者都要接受相同的基础课，以便构建一种在教师团队之间协调一致的共享文化。

表4-6　教师培训的共同基础课

年级 / 学期	课程	课时量
硕士1 学期1	• 学校哲学、学校与共和国价值、世俗化、反对任何歧视	12 课时
	• 学习过程、儿童心理学	12 课时
	• 公共职能的权利	6 课时
硕士1 学期2	• 主要教育学思潮、教学与评估程序	12 课时
	• 公共社会学、差异与定向管理	6 课时
	• 学业困难、离校与辍学	6 课时
	• 全纳的学校：教育适应与残疾学生的教育	6 课时
硕士2 学期3	• 学校系统的组织与学校环境	6 课时
	• 学习过程、知识关联、记忆与学习、认知的类型、多元智能	12 课时
	• 教师与学生的地位、教学交流（语言、手势等）	12 课时

---

① Fabrice Barthélémy et Antoine Calagué. En finir avec les IUFM, 3 septembre 2002. http://ecoledelaculture.canalblog.com/archives/2006/05/15/1883522.html (2021–11–22).

续表

年级 / 学期	课程	课时量
硕士 2 学期 4	• 冲突与暴力管理	12 课时
	• 反对性别定势与男女同校	12 课时
	• 职业伦理与态度、合作工作	6 课时
合计	12 欧洲学分	120 课时

资料来源：Ministère de l'éducation nationale, Ministère de l'enseignement supérieur et à la recherche, *Lancement des Écoles supérieures du professorat et de l'éducation*, 2013, 7, 1.

2019 年 7 月 26 日的布朗盖法将教师培训机构命名为"师资与教育国家高等学院"（Instituts nationaux supérieurs du professorat et de l'éducation, INSPÉ）。教师教育机构的重新命名似乎级别更高，它既是大学的组成部分，又是公务员的培训学校。

2. 调整学校作息时间

课时安排或课时结构，是学校管理的重要方面之一。合理的课时安排，不仅需要符合课程传授的规律，还需要适应儿童的生理节律。学校早期的课时安排经常需要服从于生产劳动的季节性和公休日的安排，比如农忙时学校通常安排假期，以便学生帮助家长分担一定的生产劳动。但是，今天的学校课时更多是要考虑教育的自身规律，社会工作节律退居其次。然而，法国社会又是一个惯于休闲的社会，家长更希望有更多完整的时间与子女在一起。

长期以来，法国学校实施每周 4 天半的课时结构，即每周一、二、四、五全天上课，周三休课，周六上午上课。从医学和生理的角度看，是考虑学生两天上课之后，需要休息，以保证之后在课堂上精力充沛。但从家长的角度看，些人多有怨言，周二须有人照顾儿童，周六上午又不得安宁。从不同的角度看问题，诉求必然不同，因此学校课时安排在法国成为比较敏感的社会问题，如何选择课时安排也是一个争论不休的问题。

2008 年 9 月，法国实施小学教育改革（La réforme de l'enseigneme

primaire）时，将长期实施课时安排的调整为 4 天，即每周一、二、四、五上课，每天 6 小时。以前周六上午的课时取消，给孩子和家长以完整的周末。但周三仍然休课，以保证学生精力充沛。

4 天制课时实施以来，问题也逐步显现。法国学生每天课时量和学习负担量比世界其他大部分国家学生的课时量更长，但法国小学年度总课时只有 144 天，低于经合组织国家的平均 187 天。

特别是法国学生的学习成绩在国际比较中处于劣势。例如国际教育评估协会（IEA）2011 年的"国际阅读素养研究"调查显示，法国小学生的阅读水平低于欧洲的平均水平。此次"国际阅读素养"调查，法国来自 174 所小学 277 个班级的 4438 名四年级小学生接受了评估。在 45 个参与调查的国家中，法国仅排在第 29 位。其中欧洲国家占 23 个，欧洲四年级小学生阅读能力的平均测试成绩为 534 分，而法国的得分为 520，且学生的平均测试成绩自 2001 年以来一直呈下降趋势。[1]

新教育法规定，自 2013 年开学，周课时为 24 小时，每周划分为 9 个半天，包括周三上午。每天课时最多为 5 小时 30 分，每半天课时最多为 3 小时 30 分。增加周三上午授课，可以减轻其他每天平均 45 分钟的课时量，但学生的总上课量没有增加。而课外教学活动时间主要由教师对学习困难的学生进行辅导或由学校实施教学辅导计划。

本次改革也充分考虑到各地的实际情况，允许各地区制定其"地方教育计划"（Les projets éducatifs territoriaux, PEDT），确定学生上课、在校和校外时间。甚至还允许周六上午开课，也可把课时改革推迟至 2014 年进行。

在课时改革的酝酿过程中，也不乏反对之声。例如，一些市镇政府、教育联合会认为改革将提高教育成本。由于改革后增加半天课时，直接增加了教师、学生及家长的交通费用，无形中也提高了孩子的培养成本。对学校来说，则增加了半天的运营负担，如食堂开销等。因此他们呼吁国家应当对此做出补偿。

---

[1]　Ministère de l'éducation nationale, *La réforme des rythmes à l'école primaire*, 2013, p. 5.

但是，改革已不可逆转，正如重建共和国学校的口号所宣示的，一切将推倒重来。为了补偿改革带来的教育成本增加，国家拟拨付 2.5 亿欧元经费给各乡镇政府。每个实施新课时的乡镇政府，可以按每个学生 50 欧元的额度获得经费补偿，以保证学校开展课外活动，并保证所有学生可以在 16 点 30 分之后离校。对于经济比较落后的城市郊区或农村乡镇，获得的资助标准可以达到每个学生 90 欧元的额度。

改革之后，法国小学的年课时量为 180 天，接近于芬兰和英国的 190 天。但法国小学 24 小时的周课时量偏高于芬兰的 19 小时和德国的 15—20 小时，接近于英国的 21—25 小时。

3. 让学校进入数字时代

当今时代，信息化和数字化已经悄悄地改变人们的行为习惯和社会关系，也影响着学校和教育。数字化可以使教育活动更具吸引力，更富于创新，也更加有效率。

但是法国在教育上的数字化进程并不快。尽管法国自 1970 年以来发展数字化的计划多达 15 项，教育数字化的效果并不明显，主要原因是在设备上的投入较大，而缺乏有效的管理和必要的技术措施。

为了通过数字化的教育减少社会、地区和数字不平等，促进个别化教学的实施，增强学生学习兴趣，使学生能够以公民资格进入社会和职业生活，以及有利于家长介入子女学习，法国制定了"让学校进入数字时代"的全面、具体与可持续的发展战略。

在战略的全面性方面，改革充分考虑了从设备到教学内容和教师培训等各个方面的工作，考虑了学生、家长和教师等全部服务对象，考虑了从 2013—2017 年的长期发展。

为了保证数字化战略的可持续发展，教育部将提供数字化教学的公共服务，一方面为学生提供适当的辅导，使他们更有效地利用数字化手段学习，另一方面，为教师提供教学所需要的数字化资源，指导教师更好地应用数字化手段进行教学。

在战略的具体性方面，改革拟采取 11 项新措施，落实学校的数字化。

针对小学生的措施有两项：一是拍摄暂命名为"基础"的知识性电影，以形象的方式告诉小学生如何数字化手段学习法语、数学和科学；一是开发"在学校学英语"（English for schools）的英语学习软件，帮助 8—11 岁的儿童有兴趣地在班级和在家中学习英语。

在中学阶段，为中学生开发了一种名为的"备考"（Prép'exam）的在线模拟考试练习软件，帮助中学生有效地准备初中毕业考试和高中毕业会考。

另一种数字化辅导服务名为"D'Col"，为 3 万名教育优先区的初中一年级学生特别设立。经其所在学校申请，并经家长同意，可以为他们提供交互式个别在线辅导。

另外还有为学习和就业困难的学生设立名为"第二次机遇"（Ma second ohance）的培训服务以及为盲障学生提供就业指导的网站"全方位进入"（Total Accès）。

为教师提供的服务有两项："我授课"（M@gistère）是为小学教师设置的继续教育网站，"教育书库"（ÉduThèque）则是中小学教师可以自由进入科学文化机构的资源库的网络平台。

为家长提供的服务有两项："一年阅读学习"（Lire … une année d'apprentissage de la lecture au CP），帮助教师和家长辅导小学一年级学生学习。"高中注册"（S'inscrire au lycée）帮助家长和学生在网上注册高中。

为了落实以上措施，国家准备拨 1000 万欧元用于数字学校的研究与创新，并允许私人参与此类计划。

2014 年 4 月 2 日，法国政府改组，原来的国民教育部同高等教育与研究部合并，贝努瓦·阿蒙（Benoît Hamon）[1] 被任命为新组建的国民教育部、高等教育与研究部部长。阿蒙基本上延续前国民教育部长佩永制定重建共和国学校的改革路线图，还表示对社会敏感的学校课时改革原则不变，并制定了新课时制度的补充条例。

---

[1] 贝努瓦·阿蒙（Benoît Hamon，1967 年 6 月 26 日—　），法国政治人物，2014 年 4 月 2日—8 月 25 日任国民教育部、高等教育与研究部长。

当然，重建共和国学校并非意味着将学校制度推倒重来。政治家总是喜欢用大字眼吸引民众的眼球，学校建设绝非一日之功，改革只能是在原来的基础上调整与完善。正是在这个意义上，法国重建共和国学校不过是一次规模较大的改革，既不可能存在多大风险，也不能指望有突飞猛进的成功。

结论：教育民主化的未竟之路

法国教育民主化进程，可以说自大革命时期已经开始。"自由、平等、博爱"的革命口号已经宣布封建特权的废除。但是，并未有人提出教育民主的思想，相反教育的分离恰恰从这时开始强化。旧制度的学校作为一种慈善，或者作为传播宗教的工具，刚刚为普通民众开启，拿破仑的中学又将他们拒之门外。第三共和国的教育虽然实现了免费与义务教育，但也仅限于初等教育。

直至 1897 年，在法国"教育联盟"的一次研讨会上，有人谈起"教育民主的思想"，他相信，"通过团结一致，达到友爱、慈善和公正。"[①] 20 世纪初，法国"新大学同盟会"明确宣称："我们追求一个民主的教育。"1910 年，教育思想家比松曾在一份充满教育民主思想的报告中强调，教育要依据"个人的才能、能力、学习态度、自身的品质与价值"。但其中没有任何民主的字样。1920 年，冈城大学教授、当地社会党书记吕多维克·佐莱提（Ludovic Zoretti）[②] 发表其题为《教育，民主机构的尝试》著作，指出"统一学校同时要解决两个问题：教育民主和因才筛选"。[③]

大规模的教育民主始于战后，特别是 20 世纪 60 年代。然而，教育民主化的目标远未实现，不过是将教育不平等的问题从初等教育延迟至

---

① Antoine Prost, *Education, société et politiques, Une histoire de l'enseignement en France, de 1945 à nos jours,* Paris: Seuil, 1997, p. 50.

② 吕多维克·佐莱提（Ludovic Zoretti，1880 年 6 月 29 日—1948 年 1 月 22 日），法国数学家，大学工团主义者。

③ Antoine Prost, *Education, société et politiques, Une histoire de l'enseignement en France, de 1945 à nos jours,* p. 51.

中等教育、高等教育。

从历史的视角看，法国教育的不平等不仅与政治制度相关，其更深层的原因还在于文化传统。

罗马人入侵高卢，带来了拉丁文字，使高卢教育成为有文字的教育。但是，拉丁语言和文字毕竟是外来文化，可以通用于上层社会，却难流行于普通民众。语言，在人类进化过程中会自发地产生。无论多么落后的族群，都会有日常交流的语言符号。而文字，主要是原创性并能够延续的文字，则是极其罕见的文明现象。世界上现行的主要文字中，几乎都可以追溯到腓尼基字母，如希伯来字母、阿拉伯字母、希腊字母、拉丁字母等。西方社会的语言基本上依靠这些字母构建自身的文字系统，反过来说，没有任何语言具有自身原创的文字。唯一例外，就是汉字，汉民族的文字。甲骨文、金文、篆书、隶书、楷书、行书、草书，汉字沿袭了始终如一的书写规则，构建了无比完美、充满活力的文字体系。无论是"五四运动"中废汉字、改字母的思潮，还是20世纪50年代的拼音化呼声，甚至刚刚过去的计算机输入问题，都被汉字的内在稳定性和纳新精神所破解。也得益于秦始皇当年书同文、车同轨政策，华夏民族居住的广袤大地上，各种方言不计其数，但统一的文字使人们交流无大障碍，也使得民族的统一牢不可破。无论是外族的侵入，还是内部的动乱，统一的文字都是中华民族国家统一的重要保障。蒙、满等外族的入侵，汉民族虽然成为被统治民族，但未能伤及汉字，统治民族的文化反而融入汉文化体系之中，其自身语言文字基本变成死语言文字。汉字的影响还波及周边国家，如日本、朝鲜、越南均长期使用汉字。在后来的语言变革中，日本因为保留了若干汉字，使得日文比较完善。而在韩国、朝鲜、越南的再造文字中，因废汉字而在一些领域中无法正确、完整表述。

法语正是借用拉丁字母成为完整的语言与文字体系，又有国家的力量使之成为法兰西本土境内乃至周边一些国家或地区通用的语言。而中世纪欧洲流行在教会和社会上层及知识界的拉丁语逐渐退化，成为死语言。当然，拉丁语在某些科学领域还有其应用价值，但在教育上则因其无用而有用。正如法国一位历史学家曾经在 1896 年曾一针见血地指出，"如果说拉丁语的学习有什么用的话，便是它本身的无用"。[1] 拿破仑创建的公立中学正是通过严格的拉丁语教学来选拔精英。于是，拉丁语便构建了平民教育与精英教育之间的阻隔，也如法国历史学家皮耶尔·古拜尔（Pierre Goubert）[2] 定义的"拉丁屏障"（barrière du latin）。[3] 法国社会学家布尔迪约和巴斯隆则把这种语言分离现象解释为"语言码"，在不同的社会阶级中，存在着不同的文化或文化形式。

造成语言分离现象的原因，或许还与文字的载体相关。欧洲中世纪的书写材料由莎草纸过渡到羊皮纸，历时千余年，直至 14 世纪中国的造纸技术才辗转传至法国。书写材料的昂贵与匮乏限制了书面文字的交流、保存与传承，不仅平民获得这些材料困难，对于贵族来说依然稀缺，羊皮纸书籍的数量俨然成为财富多寡的重要象征。而在中国，且不说汉代已发明纸张，更早的丝帛、竹简也不是特别稀缺之物，即使是寻常百姓家得来也不至太大困难。而春秋时代形成的"四书五经"，到汉代的"独尊儒术"，文化经典已成定局。特别是隋唐以来的科举制度更使社会流动与晋升成为常态。当然，并非皓首穷经、焚膏继晷就一定能够考取高官，但平民子弟通过科举成为官员的现象屡见不鲜。其重要原因，中国文化传统已经定儒学于一尊，不存在平民阶级与贵族阶级之间的文化鸿沟。而文字、书写材料、科举制度更构成了社会晋级的阶梯。

中国的科举制度，本质上是选官制度，而不是教育制度。中国封建王朝通过科举考试，层层选拔淘汰，将最优秀者直接任命为各级官员。这就是考试取才的科举精神。

中国的科举制度历经 1300 余年，于 1905 年被行将就木的清王朝废止。但科举的废除不仅未能挽救封建王朝的命运，还使已经在科举起跑线上的莘莘学子惶惶不可终日，因为他们与正在兴起的西学学堂

---

[1]　Vincent Troger, Jean-Claude Ruano-Borbalan, *Histoire du système éducatif,* Paris: PUF, 2005, p. 97.

[2]　皮耶尔·古拜尔（Pierre Goubert，1915 年 1 月 25 日—2012 年 1 月 16 日），法国历史学家。

[3]　Vincent Troger et Jean-Claude Ruano-Borbalan, *Histoire du système éducatif,* Paris: PUF, 2017, p. 92.

格格不入。

其实, 与中国科举制度废除同期的法国中等教育同样经历一场艰难的改革, 不过最终科学教育取得了与经典教育大体旗鼓相当的位置。而我国在兴西学的同时, 不仅抛弃经典教育, 更抛弃了考试取才的科举精神。虽然后来有民国的大学考试, 还有今天的高考, 但都是教育系统内部的选拔, 与政府官员的录用毫无相关, 可以说, 从此中国再无科举。

东方不亮西方亮。法国借鉴我国的科举制度, 不仅在大学校通过竞考录取学生, 还从 18 世纪初开始设立以竞考为基本方式的国家公务员录取制度。竞考已经成为最具法兰西特色的教育制度和选官制度。

然而, 法国似乎并不承认其制度与中国科举有何渊源关系。他们发明了"竞考"(concours) 一词, 来表明其制度, 但这一概念犹如从天上掉下来, 从无到有, 突然而至。

考试, 一般有两类。一类是水平考试, 即达到一定标准即可通过, 法语常用"examen"表示。另一类为淘汰考试, 通常录取人数事先规定, 考试后排序, 超额者即被淘汰, 即竞考。法国《拉鲁斯字典》显示, "竞考"(concours) 最早出现于 1660 年, 指"为了进入某一岗位, 获得某种奖励, 或者进入某大学校而为申请者排序的考试"。[1] 有记录称: 法国工程师沃邦 (Vauban) 于 1691 年提出通过公开考试录取军事工程师。罗朗·埃尔瑟维尔 (Rolland d'Erceville)[2] 1768 年在其教育计划中提出, 在每所大学设置"教师培训学校", 以"竞考"的方式录取学生。[3]

这是笔者见于法国教育史著作中最早涉及竞考的记载, 但其中并未提及其思想渊源。只是在维基百科的词条"能力主义"(Méritocratie) 法文版中见到法国"竞考"来源的蛛丝马迹。文中写道:"在法国, 公职人员和大学校通过竞考录取方式受帝国考试系统之启示, 由耶稣会从

---

[1]　Larousse, *Dictionnaire de la langue française*, 1999, p. 395.

[2]　罗朗·埃尔瑟维尔 (Rolland d'Erceville, 1730 年 8 月 18 日—1794 年 4 月 20 日), 法国作家、官员, 曾任巴黎议会主席。

[3]　François Lebrun, Jean Queniart, Marc Venard, *Histoire de l'enseignement et de l'éducation en France, tome II, 1480–1789*, Paris: Perrin, 2003, p. 547.

中国带来并在其学校实施。"① 耶稣会士是较早直接接触中国的西方人，耶稣会又是法国中等精英教育的主要创办者，由其引进中国的科举制度比较可信。也是在此词条中，披露了法国著名思想家伏尔泰关于中国科举制度的评价："关于人的思想，不能想象有比中国更好的统治手段，在那里，一切权力掌握在由极其严格考试录取的成员构成的官僚体系手中。""中国是一个奖励德行和鼓励才能的国家：诚实与贫穷的农民可以成为官员。"当然，由于伏尔泰并未到过中国，对中国的科举制度较多溢美之词，但至少我们可以看到中国的科举制度是法国的竞考制度诞生直接来源。

依此文献推断，法国竞考概念的出现应当是与耶稣会相关，因为一批法国耶稣会教士在华传教的同时，比较容易地接触到中国的科举考试，在其学校实施这类考试，然后引进至法国其他学校也顺理成章。但法国史学家对此过程讳莫如深，一是可能因为耶稣会在历史上曾被驱逐，二是民族自尊心所致。

然而，无论如何，法国把竞考发挥到极致。一方面，建立培养高官的学校，以严格考试的方式录取学生，更以考试排序的方式分配工作。

1936 年，教育部长让·扎伊就设想建立一所培养高级公务员的学校，但未能成功。直至 1945 年，米歇尔·德伯雷受命改革国家公务员制度，向戴高乐建议设置"国家行政学校"（École nationale d'administration, ENA），然后由 1945 年 10 月 9 日的规定予以确认。

新设置的国家行政学校采用新的教学法，开设讲座教学和实践教学，特别是设置实习期。直至 1958 年，学校划分普通行政、经济与财政管理、社会事务和外交事务等四个专业，学生毕业时按专业和全年级排序，由国家分配工作。尽管最初由于经济等原因，该校毕业生分配不甚理想，但经过几年磨合，最终成为法国世人瞩目的高官摇篮。法国总统德斯坦、希拉克、奥朗德、马克龙均毕业于此。

另一方面，法国设置国家高级公务员的选拔机制。

---

① Wikipedia, "Méritocratie," https://fr.wikipedia.org/wiki/Méritocratie (2021–03–29).

"国家高级公务员团"（Grand corps de l'État），为法国独有的高级公共管理人员选拔与构建机制。"国家高级公务员团"，由"国家"（État）、"大型"（Grand）、"团（体）"（corps）三个法文词汇构成，虽然这一称呼广泛应用，但不具法律意义，因此也无严格定义。我们可以形象地译为"高官团"。

18世纪初，法国就开始构建高级公务员团，主要有："路桥团"（1716年建）、"军事工程师团"（1741年建）、"矿业团"（1794年建）、"最高行政法院团"（1799年建）、"审计法院团"（1807年建）、"财政总监察团"（1816年建）。至20世纪30—40年代，这些高级公务员团基本都在，其成员普遍采用竞考的方式录取。虽然竞考的准备基本要经过政治科学自由学校（École libre des sciences politiques, ELSP）的学习，但录取却是在圈子之内，因为评审考官均是各个高官团的成员。如果报考者不是出身于巴黎的上层资产阶级，绝无被录取的可能。甚至考试的场所也不规范，直至1936年监察总局的笔试和口试都在部长的餐厅中进行。①

法国当前国家高级公务员团有两类：

行政类有：最高行政法院团（Le corps du Conseil d'État）；审计法院团（Le corps de la Cour des comptes）；财政总监察团（l'Inspection générale des finances, IGF）；行政总监察团（l'Inspection générale de l'administration, IGA）；社会事务总监察团（l'Inspection générale des affaires sociales, IGAS）。

技术类有：矿业工程师团（Le Corps des ingénieurs des Mines）；路桥、水源与森林工程师团（Le Corps des ingénieurs des Ponts, des eaux et des forêts）；统计及经济研究所行政管理人员团（Le Corps des administrateurs de l'INSEE）；军事工程师团（Le Corps des ingénieurs de l'Armement）。

当前法国这些高级公务员团主要从国家行政学校（École nationale

---

① Antoine Prost, "Les débuts difficiles de l'École nationale d'administration (1945–1958)," *Vingtième Siècle. Revue d'histoire*, n° 134, 2017/2, p. 65–83.

d'administration, ENA）、综合技术学校（École polytechnique）和高等师范学校（Écoles normales supérieures）的毕业生中选拔。

当然，这一高官选拔制度并非完美。

首先人们发现，第三共和国期间能够进入高官团的人均是统治阶级的子弟，平民阶级绝无进入的可能。国家行政学校建立之后，只有这所学校的毕业生能够以"共和国精英"（élitisme républicain）的姿态进入高官团。而能够进入这所学校的中下层阶级子弟的数量极少。

人们还看到，这些名校毕业生直接成为高层管理人员，或是在政府部长的办公室（cabinets ministériels），成为决策智囊团的成员，或者进入大型国有企业，担任上层管理职位。而通常他们除了名校的文凭之外，不具备相关的职业能力，这就是所谓的"初始文凭专制"（Tyrannie du diplôme initial）。

最后，从他们的个人品质看，他们过早地被选拔至高级岗位，平均起始年龄为 20—25 岁，30 岁之后就可能成为政治、工业、财政等领域的主要负责人，他们没有基层工作的经验，习惯高高在上，没有平民阶级的意识。

法国社会还流行一个词汇"穿拖鞋"（Pantouflage），用来形容离开国家部门进入私营企业工作的高官团成员。一些人放弃高官，去牟取厚禄，也许无可厚非。但这在法国高官团之中绝非个例。此外，长期的高官团选拔机制已经形成"圈子"（réseaucratie）。已经占据高位的高官团成员，通常也是选人的评审委员，他们习惯于从自己的校友中和熟悉的人员中选拔新人。一代接一代，均是圈子中人。因此，法国高官团经常被认为与民主制度背道而驰，呼吁其改革。

然而，改革并非易事，除了传统观念，还因为高官团成员的选拔毕竟不是依据出身和财富，而是能力。

法国大革命 1789 年 8 月 26 日颁布的《人权宣言》（Déclaration des Droits de l'Homme et du Citoyen）的第六条提出，"所有的公民都是平等的，故他们都能平等地按其能力担任一切官职、公共职位和职务，除德行和才能上的差别之外不得有其他差别。"

在柏拉图的理想国里，社会的权力由哲学家等优秀人才掌控。在西方封建社会，政治权力和社会财富完全是在贵族的内部世袭和继承。法国大革命的这一宣言，宣布了公民的"平等"权利，从理论上打破了封建世袭制度。并且在强调平等的同时，宣言还提出了能力的概念，乃至后来西方学者又总结成"能力主义"。

能力主义（meritocraty）源于拉丁语 meritum 和希腊语 κρατος 的组合。前者指人们值得享有的成果或收入，后者表示勤奋或努力。能力主义，或译作精英主义，甚至直接用精英政治表示，因英国社会学家迈克尔·扬（Michael Young）1958 年的一部题为《能力主义的崛起》（*The Rise of the Meritocracy*）的著作而成为西方社会学的重要概念。

法国社会学家布东（Raymond Boudon）设想，在一个称之为能力主义的社会，个人的社会地位仅仅取决于受教育的水平。[①] 迈克尔·扬想象，能力的逻辑在 2033 年的社会被推展到极端，因此需要创造"能力主义"这一新概念来表示这样社会：每个人的地位完全依赖于自身的才智与努力。迈克尔·扬认为，"才智加努力为才能"（Intelligence and effort together make up merit，I+E=M）。[②]

一般来说，能力（competence）也是知识，只不过这种知识与行动密切相关。有的学者认为，四种知识最为重要：知道是什么，知道为什么，知道如何做，知道为了谁。而"能力就是以知识为基础，并在特定场合有效地发挥作用"，或者说"能力是为着达到特定目标而显露的特殊才干或技能"。[③] 但是能力主义中的能力（merit）与一般的能力有所区别，它包含某种先天因素的才能和后天的个人努力。一个社会的有效性，就在于最大限度发挥每个社会成员的能力。学校的重要作用就是开发、鉴别每个人的能力，并加以排序。

我们可以看到，在法国存在这样一种逻辑，从平等出发，由学校培养能力，再由社会选拔精英，最后由精英统治社会。无论是大学校，还

① Raymond Boudon, *L'inégalité des chances: La mobilité sociale dans les sociétés industrieues*.

② Michael Young, *The rise of the meritocracy*, Londres: Thames and Hudson, 1958, p. 84.

③ Eurydice, *Compétence clés*, Bruxelles: Eurydice, 2002, p. 12.

是高官团，虽然通行的是能力主义的原则，但选拔出来的少数精英极少草根精神、平民意识。因此，在学校教育过程中，应当使学生有机会接触普通民众，熟悉各种职业特点；在职业生涯中，不断深入基层，体察民情，民主决策，科学决策。

在教育民主化的进程中，平等与公正应当是始终如一的追求目标，但是平等不等于全体学生获得完全相等的结果，只要在公正的前提下，保证每个正常学生获得基本的学习能力和就业能力，这种教育就是成功的。

正如法国著名社会学家布尔迪约所言，"真正民主的教育，是以使尽可能多的人，在尽可能短的时间里，尽可能全面和完整地，掌握尽可能多地形成某一特定时刻学校文化的能力为无条件目的的教育，人们就会发现，这一教育既反对以培养和选择出身优越的精英为方向的传统教育，也反对面向按一定规格批量生产专家的技术统治论的教育。"①

然而，这条路还很漫长，无论是在法国还是在其他国家。

---

① 〔法〕布尔迪约,J.–C.帕斯隆.继承人：大学生与文化 [M].邢克超，译.北京：商务印书馆，2004：98.

主要参考文献

Agnès Florin, "L'école primaire en France : Rapport au Haut Conseil de l'Education," Rapport commandé par le Haut Conseil de l'Education (HCE), 2007, https://halshs.archives–ouvertes.fr/halshs–00331838.

Agnès van Zanten et Jean–Pierre Obin, *La Carte scolaire*, Paris: PUF, 2008.

André Chervel, *Histoire de l'agrégation: contribution à l'histoire de la culture scolaire*, Paris: Institut national de recherche pédagogique, 1993.

Antoine Léon et Pierre Roche, *Histoire de l'enseignement en France*, Paris: PUF, 2018.

Antoine Prost, *Education, société et politiques, Une histoire de l'enseignement en France, de 1945 à nos jours*, Paris: Seuil, 1992.

Antoine Prost, *Histoire de l'enseignement en France, 1800-1967,* Paris: A. Colin, 1968.

Antoine Prost, *Histoire de l'enseignement et de l'éducation en France, tome IV : L'Ecole et la Famille dans une société en mutation, depuis 1930,* Paris: Perrin, 2004.

Antoine Prost, *Regards historiques sur l'éducation en France XIXe-XXe siècles*. Paris: Belin, 2007.

Bernard Charlot, *L'École en mutation*, Paris: Payot, 1987.

Christian Baudelot et Roger Establet, *L'école capitaliste en France*, Paris: Maspero,1971.

Émile Durkheim, *Education et sociologie* ,Paris：PUF, 1975.

Émile Durkheim, *L'évolution pédagogique en France*, Paris: PUF, 1938.

Ferdinand Buisson dir., *Nouveau Dictionnaire de Pédagogie et d'Instruction primaire*, édition de 1911. http://www.inrp.fr/edition-electronique/lodel/dictionnaire-ferdinand-buisson/

François Lebrun, Jean Quéniart, Marc Venard, *Histoire générale de l'enseignement et de l'éducation en France, tome Ⅱ, 1480-1789,* Paris: Perrin, 2003.

Françoise Mayeur, *Histoire générale de l'enseignement et de l'éducation en France, tome III, De la Révolution à l'École républicaine (1789-1930)*, Paris: Perrin, 2004.

Jacques Attali, *Pour un modèle européen d'enseignement supérieur,* Paris: Stock, 1998.

Jacques Minot, *Histoire des universités françaises,* Paris : PUF, 1991.

Jacques Verger dir., *Histoire des universités en France*, Toulouse: Privat, 1986.

Jean Combes , *Histoire de l'école primaire en France*, Paris: PUF, 1997.

Jean de Viguerie, *L'Église et l'Éducation*, Paris: Dominique Martin Morin, 2001.

Jean de Viguerie, *Les Pédagogues*, Paris: Le Cerf, 2011.

Jean de Viguerie, *L'institution des enfants : l'éducation en France XVIe–XVIIIe siècle*, Paris: Calmann-Lévy, 1978.

Jean Vial, *Histoire de l'éducation*, Paris: PUF, 1966 (rééd. 1995).

Jean-François Condette, *Les personnels d'inspection en France au xixe siècle (1802-1914) : entre affirmation des prérogatives de l'état et réalités scolaires locales.* Rennes: PUR, 2017.

Louis Grimaud, *Histoire de la liberté d'enseignement en France*, Paris: Arthaud, 1951.

Lydie Heurdier, Antoine Prost, *Les politiques de l'éducation en France*, Paris：La Documentation Française, 2014.

Maria Vasconcellos, *Le système éducatif*. Paris: La Découverte (coll. Repères), 2013.

Marie Duru–Bellat et Agnès Van Zanten, *Sociologie de l'école*, Paris: Colin VUEF，2002.

Maurice Dommanget, *L'instruction publique sous la Commune,* Édition de l'Internationale des Travailleurs de l'Enseignement. Paris, 1928.

Michel Rouche, *Histoire de l'enseignement et de l'éducation en France, tome 1, V^e av. J.-C.- XVe siècle,* Paris: Perrin, 2003.

Nathalie Brémand, *Les socialismes et l'enfance: expérimentation et utopie (1830-1870),* Rennes: Presses universitaires de Rennes, 2008.

Nathalie Bulle, *L'école et son double. Essai sur l'évolution pédagogique en France*, Paris: Hermann, 2009.

Pierre Albertini, *L'École en France : XIXe-XXe siècle : de la maternelle à l'université*, Paris: Hachette, 1992.

Pierre Antoine Léon, Roche, *Histoire de l'enseignement en France*, Paris: PUF, 1967.

Félix Ponteil, *Histoire de l'enseignement en France, 1789-1965,* Paris: Sirey, 1965.

Vincent Troger, Jean–Claude Ruano–Borbalan, *Histoire du système éducatif*, Paris: PUF, 2017.

〔法〕雅克·韦尔热. 中世纪大学［M］. 王晓辉，译，上海：上海人民出版社，2007.

张芝联主编. 法国通史［M］，北京：北京大学出版社，1998.

后　记

　　关于撰写一部法国教育史的想法由来已久。

　　纵览我国出版的外国教育史著作，关于西方大国的教育史译著、原创著作已不少见，但唯独不见法国教育史著作，这不能不说是我国外国教育史研究的一大缺憾。

　　主要的原因可能是语言问题。研究法国教育通史，非熟知法语不可，否则难以把握大量的原始文献。当然，懂得法语是研究法国教育史的起码条件，如能略知拉丁语更好。法国的教育史专家多为历史专业出身。而我国与法国情况不同，几乎所有教育学分支学科的学者，均为教育学专业出身的人。教育史研究的学者也不例外，基本为教育专业出身。古文好的可能转修中国教育史，外文好的转修外国教育史。但由于我国基础教育的外语教学几乎单一为英语，那些研究外国教育史的人均以英、美教育史为主要目标。也有一些来自于外语院校的学生，跨入教育研究领域，但第一步常以比较教育为主，且极少学小语种者（除英语，其他外语几乎都可以称作小语种）。偶尔有学法语者，一般都在研究当前的法国教育。他们偶尔会涉及历史研究，但所涉及的往往是一个历史片段。

　　然而，仅有语言基础还远远不够。法国教育历史可溯两千余年，历经多种政治体制，各种政治、经济、文化、宗教、语言因素交织其中，历史文献汗牛充栋。法国教育史学者注重原始资料的挖掘、整理，关于教育史的研究成果已经极其丰硕。我本想先翻译一部法国教育史著作，作为撰写法国教育史专著的起步。但遗憾的是竟然找不到一部中型法国教育通史法文书籍，甚至专程去鲁昂的法国国家教育博物馆的专业图书馆搜寻，也无所获。大部分著作或者太简，或者太专，或者专注于某一历史时期，或者专注于某一类教育。对于这样状况，我的感觉是，法国教育史学者们面对浩如烟海的史籍，无力自身完成整体研究工作，专注于某一时期、某一领域，可能是最好的选择。而目前唯一存在的一部法国教育通史则是由多位教育史专家分作四卷分别撰写，体量太大，且法国语言、宗教成分较重，显然不适宜翻译。

鉴于我国外国教育史研究的生态现状和法文教育史著作的情况，不乐观地估计，未来几年、十几年、几十年，甚至更长时间，国内可能都不会有关于法国教育史专著问世。这样，我的唯一选择就是亲手撰写一部法国教育史了。出于责任，出于挑战，出于理想，我便有了一种"舍我其谁"的豪气。好在有诸多的法国教育史资料可供参考，也可以说我们已经站在巨人的肩膀上，再畏缩不前，将有违于使命。

如果说十几年前已经开始了关于法国教育史的资料收集、构思，并且断断续续地写了一些东西，但真正动笔却是在退休之后。没有了授课安排，没有了学生指导责任，没有了文章发表压力，没有了必须参加的会议，并且逐渐完结了曾经申报的课题，而有了"时间自由"，可以全身心地投入到法国教育史的写作。

历经五年之久，终于完成了《法国教育史》初稿。其主要特点如下：

关于历史分期。法国历史分期通常以政治、经济、文化变革为主线，十分复杂，而法国教育变革相对缓慢，因此我倾向于将其划分相对久长。第一部分为古代与中世纪教育，重点是描述基督教学校的教育状况和大学的诞生。第二部分为旧制度时期的教育，主要叙述专制制度下和人文主义影响下的学校状况。第三部分为大革命至大战结束时期的教育，主要认识在新理念与旧传统交互作用下的教育发展状况。第四部分为战后至今的教育。如果说，前二部分主要依赖了现成的法文文献，而第四部分得益于我的留学经历和在我国驻法使馆教育处负责调研与对外交流工作的经历，以及在巴黎大学作高级访问学者的机会，多了一些感性认识。特别是多年来不断对法国教育发展状况的跟踪研究，从而将一般法国学者撰写的法国教育史至20世纪70至80年代的下限延伸至当前。

　　关于研究内容。我国的教育史著作通常以教育思想和教育机构的演变为主线，而我所收集到的资料文献范围更为广泛，从婴儿出生到人生终结的养育与教育，从家庭教育到学校教育，从教育理念到教育实践几乎无所不包。但教育史研究不允许面面俱到，有舍才有得。为此，我尽量减少教育思想的分量，除了单设一章讨论影响较大的法国本土教育学家与教育思潮之外，不设教育思想家及其思想的专门章节，因为法国著名教育思想家的基本情况在诸多哲学、教育学、教育史学的著作中已有论述。相反，书稿中突出叙述教育实践活动，也许这是我国学者更喜欢看到的。另外，法国教育史中有分量较大的宗教教育、语言教育内容，考虑到其与我国文化相距较远，文字转换也不易，因此因繁就简处理。

　　关于文字表述。由于法语读音规则的特殊性和一些法语概念的多意性，为了避免误读，书稿所涉及的重要名词、政体和朝代名称、人名、地名都尽量附上法语原文。因为我国译著中误读法文的现象比比皆是，如"涂尔干""布迪厄"等法国重要人物的译名与法文读音相距甚远。说一句可能有些冒犯的话，这反映了某些译者的无知，他们根本不了解法语读音规则。也可以看出这些人的傲慢，以为其译名准确无误。其中还表现了英语在我国学界的强势，既成事实便可成定局。我期待通过本书，可以或多或少地起到一些法语译名的规范作用。此外，我也力求语言简洁、顺畅。偶尔也发挥汉语的独特魅力，创造一些新词，如"学塾"。

　　在此书稿即将付梓之际，再次感谢商务印书馆对拙著的认可，特别感谢苑容宏先生和编辑为其出版所付出的辛勤工作，使我多年的夙愿得以实现。

　　我在绪论中说过，由于拙著涉及的范围和时间太过泛长，详略可能失当，语言表述可能不甚确切，敬请读者不吝赐教。

王晓辉
2021 年末

王晓辉